ISBN 978-0-282-04210-3
PIBN 10613308

OZANAM

Livre du Centenaire

PAR

MM. Georges GOYAU, Léon de LANZAC de LABORIE
Henry COCHIN, Edouard JORDAN
Eugène DUTHOIT, Mgr Alfred BAUDRILLART

———

Préface de M. René DOUMIC, de l'Académie Française

———

Bibliographie par M. l'Abbé CORBIERRE

PARIS
Gabriel BEAUCHESNE, Éditeur
117, Rue de Rennes, 117
—
1913

Nihil obstat
Die 8ª Aprilis 1913
J. GUIBERT
C. desig.

IMPRIMATUR
Parisiis, die 9ª Aprilis 1913
P. FAGES, V. G.

LE CENTENAIRE

DE

FRÉDÉRIC OZANAM

Le souvenir de Frédéric Ozanam est dignement célébré dans le présent volume. Avec la richesse de vues et l'abondance d'informations qu'il apporte à toutes ses études d'histoire religieuse, M. Georges Goyau nous a redit l'apostolat intellectuel du jeune étudiant que mieux que personne il était capable de goûter. Historien de marque, secrétaire général du Conseil central des Conférences Saint-Vincent de Paul, M. de Lanzac de Laborie, en un vivant récit, a projeté de nouvelles clartés sur les origines de ces conférences. Erudit et critique très sûr, M. Edouard Jordan, professeur à la Faculté des Lettres de Rennes, est remonté jusqu'aux sources de l'œuvre historique d'Ozanam, et, par une discussion serrée, a démontré la valeur de cette œuvre très brillante et pourtant très solide. M. Henry Cochin, de qui le talent est, par tant de côtés, frère de celui d'Ozanam, a dessiné d'un trait exquis l'homme de lettres, l'amant passionné de l'Italie, de Dante et des poètes franciscains. Professeur d'économie politique à la Faculté libre de Lille, animé du même esprit catholique et social qui fut celui de Frédéric Ozanam, M. Eugène Duthoit a noté avec force et précision les idées, voire les aspirations du sociologue. Enfin Mgr Baudrillart, fort de la double compétence que lui donnent une connaissance exacte de

la doctrine catholique et un long enseignement de l'histoire de l'Eglise, a présenté la synthèse vigoureuse et neuve
des idées et des faits que le disciple des Chateaubriand, des
Ballanche, des Lamennais, que l'historien original de la
civilisation chrétienne aux temps barbares a jetés dans le
grand concert de l'apologétique chrétienne. Tous ces écrivains ont fait œuvre personnelle et approfondie.

Mon dessein n'est pas de livrer par avance aux lecteurs
les résultats de leurs recherches. Je voudrais plutôt montrer ici pourquoi le centenaire de Frédéric Ozanam n'intéresse pas seulement le monde catholique.

Le fondateur des Conférences Saint-Vincent de Paul appartient à l'histoire du sentiment religieux et des institutions charitables en France au XIXᵉ siècle ; mais le successeur de Fauriel à la Sorbonne appartient à l'histoire
des lettres. Son œuvre, qui porte si bien sa date et reflète
si fidèlement une époque, est un chaînon indispensable
dans la suite de nos idées littéraires. Elle ne vaut pas seulement comme document et pour l'influence qu'elle a pu exercer ; elle se recommande encore par de brillantes qualités de
forme et contient des pages qu'on aura toujours plaisir
à relire. Si elle a eu à souffrir du discrédit qui, dans ces
dernières années, nous a rendus sévères jusqu'à l'injustice pour tout ce qui touche au romantisme, le moment
est venu de la remettre à sa place et à son rang.

L'homme fut admirable et charmant. A nul autre plus
qu'à lui ne convient l'éloge d'avoir été de la race des purs.
Toute sa vie ne fut consacrée qu'aux soucis les plus
nobles et dépensée qu'aux tâches les plus bienfaisantes.
Et sur cette destinée si remplie et trop courte plane la mélancolie des existences prématurément brisées... Il était né
à Milan de parents lyonnais. Cela explique la double
tendance qui caractérise son esprit. On a souvent signalé
le mysticisme familier à l'âme lyonnaise : Ozanam est
né religieux. Le tourment de l'infini, l'aspiration à l'au-
delà, le besoin de tout rapporter à Dieu, sont des traits

essentiels de sa nature. A cette piété native se joint un
goût de la beauté, un sentiment de l'art qui chez lui n'est
pas moins instinctif. C'est la part de l'Italie. A moitié
Italien par le lieu de sa naissance et par les origines
lointaines de sa famille, une nostalgie le ramenait sans
cesse vers cette Italie, but préféré de ses voyages et de ses
études, seconde patrie de son imagination. Religion et
beaux-arts, christianisme et littérature, c'est tout Ozanam.

    Pour le bien connaître et pénétrer aussitôt dans son
intimité, il faut aller tout droit au séjour qu'il vint faire
à Paris, ses études classiques une fois terminées, comme
élève de l'Ecole de droit. La partie de sa correspondance
relative aux cinq années qu'il passa dans ce Paris en
ebullition, où la révolution de 1830 avait échauffé toutes
les têtes, est de beaucoup la plus intéressante : je ne
crois pas qu'on puisse trouver dans aucun recueil épisto-
laire rien de plus noble et de plus touchant. Ce qui frappe
d'abord, dans ces lettres de la vingtième année, c'est la
qualité de l'âme de celui qui les a écrites avec toute l'ar-
deur de la jeunesse, mais d'une jeunesse qui n'est éprise
que de perfection morale. Sa bonne étoile avait conduit le
petit Lyonnais chez André-Marie Ampère ; celui-ci, à qui il
plut tout d'abord, l'installa chez lui, rue des Fossés-Saint-
Victor, et lui donna pour camarade son fils J.-J. Ampère.
En dépit de cette heureuse chance, Ozanam se sent isolé
dans Paris ; la grande ville, immense et corrompue, lui
inspire une sorte de terreur. Il éprouve le besoin de se
grouper avec quelques camarades ayant mêmes convic-
tions que lui, et de former une phalange d'élite qui pourra
opposer sa résistance aux mauvais courants du siècle ; un
but charitable sera entre eux le meilleur gage d'union.
Ce fut l'origine des Conférences Saint-Vincent de Paul.
    « A Paris, écrit Ozanam, nous sommes des oiseaux de
passage, éloignés pour un temps du nid paternel et sur
lesquels l'incrédulité, ce vautour de la pensée, plane pour
en faire sa proie. Nous sommes de pauvres jeunes intelli-
gences, nourries au giron du catholicisme et disséminées

au milieu d'une foule inepte et sensuelle... Eh! bien, il s'agit avant tout que ces faibles oiseaux de passage se rassemblent sous un abri qui les protège, que ces jeunes intelligences trouvent un point de ralliement pour le temps de leur exil... Il importait donc de former une association d'encouragement mutuel pour les jeunes gens catholiques, où l'on trouvât amitié, soutien, exemple... Or, le lien le plus fort, le principe d'une amitié véritable, c'est la charité. » Auparavant il avait organisé, toujours entre jeunes gens, des conférences d'histoire et de droit. Une ardeur généreuse l'enflammait. Quand même on ne partagerait pas les croyances d'Ozanam, comment lire sans émotion des déclarations comme celle-ci, qui jaillit toute brûlante de son cœur : « *La terre s'est refroidie : c'est à nous, catholiques, de ranimer la chaleur vitale qui s'éteint ; c'est à nous de recommencer aussi l'ère des martyrs ?* » Et comment ne pas saluer avec respect des jeunes gens qui, dans une correspondance familière, s'expriment sur ce ton ?

Les premières visites d'Ozanam avaient été pour Chateaubriand et Ballanche. Il vit Montalembert et Lamennais à la veille de leur départ pour Rome. Il connut Lamartine et Sainte-Beuve. Il s'imprégna de cette atmosphère enfiévrée où les idées les plus contradictoires se rencontraient, prêtes à la discussion, avides de lutte. L'éloquence était le produit naturel de cette société troublée : c'est l'époque des grands cours où se pressait tout le public lettré. La parole de quelques maîtres fameux avait, surtout auprès des jeunes gens, un retentissement énorme ; ces maîtres étaient, pour la plupart, des héritiers de la pensée du XVIIIᵉ siècle : allait-on laisser la jeunesse catholique sans orateurs et sans guides ? Ozanam, qui faisait partie de cette jeunesse, qui en était l'un des chefs, sentit le danger et voulut le conjurer. On sait tout ce que peut faire l'initiative d'un seul. C'est à la demande d'Ozanam que s'ouvrent les conférences de l'abbé Gerbet. C'est Ozanam qui présente à Mgr de Quélen une pétition tendant à instituer *des conférences à Notre-Dame. Il est à peine besoin de rappeler quels devaient être le succès et l'éclat de cette nouveauté. Ozanam le constate avec une joie où n'entre aucune vanité personnelle, mais seulement la certitude d'un service rendu aux idées qui sont les siennes.* « Le grand rendez-vous des jeunes gens catholiques et non catholiques, cette année, a été à Notre-Dame. Tu as sans doute entendu parler des conférences de l'abbé Lacordaire. Elles n'ont eu qu'un défaut : d'être trop peu nombreuses. Il en a fait huit, au milieu d'un auditoire de près de six mille hommes, sans compter les femmes... La dernière a été d'une éloquence supérieure à tout ce que j'ai jamais entendu. » *L'orateur de Notre-Dame était doué magnifiquement, sans doute; mais bien des exemples attestent ce qu'un orateur doit à l'auditoire par lequel il se sent soulevé : l'enthousiasme des Ozanam fait en partie l'éloquence des Lacordaire.*

Ces années de Paris furent pour Ozanam les plus heureuses de toute sa vie, celles dont il évoquait le plus volontiers le souvenir. De retour à Lyon, il en traçait ce brillant tableau : « Toutes ces humbles scènes de notre vie d'étudiants, quand elles me reviennent au demi-jour du passé, ont pour moi un charme inexprimable : les réunions du soir, aux conférences de M. Gerbet, qui avaient un peu le prestige du mystère... les luttes historiques, philosophiques, où nous portions une ardeur de si bon aloi... et cette visite improvisée (à Mgr de Quélen) où nous nous rendîmes en tremblant, où nous soutînmes un si rude assaut, d'où nous sortîmes si émus ; et les premiers débuts de Lacordaire à Stanislas, et ses triomphes de Notre-Dame que nous faisions un peu les nôtres, et la rédaction de la Revue Européenne *dans le salon de M. Bailly, et les vicissitudes de la Société de Saint-Vincent de Paul. Avec cela, les réveillons de Noël, les processions de la Fête-Dieu, les églantines qui fleurissaient si jolies sur le chemin de Nanterre, les reliques de saint Vincent de Paul portées sur nos épaules à Clichy, et puis tant de bons offices échangés, tant de fois le trop-plein du cœur épanché en des conver-sations que la complaisance de l'un permettait à l'autre de rendre longues... enfin jusqu'aux promenades autour des lilas du Luxembourg ou sur la place de Saint-Etienne-du-Mont, quand le clair de lune en dessinait si bien les trois grands édifices!* » Je n'ai pas craint d'insister sur ce chapitre de la biographie d'Ozanam. Outre qu'il contient déjà plus que le germe et l'ébauche de ce qui allait suivre, c'est un aspect de la vie d'étudiant qu'ont généralement négligé les romanciers, chroniqueurs et autres peintres des mœurs parisiennes.

Ozanam était avocat ; il plaida ; il plaida même avec succès. Mais il n'avait pas de vocation pour le métier. Il était d'avis qu'il n'est pas de si bonne cause où il n'y ait des torts réciproques, pas de plaidoyer si loyal où il ne faille dissimuler quelques points faibles. Etrange avocat qui eût voulu reconnaître d'abord les torts de son client! Il fit bien de renoncer. Il fut aussi professeur de Droit, et de Droit commercial encore. Son cours, très apprécié du public, était des plus remarquables : j'en crois sur parole le savant M. Duthoit. Ozanam était en train de trouver sa voie, qui était l'enseignement, mais devait être surtout l'enseignement des lettres. Il s'y préparait en s'occupant de ses thèses pour le doctorat, dont l'une fut consacrée à la philosophie de Dante. Au mois d'octobre 1840, il fut nommé à la Sorbonne suppléant de Fauriel. Il avait vingt-sept ans. Heureuse époque où l'on ne se méfiait pas de la jeunesse du maître qui va porter la parole devant des jeunes gens !

Ce que fut Ozanam dans sa chaire, un bon juge, J.-J. Ampère, va nous le dire : « *Préparations laborieuses, recherches opiniâtres dans les textes, science accumulée avec de grands efforts, et puis improvisation brillante, parole entraînante et colorée, tel était l'enseignement d'Oza-nam. Il est rare de réunir au même degré les deux mérites du professeur, le fond et la forme, le savoir et l'éloquence. Il préparait ses leçons comme un bénédictin et les pro-*

nonçait comme un orateur. » Ce savant professeur était
éloquent; même, au dire de Cousin qui s'y connaissait, il
était le plus éloquent des hommes. C'est de cela qu'il porte
aujourd'hui la peine. Une autre tendance a prévalu dans
notre haut enseignement. L'érudition s'y est installée dans
toute sa sécheresse et prétend s'y faire aimer pour elle-même.
Mais ses grâces ne sont appréciées que des seuls spécialistes : elles rebutent les auditeurs qui ne sont que des
hommes cultivés désireux d'acquérir une plus large culture.
L'ensemble du public lettré se détourne de la « nouvelle
Sorbonne ». C'est la principale cause de cette multiplication des conférences qui pullulent dans **Paris**. Souhaitons
que le souvenir d'Ozanam soit un argument et une aide
pour ceux qui réclament le retour à la forme traditionnelle
de l'enseignement français.

Il est un autre caractère des leçons d'Ozanam qu'il convient de ne pas dissimuler, de mettre au contraire en son
plein jour, avec la même franchise qui fut toujours celle
d'Ozanam : c'est, comme on dit dans le jargon d'aujour-
d'hui, leur caractère tendancieux ou confessionnel. Alors
même que l'objet de son cours est d'exposer les événements
de l'histoire ou le mouvement de la littérature, le professeur
garde une idée de derrière la tête, ou, pour mieux dire,
il a devant les yeux cette idée qui est sa préoccupation constante : démontrer la vérité de la religion. Il fait plus que
de l'avouer, il tient à le déclarer nettement dans la préface
des Études germaniques : « Ceux qui ne veulent pas de
croyances religieuses dans un travail scientifique m'accuseront de manquer d'indépendance, mais je ne sais rien de
plus honorable qu'un tel reproche. Je ne connais pas
d'homme de cœur qui veuille mettre la main à ce dur
métier d'écrire sans une conviction qui le domine, dont il
dépend par conséquent. » Empressons-nous de remarquer
qu'ici encore on ne saurait séparer Ozanam de son temps.
Il défendait le catholicisme dans son cours, comme l'atta-
quaient dans les leurs un Michelet et un Quinet — dont il
n'avait pas la violence. C'était la conception d'alors. Quand

Ozanam fut nommé à la Sorbonne, on savait qui il était et ce qu'il se proposait de faire : on ne lui demanda aucunes concessions. Pendant tout le temps que dura son enseignement, il n'eut de difficultés ni avec ses chefs hiérarchiques ni avec son public. Cela est à l'éloge du public, du professeur et de ses chefs.

L'œuvre tout entière d'Ozanam est une œuvre d'apologétique. C'est ce qui en fait l'unité ; et cette unité apparaîtra singulièrement saisissante, si l'on songe que, dès l'âge de dix-huit ans, le jeune homme avait déjà conçu et arrêté dans ses grandes lignes le plan général que, plus tard, il devait suivre. C'est de Lyon, le 15 janvier 1831, qu'il écrit à son ami Fortoul : « Connaître une douzaine de langues pour consulter les sources et les documens, savoir assez passablement la géologie et l'astronomie pour pouvoir discuter les systèmes chronologiques et cosmogoniques des peuples et des savans, étudier enfin l'histoire universelle dans toute son étendue et l'histoire des croyances religieuses dans toute sa profondeur : voilà ce que j'ai à faire pour parvenir à l'expression de mon idée... » Cette idée, c'est « la perpétuité, le catholicisme des idées religieuses, la vérité, l'excellence, la beauté du christianisme ». Il y revient en plusieurs endroits de sa correspondance, vers la même époque. Ce n'est pas un de ces mille projets, vagues et en l'air, qui naissent et s'évanouissent dans un brouillard de rêve, au ciel de nos vingt ans : c'est un dessein bien arrêté. Du jour où il a commencé à penser par lui-même, Ozanam a voulu être un apologiste de la religion chrétienne, et il a choisi sa méthode. Son point de vue est celui de l'historien et du lettré ; son système consiste à montrer « la religion glorifiée par l'histoire ».

Tel était le plan de l'édifice. Il est sans exemple qu'une vie d'homme ait suffi à élever en son entier quelqu'une de ces vastes constructions qui sont comme des palais d'idées ; et la vie d'Ozanam fut courte : il mourut à quarante ans. Du moins eut-il le temps d'en achever d'importantes parties. Il est aisé de voir comment chacune se rapporte à l'ensem-

ble et concourt à une même démonstration. Dans la Civilisation au cinquième siècle, *Ozanam, prenant le contre-
pied de la théorie des philosophes du* xviii° *siècle, établit
que le christianisme, bien loin d'avoir été l'ennemi de la
civilisation antique, l'a empêchée de périr, et qu'il a ainsi
sauvé du naufrage la science, les institutions sociales, les
arts. « L'historien Gibbon avait vu sortir des portes de la
basilique d'*Ara Cœli *une procession de franciscains. Il
forma le dessein de venger l'antiquité outragée par la barbarie chrétienne : il conçut l'*Histoire de la Décadence de
l'Empire *romain. Et moi aussi, j'ai vu les religieux d'*Ara
Cœli *fouler les vieux pavés de Jupiter Capitolin; je m'en
suis réjoui comme de la victoire de l'amour sur la force,
et j'ai résolu d'écrire l'histoire du progrès à cette époque
où le philosophe anglais n'aperçut que décadence... » Voilà
l'idée du livre, considéré comme livre d'histoire générale.
« Je ne sais rien, ajoute Ozanam, de plus surnaturel, ni
qui prouve mieux la divinité du christianisme que d'avoir
sauvé l'esprit humain. » Cette méthode était déjà celle des*
Études germaniques. *L'auteur y établit que le génie romain
n'avait pas suffi pour faire l'éducation des peuples du Nord,
que la barbarie allait triompher, si un principe nouveau
n'était intervenu. Mais à mesure que l'ancienne Rome perd du
terrain et des batailles, à mesure qu'elle vit et qu'elle épuise
contre les barbares ses trésors, ses armées, tout ce qu'elle
avait de pouvoir, une autre Rome, toute spirituelle, sans
autre puissance que la pensée et la parole, recommence la
conquête. C'est la conquête de la barbarie gagnée à la civilisation par le christianisme. L'art, la philosophie, la littérature du moyen âge en seront les fruits. A travers la
longue période d'obscure élaboration, Ozanam s'achemine
vers les splendeurs religieuses du treizième siècle où il
trouvera, comme il dit, son paradis : ce sera la matière
de ses livres sur les* Poètes franciscains *et sur* Dante.
*L'œuvre ainsi restituée dans son ordre logique, sinon dans
sa chronologie, — les deux volumes sur la* Civilisation au
cinquième siècle *ne parurent qu'après la mort de leur*

auteur, — présente un ensemble aussi solide que brillant.

On voit tout de suite d'où elle procède. C'est la continua-
tion du mouvement créé par Chateaubriand. C'est l'appli-
cation de l'idée même qu'avait développée et illustrée de
tout l'éclat de son imagination, celui qu'on exalte aujour-
d'hui comme un grand enchanteur, merveilleux ouvrier de
mots et assembleur d'images, mais afin de lui enlever l'hon-
neur d'avoir été un apologiste du christianisme, et l'un de
ceux dont l'action fut le plus efficace. Avec une parfaite
sûreté de coup d'œil, l'auteur du Génie du Christianisme
avait su choisir le terrain sur lequel, à cette date, devait être
portée la discussion. Déjà, au XVIIᵉ *siècle, le Jansénisme,*
en répandant une conception religieuse d'une austérité
admirable mais étroite et dangereuse, avait commencé
d'isoler l'idée chrétienne du sentiment artistique. Le
XVIIIᵉ *siècle fit plus : il les opposa. Le christianisme fut*
présenté comme une religion de barbarie, d'ignorance et
de laideur. On donnait comme preuves : l'organisation de
la société au moyen âge et l'architecture de nos cathédra-
les. C'est contre ce lieu commun de la polémique antireli-
gieuse qu'il fallait réagir : il est difficile de contester que
Chateaubriand y ait réussi. Le christianisme a été source
d'inspiration littéraire et artistique; la beauté des œuvres
qu'il a suscitées sert à prouver la vérité des dogmes sur les-
quels il repose : telle est l'idée dont Chateaubriand, une
fois pour toutes, a fait sa propriété. On lui en a voulu
d'avoir mis trop souvent à une pensée grave une parure
frivole; on a incriminé son épicurisme d'imagination;
même on n'a pas craint de suspecter la sincérité de son
christianisme. Il est clair que de tels reproches ne sauraient
s'appliquer à Ozanam. « Toutes les littératures, sacrées et
profanes, que sont-elles autre chose, se demande-t-il, que
les caractères avec lesquels Dieu écrit son nom dans l'esprit
humain, comme il l'écrit dans le ciel avec les étoiles? »
Voilà la doctrine dans toute sa profondeur, et l'idée dans
sa radieuse pureté.

Formé à l'école de Chateaubriand, Ozanam est profon-

*dément engagé dans le romantisme. J'en pourrais citer
toute sorte de preuves, rien n'étant plus complexe que le
phénomène de l'évolution littéraire auquel on a donné ce
nom de mouvement romantique. Au romantisme Ozanam
doit ce goût de l'histoire qui transformait alors tous les
genres, le drame et le roman, aussi bien que la critique et
la philosophie. Du romantisme vient cette réhabilitation
du moyen âge, que certains, raillés par Sainte-Beuve,
enjolivent et banalisent, dont un Ozanam évoque le chaos
fécond et la confusion créatrice. Et ainsi de suite. J'insis-
terai seulement sur quelques points essentiels, dont le premier est la curiosité pour les littératures étrangères.*

*Cette fois, c'est à Mme de Staël que nous songeons. Son
nom est représentatif de l'introduction en France des littératures du Nord ; mais quand elle publiait son livre de
l'Allemagne, elle ne faisait que consacrer un mouvement
commencé depuis longtemps et désormais irrésistible.
Notre* xviiie *siècle français est tout pénétré de la pensée
anglaise, à laquelle vient s'ajouter, à la veille de la Révolution, la pensée allemande. Le* xixe *siècle avait à installer
dans l'école l'enseignement des littératures étrangères. Ce
fut la nouveauté qu'y apporta Fauriel : c'est la voie où
Ozanam s'engagea après lui. Il savait les langues étrangères, — s'en étant muni de bonne heure, dans le dessein
que j'ai indiqué,— l'anglais et l'allemand, comme l'italien et
l'espagnol ; il avait même une teinture des langues orientales. Ainsi des perspectives s'ouvraient pour lui dans
beaucoup de sens, et lui révélaient tout un monde d'idées
que l'esprit classique avait ignorées, et que peut-être il
n'eût point voulu connaître.*

*A cette forme de l'exotisme s'en rattache une autre : c'est
l'entrée du « voyage » dans la littérature. Le sentiment de
la nature extérieure, tenu en bride par la raison classique,
s'était, comme on sait, affranchi avec Rousseau. Maintenant il était déchaîné. On trouvait, à contempler les champs
et les bois, les montagnes et les mers, des jouissances toutes neuves On s'en donnait à cœur joie de peindre le*

*paysage. On ne se contentait pas d'en goûter le charme, on
lui prêtait une influence, une action historique. Désormais
ce sera la mode de demander au milieu physique le secret
des événements qui s'y sont passés : c'est le décor qui
expliquera la pièce. Le voyage ne sera plus seulement plaisir de badaud : il deviendra moyen d'information pour
l'historien. Au mois d'octobre 1840, ayant à faire un cours
de littérature allemande du moyen âge, Ozanam croit
« nécessaire pour ses besoins d'imagination et pour la satisfaction de sa conscience » de voir, au moins en courant,
les bords du Rhin théâtre de toute cette poésie barbare,
germanique. franque, à l'étude de laquelle il va se livrer.
N'est-il pas curieux de rappeler qu'à la même époque Victor Hugo faisait ce même voyage pour en rapporter les
notes du* Rhin *et aussi les* Burgraves? *Ozanam veut étudier
son sujet sur les lieux mêmes, afin de mettre à profit leur
puissance évocatrice. Une visite à Assise, en 1847, précède
les articles sur les* Poètes franciscains *qui paraissent au*
Correspondant *en 1848. Il a écrit : « Je ne puis me représenter un pays que je n'ai pas vu ; » et ailleurs : « En trois
jours de séjour. j'ai vu trois cents ans d'histoire. » Un
voyage en Sicile le passionne parce que là, plus que partout ailleurs, il retrouve l'antiquité et le moyen âge chrétien. En Bretagne, il voit se lever du sol les souvenirs, les
traditions, les légendes relatives au christianisme. Burgos
met sous ses yeux la scène principale du moyen âge espagnol : c'est la terre des chevaliers, c'est la terre des saints.
Ce besoin d'une vision concrète, cet art de déchiffrer le
contenu idéal qui s'est inscrit dans les choses et de les
interroger comme des survivantes et des témoins du passé,
est très significatif du moment où écrit Ozanam. La nature
et l'archéologie viennent de recevoir leur droit de cité littéraire. On fait connaissance avec l'âme des paysages, la
poésie des ruines, le langage des pierres.*

*Le romantisme est encore le lyrisme : son plus grand
honneur restera probablement d'avoir été une magnifique
école de poètes. Ozanam est naturellement poète. Les ima-*

ges naissent d'elles-mêmes sous sa plume. On en rencon-
tre à chaque page dans sa correspondance : « Nos âmes
sont comme deux jeunes étoiles qui se lèvent ensemble et
s'entre-regardent à l'horizon... » « L'avenir est devant nous,
immense comme l'Océan; hardis nautoniers, naviguons
dans la même barque et ramons ensemble. » Naïves images
que je choisis à dessein dans les premières lettres; on voit
bien qu'elles ne sont pas de factices ornements du langage,
les vaines élégances d'une imagination fleurie : elles sont
l'expression spontanée d'une âme mystique et qui aper-
çoit partout de secrètes correspondances. « La nature dans
sa simplicité, dans sa virginité, est profondément chré-
tienne; elle est remplie de solennelles tristesses et d'inef-
fables consolations... Les montagnes surtout disent beau-
coup de choses à l'âme dont elles sont en quelque sorte
l'image : richesse et nudité, hauteurs sans mesure, abî-
mes sans fond... » C'est pour le croyant que la nature est
une forêt de symboles. Chez Ozanam la poésie ne se sépare
pas de la foi : elle est faite de la même étoffe.

Connaissance des littératures étrangères, sentiment de la
nature, sentiment poétique qui prend sa source dans le
sentiment chrétien lui-même, s'unissent pour faire du livre
sur les Poètes franciscains *le chef-d'œuvre d'Ozanam.*
C'est d'abord la description du pays, l'évocation de la
scène, cette Ombrie, si captivante et déjà théâtre de
grands événements. Puis voici, peinte pour la première
fois, avec toutes les délicatesses d'un pinceau saintement
amoureux, la figure du bienheureux d'Assise: sa folie in-
spirée, son amour de la pauvreté, sa communion avec nos
frères inférieurs, sont analysés par un psychologue qui
n'a pas d'effort à faire pour entrer dans ces secrets d'une
âme toute possédée de la ferveur divine. François meurt et
la basilique qu'on lui élève à Assise sert de berceau à une
renaissance des arts. De Cimabue à Giotto, un cortège de
grands artistes défile devant nous; puis, de la colline
d'Assise nous voyons descendre à leur suite tout une géné-
ration de poètes. Frère Pacifique avait été dans le siècle

un littérateur : c'est lui que saint François, quand il improvisait ses cantiques, chargeait de les réduire à un rythme plus exact. « donnant ainsi un grand exemple de respect pour ces règles de l'art dont les bons esprits ne se dispensent jamais. » Saint Bonaventure rédigea la Légende de Saint François ; *mais surtout on lui doit le culte poétique de la Vierge et la touchante coutume de l'Angelus. « Il voulut que dans toutes les églises de son ordre, à la chute du jour, la cloche sonnât pour rappeler le Salut de l'ange à la reine du ciel. L'Angelus, ce poétique appel parti de l'humble tour des Franciscains, vola de clocher en clocher, pour réjouir le paysan sur le sillon et le voyageur sur la route. » Après lui, Jacopone de Todi, l'auteur du* Stabat, *est un grand poète. Ozanam a peint avec un relief vigoureux la figure aux violents contrastes de cet homme extraordinaire qui passe de l'extase à l'invective et qui, brutalement satirique et trivial dans sa lutte contre Boniface VIII, est le même auquel la liturgie catholique doit sa complainte la plus touchante et la plus suave. Ce dernier, qui laisse ses devanciers loin derrière lui, a le mérite d'ouvrir la voie au plus grand de ses successeurs. Dante le connut et trouva en lui une ébauche de son propre génie. Ainsi l'histoire des poètes franciscains aboutit, comme à son couronnement, à la* Divine Comédie...

Depuis plus d'un demi-siècle qu'a paru ce beau travail, les études franciscaines ont pu se développer et s'enrichir. On n'a pas infirmé les résultats acquis une fois pour toutes par les recherches d'Ozanam. On reviendra toujours à son livre qui fut le premier et conserve un charme incomparable de fraîcheur. Renan l'avait beaucoup lu, et on voit assez qu'il en était tout pénétré, à l'époque où il écrivait ses Etudes d'histoire religieuse. *Ici comme dans le reste de son œuvre, Ozanam a eu le mérite d'exprimer, quand elles étaient neuves et hardies, beaucoup d'idées qui depuis nous sont devenues familières. C'est le vrai succès pour un homme de pensée. De toutes ces idées la plus importante et à laquelle il revient sans cesse est celle de la continuité qui se poursuit, en dépit des apparences, dans l'histoire du genre humain. Il y voyait l'action de la Providence et la main de Dieu dans les affaires des hommes : la science d'aujourd'hui accepte cette idée en se bornant à la dépouiller de son caractère divin. Nos plus récents évolutionnistes témoignent ainsi pour la valeur générale et la « modernité » de l'œuvre d'Ozanam. Écrivain, il a eu, quoiqu'en prose, des dons de poète d'une rare séduction. Et ce qui ajoute aux meilleures de ses pages une suprême grâce, ce qui les éclaire d'un rayon mystique, c'est qu'on y voit transparaître une des âmes les plus lumineuses que le catholicisme puisse citer comme un exemple de la beauté qui lui est particulière.*

René DOUMIC.

Ozanam collégien, Ozanam étudiant :

son apostolat intellectuel

Ozanam collégien, Ozanam étudiant :

son apostolat intellectuel

Un père chrétien, une mère chrétienne, firent de lui
un chrétien ; tous deux pratiquaient, sous son regard,
cette forme d'amour du Christ, qui est l'amour des
pauvres ; et des goûts d'apostolat purent s'éveiller en lui
lorsqu'il voyait sa mère, chaque quinzaine, grouper
autour d'elle les humbles veilleuses lyonnaises qui, sur
la paroisse Saint-Pierre, s'occupaient des malades, et
leur parler des vérités religieuses[1]. Il trouva dans sa
famille une foi, des vertus, des aspirations, plutôt qu'il
n'y trouva sa vocation même. Dans le portrait que trace
de lui l'attachante et magistrale biographie récemment
publiée par Mgr Baunard[2], la spontanéité de cette vocation est mise en pleine lumière. Humainement parlant,
Ozanam nous apparaît comme un autodidacte de l'action
chrétienne. Mais je n'aime pas ce mot, lorsqu'il s'agit du
zèle pour les choses divines ; car chez l'homme qui fait la
besogne de Dieu, la spontanéité n'est qu'apparente ; un
maître intérieur vit en lui, agit en lui, qui est Dieu.

1. Mgr OZANAM, *Vie de Frédéric Ozanam*, p. 626 (Paris, Poussielgue, 1882).
2. Paris, de Gigord, 1912, 4e mille.

L'espérance qu'avaient mise, en leur fils Frédéric, le docteur et M⁻ᵉ Ozanam, demeurait en deçà de ce que Dieu voulait de lui. Ils rêvaient qu'il devînt bon juriste, comme son père était bon médecin, et qu'il restât simultanément — *à côté* si nous osons dire — parfait chrétien. Mais le ferment moral et religieux qu'ils avaient déposé dans son cœur d'enfant recélait d'autres exigences; et devant elles, leurs rêves humains et provinciaux durent s'effacer. Missionnaire de la foi auprès de la science, missionnaire de la foi auprès de la société : voilà ce que peu à peu Frédéric Ozanam voulut être, et voilà ce qu'il fut avec éclat; et dans cette carrière imprévue que ses parents voyaient s'ouvrir devant lui sans qu'ils l'eussent eux-mêmes tracée, ce fut son séjour même au collège de Lyon qui marqua la première étape.

Un livre d'Edgar Quinet, *Histoire de mes idées*, nous a décrit ce qu'était sous la Restauration le collège royal de Lyon. Quinet, qui en fut élève de 1817 à 1820, gardait un souvenir lugubre de ces « voûtes ténébreuses », de ces « portes verrouillées et grillées », de ces « chapelles humides », de ces « hautes murailles qui cachaient le soleil »; mais il se rappelait avec attendrissement comment l'intelligente bonté d'un prêtre avait su, dans ce cadre ingrat, rasséréner ses jeunes années. L'abbé Rousseau, proviseur du collège, avait laissé le petit Quinet se blottir dans une sorte de fourre-tout pour y rêver, pour y lire, pour y vivre de longs jours, en tête à tête avec le Rhône, « beau fleuve rapide, turbulent compagnon ». Et Quinet, près de quarante ans après, écrivait d'une plume émue: « Je ne puis espérer que ce digne homme vive encore. En quelque lieu qu'il soit, je lui adresse ici, du fond de l'âme, ma fervente reconnaissance [1]. » Ozanam, élève externe à partir de 1822, n'eut

---

1. QUINET, *Histoire de mes idées*, p. 225-228. (Paris, Pagnerre, 1858.)

pas besoin, pour se plaire au collège, de nouer avec le fleuve Rhône une romantique camaraderie. Il savait gré à cette respectable maison, non point, comme Quinet, des libertés qu'elle laissait à la fantaisie, mais, tout au contraire, de certaines disciplines intellectuelles dont son âme avait profité. Une gratitude plus profonde encore que celle qu'affectait Quinet pour l'abbé Rousseau rendait chère au cœur d'Ozanam la physionomie d'un autre prêtre, l'abbé Noirot, professeur de philosophie, auquel il devait d'avoir retrouvé la sécurité de sa foi, et, avec elle, le goût de la défendre.

En rhétorique, Ozanam, à force d'entendre parler d'incrédules et d'incrédulité, avait commencé de se demander pourquoi il croyait :

Je doutais et cependant je voulais croire, raconte-t-il dans une lettre du 5 janvier 1830 ; je repoussais le doute ; je lisais tous les livres où la religion était prouvée, et aucun ne me satisfaisait pleinement. Je croyais pendant un ou deux mois, sur l'autorité de tel raisonnement : une objection survenait à mon esprit, et je doutais encore. Oh! comme je souffrais! car je voulais être religieux. Ma foi n'était pas solide, et cependant j'aimais mieux croire sans raison plutôt que de douter, parce que cela me tourmentait trop. J'entrai en philosophie. La thèse de la certitude me bouleversa. Je crus un instant pouvoir douter de mon existence [1].

Mais l'abbé Noirot était là [2]; et l'esprit d'Ozanam se retrouva d'aplomb.

Les leçons de ce prêtre avaient assez d'ascendant pour que plus tard deux de ses élèves, l'un en 1842, l'autre en 1852, jugeassent utile de publier les notes qu'ils en avaient conservées [3] : elles exposaient un système « tout à la fois rationaliste et catholique » [4], dont le cartésianisme était la base et dont le christianisme était la cime. Je ne

---

1. O'MEARA, *Frédéric Ozanam*, p. 11 (Paris, Perrin, 1892).
2. Voir en particulier, sur l'abbé Noirot, EUGÈNE FLOTARD, *Revue du siècle,* 1892, p. 89-99.
3. CLÉMENT GOURJU, *Précis d'un cours de Philosophie élémentaire* (Lyon, Gibertin et Brun, 1842). — TISSANDIER, *Leçons de Philosophie professées au lycée de Lyon par M. l'abbé Noirot* (Lyon, Brun, 1852).
4. CLÉMENT GOURJU, *op. cit.*, p. IX.

crois pas que les philosophes catholiques de l'heure
actuelle s'accommoderaient volontiers d'un tel système,
et l'abbé Noirot, à qui l'on offrit dans sa vieillesse —
sans d'ailleurs qu'il l'acceptât — le rectorat de l'Université libre de Paris, serait sans doute accusé, aujourd'hui,
d'avoir trop délaissé pour la tour d'ivoire cartésienne les
cathédrales intellectuelles du moyen âge. Mais ce maître
de philosophie fut, en son temps, tenu en haute estime
par les autorités de l'éclectisme, et Cousin, qui aimait les
coquetteries faciles à l'endroit des prêtres, se plaisait à
qualifier l'abbé Noirot de premier professeur de philoso
phie de France.

A vrai dire, si l'abbé Noirot n'eût été rien de plus qu'un
excellent répétiteur de l'éclectisme, le prestige dont l'ornait Cousin n'eût pas duré. Mais on pouvait saluer en
lui, avec tout ce que ces mots épanouissent de fraîcheur,
avec tout ce qu'ils recèlent de gravité, un véritable éveilleur d'âmes — un « grand pétrisseur d'âmes »[1] — a écrit
Francisque Sarcey, qui eut pour camarades à l'École
normale plusieurs élèves de Noirot; et telle est la raison
pour laquelle sa grande réputation survécut à la dictature
même de l'orthodoxie cousinienne, et pour laquelle cet
homme d'Église continua d'être respecté, admiré, aimé,
alors que cette orthodoxie d'État était frappée de disgrâce[2].

La personne de l'abbé Noirot avait plus d'action que son
système ; la familiarité de son âme avait plus d'action que
ses leçons ; et si la célébrité de son professorat permit aux
contemporains de parler d'une école lyonnaise, il faut,
pour bien saisir la portée de ce fait intellectuel, relire
une page du professeur Heinrich, un des disciples de
Noirot : « Cette école est insaisissable, écrit Heinrich, si

1. SARCEY, *Souvenirs de Jeunesse*, p. 142 (Paris, Ollendorff, 1885).
2. Ce prêtre passait d'ailleurs pour un esprit singulièrement plus large que
ne l'étaient les philosophes officiels de l'éclectisme ; et l'on en eut la preuve
dans les séances du jury d'agrégation qui refusa Taine et dont Noirot faisait
partie. (Voir H. TAINE, *Sa vie et sa correspondance*, I, p. 128, n. 2. Paris,
Hachette, 1902.)

l'on veut déterminer son système et débattre les articles
de son *Credo;* elle existe, s'il s'agit de l'habitude d'une
sage méthode, du goût pour les idées claires, d'un puis
sant esprit d'analyse, d'un profond sentiment du bien
intellectuel et moral qu'on doit faire à ses semblables, et
généralement d'une foi réfléchie aux dogmes du christianisme [1]. » — « Tout élève qui sortait des mains de
l'abbé Noirot, écrit de son côté Francisque Sarcey, se
reconnaissait aisément. Nous avions à l'École un petit
clan de catholiques très convaincus, très ardents; la
plupart avaient été formés par lui [2]. »

Les promenades que faisaient ensemble, aux environs
de Lyon, l'abbé Noirot et Ozanam confirmèrent, dans
l'âme du jeune homme, la vocation de croyant, et y sus-
citèrent la vocation d'apôtre. « Il mit dans mes pensées,
écrivait Ozanam vingt ans plus tard, l'ordre et la lumière;
je crus désormais d'une foi rassurée, et touché d'un bienfait si rare, je promis à Dieu de vouer mes jours au service de la vérité qui me donnait la paix [3]. » Ainsi
s'acheva, sous le regard d'un maître sagace, la crise intellectuelle d'Ozanam adolescent; elle avait failli tuer le
croyant, et elle faisait naître l'apologiste; et de l'avoir
traversée, ce fut pour Ozanam un bienfait.

L'impiété de l'époque était parfois répugnante. Elle
s'incarnait en certains « petits philosophes », dont parlait
en 1822, un mandement de l'évêque de Troyes, « déjà infa-
tués d'eux-mêmes, déjà doutant de tout, et qui, inter-
rogés gravement par leurs professeurs pour savoir de
quelle religion ils voulaient être, répondaient plus gravement encore qu'ils y réfléchiraient [4]. » Elle s'incarnait,

---

1. HEINRICH, *Notice sur l'abbé Noirot,* p. 15 (Lyon, Riotor, 1888). — CHABOT
et CHARLETY, *Histoire de l'enseignement secondaire dans le Rhône de 1789 à 1900,*
p. 103-107 (Lyon, Rey, 1901).
2. SARCEY, *op. cit.,* p. 142.
3. OZANAM, *La Civilisation chrétienne au V*e *siècle,* avant-propos. (*Œuvres
complètes,* I, p. 2, 2e édit., Paris, Lecoffre, 1862.)
4. Cité dans le livre du vicomte DE GUICHEN, *La France morale et religieuse
au début de la Restauration,* p. 216 (Paris, Emile Paul, 1911). — D'après SAINT-
CHAMANS, *Le croquemitaine de M. de Montlosier,* sur 400 élèves des grandes

surtout, dans ces affreux enfants que nous présente Musset, « crachant le pain de Dieu », se servant de l'hostie pour cacheter des lettres, et « tenant des propos qui auraient fait frémir d'horreur les bosquets immobiles de Versailles »[1]. Supprimez de l'adolescence d'Ozanam quelques mois d'angoisse intérieure ; il eût risqué de méconnaître l'infinie diversité que présentent entre elles les nuances de l'incroyance, de ne pas voir qu'il y a un abîme entre une certaine allégresse de négation, grossière, blasphématoire, et les bouderies parfois inquiètes d'un doute provisoirement invincible. Mais au contraire ces heures de doute, où l'apparente éclipse de l'esprit de foi laissait dans son âme un vide, heures trop douloureuses pour avoir été coupables, préparaient Ozanam à savoir « adoucir toutes les aspérités entre les idées » et à devenir l'un des exemplaires les plus accomplis de ce que Lamartine appelait, à propos de lui, « la charité d'esprit »[2] ; et l'attachant discours de 1843 sur les *Devoirs littéraires des chrétiens*[3] — une des pages qui lui font le plus d'honneur — n'eût pas été tenu, vraisemblablement, s'il n'avait pas un instant douté, ou cru douter. Ozanam lui-même semble nous le confirmer : « On m'accuse quelquefois, s'écriait-il, de traiter avec trop d'indulgence et de douceur ceux qui n'ont pas la foi. Lorsqu'on a passé par les supplices du doute, on se ferait un crime de rudoyer les malheureux auxquels Dieu n'a pas encore accordé la grâce de croire[4]. »

En 1834, dans un article de l'*Univers*, Ozanam dessinera la psychologie du doute, ou plutôt des deux façons de douter, du doute bientôt vaincu, et du doute longuement vainqueur.

écoles, il y en avait tout au plus 15 ou 20, qui faisaient leurs Pâques, encore avec une sorte de mystère et comme en s'en cachant. (DE GUICHEN, *La France morale et religieuse à la fin de la Restauration*, p. 177. Paris, Emile Paul, 1912).

1. A. DE MUSSET, *Confession d'un enfant du siècle*, 1re partie, c. II.
2. LAMARTINE, *Cours familier de littérature*, III, p. 389 (XVIIe entretien), Paris, 1857.
3. OZANAM, *Mélanges*, I, p. 127-147.
4. Mgr OZANAM, *Vie de Frédéric Ozanam*, p. 63.

Heureux, écrira-t-il, celui qui a reçu de profondes semences de vertus, de grands exemples de sagesse, heureux celui qui a toujours chéri la religion de son enfance ! car si les liens dont elle captivait son intelligence viennent à se relâcher, du moins il lui reste attaché par le cœur : le doute lui pèse et il cherche à s'en affranchir ; le combat est douloureux et pénible, il lui coûte de secrètes larmes, bien des angoisses, mais enfin il se termine par la victoire ; un examen respectueux éclaire peu à peu son esprit et bientôt l'inonde de lumières ; si quelque temps la conviction rationnelle lui a manqué, la fidélité morale lui demeurait, le don de Dieu était en lui, et la foi ne l'avait point quitté ; elle s'était voilée seulement, comme pour se faire chercher, comme pour se faire aimer davantage.

Mais il en est beaucoup que la violence d'une imagination précoce, beaucoup que la présomption d'un orgueil juvénile entraîne, et qui croient se faire grands ou heureux, en désertant l'autel où ils avaient appris à prier, en tournant le dos au prêtre qui les avait bénis, pour suivre les diverses doctrines répandues autour d'eux.

Alors ils vont grossir successivement le cortège de tous ceux qui se disent chercheurs de vérité ; ils recueillent successivement les fruits de tous ces arbres de science, plantés de la main des hommes pour devenir semblables à Dieu, mais tous ces fruits sont vides et amers, et plusieurs de ceux qui avaient essayé de s'en nourrir, sentent que ce n'est point assez pour apaiser leur soif et leur faim, et alors ils s'asseyent tristement, et croyant que la vérité n'est pas, parce qu'ils ne l'ont point connue, ils s'endorment affaiblis dans un léthargique sommeil [1].

Les premières leçons de sa famille, et puis l'influence de l'abbé Noirot, avaient à l'avance prémuni Frédéric Ozanam contre le péril d'une telle léthargie : ses premières années de jeunesse furent au contraire des années d'éveil, des années d'action.

* *

Une petite revue, l'*Abeille*, fondée par l'abbé Noirot et quelques autres professeurs, procura de bonne heure à l'écolier l'amusant honneur d'être imprimé. On y trouve, signés de lui, un bon devoir de philosophie sur le nombre

1. *Univers*, 20 février 1834 (article sur les *Souvenirs de Tusculum ou entretiens philosophiques et religieux de deux amis près des ruines de la maison de campagne de Cicéron*, par M. l'abbé M..., ancien sous-précepteur de S. A. R. le duc de Bordeaux).

des facultés intellectuelles [1], et d'amples discours de
rhétorique, comme celui d'un cacique américain à Christophe Colomb [2], celui de Witikind à Charlemagne [3], celui
de Villiers de l'Isle-Adam aux chevaliers de Rhodes [4].
C'est par leur portée religieuse que la découverte de
l'Amérique, la conquête de la Saxe, les luttes méditerranéennes contre l'Islam, intéressent le rhétoricien, et ces
trois harangues d'école dénotent déjà quelque effort pour
replacer les grands faits de l'histoire dans le plan du
règne de Dieu.

Versificateur à ses heures, après avoir aligné quelques
rimes sur la prise de Jérusalem par Nabuchodonosor [5] ou
bien sur un passage de la duchesse de Berri [6], il se laissait fasciner par cette façon de croisade dont l'Algérie
était l'enjeu, et son imagination, s'efforçant à surprendre,
derrière le mystère qui toujours les voile, les destinées
de l'Islam, esquissait en 1830 toute une série d'essais
poétiques sur le désespoir des Maures chassés de Grenade [7], sur le génie de Carthage [8], sur « Agar ou la prophétie accomplie » [9], sur la conquête d'Alger [10]. Une autre fois,
c'est à Jeanne d'Arc, la pastoure de Vaucouleurs [11], qu'il
tressait une couronne de rimes. Il y a de la facilité dans ces
strophes, et une certaine fluidité, qui parfois ne manque
pas d'élégance ; mais on ne croirait pas, à les lire, que le
romantisme était déjà né. Engoncé dans une toilette d'emprunt, qu'on dirait tirée de la garde-robe, déjà fort usée,
du classicisme finissant, le futur historien s'y laisse pres-

---

1. *Abeille*, III, p. 106-116. Quelques-uns des articles d'Ozanam dans l'*Abeille*
furent reproduits dans LEGEAY, *Étude biographique sur Frédéric Ozanam*
(Paris, Lecoffre, 1854).
2. *Abeille*, II, p. 217-220.
3. *Abeille*, II, p. 316-320.
4. *Abeille*, IV, p. 461-465.
5. *Abeille*, IV, p. 68-69.
6. *Abeille*, IV, p. 387-389.
7. *Abeille*, V, p. 51-54.
8. *Abeille*, V, p. 255-256.
9. *Abeille*, V, p. 404-407.
10. *Abeille*, V, p. 414-417.
11. *Abeille*, VI, p. 309-316.

sentir, prompt à acclamer dans la défaite du dey la victoire du Christ. La lumière des Livres Saints, des prophéties bibliques, des promesses évangéliques, était promenée par la jeune pensée d'Ozanam sur le chaos des événements humains, comme est promenée sur le chaos des vagues la flamme scintillante d'un phare : voyez, par exemple, au tome IV de l'*Abeille*, sa curieuse lettre sur la traite des nègres, dont s'occupaient avec quelque zèle les philanthropes et les hommes d'État. Il se rappelle à ce sujet, lui, la malédiction de Cham, le mot fameux de Noé: « Maudit soit Chanaan! qu'il soit l'esclave des esclaves de ses frères! » Voilà l'explication des malheurs des nègres; mais Ozanam a lu l'Évangile, non moins que le Deutéronome ; et sur ses lèvres survient cette demiprière : « Puisse l'œuvre de la médiation divine, qui a renouvelé le monde, anéantir ou du moins adoucir l'effet de la malédiction[1]! »

Le nom d'Ozanam figure, dans *l'Abeille*, au-dessous de deux séries d'études beaucoup plus importantes: d'une part, un sommaire d'histoire de la philosophie, commencé par son ami Fortoul, et dont il rédigea les derniers chapitres ; d'autre part, cinq articles sur « la vérité de la religion chrétienne prouvée par la conformité de toutes les croyances ». Ce philosophe de seize ans est un bon élève de l'abbé Noirot: il vante le respect de Descartes pour la révélation[2]; il constate avec enthousiasme que Bossuet se range parmi les « rationalistes modernes » par son *Traité de la connaissance de Dieu et de soi-même*, et que « le plus grand orateur de la France marche sur les pas du premier de ses philosophes »[3]; Pascal, assez négli-

---

1. *Abeille*, IV, p. 229-231. Peut-être ces pages furent-elles inspirées à Ozanam par un livre de M. l'abbé Marduel, son futur confesseur à Paris, intitulé : *De l'Autorité paternelle, de la Piété filiale et des atteintes portées à ces deux fondements de l'ordre social* (Paris, Blaise, Bricon et Rusand). Au t. I de cet ouvrage, publié en 1828, et dans lequel l'abbé, pêle-mêle, aborde toutes sortes de sujets, on le voit s'interrompre d'un long réquisitoire contre le tutoiement des parents par les enfants, pour expliquer comment la traite des nègres réalise la malédiction de Noé.
2. *Abeille*, IV, p. 115.
3. *Abeille*, IV, p. 195.

gemment traité, est convaincu de « devoir à Descartes
quelques-unes de ses plus belles pensées »[1]; la hideuse
chimère de Spinoza[2], la clameur sacrilège des philosophes[3], sont sévèrement condamnées; mais Kant au contraire est presque glorifié. « Il est beau, écrit Ozanam, de
voir l'auteur d'un système si célèbre proclamer dans un
traité spécial l'accord de la religion avec la raison,
prouver philosophiquement l'existence du péché originel,
de la révélation, de la rédemption, de la grâce même; il
est beau, dis-je, de voir dans l'auteur de l'éclectisme
moderne un nouveau défenseur du christianisme[4]. » Une
double apostrophe termine ce bon travail d'élève :
« Défenseurs du christianisme, soyez philosophes; disciples de la philosophie, soyez chrétiens![5] » L'abbé Noirot
put sentir, en voyant cette touchante naïveté d'élan,
qu'Ozanam l'avait bien compris.

Si l'apprenti philosophe semble jurer fidélité, tout
ensemble, à la raison de Descartes et à la foi du Christ,
l'amateur d'histoire que révèlent, à son tour, d'autres
articles de l'Abeille, paraît préoccupé, tout au contraire,
de chercher des arguments pour la foi, non point dans
l'exercice solitaire du raisonnement individuel, mais dans
la constatation du témoignage universel; de grouper, aux
approches du porche de l'Église, dans une attitude expec-
tante et déférente, les croyances religieuses et morales
de tous les peuples; et de dessiner ainsi vers la vérité
chrétienne une sorte d'avenue, pareille, à certains égards,
à celle qu'avait tracée le baron d'Eckstein, entre 1825 et
1830, dans ses doctes articles du Catholique[6]; pareille,
aussi, par certains de ses aspects, à celle que traçaient,
à la même époque, les représentants du traditionnalisme,
et qu'ils ne surent point parcourir sans y faire quelques

1. *Abeille*, IV, p. 194.
2. *Abeille*, IV, p. 371.
3. *Abeille*, IV, p. 379.
4. *Abeille*, IV, p. 441.
5. *Abeille*, IV, p. 447.
6. Sur l'action qu'exercèrent ces articles d'Eckstein, voir CARNÉ, *Souvenirs
de ma jeunesse au temps de la Restauration*, p. 162-167 (Paris, Didier, 1872).

faux pas. Dans les livres que pêle-mêle il consulte, ce savant de dix-sept ans trouve les éléments de quatre longs chapitres ; il les intitule : « De l'histoire sacrée et des croyances historiques ; des dogmes religieux et des mystères ; la morale des diverses religions ; des pratiques religieuses ». Un cinquième chapitre, qui affecte l'allure d'une synthèse, se présente comme une « conclusion ». L'effort de pensée du jeune homme se résume en ces intéressantes formules :

Toutes les religions en général présentent deux éléments bien distincts : l'un unique, primitif, universel, dû à une seule et même cause, et c'est l'élément chrétien ; l'autre multiple, postérieur et spécial, dû à des causes diverses et individuelles, et c'est l'élément mythologique.

Ozanam insiste sur le caractère local et particulariste des diverses mythologies, et puis il continue :

La religion chrétienne est réellement universelle, c'est-à-dire *catholique*; et en se proclamant telle, elle proclame sa vérité : car la vérité est essentiellement une pour tous les temps et pour tous les lieux. Il est donc non seulement téméraire, mais encore égaré, celui qui prétend que tout culte est également juste et bon ; elle est donc seule véritable, la croyance qui s'annonce catholique ; et comme, pour maintenir cette unité de doctrine, il faut une autorité, un tribunal, il reste hors de doute que la foi de l'Église romaine est la seule véritable [1].

De telles études, si imparfaites et fragmentaires fussent-elles, étaient parfaitement appropriées à l'état d'esprit de la jeunesse d'alors. Si nous envisageons, par exemple, comme l'un des types représentatifs de cette jeunesse, le « libéral » Alphonse d'Herbelot, dont M. de Lanzac de Laborie publiait naguère la correspondance ; si nous observons que, fort éloigné d'un voltairianisme vulgaire, il portait volontiers sa curiosité sur les diverses religions, et que, tout en trouvant le catholicisme bien malade[2], il l'estimait beaucoup, mais en homme du dehors, nous devrons constater, finalement, que son con-

---

1. *Abeille*, VI, p. 292.
2. *Lettres d'Alphonse d'Herbelot à Charles de Montalembert et à Léon Cornudet* (1828-1830), p. 170, Paris, Picard, 1908.

tact avec la culture religieuse des diverses époques et des
diverses latitudes avait brouillé d'Herbelot avec la notion
même d'une vérité absolue et l'avait plutôt acheminé vers
l'ignorance de l'au-delà que vers le sanctuaire.

> Je crois, écrivait-il, que le christianisme est la foi la plus pure
> qui ait paru dans le monde, et la meilleure, par conséquent, mais
> qu'en général toutes les religions sont des dons et des inspirations
> de Dieu, proportionnées aux différents degrés de civilisation qui les
> reçoivent, et qu'ainsi chacune a sa vérité, sa convenance, puis-
> qu'elle vient d'en haut. Je croirais assez que la plupart des dogmes
> ne sont que des symboles de certaines vérités qui se retrouvent
> dans tous les cultes avec plus ou moins de lumières et de clartés,
> selon l'état intellectuel des divers croyants [1].

Confrontons avec cette conclusion sceptique les certi-
tudes que glorifie Ozanam ; de leurs façons différentes
d'interroger l'horizon religieux de l'humanité, Ozanam et
d'Herbelot ont déduit des réponses différentes. Les conclusions d'Alphonse d'Herbelot demeuraient empri-
sonnées dans le secret de ses lettres ; celles d'Ozanam
s'en furent trouver tous les lecteurs de l'*Abeille* et
retinrent peut-être quelques-uns d'entre eux sur la pente
où glissaient les esprits comme d'Herbelot.

Ozanam concluait en ces termes :

> Heureux d'être nés dans le sein de l'Église, d'avoir été nourris
> de ses enseignements, jeunes gens, soyons-lui fidèles, et, éclairés
> par le flambeau de la philosophie et de la religion, formons une
> belle génération de vrais Français, de vrais sages, de vrais chré-
> tiens [2].

Il n'avait remué tant de vieux livres, frôlé par son érudition précoce le seuil de tant de sanctuaires, que pour
recommander à ses jeunes lecteurs cette bonne résolution. Remarquez-y les deux mots, philosophie et religion, juxtaposés avec une sorte de ferveur ; le culte
d'Ozanam pour la philosophie était alors si profond,
j'allais dire si dévot, qu'il écrivait dans un autre article de
l'*Abeille* : « Ce n'est pas seulement dans l'étude de l'esprit
humain que les philosophes se sont couverts de gloire.

---

1. D'HERBELOT, *op. cit.*, p. 169.
2. *Abeille*, VI, p. 292.

La littérature, la religion, la morale, ont aussi eu leurs grands hommes, qui n'ont été grands que parce qu'ils avaient puisé leurs connaissances dans la philosophie[1]. » Phrase curieuse, phrase naïve, par la fougue d'intellectualisme dont elle est l'épanchement : il semblerait, à prendre ces deux lignes au pied de la lettre, que les grands hommes de la religion ne furent grands qu'en raison de leur éducation philosophique et dans la mesure de cette éducation.

La philosophie, en l'espèce, c'était, pour le jeune Ozanam, la doctrine de l'abbé Noirot. Lorsque, plusieurs mois durant, des raisons de santé forcèrent ce prêtre à se faire remplacer par un suppléant qui faisait apprendre par cœur des leçons de Laromiguière, Ozanam écrivait à son ami Fortoul : « Je ne trouverai jamais dans Laromiguière le transport, l'extase, le ravissement intellectuel que j'éprouvais en entendant M. Noirot[2] ». Et courant chez l'abbé Noirot, Ozanam lui demandait un plan de lectures. Noirot traçait ce plan. La grande philosophie médiévale n'y tenait malheureusement aucune place ; le jugement trop peu nuancé, trop sommaire, qu'Ozanam portera plus tard sur elle[3], ne sera que l'écho de l'ignorance un peu dédaigneuse où l'avait, à cet égard, laissé l'abbé Noirot. L'abbé lui conseillait de commencer par le physiologiste Richerand, par Bacon, Locke, Bonnet, Condillac, puis de continuer par Platon, Descartes, Leibnitz. Ozanam tressaillait de joie : se mieux pénétrer, se mieux approfondir, à la lumière, changeante et diverse, que lui prêteraient ces divers penseurs, cela le rendait gravement heureux.

Philosophie, écrivait-il à Fortoul, c'est pour moi la source des plus doux plaisirs, et, dusses-tu m'accuser d'orgueil, ce n'est pas sans une sorte de pitié que je regarde ceux qui vont chercher le

1. *Abeille*, III, p. 215.
2. Lettre inédite d'Ozanam à *Fortoul*, 22 janvier 1830.
3. OZANAM, *Mélanges*, I, p. 376-377 ; cf. p. 374, le plaisir que paraît éprouver Ozanam à collectionner les citations des premiers Pères contre cet Aristote qu'il appelle ailleurs (p. 431) une autorité usurpatrice vieille de 2.000 ans.

plaisir dans le tumulte du monde, tandis qu'il est là au fond du
cœur, dans le moi pensant. Christianisme et philosophie ! Je n'ai
jamais rien vu, ni senti, qui s'associât si bien pour le bonheur de
l'homme. C'est désormais ma devise. J'aime à tâcher de tout-
faire rentrer dans ce cadre immense, dont le titre serait Philosophie.

Dans un coin de ce cadre, dont l'immensité même sédui-
sait l'avide bonne volonté d'Ozanam, Noirot aménageait une
place pour l'économie politique et sociale[1]. C'était alors
une idée neuve : elle devait réussir et plaire dans cette
cité lyonnaise où dès 1819 l'Académie locale s'intéressait
au grand problème du paupérisme et de l'aumône et mettait en honneur la science philanthropique du baron de
Gerando. L'abbé Noirot, dupe à certains égards du libéralisme économique et de ses arrogants espoirs, s'évadait,
cependant, de la tyrannie doctrinale qu'exerçaient alors
les économistes d'outre-Manche. Car il partait de ce
principe, que les sciences sociales devaient s'appuyer
sur la connaissance de l'âme autant que sur les lois qui
régissent la production, la consommation ou l'échange [2] ;
et c'en était assez pour qu'il se refusât à considérer les
nations comme de simples ateliers de production ; l'homme,
comme une simple machine à consommer et à produire.
Dès lors qu'on s'adonne à la connaissance de l'âme, on
cesse de voir en l'homme un outil : Noirot planait, tout
naturellement, au-dessus du matérialisme économique.

Le jeune Ozanam, dans l'*Abeille*, n'aborde pas encore
ces problèmes délicats, vers lesquels en 1848 il devait se
porter avec tant d'ardeur[3], mais le futur apôtre de la cha-

---

1. ROUGIER, *L'Économie politique à Lyon*, 1750-1890, p. 491 (*Société d'Économie politique et d'Économie sociale de Lyon : compte rendu analytique des
séances de l'année 1889-1890*). Cf. GEORGES MICHEL, art. *Noirot*, dans LÉON SAY
et CHAILLEY, *Dictionnaire d'Économie politique*, II, p. 393-394; AYNARD,
Préface au livre de JOSEPH BUCHE, *L'abbé Rambaud, de Lyon, sa vie, ses
œuvres sociales*, p. X-XI. (Lyon, Camin et Masson, 1907); et voir dans TISSANDIER,
op. cit., p. 283-293, la leçon de Noirot sur le droit de propriété.

2. ROUGIER, *op. cit.*, p. 519. En 1849, l'avocat Grandperret, disciple de Noirot,
plus tard garde des sceaux et sénateur inamovible, signalera, dans un discours de réception à l'Académie de Lyon, la nécessité d'une réaction contre
les économistes anglais (ROUGIER, *op. cit.*, p. 520).

3. Falconnet, lui, élève aussi de Noirot, publiait dès 1836 un ouvrage : *De la
moralisation des classes industrielles*.

rité lançait déjà quelques cris d'appel dans un article qui s'intitulait « La générosité », et qui réclamait des secours pour les incendiés des Brotteaux. « Heureux serions-nous, terminait l'éloquent quêteur, si par ce peu de lignes nous ouvrions de nouvelles sources aux besoins de l'indigence, heureux, si, dociles à notre faible voix, la dédaigneuse opulence, le lâche et honteux égoïsme n'étaient plus sourds aux cris de l'infortune [1]. » Ozanam n'avait que seize ans lorsqu'il émigrait un instant des hautes spéculations où l'attirait Noirot, pour se faire en quelques pages l'avocat des pauvres. Quelque attrait qu'il éprouvât pour la philosophie, il ne s'y cantonnait pas en jouisseur. L'exemple de son père et de sa mère visitant les malheureux ; l'exemple d'un de ses professeurs d'humanités, Idt, s'en allant porter au curé de Saint-Nizier, pour le tronc des pauvres, les 25 louis de gratification qu'il avait reçus comme censeur des journaux [2] ; l'exemple, enfin, de l'abbé Noirot lui-même, affermissaient dans cette jeune âme, si prématurément éprise du savoir, les intimations souveraines du christianisme, et lui défendaient de déserter, pour la volupté de la pensée pure, les souffrances des êtres humains, et de se rassasier d'une connaissance qui ne se tournât point à aimer.

Au collège de Lyon, quelque épais qu'ils fussent, les murs avaient des oreilles ; les rumeurs du pays, celles que tolérait la Restauration, celles surtout, peut-être, qu'elle étouffait, étaient guettées par la jeunesse écolière. Nous en avons la preuve dans les rapports policiers de l'époque : nous y apprenons, par exemple, que le 28 février 1827, le bon abbé Rousseau dut mettre 17 élèves à la porte. Leur crime était une proclamation révolutionnaire, dans laquelle

1. *Abeille*, III, p. 403-405.
2. SEBYAN DE SUGNY, *Revue lyonnaise* (1855), X, p. 493.

ils murmuraient à l'oreille fiévreuse de leurs camarades :
« Silence, liberté! voilà notre devise! A demain : le bonheur
nous appelle ! le génie de la République nous attend ! »
Leur expulsion, sans doute, n'apaisa pas tous les agités ;
car six semaines plus tard, le 12 avril, le directeur de la
police prenait la peine d'écrire au ministre : « Si les élèves
nouveaux se disent religieux ou royalistes, on les tourmente jusqu'à ce qu'on ait obtenu une sorte de rétrac-
tation et un changement réel dans leurs dispositions [1]. »
Ozanam, grâce à l'externat, ne fut pas en butte, semble-t-
il, à ces vexations gamines qui peut-être, autour de lui,
troublèrent et dévièrent des existences.

Rien ne laisse croire que dès le collège il se soit occupé
de politique. Mais la révolution de 1830 ne pouvait le
laisser indifférent ; et sa méthode pour la juger, c'était de
chercher quelle place elle tenait, soit pour les seconder,
soit pour les contrecarrer, dans les mystérieux plans
divins. Il discutait là-dessus avec son ami Materne. Il
semble que celui-ci ne tempérait d'aucune réserve sa
juvénile admiration pour les vainqueurs de Juillet ;
Ozanam était plus prudent, plus subtil.

Oui, mon ami, écrivait-il à Materne, la religion s'accorde avec
la liberté. Vois les Suisses, vois les Polonais, vois les Américains
du Sud! La religion et la jeune France devraient se rapprocher, se
réunir ; mais malheureusement je les vois se séparer, se repousser
mutuellement tous les jours par une malveillance réciproque. D'un
côté, paroles et actions dangereuses, suspectes, de la part du clergé.
Du côté de l'autorité, abnégation du catholicisme comme religion
de l'Etat, injures publiées contre la religion sans aucune répression
de la part du gouvernement, suppression du traitement des cardi-
naux contre la stipulation du Concordat, renversement scandaleux
des Croix de mission, dénonciation extraordinairement âcre de
M. Pons de l'Hérault, tout cela contribue à augmenter le mécontentement mutuel. Au lieu d'entrer dans une voie de conciliation et de
se faire des concessions réciproques, on se chicane, on se vexe, on
se harcèle, on dirait des ennemis en personne, et la cause de cela ?
le préjugé commun que la religion catholique est la sœur du despotisme, l'ennemie de la liberté.

1. CHABOT et CHARLÉTY, op. cit., p. 99-100.

Avec plus de pétulance que de logique, Materne insinuait que la révolution de 1830, permise par Dieu, était dès lors voulue par Dieu : de là à la qualifier de fait providentiel, il n'y avait qu'un pas ; et Materne l'avait franchi. Mais le sage Ozanam remettait les choses au point.

J'adopte parfaitement tes idées providentielles, lui signifiait-il. Mais je fais une distinction. Je regarde comme légitime tout ce qui est providentiel, comme providentiel tout ce qui est durable. Ainsi je regarde comme providentiel 1789, parce qu'il dure encore, parce qu'il continue son action ; je regarde comme purement humain 1793, qui n'a duré qu'un an. Je regarde comme providentiel et légitime le règne de Napoléon, et comme humain et illégitime sa domination de cent jours. C'est pour cela encore qu'aujourd'hui que tous les jeunes proclament *la glorieuse révolution*, je tâche de me faire vieux, et je regarde, j'attends, j'observe ; dans dix ans d'ici, je te dirai ce qu'elle a renfermé de légitime et d'illégitime, de providentiel et d'humain [1].

Les ardeurs politiques de Materne ne laissaient pas d'effrayer Ozanam ; il craignait que son ami ne pardonnât trop aisément les passions antireligieuses, parfois féroces, auxquelles se laissaient aller les triomphateurs de la veille.

Si je te donne un conseil, lui écrivait-il un autre jour, c'est celui de te défier des hommes de ton parti politique, qui, ne sachant pas comprendre l'accord du catholicisme et de la liberté, réunissent tous leurs efforts pour abattre notre divine religion et mettre le protestantisme ou encore le déisme à sa place. Leur prétendue tolérance consiste à abattre les croix et fusiller les fidèles à genoux aux pieds de leur Dieu. Tout cela, disent-ils, pour exécuter le Concordat, qu'ils violent à chaque instant. Honte à eux! ou plutôt puissent-ils revenir à de meilleurs sentiments [2] !

Ozanam sentait chaque jour d'une façon plus nette la difficulté de connaître et de juger les faits politiques dont il percevait l'écho lointain. Et cependant son ami Fortoul, son ami Hippeau, qui vivaient à Paris, qui étaient témoins de ces faits, lui écrivaient pour connaître son opinion; ces deux Parisiens interrogeaient ce Lyonnais.

1. Ozanam à Materne, 29 novembre 1830 (lettre inédite).
2. Ozanam à Materne, 19 avril 1831 (lettre inédite).

Suspendus entre un passé qui s'écroule et un avenir qui n'est pas encore, leur répondait Ozanam le 15 janvier 1831, vous vous tournez tantôt vers l'un pour lui adresser un dernier adieu, tantôt vers l'autre pour lui demander : qui es-tu? Et comme il ne répond point, vous vous efforcez de pénétrer ses mystères, votre esprit s'agite en mille sens, se ronge, se dévore, et de là résulte un malaise invincible, inexprimable. Au milieu de ces travaux intellectuels, au milieu de cette agitation profonde qu'éprouve comme vous toute la capitale, vous songez à ce petit Ozanam, anciennement votre camarade de collège, aujourd'hui pauvre clerc de la basoche, maigre disciple de la philosophie, vous voulez savoir ce qu'il pense, ce qu'on pense autour de lui.

Il se confessait singulièrement embarrassé pour satisfaire ses deux amis. Prêtant l'oreille aux conversations des Lyonnais, il y trouvait peu de lumière, et constatant la médiocrité de la vie provinciale, il écrivait tristement : « L'ordre matériel, une liberté modérée, du pain et de l'argent, voilà tout ce qu'on veut. » Lisant les récits souvent trompeurs des journaux, épiant les raisonnements plus absurdes encore des politiques, il désespérait de ces « mauvaises lunettes ». Alors, que faire? Ozanam confiait à ses deux correspondants sa résolution, bien simple et bien modeste, de se réserver, de se préparer.

Prendre patience, leur disait-il, lire les nouvelles simplement pour savoir ce qu'on devient, me tenir autant que possible renfermé dans ma sphère individuelle, me développer à l'écart, étudier beaucoup maintenant en dehors de la société, pour pouvoir y entrer ensuite d'une manière plus avantageuse pour elle et pour moi : voilà le plan que j'ai eu besoin de former, que M. Noirot m'a encouragé à exécuter, et que je vous conseille d'adopter... Pendant que la tempête renversera bien des sommités, grandissons dans l'ombre et le silence pour nous trouver hommes faits, pleins de vigueur, quand les jours de transition seront passés et qu'on aura besoin de nous. Comme vous, je sens que le passé tombe, que les bases du vieil édifice sont ébranlées et qu'une secousse terrible a changé la face de la terre. Mais que doit-il sortir de ces ruines? La société doit-elle rester ensevelie sous les décombres des trônes renversés, ou bien doit-elle reparaître plus brillante, plus jeune et plus belle? Verrons-nous *novos cielos et novam terram?* Voilà la grande question. Moi qui crois à la Providence et qui ne désespère pas de mon pays, comme Charles Nodier, je crois à une sorte de palingénésie. Mais quelle en sera la forme, quelle sera la loi de la société nouvelle? Je n'entreprends pas de le décider.

Il était trop jeune, trop incertain de son jugement, et
même de son droit de tout juger, pour se permettre de
jouer au prophète; mais sa lettre n'était pas finie. Si
jeune fût-il, il avait bien le droit du moins, en tant que
chrétien, parce que chrétien, de s'assigner, au milieu des
ruines, une besogne constructrice, et il expliquait à ses
deux amis qu'au nom même de la notion de Providence,
au nom de cette idée que la Providence n'avait pu abandonner l'humanité, il voulait « chercher, dans les ruines
de l'ancien monde, la pierre angulaire sur laquelle on
construirait le nouveau ». Il développait tout un plan de
recherches sur la religion primitive, qui impliquait la
connaissance d'une douzaine de langues, de la géologie,
de l'astronomie, des cosmogonies, de l'histoire universelle. « Voilà deux ans, déclarait-il, que cette idée surabonde dans mon esprit »; et nous avons vu qu'il avait
déjà, dans l'*Abeille*, publié le résultat de ses premiers
tâtonnements. Mais sans hâte, il prendrait le temps
d'aboutir : s'il voulait à trente-cinq ans faire un livre, il
lui fallait, dès maintenant, commencer. Il avouait à ses
deux amis le doute qui l'avait jadis ébranlé; mais il avait
retrouvé « la Colonne du temple, le catholicisme de sa
mère »; et s'il avait retrouvé cette colonne, ce n'était pas
pour lui seul, il voulait « la montrer comme un phare »;
et pour cette œuvre-là, après avoir pris avis de Noirot, il
souhaitait expressément que ses amis lui prêtassent
aide.

Nous joindrions nos efforts, les suppliait-il, nous créerions
une œuvre ensemble, d'autres se réuniraient à nous, et peut-être un
jour la société se rassemblerait-elle tout entière sous cette ombre
protectrice; le catholicisme, plein de jeunesse et de force, s'élèverait tout à coup sur le monde, il se mettrait à la tête du siècle
renaissant pour le conduire à la civilisation, au bonheur[1]!

Un mois se passait : Ozanam attendait de ses deux correspondants une adhésion joyeuse; elle ne venait point.

---

[1]. Ozanam à Fortoul et H., 15 janvier 1831 (*Lettres de Frédéric Ozanam*,
8ᵉ éd., I, p. 1-9 (Paris, de Gigord, 1912).

Fortoul, malgré les conseils de Noirot, se lançait éperdu-
ment dans des spéculations de métaphysique pure; ni lui
ni Hippeau ne paraissaient bien empressés d'organiser en
faveur du christianisme cette immense comparution de
tous les peuples, de toutes les religions, dont le jeune
Ozanam réglerait le protocole, pour la plus grande gloire
du Christ. Un cousin d'Ozanam, Falconnet, s'attelait plus
allègrement à cette besogne, ramassait des notes, « confuses, inachevées », que vingt ans plus tard il gardait
encore, se comportait comme « un frère de foi et d'études,
un frère d'âge et de projets »[1]. Mais le long silence de
Fortoul et d'Hippeau pesait à Ozanam; il les pressait de
nouveau, dans une lettre du 15 février 1831; il leur repar-
lait des sentiments qui se partageaient son âme : d'une
part, le « rêve d'un avenir de gloire et de bonheur »,
d'autre part, l'impression que « la barbarie et la désola-
tion approchaient ». Mais finalement, la confiance préva-
lait sur l'angoisse, et Ozanam reprenait :

Je me dis qu'il est grand, le spectacle auquel nous sommes
appelés ; qu'il est beau d'assister à une époque aussi solennelle; que
la mission d'un jeune homme dans la société est aujourd'hui
bien grave et bien importante. Loin de moi les pensées de découragement! Je me réjouis d'être né à une époque où peut-être j'aurai
à faire beaucoup de bien, et alors je ressens une nouvelle ardeur
pour le travail.

Ce travail, il le définissait à nouveau, « la perpétuité,
le catholicisme des idées religieuses, la vérité, l'excellence, la beauté du christianisme[2] ». On avait interrogé
Ozanam sur la politique du jour; il songeait, lui, dans ces
deux lettres successives, à préparer, par la démonstration
du christianisme, les futures reconstructions sociales. Il
ne planait au-dessus du présent que pour mieux travailler
en vue de l'avenir.

1. Lettres d'Ozanam, I, p. 26. Sur Ernest Falconnet (1815-1891), voir ROUS-
TAN. Lamartine et les catholiques lyonnais, p. 96-106 (Paris, Champion, 1906).
2. Lettres d'Ozanam, I, p. 10-13.

A Lyon même, pour cette tâche de longue portée, il faisait une recrue, dans la personne d'un jeune apprenti industriel, Léonce Curnier. Ils se connurent, un jour, dans un atelier de dessin, où leurs deux voix s'élevèrent, sans s'être concertées, pour répondre à des plaisanteries impies ; et leurs deux saillies, vengeresses du Christ, créèrent entre eux une amitié dont profitèrent plus tard les conférences de Saint-Vincent de Paul[1].

Ce tout jeune homme avait un souci très grave des jeunes âmes ; Falconnet se rappelait, un quart de siècle plus tard, cette « parole ferme, pure et tendre » qui avait souvent « guidé ses pas, redressé sa route, aidé son âme »[2]. On était l'ami d'Ozanam dès qu'on aimait les âmes avec lui, et l'on devait, alors, s'associer à ses empressements, à ses scrupules, à ses condescendances déjà paternelles et qui parfois tremblaient frileusement. Materne, un jour, voulait faire paraître un article où certains abus des cérémonies religieuses étaient signalés avec quelque malice. « Je sais, lui écrivait Ozanam, qu'il ne faut point juger les choses d'après l'abus qui en a été fait. Mais tu connais la malignité de l'esprit des jeunes gens ; ils saisiront avec empressement le charbon qu'on leur aura jeté, et Dieu sait s'ils ne se brûleront pas les doigts[3]. » Et l'ami Materne était informé que son petit article n'aurait pas la gloire de l'impression.

Le plan d'une action chrétienne collective, à laquelle toutes les velléités littéraires de ses amis devaient être subordonnées, obsédait le jeune Ozanam ; il ne permettait pas qu'on y dérogeât, et tandis qu'au fond de son étude

1. CURNIER, La Jeunesse de Frédéric Ozanam, p. 20-22. Paris, Hennuyer, 1890. On verra plus tard Curnier, sous l'influence sans doute d'Ozanam, devenir une façon de sociologue, tracer devant un congrès scientifique tout un plan nouveau d'éducation professionnelle, plan vraiment précurseur, destiné à mettre un terme à l'anarchie de l'industrie. (CURNIER, Considérations sur la nécessité de l'éducation professionnelle pour l'industriel et sur les moyens d'en répandre les bienfaits, présentées au congrès scientifique de 1844. Nîmes, Ballivet et Fabre, 1845.)

2. Falconnet à Mme Ozanam, 9 novembre 1854 (lettre inédite).

3. Ozanam à Materne, 19 avril 1831 (lettre inédite).

d'avoué s'étiraient les longues heures durant lesquelles
il grossoyait des actes judiciaires, c'est à cette action
chrétienne collective que le jeune Ozanam rêvait.

*
* *

A l'heure même où Ozanam conviait ses amis à retrouver avec lui les titres de la vieille religion, afin qu'elle
devint l'assise des sociétés futures, d'étranges apôtres
descendaient vers Lyon : vêtus d'une tunique bleue
qu'une ceinture serrait à la taille, coiffés d'une toque ou
d'un béret, étalant avec somptuosité les broussailles de
leur barbe et celles de leur chevelure, ils conquéraient,
par l'éclat même de leurs bizarreries, l'admiration des
petits enfants qui les trouvaient beaux et qui disaient tous:
« Quand nous serons grands, nous irons avec eux, et nous
aurons aussi de beaux costumes[1]. » Ces hommes qu'ainsi
suivaient les petits enfants, c'étaient les disciples de
Saint-Simon, et ils s'avançaient, nous dit Ozanam, pour
« annoncer la chute du Dieu des chrétiens, et élever sur
les débris de la vieille croyance une religion neuve, puissante pour le bonheur de l'humanité »[2]. Le saint-simonisme, plusieurs années durant, allait être attiré par la
cité lyonnaise, « le plus grand foyer de production et
d'économie, écrivait en 1832 Michel Chevalier, dont
s'enorgueillit le continent européen », par cette ville où,
disait-il encore, « il n'y a pas une pierre, pas une cheville,
pas un clou, qui ne soit posé dans un désir de travail » ; le
saint-simonisme, expulsé de Paris, à l'automne de 1832,
par la condamnation d'Enfantin, devait traiter Paris de
« prison », s'en aller vers Lyon, et tenter de « faire avec

---

1. SÉBASTIEN COMMISSAIRE, *Mémoires et Souvenirs*, I, p. 32 (Lyon, Meton,
1888).
2. OZANAM, *Réflexions sur la doctrine de Saint-Simon*, p. 2 (Lyon, Périsse,
1831). Cette étude a été réimprimée au t. I des *Mélanges*, p. 271-358.

les canuts, les mineurs, les mariniers du Rhône et de la
Saône, une chaîne électrique, le long de laquelle circu-
leraient la confiance et l'espoir » '. Tout au début de cette
propagande qui eut probablement un rôle, encore mal
précisé, dans les grandes insurrections lyonnaises de
1831 et 1834, s'éleva, comme un essai d'obstacle, la voix,
presque enfantine encore, mais déjà fière et grave, d'Ozanam. L'émoi du jeune homme se comprend : il avait cal-
culé tout récemment qu'il lui fallait au moins dix-sept ans
pour son œuvre d'apologétique ; et voilà qu'une religion
nouvelle, impétueuse et bruyante, allait circuler, parader,
s'afficher, comme si l'autre était morte, morte à tout
jamais.

Une lettre de Michel Chevalier au *Journal du commerce
de Lyon*, datée du 16 avril 1831, annonça l'arrivée prochaine de ces inquiétants apôtres : ils s'appelaient Laurent, Jean Reynaud, Pierre Leroux[2]. Dans son numéro
du 29 avril, le *Précurseur*, organe des libéraux lyonnais,
leur souhaitait la bienvenue : « Comme gens de ferme
conviction, déclarait ce journal, ils ont le droit de chercher à répandre ce qu'ils croient être la vraie lumière;
comme gens de talent, ils ont le droit d'être écoutés. » La
première prédication, donnée par Laurent le 3 mai,
s'inaugura par un réquisitoire contre le libéralisme,
« impuissant à créer la liberté », et s'acheva par une
attaque contre le christianisme, « impuissant à créer
l'ordre et à ruiner la domination de l'esprit guerrier ».
Le *Précurseur*, tout en s'essayant à réfuter les critiques
adressées aux libéraux, déclarait pourtant, avec un sourire de complaisance, que le saint-simonisme leur appren
drait « à se donner pour but de leurs efforts l'émancipa-

1. MICHEL CHEVALIER, *A Lyon*, Proclamation (23 novembre 1832). *Courrier
de Lyon*, 21 janvier 1833. ALAZARD, *Revue d'Histoire Moderne et Contemporaine*,
juillet-août et novembre-décembre 1911. CHARLETY, *Histoire du saint-simonisme* (1825-1864), p. 137 (Paris, Hachette, 1896).
2. La plupart de nos renseignements sur cette première descente des saint-
simoniens à Lyon en 1831 sont empruntés aux articles de M. H. BUFFENOIR
(*Revue Bleue*, 18 et 25 septembre 1909).

tion et la prospérité des classes populaires, à honorer le travail et à frapper de honte l'oisiveté ». Mais Jean Reynaud, lui, ne s'attardait point à tenter l'éducation des libéraux, si malléables fussent-ils; il s'en allait droit aux prolétaires: il les haranguait, tantôt dans quelque chambre de tisseur, tantôt dans les salles publiques; il leur dénonçait, avec un sarcasme, cette « propriété dont la gloire passe et dont le règne expire ». Ses fiévreuses déclamations interpellaient, apostrophaient, bousculaient la ville même de Lyon. « N'auras-tu jamais, lui demandait-il, que des habitations infectes et des rues croupissantes pour ceux dont le travail te fait si vaste et si riche? » Et Jean Reynaud dressait l'image de la cité future, où, au lieu « d'ouvriers voués à la misère et à un abrutissement héréditaire », on verrait des « hommes religieusement unis, harmonieusement classés, justement rétribués, qui appliqueraient leur puissance sur le globe pour en jouir eux-mêmes ». Trois mois durant, ces conférences durèrent; elles rassemblaient en général de 1.200 à 2.000 personnes; et ces tribuns puissants et baroques, en descendant vers le Midi, devaient laisser à Lyon, derrière eux, un certain groupe d'adhérents, recrutés plutôt parmi une « élite » que dans les couches profondes du peuple[1], et constitués déjà, selon le rite saint-simonien, en un « degré préparatoire ».

Légitimistes et catholiques s'alarmaient. Le *Cri du Peuple*, *Nouvelle Gazette universelle du Midi*, bafouait ces extorqueurs d'argent qui vivaient « en épicuriens dans un excellent hôtel » et qui prêchaient le partage des biens. Dans la *Revue provinciale*, le légitimiste Jules Raimbault s'en prenait aux libéraux : ils avaient détruit les lois qui gouvernaient la grande famille française ; aujourd'hui le saint-simonisme s'attaquait aux lois qui régissaient l'institution même de la famille; tant pis pour eux! Le catholique Cabuchet, de la *Société littéraire* de Lyon, publiait une

---

1. ALAZARD, *Revue d'Histoire Moderne et Contemporaine*, juillet-août 1911, p. 30.

Première lettre à un saint-simonien, véhémente d'allure, impérieusement pressante :

> Je crois avoir démontré, concluait-il, que vous n'avez pas de dieu, ou que vous en avez une idée fausse et dangereuse, par conséquent que vous ne pouvez avoir de religion, que nul d'entre vous ne peut indiquer d'une manière certaine la capacité des hommes souvent méconnue par la jalousie et l'injustice des autres, ou exagérée par le charlatanisme et l'intrigue; que votre système est simplement une théorie philosophique inapplicable à l'espèce humaine; que la société n'a jamais été fondée que sur le droit de propriété, et qu'il est impossible de lui donner une autre base; que vous, qui vous proclamez la providence des travailleurs, vous leur coupez les bras au contraire en détruisant la propriété, car quel encouragement auront-ils pour travailler? Enfin, qu'en croyant détruire l'égoïsme et rendre l'homme plus moral, vous atteindriez au contraire le but opposé, puisque vous commencez par étouffer en lui les sentiments les plus naturels, et que je ne conçois pas comment un mauvais fils, un mauvais époux, un mauvais père peut être un vrai philanthrope [1].

De tels traits, plus massifs d'ailleurs qu'acérés, infligeaient peut-être aux saint-simoniens quelques blessures; mais lorsqu'une doctrine se présente avec un idéal de générosité, qui exalte et qui flatte, on ne la réfute, on ne la tue surtout, qu'en proposant à cet idéal une autre satisfaction, plus correcte, plus complète, et c'est là ce que négligeaient les polémistes comme Cabuchet.

Une autre méthode s'offrait aux catholiques, plus efficace, plus équitable aussi; elle allait bientôt être maniée pas l'abbé Jacques, « ancien professeur de l'Université et candidat pour la chaire d'histoire ecclésiastique », dans un gros livre qu'il intitula *L'Église considérée dans ses rapports avec la liberté, l'ordre public et les progrès de la civilisation, particulièrement au moyen âge, ouvrage dans lequel on montre la tendance essentiellement bienfaisante du christianisme catholique* [2].

Après avoir fait la part des passions, disait l'abbé Jacques dans sa préface, la part de l'orgueil, de la haine contre une religion répri-

---

1. Cabuchet, de la Société littéraire de Lyon. *Première lettre à un saint-simonien*, p. 26 (Lyon, Babeuf, 1832).
2. Nous citons l'édition de 1836 (Paris et Lyon, Périsse).

mante, de l'envie de celui qui ne possède pas contre celui qui possède, je n'aperçois dans la constitution de notre nature, ou dans
l'esprit du siècle, qu'une chose qui protège les saint-simoniens et,
pour ainsi parler, qu'une seule corde qui vibre à leur parole : c'est
cette magnifique couleur de philanthropie qu'ils revêtent, ces idées
de progrès, de perfectionnement indéfini de l'espèce humaine,
qu'eux seuls comprennent, et qui, à les en croire, ne peuvent se
réaliser que dans leur système. Tournons donc contre eux leurs
propres armes [1].

Et l'abbé Jacques, au lieu de se borner à une critique
négative du saint-simonisme, développait une longue
apologie historique de la bienfaisance catholique; il montrait que le catholicisme pouvait satisfaire et avait effectivement satisfait ce qu'il y avait d'acceptable et de noble
dans certaines aspirations saint-simoniennes.

Le gros livre de l'abbé Jacques, dont plusieurs éditions
attestèrent le succès, avait été devancé par une brochure,
et cette brochure était l'œuvre d'Ozanam. La véritable
tactique pour tenir en échec le saint-simonisme avait été
donnée et dessinée, dès le printemps de 1831, par ce
jeune homme de dix-huit ans. Il avait depuis quelque
temps observé le bruit que cette doctrine faisait à Paris :
« Le saint-simonisme ne prend point à Lyon, écrivait-il à
Fortoul dès le 15 janvier, et l'on n'en pense généralement
pas d'une manière favorable. » Mais à peine les prédicateurs saint-simoniens avaient-ils entrepris la conquête de
l'âme lyonnaise, qu'Ozanam envoyait au journal le *Précurseur* quelques réflexions sur leur doctrine : elles parurent dans les numéros du 11 et du 14 mai [2]; dans cette
même semaine, un protestant, un autre catholique, adres-
sèrent au même journal des lettres sur le saint-simonisme.
Les saint-simoniens firent savoir au *Précurseur* qu'ils
répondraient à Ozanam; ils renouvelèrent cette promesse
dans le *Globe*, organe de l'école saint-simonienne, et
finalement s'abstinrent de polémiquer [3]. Mais Ozanam,

1. JACQUES, *op. cit.*, p. XIII.
2. Nous avons, en collaboration avec M. Victor Bucaille, reproduit ces deux
articles dans la *Revue Montalembert* du 25 juin 1912, pp. 402-419.
3. OZANAM, *op. cit.*, p. 94, n. 1.

assis à sa table d'écolier, s'attachait, sans perdre une minute, à développer son article du *Précurseur*, à lui donner une forme tout à la fois plus ample et plus précise ; et il publiait, sous le titre : *Réflexions sur la doctrine de Saint-Simon*, une brochure de près de cent pages. En même temps qu'on y retrouve l'écolier de philosophie à qui l'abbé Noirot avait fait aimer Descartes, on y saisit, éparses, esquissées d'une main qui parfois tâtonne encore, mais qui, même tâtonnant, sait viser et frapper l'adversaire, quelques-unes des grandes lignes de l'édifice apologétique qu'il concevait ; lisez, par exemple, cet effort de synthèse où il s'applique à montrer, dans tous les cultes, l'idée de Trinité [1]. On y pressent, dans des pages éloquentes sur la fraternité chrétienne [2], le futur initiateur de la charité contemporaine. Cette brochure de jeunesse claironne la vitalité du catholicisme : de Lyon, le jeune auteur savait regarder le monde, et l'Église dans le monde.

L'esprit humain a secoué ses ailes, s'écriait-il ; il s'est élevé à des pensées morales, platoniques et chrétiennes. Des génies puissants, partis chacun d'une sphère d'idées particulières, sont arrivés au même résultat : MM. de Maistre, de Bonald et Cousin ont fait succéder des doctrines grandes et généreuses aux désolantes maximes de Condillac et de Volney... Le catholicisme s'est choisi, dans la personne de MM. de Chateaubriand et de Lamennais, de glorieux défenseurs. Tandis que MM. Cuvier et de Humboldt prouvaient l'accord des recherches savantes avec les Livres de Moïse, un professeur illustre, malgré son attachement à la secte protestante, proclamait loyalement les bienfaits de l'Eglise ; Benjamin Constant rendait un hommage éclatant à la religion chrétienne, dans un ouvrage entrepris sous une inspiration athée ; M. Michaud retraçait d'une main pieuse les nobles souvenirs des croisades ; M. de Lamartine faisait entendre les accents d'une poésie vraiment chrétienne [3].

Il promenait son regard sur l'ensemble de l'univers. Il questionnait l'Allemagne : « Quelle est, demandait-il, cette énergie victorieuse qui a ramené au giron de l'Eglise

1. OZANAM, *op. cit.*, p. 18, n. 1.
2. OZANAM, *op. cit.*, p. 26-28.
3. OZANAM, *op. cit.*, p. 43.

les Creuzer, les Schlegel, les Haller, les Stolberg, les
d'Eckstein, devenus les appuis inébranlables de leur mère
adoptive[1] ? » Il voyait le catholicisme s'émanciper en
Angleterre, progresser aux États-Unis, s'épanouir en
Irlande. Il constatait qu'en Suisse, tandis que le protestantisme se montrait surtout favorable à l'aristocratie, par
laquelle il avait pénétré dans l'Europe, le catholicisme,
fidèle à la cause des peuples, veillait au maintien des
antiques libertés. Et puis, se tournant vers l'Amérique du
Sud, il voyait les derniers soupirs de Bolivar expirant
« se coller sur le crucifix ».

Oh ! que c'est donc avoir la vue courte et l'esprit faible, concluait-il, que de s'en aller faisant l'oraison funèbre du christianisme
parce qu'on a abattu quelques croix dans Paris ou parce qu'une
cabale irréligieuse s'est opposée quelque part aux processions
publiques! Pour nous, nous acceptons l'époque actuelle comme la
fin des temps de doute, comme l'heure où *l'examen* achève de s'opérer, où *la conviction* va avoir son tour.

Il confrontait avec ces merveilles de vie catholique les
ambitions saint-simoniennes. Il y trouvait, çà et là, quelque grandeur : le plan de la hiérarchie religieuse, le précepte de l'amour, l'idée même de l'association universelle, lui apparaissaient comme de grandes et fécondes
doctrines. Mais ces doctrines, l'Église les revendiquait;
le saint-simonisme ici démarquait le christianisme. Et
traquant Saint-Simon sur les terrains où, rompant avec
le christianisme, le réformateur aspirait à l'originalité,
Ozanam constatait qu'alors la doctrine saint-simonienne
présentait, « ou bien un mouvement rétrograde remarquable, ou bien une exagération ridicule[2] ».

Bien des années plus tard, dans la notice nécrologique
où il s'attendrissait sur la précoce disparition d'Ozanam,
dans cette notice que Tocqueville traitait de « chef-d'œu-

---

1. OZANAM, *op. cit.*, p. 44-45. Ozanam commettait une erreur en faisant de
Creuzer un catholique; jamais même l'école catholique allemande ne le con-
sidéra comme un allié. Quant au professeur protestant dont parle Ozanam,
c'est vraisemblablement Guizot.

2. OZANAM, *op. cit.*, p. 83.

vre »[1], Jean-Jacques Ampère, parlant de cette brochure, y trouvait « en germe la plupart des qualités qui depuis se développèrent chez Ozanam : un goût vif, bien que novice encore, pour l'érudition puisée aux sources les plus variées, de la chaleur, de l'élan, et, avec une conviction très arrêtée sur les choses, une grande modération envers les personnes ». J'aime à y signaler, ajoutait Jean-Jacques Ampère, « cette libéralité de vues qui lui faisait reconnaître des sympathies, même hors du camp dans lequel il combattait[2] ». Ampère avait raison de tirer ainsi de l'ombre cette petite improvisation de jeunesse, dans laquelle une plume ardente, passant outre aux timidités de l'inexpérience, esquissait un exemple — le premier peut-être — de la méthode et de l'attitude avec laquelle l'apologétique chrétienne devait aborder les doctrines sociales écloses à l'écart de l'Église et même à l'encontre de l'Église. Avant de condamner le saint-simonisme qui, par ses générosités, avait pu séduire certaines consciences, le christianisme semblait dire, par la plume d'Ozanam : ces générosités, elles sont miennes, elles sont mon bien, elles sont mon propre passé, mon propre idéal ; quand je les retrouve dans le saint-simonisme, je reconnais l'emprunt que le saint-simonisme m'a fait, et j'aime retrouver, partout où ils se posent, les reflets de mes enseignements, les reflets de mes espoirs. Ozanam ressaisissait ainsi, dans la doctrine des adversaires, les titres mêmes qu'avaient l'Évangile et l'Église à l'admiration et à la gratitude humaines[3].

Cherchant une épigraphe pour sa brochure, il l'empruntait à Lamartine. Les jeunes catholiques d'alors espéraient

---

1. ANDRÉ-MARIE et JEAN-JACQUES AMPÈRE, *Correspondance et Souvenirs*, II, p. 227-228 (Paris, Hetzel, 1875).
2. AMPÈRE, *Notice sur Frédéric Ozanam*, p. 6 (Paris. Lenormant, 1853).
3. Nous retrouvons l'écho de ces réflexions d'Ozanam dans une lettre qu'en 1835 Falconnet adressait à son ami Boitel, directeur de la *Revue du Lyonnais*. Falconnet expliquait que « le christianisme porte en lui toutes les modifications futures de l'humanité » et qu' « une doctrine nouvelle », telle que le Saint-Simonisme, « est un mensonge historique. » (ROUSTAN, *op. cit.*, p. 23.)

beaucoup de Lamartine. Le mélancolique Dufieux, ami
d'Ozanam, célébrait en quelques strophes la « voix toujours pure et fidèle » du poète et la façon dont la prière
lamartinienne montait « vers le ciel comme un soupir
d'amour [1] ». Ozanam choisissait, pour les inscrire au fron-
tispice de sa brochure, certains vers dans lesquels l'auteur
des *Harmonies* interpellait le Christ :

> Ah ! qui sait si cette ombre où pâlit ta doctrine
> Est une décadence — ou quelque nuit divine,
> Quelque nuage faux prêt à se déchirer,
> Où ta foi va monter et se transfigurer ?

Et tout l'opuscule du jeune audacieux montrait la foi
chrétienne déchirant les faux nuages du saint-simonisme,
et transperçant, de sa lumière ascendante, ce chaos d'illu
sions futiles.

Lamartine, touché de cette sorte de parrainage poétique dont Ozanam l'avait investi, lui exprima dans une
lettre très flatteuse sa reconnaissance, son admiration, sa
fierté. « Ce début, continuait le poète, nous promet un
combattant de plus dans la sainte lutte de la philosophie
religieuse et morale, que ce siècle livre contre une
réaction matérialiste [2]. » Chateaubriand, de son côté,
appréciait, de toute la hauteur de sa bienveillance, l'ouvrage d'Ozanam ; il le trouvait d'un « excellent esprit »,
et pensait, à part lui, que ce « fou » de Saint-Simon, cet
« étrange Christ » était indigne d'un tel honneur. Le
« morceau » qui terminait la brochure lui paraissait
« extrêmement touchant » [3], et ce morceau nous émeut
encore, aujourd'hui, comme il émouvait Chateaubriand.

Oui, s'écriait Ozanam, elle refleurira, la vieille terre de France,
elle se parera encore de cette antique pureté de mœurs qu'on avait
crue perdue pour jamais ; elle se parera de la sagesse de ses institutions et de la triple gloire des sciences, des arts, de l'industrie.
Cette œuvre est à vous, jeunes gens. Vous avez éprouvé tout le vide

1. ALEXANDRE DUFIEUX, *A M. Alphonse de Lamartine* (Lyon, Sauvignet, 1831).
2. *Lettres d'Ozanam*, I, p. 23.
3. M⁛ʳ BAUNARD, *op. cit.*, p. 30.

des jouissances physiques; un besoin immense s'est fait sentir dans vos âmes; vous avez connu que l'homme ne vit pas seulement de pain, vous avez eu faim et soif de la vérité et de la justice, et vous avez cherché cet aliment dans les écoles philosophiques, vous avez couru aux leçons de modernes apôtres, et rien de tout cela n'a rempli vos cœurs. Voici que la religion de vos pères vient s'offrir à vous, les mains pleines. Ne détournez pas vos regards, car elle aussi est généreuse et jeune comme vous. Elle ne vieillit point avec le monde : toujours nouvelle, elle vole au-devant des progrès du genre humain, elle se met à sa tête pour le conduire à la perfection.

Et puis, après cet appel aux jeunes gens, il se retournait vers les autres catholiques, vers les catholiques d'âge mûr, blasés peut-être ou bien affaissés; avec un curieux mélange de hardiesse et de modestie, il leur disait :

Je sais que mon langage est bien faible, et mon esprit bien débile encore : ce n'est pas d'un jeune homme de dix-huit ans qu'on a droit d'attendre une œuvre parfaite. Si donc j'ai failli, si bien des méprises m'ont échappé, attribuez-le, lecteurs, non pas à ma cause, mais à ma jeunesse et à mon impuissance.

Plusieurs points de suspension ponctuaient son tâtonnement; et puis il terminait, crânement : « Et si je vous parais avoir dignement soutenu la lutte, sachez donc ce que pourraient les catholiques eux-mêmes, quand leurs enfants ne craignent pas d'entrer en lice [1]. »

Il n'est pas rare de surprendre, chez les néophytes de l'apostolat, ce regard impatient, et dans lequel parfois un blâme étincelle, jeté sur ceux qui les ont précédés dans la vie. Alors parmi ceux-ci, un certain nombre protestent : conservateurs tenaces de leurs maximes d'action, qui parfois ne couvrent que l'inaction, ils demandent de quoi ces jeunes se mêlent. Mais d'autres, conscients du temps perdu, soucieux des jours inemployés, contrits pour le néant de certaines parades où leur personnalité cherchait plus de gloire que Dieu n'en recueillait de profit, sont tout prêts à s'humilier en sentant courir derrière eux, sur la

---

1. OZANAM, *op. cit.*, p. 92-94.

brève route de l'existence, les chastes énergies de quelques
jeunes hommes, recrue continuelle de l'apostolat chrétien,
qui semblent de prime abord, pour reprendre le mot de
Bossuet dans son sermon sur la mort, les pousser de
l'épaule, et leur dire « retirez-vous, c'est maintenant
notre tour », mais qui tout simplement les pressent, non
pas encore de mourir, mais de mener une vie toujours
plus pleine, toujours plus féconde.

***

A l'automne de 1831, les parents d'Ozanam l'envoyaient
à Paris, pour étudier le droit ; il comptait, lui, y faire quelque chose de plus : réunir des jeunes gens. Les premiers
jours furent sombres : vivre loin de sa mère, seul, désem-
paré, dans une médiocre pension de famille où les convives, « ni chrétiens ni turcs », violaient la loi du maigre
et voulaient le faire jouer aux cartes, cela lui paraissait
fort désagréable. Il s'en plaignait à sa mère, à Falconnet [1].
Mais il espérait, quand même, parvenir à fonder ce groupement de jeunes, dont la vision le hantait. Il y avait quelques mois seulement que des attroupements lugubres
avaient regardé la Seine charrier des manuscrits et des
livres, débris précieux, et perdus à jamais, du pillage de
l'Archevêché [2] ; et quelque barbare qu'eût été cette émeute,
quelque barbare, aussi, qu'eût été le sac de Saint-Ger-
main-l'Auxerrois, Duvergier de Hauranne, à la tribune,
avait affirmé que ces dévastations étaient l'œuvre des
jeunes gens des écoles, et non des ouvriers de Paris [3]. C'est
pourtant à cette même jeunesse des écoles qu'Ozanam,
sans crainte, allait demander les éléments d'un renouveau

---

1. *Lettres d'Ozanam*, I, p. 24-30.
2. Voir l'émouvante description que donne ALFRED DE VIGNY de ces manuscrits flottant sur le fleuve, dans son roman de *Daphné* (*Revue de Paris*, 15 juin
1912, p. 694-696).
3. THUREAU-DANGIN, *Histoire de la monarchie de juillet*, I, p. 189, n. 2
(Paris, Plon, 1884).

chrétien. « J'ai déjà des données pour cela, écrivait-il à Falconnet, Pessonneaux partage nos projets et me tient volontiers compagnie. Adieu, mon bon ami, que Dieu bénisse nos efforts [1]. » Il se sentait jeté, « sans appui, sans point de ralliement, dans le tourbillon des passions et des erreurs humaines. Qui se met en peine de moi ! »,[2] gémissait-il. Mais il se mettait en peine des autres, des jeunes gens qu'il ne connaissait pas encore, mais dont à l'avance les âmes lui étaient chères, et c'est en projetant de les rassembler qu'il secouait son ennui.

Fortoul, Hippeau, qu'il avait vus à Lyon durant les vacances, l'avaient effrayé par leur romantisme échevelé ; pour eux Hugo seul existait; c'était un ensorcellement [3]. Ozanam songeait à eux, peut-être, quand il écrivait à Falconnet : « Ne nous laissons point trop entraîner à la rêverie et à la littérature, qui cessent d'avoir aucune valeur quand il n'y a pas, au fond, des idées et des connaissances précises [4]. » Il faut quelque effort, lorsqu'on lit la correspondance d'Ozanam, pour se représenter que ce Paris où il s'installait, où il allait bientôt exercer, en certaines sphères, une façon de royauté, était le même Paris qui, devant la rampe de la Comédie-Française, se passionnait pour ou contre les drames d'Hugo. A la différence des catholiques lyonnais comme Collombet, comme Falconnet, qui s'intéressaient vivement aux lettres romantiques [5], Ozanam et la jeunesse qui peu à peu l'entoura y demeurèrent complètement étrangers; on dirait même qu'ils les ignorèrent, préoccupés, avant tout, suivant la maxime d'Ozanam, de « faire des études fortes, approfondies, sur les matières les plus appropriées à leurs inclinations. »

Il était tout chagrin de voir Fortoul, dans son *hugôlatrie*,

1. *Lettres d'Ozanam,* I, p. 30.
2. *Lettres d'Ozanam,* I, p. 24.
3. *Lettres d'Ozanam,* I, p. 20.
4. *Lettres d'Ozanam,* I, p. 59.
5. ROUSTAN. *Lamartine et les catholiques lyonnais,* p. 9-15.

ne plus connaître Lamartine ni Chateaubriand ; Ozanam,
lui, à peine arrivé à Paris, voulut approcher l'auteur du
Génie du christianisme. Depuis qu'en 1826 Chateaubriand,
passant par Lyon, s'était prêté à de glorieuses manifestations philhellènes, depuis qu'il s'était laissé nommer président honoraire et perpétuel de l'Académie provinciale de
Lyon [1], c'était une habitude, sur les bords du Rhône, de
considérer ce Breton comme un peu Lyonnais. Chateaubriand, pour Ozanam, était un grand concitoyen d'adoption, à la porte duquel on pouvait oser cogner. En ce lendemain de 1830, nombreux étaient les jeunes hommes
d'action qui levaient leurs regards, timides mais confiants,
vers cette cime grandiose, espérant y trouver quelque mot
d'ordre, quelque drapeau, tout au moins quelque adhésion ;
le grand désenchanté, coquet avec majesté, se prêtait ou
bien se refusait, et par une magie souveraine, savait toujours
demeurer pour eux un enchanteur. On n'avouait pas qu'on
pût être déçu par M. de Chateaubriand ! Jean-Jacques
Ampère, au mois de juillet 1831, lui expédiait une lettre à
Genève, au nom d'un certain nombre de jeunes gens, pour
lui demander de revenir, d'être parmi eux. Et « René »
répondait, avec de grands airs très fatigués, qu'il se considérait comme retranché brusquement du nombre des
vivants. « Entre les panégyristes de la Terreur et les
amis de la paix à tout prix, continuait-il, où donc est ma
place ? Combattre les uns et les autres ! Où serait mon
public ? Y a-t-il en France vingt hommes comme vous ?
J'en doute. A votre âge, monsieur, il faut soigner sa vie,
au mien, il faut soigner sa mort. [2] » Des jeunes gens
l'interrogeaient, l'appelaient, pour qu'il leur dît comment
vivre ; il voulait, lui, mourir en beauté.

Je ne crois plus à la société, écrivait-il vers la même époque à
Villeneuve-Bargemont. Continuez, monsieur, à employer vos talents

---

1. LATREILLE, *Chateaubriand, études biographiques et littéraires, le romantisme à Lyon*, p. 82-95 (Paris, Fontemoing, 1905).
2. ANDRÉ-MARIE AMPÈRE et JEAN-JACQUES AMPÈRE, *Correspondance et Souvenirs*, II, p. 29-32 (Paris, Hetzel, 1875).

à des œuvres de piété et de morale puisque vous avez le bonheur d'avoir encore une foi politique ; désormais la foi religieuse me suffit, et celle-là ne voit d'avenir qu'au delà de la tombe[1].

La foi religieuse n'était-elle donc rien de plus pour Chateaubriand, qu'une sorte de corridor sombre, où l'on se désintéressait de la société humaine, et qui dévalait sur la tombe ? Ce n'était pas ainsi que la concevaient, ni que la pratiquaient, les jeunes catholiques qui avaient 18 ans en 1830. Et cependant, de longues années encore, Chateaubriand demeura leur idole, et lorsqu'en 1834 il honorait d'un encourageant sourire un journal qui s'appelait l'*Echo de la jeune France, journal des progrès par le christianisme*, une fanfare d'allégresse retentissait.

Chateaubriand, lisait-on dans cet heureux journal, voilà la magnifique recrue dont peut s'enorgueillir notre drapeau. Sa place était marquée parmi nous, car son génie n'a point d'âge, car son âme rajeunit avec les années, car tout jeunes que nous soyons, Chateaubriand est encore le plus jeune de nous. L'enthousiasme du beau, l'amour du vrai, la haine de l'hypocrisie, le culte de la patrie, la croyance religieuse et la croyance politique, la foi, le droit et la liberté, voilà sa jeunesse : il y a des gens qui naissent vieux, il y en a d'autres qui ne le deviennent jamais. Chateaubriand est un de ces illustres exemples. A mesure qu'il avance dans la carrière, il ne vieillit pas, il grandit. Suivons-le, car l'œil de l'aigle sait où est le soleil ; suivons-le : quand ce fier génie marche, c'est de ce côté-là qu'est l'avenir[2].

Dans la lettre du 10 novembre 1831, où le jeune Ozanam mentionne le bon accueil de Chateaubriand[3], il ne nous dit pas vers quel point de l'horizon le « regard de l'aigle » orienta ses jeunes regards.

En ces mêmes jours il visita Ballanche — un vrai Lyonnais, celui-là — et se hâta de transmettre à Falconnet, pour qu'il le méditât, ce mot du philosophe : « Toute religion renferme nécessairement une théologie, une psy-

---

1. Adolphe Théry, *Un précurseur du catholicisme social, le vicomte de Villeneuve-Bargemont*, p. 43 (Lille, Taffin-Lefort, 1911).
2. *Echo de la jeune France*, I, p. 121.
3. *Lettres d'Ozanam*, I, p. 29.

chologie et une cosmologie [1]. » Avec Ballanche, plus encore
qu'avec Chateaubriand, on causait pour apprendre à voir,
à prévoir. Ballanche, cette année même, publiait la *Vision
d'Hébal*, où regardant autour de lui les peuples qui s'émancipaient, il s'écriait : « La Grèce, la Belgique et la Pologne
ont demandé la liberté promise aux enfants de la foi, et
voyez les miracles qui ont été enfantés ! » Ballanche
ajoutait, faisant un retour sur le sac de Saint-Germain-
l'Auxerrois : « C'est en vain que, dans la métropole de la
civilisation, le signe de la promesse a été outragé : la croix
civilisatrice régnera sur le monde [2]. » Il y avait de pareils
tressaillements et de pareils augures dans la brochure
d'Ozanam contre le saint-simonisme. Le vieux philosophe
et le jeune élève de la Faculté de droit, qui d'ailleurs
savait discerner certaines « erreurs » [3] de Ballanche,
caressaient la même vision de l'avenir. En cette même
semaine si bien remplie, Ozanam s'en fut aussi voir Lamennais, qui allait partir pour Rome : ils causèrent beaucoup
ensemble [4], mais nous ne savons rien de plus, si ce n'est
qu'à cette date, tout en ayant une grande admiration pour
l'auteur de l'*Essai sur l'Indifférence*, Ozanam déplorait
déjà l'âpreté de ses polémiques et son penchant à l'invective [5]. Ainsi cherchait-il, à travers Paris, les maîtres de la
pensée et les maîtres de l'action, avec l'invincible projet,
qu'il inclinait parfois à se reprocher comme un demi-
orgueil [6], de devenir un guide pour les jeunes gens isolés
et dispersés.

Mais avec je ne sais quoi d'enfantin qui persistait en
lui et qui avait besoin de vivre au foyer domestique, avec

---

1. *Lettres d'Ozanam*, I, p. 29.
2. BALLANCHE, *Vision d'Hébal*, p. 99 (Paris, Didot, 1831).
3. *Lettres d'Ozanam*, I, p. 51.
4. *Lettres d'Ozanam*, I, p. 33.
5. CURNIER, *op. cit.*, p. 35-37. Ozanam dira plus tard, dans son discours
Des devoirs littéraires des chrétiens : « Une grande chute nous a fait assez voir
que les colonnes mêmes de la controverse peuvent tomber quand elles ne sont
point assises sur la charité. » (*Mélanges*, I, p. 142.)
6. Ozanam à Materne, 19 avril 1831 (lettre inédite) : Ozanam s'y reproche son
désir de faire du bruit, son « avidité immense de gloire ».

ces poussées de mélancolie, avec ces saillies de déception, sous l'impression desquelles, durant longtemps, Paris lui fit l'effet d'un « vaste cadavre »[1], n'était-il pas à craindre qu'il laissât son énergie s'affaisser, ou bien, encore, que s'enfermant dans un égoïsme spéculatif, il négligeât tout programme d'action ? Grâce à une illustre hospitalité qui dès la seconde semaine de novembre 1831 lui fut offerte, de tels périls n'eurent même pas le temps de naître sous ses pas.

*
* *

Vingt-sept ans avant qu'Ozanam n'échafaudât de vastes projets d'apologétique, un autre jeune savant, dans cette même ville de Lyon, avait rédigé, pour un groupe d'amis qu'il avait rassemblés sous le nom de Société chrétienne, des cahiers manuscrits sur les preuves historiques du christianisme, et par son influence personnelle fait autour de lui quelques conversions[2] : il s'appelait André-Marie Ampère et se préparait à être « l'un des esprits les plus universels dont on ait conservé le souvenir »[3]. Mais Ampère, ayant quitté Lyon dès 1805 pour retourner à Paris, s'y était laissé aller, tout de suite, à une « paresse impardonnable des choses du ciel »[4]; et dix ans durant, il s'y était attardé ; dix ans durant, dans l'enivrement de la recherche, il avait oublié cette belle résolution qu'en 1804 il avait prise vis-à-vis de lui-même : « Étudie les choses de ce monde, c'est le devoir de ton état; mais ne les regarde que d'un œil ; que ton autre œil soit cons-

1. *Lettres d'Ozanam*, I, p. 39.
2. VALSON, *La vie et les travaux d'André-Marie Ampère*, p. 177-197 (Lyon, Vitte, 1886).
3. SCHERER, *Études sur la littérature contemporaine*, V, p. 31 (Paris, Lévy, 1878).
4. Ampère à Bredin, 29 mars 1818, dans ANDRÉ-MARIE AMPÈRE et JEAN-JACQUES AMPÈRE, *Correspondance et Souvenirs*, I, p. 139.

tamment fixé par la lumière éternelle »[1]. Et puis, en 1815,
André-Marie Ampère était revenu à Dieu. On le surpre-
nait, dans l'ombre des églises, prosternant devant le
tabernacle la gloire de sa science.

Il disait volontiers que les trois événements qui avaient
eu sur lui le plus d'influence étaient sa première communion, l'éloge de Descartes par Thomas et la prise de
la Bastille[2]; en trois notations, données par lui-même,
voilà sa physionomie dessinée. Il y avait chez Ampère un
chrétien qui, dans la pratique religieuse retrouvée, rapportait une fraîcheur d'enfant[3]; et, tout en même temps,
un cartésien tout prêt à remercier Dieu pour l'éclatante
merveille qu'est la raison; et puis il y avait en lui un
contemporain de Lafayette et de Bolivar, d'O'Connell et
de Canaris, prêt à s'enthousiasmer pour certains de ces
libérateurs, à se sentir le frère de tous les peuples qui
s'émancipaient. Il lui semblait, dès 1815, que tout annonçait une grande époque religieuse[4]; de toute son âme il
s'attachait à cet avenir; il aspirait à le vérifier, à s'y
dévouer.

Il était cousin de Périsse, le libraire lyonnais qui avait
édité la brochure d'Ozanam; et sous les auspices de
Périsse, le jeune homme lui rendit visite. A mesure que
le célèbre physicien faisait parler Ozanam, se souvint-il,
peut-être, de lui-même, de sa belle ferveur d'apostolat
lyonnais, et puis, hélas! de sa longue tiédeur à Paris, et
craignit-il que la chaleur d'âme d'Ozanam ne se refroidît,
comme s'était, de 1804 à 1815, refroidie la sienne? Son-
gea-t-il que le rôle auquel aspirait son visiteur aurait dû
jadis, durant ces dix ingrates années — fécondes pour
la science toute seule — être le rôle d'Ampère? On ne

1. VALSON, op. cit., p 195.
2. ANDRÉ-MARIE AMPÈRE et JEAN-JACQUES AMPÈRE, Correspondance et Souvenirs, II, p. 101.
3. Voir dans OZANAM, Mélanges, II, p. 79, la caractéristique de « ce que le
christianisme a dû faire à l'intérieur de la grande âme d'Ampère ».
4. Ampère à Bredin, 1er octobre 1816, dans A.-M. et J.-J. AMPÈRE, Correspondance et Souvenirs, I, p. 96.

peut jamais prévoir quels ressouvenirs et parfois quels remords peut subitement éveiller, chez les hommes qui ont cessé d'être jeunes, le contact de certaines fraîcheurs de dévouement, toutes neuves, tout imprégnées encore d'une matinale rosée : elles évoquent aisément, chez les interlocuteurs mûris ou vieillis, le fantôme des rêves demeurés en suspens, à moins que ce ne soit le spectre des défaillances ; et ce tout jeune homme, qui vient consulter leur expérience, remue parfois, sans qu'il s'en doute, leur conscience. Nous ne savons si un rapprochement s'établit dans l'esprit du grand Ampère entre le passé qu'il avait vécu et l'avenir que voulait vivre Ozanam ; mais ce que nous savons, c'est qu'il fit s'installer Ozanam chez lui, à titre de pensionnaire, et qu'il fallut bien peu de jours pour que le jeune homme fût sous le charme.

Ozanam jouissait de cette science universelle qui, chez Ampère, était comme « instinctive »[1] ; il s'exaltait à causer avec lui, à voir ce physicien, connu dans le monde entier pour avoir surpris à la création divine certains de ses mystères, prendre sa large tête dans ses mains, et s'écrier : « Que Dieu est grand ! Ozanam ! que Dieu est grand ! » De temps à autre Ozanam aidait son hôte pour la vaste classification des sciences qu'Ampère s'essayait, par un procédé mnémotechnique, à rédiger en vers latins[2]. Jean-Jacques Ampère, beaucoup moins chrétien que son père, beaucoup moins chrétien qu'Ozanam, était pour celui-ci une façon de grand frère : il le conseillait, tâchait de modérer son impétuosité studieuse, et se plaisait d'autre part à éprouver du respect pour ses vertus[3].

Il faut que vous jouissiez un peu de ce que vous avez fait, écrivait Ozanam, douze ans plus tard, à Jean-Jacques Ampère, vous qui, après Dieu, êtes l'auteur de toute cette prospérité, vous

1. *Lettres d'Ozanam*, I, p. 32.
2. *Lettres d'Ozanam*, I, p. 36.
3. AMPÈRE, *Frédéric Ozanam*, p. 6.

qui m'avez pris comme un frère dans la maison de votre saint et glorieux père, qui m'avez mis en chemin... C'est ainsi que la Providence miséricordieuse, dont les desseins paraissent si beaux quand
on les voit d'un peu loin dans leur ensemble, me ménageait à Lyon,
à l'âge de 18 ans, la connaissance de votre cousin, M. Périsse, qui
voulait bien me faire faire quelques bonnes œuvres, afin que
par son entremise je vous fusse adressé et que vous fissiez peu à
peu, par vos exemples, vos conseils et enfin par votre généreux
désintéressement, toute ma vocation littéraire[1].

Ainsi se rappellera-t-il, toute sa vie, avec une sorte
d'étonnement, le bien que lui avait fait cette maison tuté-
laire; et tout ému des bontés de la Providence, il se
demandera, avec une inquiète gravité, ce qu'elle avait pu
vouloir de lui en plaçant sa jeunesse sous de si rares auspices[2].

Lyon cependant était bien loin, et sa famille, dont il
avait cru, longtemps, qu'elle était l'univers... Et dans le
vaste Paris, il suffisait de mettre le nez à la fenêtre —
même à celle d'Ampère — pour entrevoir « le monde
sous ses formes véritables, avec la laideur de ses vices,
le bruit de ses passions, les blasphèmes de son impiété »[3].
Il y avait toujours des heures où Ozanam n'était pas heureux. « La science et le catholicisme, écrivait-il à Falconnet le 29 décembre 1831, voilà mes seules consolations;
et certes cette part est belle; mais là encore, espérances
déçues, obstacles à surmonter, difficultés à vaincre.
Tu n'ignores pas combien je désirerais m'entourer de
jeunes hommes sentant, pensant comme moi ; or je sais
qu'il y en a, qu'il y en a beaucoup, mais ils sont dispersés
comme l'or sur le fumier, et difficile est la tâche de celui
qui veut réunir des défenseurs autour d'un drapeau[4]. » Il
apaisait ses impatiences en continuant de songer à l'histoire des religions, en traduisant, pour cette synthèse projetée, un travail sur la mythologie des Lapons. Mais ses

1. A.-M. AMPÈRE et J.-J. AMPÈRE, *Correspondance et Souvenirs*, II, p. 131-132.
2. *Lettres d Ozanam*, I, p. 207.
3. *Lettres d'Ozanam*, I, p. 38.
4. *Lettres d'Ozanam*, I, p. 39-40.

deux premiers mois de Paris, que tout autre que lui eût
réputés féconds, le laissaient insatisfait; il lui tardait de
sentir, près de lui, d'autres jeunes croyants, d'autres
jeunes apôtres.

Il s'en retourna, le 1ᵉʳ janvier 1832, voir Chateaubriand.
Il avait, cette fois, pour le grand homme, une lettre d'un
prêtre lyonnais, l'abbé Bonnevie. Vingt-huit ans plus tôt,
Bonnevie avait appartenu, comme Chateaubriand, aux
cadres de l'ambassade de Rome, et la disgrâce commune
dont ils avaient été frappés par le cardinal Fesch avait
créé entre eux des liens très étroits. « Mon futur grand
aumônier », c'est ainsi que Mᵐᵉ de Chateaubriand appelait l'abbé Bonnevie; et lorsqu'on se présentait à l'hôtel de
la rue du Bac sous les auspices de ce prêtre, on était reçu
en ami[1]. L'entretien du grand homme avec Ozanam fut
vraisemblablement, ce jour-là, quelque chose de plus profond, de plus intime, que leur causerie antérieure : un
détail donné par Lacordaire nous permet de le deviner.
Chateaubriand, questionnant Ozanam sur ses goûts, lui
demanda s'il se proposait d'assister au spectacle.

Ozanam surpris, rapporte Lacordaire, hésitait entre la vérité,
qui était la promesse faite à sa mère de ne pas mettre le pied au
théâtre, et la crainte de paraître puéril à son noble interlocuteur. Il
se tut quelque temps, par suite de la lutte qui se passait dans son
âme. Chateaubriand le regardait toujours, comme s'il eût attaché à
sa réponse un grand prix. A la fin la vérité l'emporta, et l'auteur
du *Génie du christianisme*, se penchant vers Ozanam pour l'embrasser,
lui dit affectueusement : « Je vous conjure de suivre le conseil de
votre mère; vous ne gagneriez rien au théâtre, et vous pourriez y
perdre beaucoup. » Cette parole demeura comme un éclair dans la
pensée d'Ozanam; et lorsque quelques-uns de ses camarades, moins
scrupuleux que lui, l'engageaient à les accompagner au spectacle, il
s'en défendait par cette phrase décisive : « M. de Chateaubriand
m'a dit qu'il n'était pas bon d'y aller[2]. »

La physionomie de Chateaubriand garda pour Ozanam
un grand prestige; et l'apercevant deux ans plus tard au

1. Latreille, *Chateaubriand*, p. 46-57.
2. Lacordaire, *Frédéric Ozanam*, p. 23 (Paris, Bray, 1856).

Collège de France au cours de Jean-Jacques Ampère, il l'apostrophait ainsi dans l'*Univers* :

> Grand homme, on vous a rendu gloire, on vous a fait justice, et il est vrai que votre parole est merveilleusement puissante et que vous avez été éloquent à la tribune, et majestueux dans votre vie politique : et cependant ce n'est point parce que vous êtes éloquent et profond, que vous êtes grand et que l'on vous rend gloire ; c'est parce que votre puissante parole a bien su parler de Dieu, c'est parce que, chantre des martyrs, vous avez le premier entonné des hymnes d'amour sur une terre fumante encore du sang des échafauds : c'est parce que, pèlerin de Jérusalem, vous avez le premier apporté la palme de l'espérance, après le déluge de l'impiété ; c'est qu'enfin, chrétien des temps nouveaux, vous avez le premier arboré la bannière sous laquelle les enfants du dix-neuvième siècle veulent marcher à la régénération religieuse du monde social [1].

Ainsi le jeune Ozanam contemplait-il, dans un recul propice à cette somptueuse figure, l'auteur du *Génie du Christianisme*. Il eût pu le rencontrer souvent, à l'Abbaye aux Bois, chez Mme Récamier, où le jeune Jean-Jacques Ampère, dès que le cours de ses voyages le ramenait à Paris, s'attardait lui-même beaucoup ; mais Ozanam, malgré les encourageantes invites dont il était l'objet, inclinait plutôt à s'effacer de ce salon : « C'est, répondait-il, une réunion de personnes trop illustres pour mon obscurité. Dans sept ans, quand je serai professeur, je profiterai de la bienveillance qu'on me témoigne » [2]. Pas plus qu'il ne se laissait attirer par les théâtres, il ne se laissait confisquer par les salons : son idéal d'action sur les jeunes le retenait au cœur du quartier latin, à l'ombre de cette Sorbonne, où le respect superstitieux de la formule *Magister dixit* risquait d'égarer et de rendre libertins nombre d'étudiants pour lesquels, au loin, des mères pieuses priaient !

---

[1]. *Univers*, 1er mars 1834.
[2]. *Souvenirs et Correspondance tirés des papiers de Mme Récamier*, II, p. 490-491 (Paris, Lévy, 1860).

*
* *

Avec ses allures de « brahme chrétien »[1], comme
disait Lamartine, le doux et tenace Ozanam prit au nom
du catholicisme, dans la Sorbonne de 1832, certaines
attitudes de révolutionnaire. « La royauté du talent, déclarait-il plus tard, est comme celle des sociétés politiques,
elle ne subsiste que par la supposition de son infaillibilité. Ses méprises, en s'imposant aux intelligences
dociles, deviennent des actes involontaires de tyrannie[2]. »
C'est en 1837, à propos d'un livre de Michelet, qu'Ozanam
écrivait ces lignes. Il y circule un parfum de 1830, du
temps où l'on voyait des royautés succomber, d'autres
péricliter ; il y flotte, aussi, un souvenir de cette année 1832
durant laquelle les jeunes catholiques, dociles au geste
d'Ozanam, insurgèrent leur foi chrétienne, en pleine Sorbonne, contre la royauté du talent. L'époque était propice
à tous les genres de ripostes : les peuples ripostaient à
l'oppression tentée par la Sainte-Alliance ; les croyants
ripostaient à l'oppression tentée par certains savants.

Ce fut au pied des chaires de l'incroyance que s'ébaucha
le groupement de jeunes gens auquel aspiraient les vœux
d'Ozanam, groupement de défensive, et d'offensive, et
d'émancipation. L'on se retrouvait pour se prêter réci-
proquement main forte, et pour prêter, tous ensemble,
main forte à la foi. Des bruits de chaînes secouées traversaient l'atmosphère de l'Europe ; les catholiques aussi
prendraient leur part du concert. Montalembert allait
secouer celles du monopole universitaire ; Ozanam allait,
lui, s'attaquer à d'autres chaînes, à celles qu'une certaine

---

1. LAMARTINE, *Cours familier de littérature,* III, p. 388-389 (*Entretien* XVII),
(Paris, 1857.)
2. OZANAM, *Mélanges,* II, p. 368.

science, doctorale et brillante, prétendait imposer aux
jeunes consciences. Il écrivait dès le 10 février 1832 :
« Chaque fois qu'un professeur rationaliste élève la voix
contre la révélation, des voix catholiques s'élèvent pour
répondre. Nous sommes unis plusieurs dans ce but. Déjà
deux fois j'ai pris ma part de ce noble labeur en adressant
mes objections écrites à ces messieurs[1]. »

Assez nombreux, ce semble, étaient les cours où cette
jeunesse se portait. Au Collège de France, on allait entendre Lerminier, qui professait les législations comparées[2]; ou bien l'on écoutait Ampère « justifier par une
brillante théorie géologique l'antique récit de la Genèse »[3].
A la Sorbonne, un peu plus tard, on s'assit près de la
chaire de Michelet ; on épiait sur ses lèvres « un sentiment qui ressemblait à l'esprit de retour vers les doctrines chrétiennes »; on lui savait gré de ne pas se faire
gloire de son incroyance ; on avouait ne pouvoir contempler sans émotion son front que le travail sillonnait de
rides prématurées, ses cheveux blanchis avant l'âge; et
l'on pleurait « bien des larmes » tandis que sa « parole
chaleureuse » redisait la vie et la mort de Jeanne d'Arc[4].

Deux cours où l'on faisait bonne garde, et où l'on agissait, étaient ceux de Letronne et de Jouffroy. Une première fois, Letronne avait traité la papauté d'« institution
passagère, née sous Charlemagne, mourante aujourd'hui »;
une seconde fois, il avait accusé le clergé d'avoir constamment favorisé le despotisme. Certains gestes de tête,
fort expressifs, par lesquels Ozanam repoussait les allégations du professeur, furent surpris par un autre étudiant catholique, qui ne le connaissait pas encore; il
s'appelait Lallier, et son nom devait s'inscrire, à côté
de celui d'Ozanam, dans l'histoire des conférences de
Saint-Vincent de Paul. Les jeunes catholiques ripostèrent

1. *Lettres d'Ozanam*, I, p. 46.
2. *Ibid.*, I, p. 33.
3. OZANAM, *Mélanges*, II. p. 78.
4. OZANAM, *Mélanges*, II, p. 356.

à Letronne. « Nos réponses lues publiquement, écrivait Ozanam le 10 février 1832, ont produit le meilleur effet, et sur le professeur, qui s'est presque rétracté, et sur les auditeurs, qui ont applaudi. » « Ce qu'il y a de plus utile dans cette œuvre, continuait-il, c'est de montrer à la jeunesse étudiante qu'on peut être catholique et avoir le sens commun, qu'on peut aimer la religion et la liberté; enfin c'est de la tirer de l'indifférence religieuse et de l'accoutumer à de graves et sérieuses discussions[1]. » Les écarts de langage des professeurs hostiles secondaient ainsi les desseins d'Ozanam : il était là, debout, constatant le mal, pour créer le remède.

En cette année 1831-1832, le plus grand péril pour l'idée chrétienne était le cours de Jouffroy sur le problème de la destinée de l'homme. Non pas que le philosophe n'y fît l'éloge du catéchisme, « réponse sublime, disait-il, que l'enfant ne comprendra pas, mais qui n'en est pas moins admirable ». Mais cet éloge se déroulait comme une oraison funèbre; Jouffroy concédait que les religions étaient mieux appropriées que les systèmes philosophiques aux besoins des masses; mais toutes ses préférences étaient pour les hommes d'élite qui, tourmentés, comme les masses, des problèmes intéressant l'humanité, essayaient de les résoudre avec leur raison seule. Il s'étendait avec complaisance sur la grande guerre qui, depuis plusieurs siècles, avait éclaté en Europe, entre la raison humaine et les imperfections de la solution chrétienne; et comme il ne croyait pas à la possibilité d'une nouvelle solution religieuse, il conviait ses auditeurs à tenter avec lui un effort philosophique. Il avait des gestes courtois et condescendants pour ouvrir la tombe du christianisme en y laissant copieusement tomber des gerbes de fleurs.

L'œuvre du christianisme, déclarait-il, me semble avoir été d'achever l'éducation de l'humanité, et de la rendre capable de

---

1. *Lettres d'Ozanam*, I, p. 46.

connaître la vérité sans figures et de l'accepter sans autre titre que sa propre évidence. Dès que cette œuvre est terminée dans un esprit, il est nécessaire que le christianisme s'en retire ; mais en se retirant, il emporte avec lui le germe de toute foi, et ce n'est jamais une religion nouvelle, c'est toujours la philosophie qui lui succède. Cette mission sublime du christianisme, elle est loin, bien loin d'être accomplie sur la terre. Elle ne l'est pas même entièrement dans ce pays, que sa civilisation place à la tête de l'humanité ; elle est plus loin encore de l'être dans les autres parties de l'Europe ; et elle est à peine commencée dans le reste du monde. Ceux-là sont bien aveugles qui s'imaginent que le christianisme est fini, quand il lui reste tant de choses à faire. Le christianisme verra mourir bien des doctrines qui ont la prétention de lui succéder. Tout ce qui a été prédit de lui s'accomplira. La conquête du monde lui est réservée, et il sera la dernière des religions[1].

Les catholiques éprouvaient quelque frémissement devant cette élégante façon d'honorer le christianisme et de l'inhumer. Une leçon suivit, dirigée contre la possibilité même de la révélation. C'en était trop : un jeune catholique, Gorse, plus tard avocat au barreau de Tulle, expédia quelques observations au professeur ; quinze jours après, Jouffroy les analysa, tenta de les réfuter. Seconde lettre de l'étudiant, qui jugeait avoir été mal compris. Jouffroy cessa d'y prêter attention et, dans son prochain cours, affirma que le catholicisme répudiait la science et la liberté. La protestation, cette fois, devint plus solennelle ; Ozanam la concerta, la fit revêtir de quinze signatures. Jouffroy se soumit, donna lecture du document, s'excusa, affirma qu'il n'avait pas voulu blesser les croyances, ni attaquer le christianisme, et constata que les esprits avaient curieusement changé : « Il y a cinq ans, je ne recevais que des objections dictées par le matérialisme ; les doctrines spiritualistes éprouvaient la plus

---

1. *Cours d'histoire de la philosophie moderne : philosophie morale ; cours fait à la Faculté des Lettres en* 1831, p. 69. (Paris, Pichon et Didier, 1831). Voir PAUL DUBOIS, *Cousin, Jouffroy, Damiron,* p. 138-151, éd. Lair (Paris, Perrin, 1902), et LAIR, *Préface à la correspondance de Théodore Jouffroy,* p. 76-78 (Paris, Perrin, 1901). La catholique *Revue Européenne* s'occupait fréquemment de la doctrine de Jouffroy ; au t. VII, p. 98-115, Duquesnel y critiquait ses *Mélanges philosophiques;* au t. VIII, p. 693-700, Franqueville y défendait contre un cours de Jouffroy l'ascétisme des mystiques chrétiens. Sur l'incident entre Jouffroy et les jeunes amis d'Ozanam, voir *Lettres d'Ozanam,* I, p. 48-50.

vive résistance; aujourd'hui l'opposition est toute catholique. » La remarque fut douce au cœur d'Ozanam : les détracteurs mêmes du catholicisme attestaient ainsi la vigueur de son réveil. Ozanam continua d'être assidu aux leçons de Jouffroy; et ces leçons lui faisaient peine : derrière les forfanteries des philosophes rationalistes, il sentait le désespoir.

**

Cependant, d'une escarmouche à l'autre, les jeunes militants de la pensée catholique demeuraient éparpillés, sans un lien qui les rattachât entre eux, sans un terrain commun qui les concentrât. Ils se rencontraient à certains cours hostiles comme à des revues d'appel; mais la fraternité des âmes, pour mûrir, a besoin d'un toit; Ozanam le cherchait toujours.

Le salon de Montalembert offrait aux jeunes catholiques un lieu de rassemblement fort aimé. Ils y rencontraient des hommes d'une autre école, venus là, écrivait Ozanam, comme des pèlerins d'un autre empire. Mickiewicz, Ballanche, Sainte-Beuve, Vigny, Mérode, d'Eckstein, Lerminier, Victor Considérant, Victor Hugo, traversaient l'hospitalière demeure. Tous ces passants intéressaient Ozanam; Montalembert surtout, avec sa fougue angélique, sa conversation très instructive, sa grâce merveilleuse, le fascinait; et les « dimanches » de Montalembert avaient pour Ozanam un parfum de catholicisme et de fraternité. Il lui plaisait, aussi, d'observer que les points de doctrine sur lesquels Rome avait demandé le silence n'étaient pas remis sur le tapis et qu'on se retranchait à cet égard derrière la plus sage discrétion; la causerie s'évadait vers l'histoire, vers la littérature, vers les

intérêts de la classe pauvre, vers les progrès de la civilisation[1].

Voir Paris à travers le salon de Montalembert, c'était
pour les jeunes catholiques une très bonne fortune ; mais
Ozanam aspirait, pour eux, à des rendez-vous plus fréquents et plus intimes encore. Où donc était l'œuvre, où
donc le journal, qui pût ménager aux bonnes volontés
éparses, inexpérimentées encore, un centre de ralliement ?
On n'était plus à l'époque où des jeunes gens pouvaient
espérer trouver, dans l'affiliation à certains groupements
religieux, quelque titre aux complaisances du pouvoir
politique et quelques garanties pour l'éclat de leur carrière : depuis que des événements comme le procès de
l'école libre avaient mis la ferveur catholique en conflit
avec la loi, on ne pouvait plus soupçonner, derrière la
publicité de l'acte de foi, la complicité des ambitions
humaines. Des jeunes hommes comme Paul Lamache,
qui, sous la Restauration, de crainte que la profession de
chrétien ne fût interprétée comme un moyen de parvenir,
s'étaient volontairement tenus à l'écart de tous les groupements religieux, se montraient tout prêts, désormais, à
y porter leurs noms et leurs cœurs ; mais de ces groupements jadis si puissants, que restait-il ? Rien ou presque
rien.

On avait vu s'effondrer tour à tour, dans la tourmente de
1830, l'*Association des bonnes œuvres*, fondée par le futur
évêque Borderies pour la visite des prisons et des hôpitaux et pour l'instruction des petits Savoyards ; la fameuse
Congrégation, si calomniée, où s'était dépensé le zèle du
P. Bonsin ; la *Société des Bonnes Études*, qu'avait installée
rue de l'Estrapade un laïque d'initiative, Bailly. C'en était
fait, aussi, de ces projets superbes qu'avait élaborés en
1827 et 1828 la *Société catholique des bons livres*[2], fondée

---

1. *Lettres d'Ozanam*, I, p. 61-62 et 68-69. Cf. LECANUET, *Montalembert*, I,
p. 331 (Paris, Poussielgue, 1895).
2. Voir LAURENTIE, *Rapport présenté au conseil général de la Société catholique des bons livres* (Paris, Béthune, 1827). Cette Société, de 1824 à 1830,

dès 1824 par Mathieu de Montmorency ; c'en était fait
de cette organisation, mûrement étudiée, qui avait commencé à donner des prix pour récompenser « les ouvrages
populaires et les ouvrages scientifiques les plus propres
à faire bénir la religion », et qui avait su grouper, dans
ses commissions d'examen, des philosophes comme
Bonald et Gerbet, des philologues et des archéologues
comme Quatremère de Quincy, Rémusat, Saint-Martin, des
historiens comme Michaud, des savants comme Ampère,
comme Beudant, comme Cassini, comme Cauchy. Tous
ces beaux échafaudages étaient désormais en ruines ; et
d'autre part, en ce premier semestre de 1832, le groupe
d'énergies auquel l'*Avenir* avait servi de centre gardait
une certaine réserve, bien qu'on y attendît avec espoir les
paroles d'adhésion que Lamennais se flattait de trouver à
Rome.

La *Revue Européenne*, fondée par Carné en septembre 1831 sur les ruines du premier *Correspondant,* répondait aux aspirations intellectuelles des jeunes gens, par
le souci qu'elle affectait d'étudier les traditions religieuses des anciens peuples et de ressaisir sous leurs
diverses variantes quelques traces de la révélation primitive ; elle répondait, aussi, aux aspirations politiques de
l'époque, par la façon cordiale dont Carné, dans le premier numéro, saluait l'émancipation de la Grèce et de la
Pologne, et par l'ambition qu'il s'assignait d' « éclairer
graduellement », dans le nouveau périodique, « les principales conditions de la société nouvelle » [1].

La Tribune catholique, gazette du clergé, qui vit le jour

répandit près de 1.500.000 volumes dans les classes populaires. (*La Quotidienne,* 22 janvier 1830: cité dans GUICHEN, *La France morale et religieuse à la
fin de la Restauration,* p. 340-341).

1. CARNÉ, *op. cit.,* p. 329-349. L'*Ami de la Religion,* 5 juillet 1832, p. 451-
452, disait de la *Revue Européenne* : « Les auteurs adoptent en général les
idées de M. de Lamennais, sauf peut-être l'alliance de la religion avec le libéralisme. Ils disent quelque part que tous les bons esprits sont frappés de la
nécessité d'une rénovation dans la théologie. Mais s'il y a quelque chose de
systématique dans leurs opinions, ils professent partout un profond attachement à la religion. Ce recueil offre des articles remarquables par le talent. »
2. OZANAM, *Mélanges,* I, p. 512-513.

en janvier 1832 sous la direction de Bailly, et qui, moins
de deux ans plus tard, devait fusionner avec l'*Univers reli-*
gieux de l'abbé Migne, affichait un programme auquel un
esprit comme celui d'Ozanam ne pouvait refuser de prendre
intérêt. Tout dans cette gazette devait lui plaire : les indiffé-
rences qu'elle étalait et les enthousiasmes qu'elle proclamait, les insistances qu'elle affectait et les silences dont
elle se faisait une loi, le genre d'informations auquel elle
aspirait, et le genre de ton qu'elle s'imposait. « On ne nous
verra point, écrivait Bailly dans le numéro-programme,
nous passionner pour des formes politiques, passagères et
variables, après tout, quelles qu'elles soient. » Ozanam,
tout le premier, refusait de se passionner pour ces con-
tingences, aussi bien pour les partis de gauche que pour
le vieux royalisme, « glorieux invalide, disait-il, qui ne
saurait, avec sa jambe de bois, marcher au pas des générations nouvelles » ; il détestait les pouvoirs qui, « pareils
aux prétendants de Pénélope, voyant l'Église seule en ce
monde, pensaient la séduire et régner sous son nom »[2],
et ce n'est pas lui, assurément, qui eût songé à chicaner
Bailly sur l'exacte nuance de son drapeau politique. « Je
ne nie, je ne repousse aucune combinaison gouvernemen-
tale, écrivait-il un jour à Falconnet, mais je ne les accepte
que comme instruments pour rendre les hommes plus
heureux et meilleurs [1]. » Mais Ozanam, tout comme Bailly,
aimait à tourner ses regards vers l'Amérique, vers l'Allemagne, vers l'Angleterre, pour y chercher des consolations. « L'Angleterre, écrivait Bailly, semble revenir,
comme par enchantement, à la foi de ses pères, les conversions sont nombreuses en Amérique, et le mouvement
scientifique de l'Allemagne est tout entier en faveur des
doctrines catholiques. Nous ne négligerons aucune occasion de constater ces heureux progrès qui se font sous la
double protection de la science et d'une libre discussion. »
Ozanam, avec sa large curiosité d'esprit, devait savoir gré
à Bailly de cette autre déclaration : « Nous tâcherons de

---

1. *Lettres d'Ozanam*, I, p. 108.

ne laisser passer aucune production importante sans la faire connaître à nos lecteurs. C'est le seul moyen de les initier au mouvement intellectuel du monde, et de les mettre à même d'apprécier la part qu'ils y doivent pren dre. » Un dernier trait, enfin, devait séduire Ozanam, c'était la bonne résolution prise par Bailly de châtier sérieusement, dans sa feuille, l'exubérance des polémiques. « Notre langage, écrivait ce bon chrétien, sera celui de la modération, qui est aussi une sorte de puissance. Nous n'oublierons pas que nous sommes les disciples de Celui qui a recommandé de ne pas éteindre la mèche qui fume encore ; nous n'oublierons pas que la charité est la première de toutes les vertus ; nous n'oublierons pas enfin que nous nous adressons surtout à des hommes dont la mission sainte est de calmer et non d'irriter les passions. »

C'était là, vraiment, l'organe dans lequel Ozanam et ses amis pouvaient trouver un écho de leurs âmes. La feuille, déjà fort ancienne, que dirigeait Picot sous le nom d'*Ami de la religion*, risquait parfois, au contraire, de les déconcerter et de les refroidir. Assurément, au cours des années, l'*Ami de la religion* avait rendu à l'Église d'indéniables services ; mais, au lendemain de 1830, cette feuille écartait les jeunes catholiques par son esprit soupçonneux ; elle les effrayait par sa prétention de régner sur la pensée religieuse et de s'imposer, feuille laïque, comme l'oracle de l'Église de France. Toutes les initiatives un peu neuves déplaisaient à Picot : lorsqu'en 1833 dom Guéranger fondera la communauté de Solesmes, il se heurtera aux suspicions de ce journaliste[1] et sera légitimement surpris de voir Picot, qui, en tant que gallican, refusait au pape le droit d'être le juge de la foi, s'en considérer, lui laïque, comme le gardien authentique.

1. *Ami de la religion*, 30 juillet 1833. Voir le portrait que trace de Picot l'éminent bénédictin (dom DELATTE) auteur du livre : *Dom Guéranger, abbé de Solesmes*, I, p. 120-121 (Paris, Plon, 1909) ; et la monographie de M. LETERRIER sur Picot (collection des *Contemporains*, 1912. Paris, maison de la Bonne Presse).

C'était une feuille perpétuellement gémissante que celle
de Picot. Les mots : progrès de l'Église, conquêtes de
l'Église, inquiétaient, au lieu de le réjouir, ce timide vieillard ; se pouvait-il faire que l'Église fût en joie ? De longues années durant, il avait prétendu la marier avec les
pouvoirs absolutistes, qui partout chancelaient ; portant
lui-même le deuil des trônes, le morose *Ami de la religion*
semblait éprouver quelque gène, involontaire assurément,
lorsqu'il sentait chez cette auguste veuve, l'Eglise, une
certaine allégresse de vie.

Rien n'est plus frappant, à cet égard, que l'accès de
mécontentement auquel s'abandonna Picot, lorsque
Alexandre Dumas père, dans le livre *Gaule et France*,
écrivit fort judicieusement : « Dans cette immense marche des peuples, les catholiques sont partout en progrès. »
Picot tressautait ; il cherchait le progrès, et ne le voyait
pas ; et le pauvre Dumas était sérieusement tancé pour
n'avoir pas dit, comme les journalistes libéraux dont se
plaignait également Picot (car de qui ne se plaignait-il
pas ?), que l'Église fût à l'agonie.

La révolution marche et s'étend partout, protestait le mélancolique vieillard, la corruption gagne, la religion perd chaque jour de
son influence ; et au milieu de ce mouvement déplorable, les esprits
confiants croient voir des signes d'un progrès vers le bien. Que les
partisans de l'incrédulité découvrissent dans tout ce qui se passe
un progrès dans leur sens, on le concevrait ; mais que des hommes
religieux aperçoivent quelque trace de progrès au milieu de ces
secousses qui agitent les États, de cette confusion d'idées qui
augmente de jour en jour, de cette licence de la presse pour laquelle
rien n'est sacré, de cette direction funeste donnée à l'éducation, de
cet orgueil, de cet amour d'indépendance qui ne peut supporter
aucun frein, c'est ce qui confond. Toutefois nous entendons parler
assez souvent d'une restauration morale qui se prépare, d'un retour
sensible à la religion, d'une amélioration manifeste dans les idées.
On cite quelques faits isolés et on en tire des conclusions générales. On ne veut pas voir que la masse s'égare de plus en plus, grâce
aux efforts continus d'une impiété audacieuse. Il y a sans doute de
grands exemples de religion et de vertu ; mais à côté, combien
d'exemples contraires ! Toutefois quelques journaux suivent ce système d'illusion qui leur fait entrevoir une tendance vers le bien ; ils
recueillent soigneusement tout ce qui peut accréditer leur idée favo-
rite... Où est donc le progrès des Irlandais catholiques ? Est-ce

depuis l'émancipation ? Mais ce bienfait, ils le doivent aux Anglais protestants, et par conséquent il ne leur donne aucun avantage sur eux. Quel est le progrès de la Belgique sur la Hollande? Serait-ce d'avoir fait une révolution? Et pour savoir si c'est un progrès, il faut attendre comment elle tournera.

Il y aurait d'autres remarques à faire sur ce passage où M. Dumas a affecté d'associer le catholicisme à ses idées révolutionnaires. Nous ne voyons pas que l'on puisse se prévaloir beaucoup d'un témoignage fort suspect et d'un système qui ne repose que sur des rapprochements arbitraires et sur des conjectures de l'esprit de parti[1].

Ainsi Picot s'insurgeait-il, s'il entendait parler d'un progrès du christianisme : il n'était pas possible, à ses yeux, que des années de révolution comme celles que traversait l'Europe fussent propices à l'Église. Ozanam croyait bien, à certaines heures, à l'imminence d'une guerre civile, dont l'Europe entière serait le théâtre ; mais, même à ces heures, il pressentait avec allégresse qu'ensuite une nouvelle Europe s'élèverait, et que le catholicisme porterait la civilisation dans le vieil Orient ; et les noms de la Belgique, de l'Irlande, enthousiasmaient Ozanam comme des promesses de renouveau catholique[2]. Ces noms-là, tout au contraire, faisaient grimacer le légitimiste Picot ; c'étaient les noms de pays où l'on se révoltait ! Libre aux jeunes de fredonner des *Alleluias* sur les développements du règne de Dieu ; l'ancien *Ami de la religion et du roi*, qui en 1830 était devenu l'*Ami de la religion*, tout court, éprouvait, pour cette amputation de son titre, je ne sais quel malaise intérieur qui lui faisait détester comme une insolence toute exubérance de vie.

Il était naturel qu'Ozanam et ses jeunes amis, sans beaucoup s'occuper de Picot, s'attachassent à Bailly; et des liens qui se nouèrent entre eux et cet excellent chrétien sortit enfin, au cours de 1832, ce groupement de jeunes qu'Ozanam voulait.

---

1. L'*Ami de la religion*, 3 septembre 1833.
2. *Lettres d'Ozanam*, I, p. 54-55.

*
* *

Il restait encore, de l'ancienne *Société des Bonnes
études*, une réunion littéraire, très peu nombreuse.
Bailly y fit entrer Ozanam et quelques autres jeunes gens,
« amis de l'étude et de la vérité ». Elle fut d'abord assez
pâle, assez vide; et puis les rangs s'ouvrirent, la vie
pénétra. Une conférence d'histoire fut fondée.

Elle commença ses travaux le 1ᵉʳ décembre 1832[1]. Bailly
en fut président. L'une des vice-présidences fut, toute
l'année, occupée par Ozanam. Le nombre des membres
était illimité ; et « toutes les opinions trouvaient les portes
ouvertes ». Ozanam aimait cette émulation; il ne craignait pas, pour les catholiques, les surprises de la lutte.
« Comme ils sont égaux en nombre à ceux qui ne le sont
pas, écrivait-il, et que d'un autre côté ils apportent plus
d'ardeur, de zèle et d'assiduité, c'est toujours en leur
faveur que la victoire intellectuelle se décide[2]. »

La Conférence adopta en principe « la liberté de discussion ». Elle voulut « ne rien devoir qu'au zèle spontané
de ses membres, et son règlement n'imposa d'autre frein
que celui des convenances et de la raison. Ainsi chaque
membre put aborder les sujets qu'il lui convint de choisir, et les développer suivant sa pensée. Chaque travail
dut être soumis à une commission chargée d'en faire le
rapport et d'en discuter les opinions, de les attaquer ou
de les approuver ». « Rien n'échappe, ajoute une lettre
d'Ozanam, à la sécurité de cette censure; il s'y fait des
recherches sérieuses, un contrôle quelquefois très
malin[3]. » Au-dessus de cette commission fonctionnait

1. Nous nous servons, pour cette histoire, du rapport qui fut publié en juin
1833 (Paris, impr. Thuau), sur la première année de la conférence et que nous
avons, en collaboration avec M. Victor Bucaille, reproduit à peu près intégralement dans la *Revue Montalembert* du 25 mai 1912, p. 321-328.

2. *Lettres d'Ozanam*, I, p. 67.

3. *Lettres d'Ozanam* I, p. 61.,

un comité supérieur, composé du bureau et de trois
membres de la réunion, et chargé de « donner à toute la
conférence une vaste impulsion, d'indiquer les moyens
de perfectionnement, de faire des rapports généraux et de
constater les résultats du travail commun ».

A partir de février 1833, des conditions assez sévères
furent mises pour l'admission des candidats ; ils restèrent
nombreux, pourtant, et plusieurs, au jugement d'Ozanam,
étaient d'un talent supérieur. « Les uns, voyageurs précoces, avaient visité plusieurs parties de l'Europe ; et l'un
même avait fait le tour du monde ; d'autres avaient approfondi les théories de l'art, d'autres avaient sondé les problèmes d'économie politique. Le plus grand nombre se
livraient à l'étude de l'histoire ; quelques-uns à la philosophie[1]. » Une brochure, publiée à la fin de 1833, donne
la liste, longue et variée, de tous les sujets traités dans la
conférence au cours de l'année universitaire. Ozanam
parla de la mythologie de l'Inde, de la poésie et de son
influence, de la littérature orientale, de l'action du clergé
et des laïques, de la philosophie et du christianisme, et
lut des vers sur le jour de l'an. Lallier traita du mahométisme, des richesses morales et matérielles, du saint-
simonisme, de la théorie des époques critiques et orga-
niques ; deux autres futurs « confrères » de Saint-Vincent
de Paul, Lamache et Le Taillandier étudièrent, le premier, la peinture sur verre, l'architecture du moyen âge,
la statuaire du moyen âge ; le second, l'histoire des ordres
religieux, les croyances fondamentales de l'antiquité, la
constitution du peuple juif. Nous voyons Danton, le futur
inspecteur général de l'université, consacrer un travail à
l'histoire de l'insurrection espagnole sous Charles-Quint ;
Chéruel, le futur historien, parler des principes de la
richesse, de l'état actuel de la religion et de la philosophie, et dire une autre fois quelques mots qu'il intitulait :
Coup d'œil sur l'avenir. « Différents sentiments se sont

1. *Lettres d'Ozanam*, I, p. 66-67.

manifestés à la tribune, lisons-nous dans le compte rendu
de ces petites joutes ; l'amour de la vérité présidait seul
à ces débats ; quoique séparés quelquefois d'opinion, les
membres de la Conférence sont toujours restés unis de
cœur. »

* *

En cet été de 1833, Ozanam connut de superbes heures
d'espoir : les destinées communes de la science et de la
foi illuminaient son regard et le ravissaient. A l'occasion
d'un livre qui venait de paraître sur Isaïe, il écrivait dans
la *Tribune catholique* du 12 juin 1833 :

> Plus la science a grandi, plus elle a recueilli de découvertes nou-
> velles, et plus elle s'est rapprochée de la révélation. C'est comme
> un fleuve : plus vous le voyez large, plus il est voisin de la mer.
> A chacun des âges qu'elle a parcourus, à chacun de ses pas, la
> science a fait en quelque sorte une magnifique récapitulation d'elle-
> même en expliquant les livres saints. On dirait qu'en venant se
> confondre de la sorte avec la parole de Dieu, la pensée de l'homme
> veut éprouver ses forces et vérifier ses progrès ; on dirait qu'elle
> veut mesurer sa hauteur et savoir de combien sa sœur aînée la
> dépasse encore. Quand donc la science mûrie au soleil des siècles
> aura porté ses fruits, et que la raison aura ramassé sa dernière mois-
> son, toutes ses recherches, tous ses labeurs, toutes ses conquêtes
> viendront se résoudre dans une vaste interprétation des croyances
> révélées. Toute vérité rationnelle aboutira à la vérité religieuse, et
> alors l'Église verra toutes les connaissances humaines se précipiter
> dans son sein, et lui présenter leurs offrandes.
> Ce jour glorieux ne luira pas sur nous : une tâche plus humble
> nous est imposée. Les vérités scientifiques sont trop éparses et trop
> confuses pour qu'un homme se lève et les rassemble comme un
> troupeau dispersé, et, les poussant devant lui, les ramène au ber-
> cail. On aura fait beaucoup si l'on saisit une branche isolée de nos
> connaissances, et qu'on lui imprime une direction chrétienne [1].

Ce programme d'apostolat intellectuel, dont on devine
que l'auteur s'enchante, coïncidait avec le plein dévelop-

---

1. L'article n'est pas signé ; mais dans le précieux volume où Lallier fit
relier tous les numéros de la *Tribune* et de l'*Univers* intéressant l'histoire des
premiers confrères de Saint-Vincent de Paul, Lallier a marqué cet article
comme étant d'Ozanam.

pement des conférences d'histoire ; et les conférences lui apparaissaient, sans doute, comme une première ébauche de cette direction chrétienne à laquelle, dans les siècles futurs, la science tout entière se soumettrait. Les divergences même qui s'y laissaient voir accentuaient, bien loin de le ralentir, cette sorte d'entraînement catholique que propageaient autour d'eux, grâce à l'institution des conférences, Ozanam et ses jeunes amis. Avec leurs clans d'incroyants ou de sceptiques, où des conquêtes pouvaient faire brèche, ces petits aréopages de jeunes gens n'étaient-ils pas comme l'image du futur royaume de la science, dans lequel la foi, d'ores et déjà installée, trouverait à la longue, pour toute son escorte de généreuses richesses, un droit de cité de plus en plus incontesté ? En principe, ces conférences étaient de très libres parades ; en fait, Ozanam, héraut de la foi, y était le maître.

Et lorsqu'il se reportait à deux années en arrière, à l'époque où, simple étudiant lyonnais, les assauts inouïs du saint-simonisme l'avaient, pour la première fois, poussé dans la mêlée, il pouvait constater, promenant son regard sur les jeunes gens qui se pressaient aux conférences, combien rapidement s'était transformé l'horizon.

Le Christ faisait sa rentrée, sous les regards d'Ozanam, dans certaines consciences qui naguère s'étaient données, passives, à l'influence posthume de Saint-Simon. L'on assistait brusquement à l'effondrement du saint-simonisme : devant ce christianisme que les saint-simoniens avaient considéré comme mort, c'était leur doctrine à eux qui, d'un trépas prématuré, succombait sous le ridicule. Spectateur toujours généreux, et toujours plus soucieux de la gloire du Christ que de la sienne propre, Ozanam se garda de piétiner l'ennemi vaincu, il fit au contraire le geste de le relever, et d'honorer tout ce qu'il y avait de généreux dans ses aspirations désormais découragées, et d'en faire hommage au Christ, seul capable de les satisfaire. Un article du *Conseiller des familles*, que reproduisit le 28 juillet 1833 la *Tribune*, nous permet d'admirer Ozanam dans ce rôle toujours délicat — et délicat surtout pour une âme fougueuse et juvénile — qui consiste à enregistrer une victoire, et à la commenter[1].

Il redisait, dans cet article, les premières illusions des saint-simoniens, et puis il disait leurs mésaventures, sans s'y acharner. Cela fait, Ozanam ajoutait : « Maintenant donc que le saint-simonisme a cessé de vivre, ou que du moins il touche à son agonie, jugeons-le d'un œil impartial : ne parlons pas de ses doctrines, le bon sens les a déjà jugées ; parlons de son influence. » Alors, avec un mélange de finesse et de charité, il savait, au lieu de rire de ces vaincus dont alors il était à la mode de rire, leur rendre justice et leur dire quelque merci. Justice et merci, parce qu'ils avaient osé « fouler aux pieds l'indifférence en matière religieuse, en rejetant loin d'eux le manteau des philosophes » ; parce que, « ridicules en voulant s'imposer le pontificat à eux-mêmes », ils n'en avaient pas moins « proclamé la nécessité et la dignité du sacerdoce » ; parce qu'ils avaient « fait renaître au xixᵉ siècle l'intérêt des discussions théologiques » ; parce qu'ils avaient « réhabilité l'histoire de l'Église », par des éloges qui avaient « trouvé plus de croyance que tous les livres des apologistes chrétiens » ; parce que, grâce à eux, « un certain nombre d'esprits » avaient commencé à « comprendre ce que l'Évangile a su faire pour le bien de l'humanité » ; parce que « en transportant dans leurs théories une portion considérable des institutions catholiques, ils en avaient démontré l'excellence et la profondeur ».

« Une tendance toute chrétienne qui se retrouve encore parmi les disciples de Saint-Simon, continuait Ozanam, c'est cet ardent prosélytisme qui les conduit à travers les huées et le ridicule, et qui les mène jusque

---

1. Nous avons, en collaboration avec M. Victor Bucaille, publié la partie la plus importante de cet article dans la *Revue Montalembert* du 25 juin 1912, p. 420-422.

dans de lointaines contrées pour la réalisation de leurs
utopies. » Ozanam s'attendrissait sur les jeunes gens
« qui ne savaient presque pas qu'il y eût encore au monde
une religion catholique, et qui, sentant en eux le besoin
de croire et d'aimer, s'étaient jetés à corps perdu dans
cette doctrine fausse qui leur présentait quelques lointains reflets de la révélation ». Mais déjà certains, revenant au catholicisme, lui « promettaient de puissants
défenseurs » ; et les bras d'Ozanam et de l'Église demeuraient ouverts pour tous les autres.

Le saint-simonisme, insistait-il avec une confiance joyeuse, n'est
point une déviation immédiate du christianisme, c'est au contraire
un mouvement qui s'opère au sein de l'incrédulité pour revenir à la
foi. Les saint-simoniens, ce sont des hommes qui, égarés dans les
ténèbres, ont voulu se créer une lumière à eux-mêmes, une lueur
fausse, vacillante, mais qui vaut déjà mieux que les ténèbres, et qui
peut les conduire auprès de la véritable voie. Peu de chrétiens se
sont faits saint-simoniens pour devenir incrédules ; plusieurs incrédules se sont faits saint-simoniens pour devenir chrétiens. Leur doctrine fut fausse, leur tendance incomplète, mais l'une et l'autre sont
un progrès sur l'impiété philosophique de notre siècle. C'est une
fièvre, c'est un délire ; mais il est des occasions où la fièvre et le
délire sont les signes d'une prochaine convalescence.

La place de Saint-Simon et de son école dans l'histoire
philosophique et religieuse du XIXᵉ siècle était ainsi fixée
par ce jeune homme, par le même jeune homme qui, aux
heures de péril, avait crié halte au saint-simonisme ; elle
était fixée avec une perspicacité, une précision d'analyse,
une hauteur de vues, une façon naturelle de planer, qui
font de cet article une des meilleures pages d'Ozanam étudiant. Il y a là mieux qu'un chef-d'œuvre d'intelligence,
il y a là un chef-d'œuvre de cœur. C'est avec tout ce que
son cœur renfermait d'amour pour le Christ, et d'amour
pour les jeunes gens ignorants du Christ, qu'il s'était
courbé sur ces âmes saint-simoniennes, déjà proches de
l'Église ou retenues encore loin d'elle, et qu'il les avait
comprises, et qu'il survenait, lui, leur adversaire, pour

les soustraire à l'injuste et accablant ridicule auquel les
eût volontiers condamnées la frivolité du siècle.

> Oh! n'insultez pas, s'écriait-il en terminant, ceux qui se trouvent
> encore rangés sous la bannière de Saint-Simon. Ne menacez point
> leur vie, car vous les feriez s'endurcir dans leurs erreurs en se
> croyant martyrs. S'ils veulent vous prêcher leur doctrine, montrez-
> leur l'Evangile et ces paroles de saint Paul : « Si quelqu'un, fût-ce
> un ange, vous enseigne un autre Evangile que le mien, ne le croyez
> pas. » S'ils vous disent que le christianisme n'est plus, montrez-leur
> la croix de votre clocher, et vos sœurs de charité, et vos frères des
> écoles chrétiennes. S'ils vous promettent le bonheur pour cette vie,
> montrez-leur le ciel, et dites-leur : Jésus-Christ nous l'a promis
> pour l'éternité.

Les jeunes catholiques qui lisaient ces lignes y trouvaient, pour les conférences d'histoire, une méthode de
discussion et des leçons de conduite : ils savaient, désormais, comment il convenait de traiter un camarade saint-
simonien. Peut-être, dans leurs familles, quelque aïeul
voltairien, non moins ennemi du saint-simonisme que de
l'Église, aurait-il pu leur donner à croire, par des sar-
casmes faciles, que le saint-simonisme, gisant à terre, ne
méritait rien de plus que d'être souffleté d'un dernier
éclat de rire; l'intelligence et la charité d'Ozanam enseignaient d'autres habitudes d'esprit, et un plus hospitalier
respect. Sans péril pour les catholiques, les conférences
d'histoire pouvaient se montrer accueillantes pour les
saint-simoniens; elles s'ouvraient à leur grande disgrâce,
comme un porche discret dont l'église est l'issue.

Il y eut, un soir, une séance très agitée. Broet, qui
était saint-simonien, avait entrepris de prouver la disso-
lution du catholicisme par l'histoire des révolutions et
par l'anarchie actuelle de ses doctrines. Ozanam riposta,
accumula les arguments bien étudiés, et puis, dans une
péroraison superbe où l'éloquence semblait faire fi de
l'éloquence et rêver, au delà des parlottes, l'action immédiate sur le monde et la conquête effective du monde, le
jeune apôtre demandait :

> Que sert de venir au milieu des nations, et de dire d'une grande

voix : le catholicisme est mort! Que sert cette oraison funèbre, que depuis dix-huit siècles on répète à satiété à nos oreilles ? Depuis dix-huit siècles, car, ne vous y trompez pas, cette objection est vieille comme la vérité ; elle date du temps des Apôtres ; eux aussi, on les traitait d'agonisants, *quasi morientes*, et eux, ils n'ont pas répondu, ils ont conquis le monde[1].

Ozanam ensuite se tut. L'éclat de sa réponse eût pu l'enorgueillir, mais il semblait, bien plutôt, que les apôtres lui fissent envie, eux qui, au lieu de tant répondre, savaient faire chanceler les idoles dans les temples et d'autres, plus tenaces, au fond des âmes.

*
* *

Le succès même de cette œuvre de conférences paraît avoir, peu à peu, inquiété l'*Ami de la Religion*. On apprenait qu'à Rouen les jeunes catholiques essayaient une initiative du même genre[2]. Picot, plus prompt à éteindre les ardeurs juvéniles qu'à les encourager, jugea bon de se mettre aux aguets. Le 15 mars 1834, il accusa un camarade d'Ozanam d'avoir lu un plaidoyer pour la république, d'avoir avec admiration cité « saint Hildebrand » (Grégoire VII), qui appelait, dit-on, les rois les membres du démon ; et d'avoir regretté amèrement que Grégoire XVI n'eût pas accordé la liberté à ses sujets. L'*Ami de la Religion* demandait comment des hommes graves et religieux avaient laissé des jeunes gens discourir sur ce ton, et insinuait que ce membre de la conférence d'histoire avait des rapports intimes avec Lamennais. On ajoutait d'ailleurs qu'à la conférence suivante une réponse « ferme, spirituelle et satisfaisante » avait été faite à l'apologiste

1. Ozanam, *Vie de Frédéric Ozanam*, p. 126-130.
2. *Ami de la religion*, 13 mars 1834.

de la république [1]. L'étudiant visé par cet article était Élie
de Kertangui, secrétaire de Lamennais, et qui devait
bientôt épouser sa nièce ; il protesta qu'il n'avait rien dit
contre Grégoire XVI, et que ses paroles n'engageaient
que lui-même [2].

Il est vraisemblable que l'*Ami* prit soin d'épier Kertangui ; car peu de temps après, les polémiques recom-
mencèrent et, cette fois, découvrirent Ozanam. Dans un
de ses cours du Collège de France, Lerminier, faisant
allusion à l'attitude de Lamennais, avait dit :

> La Papauté a-t-elle un souffle de vie ? Dans notre pays, le génie
> la dédaigne, il se tait... Mais s'il m'était donné de vous montrer la
> secrète indignation qui oppresse cette âme fière, vous apercevriez
> les montagnes de mépris qui s'y entassent [3].

En présence de cette boutade de Lerminier et de
l'impression produite par les *Paroles d'un croyant,* qui
venaient de paraître, Ozanam, sans aucune vaine agres-
sion contre Lamennais, jugea bon de développer, devant
la conférence d'histoire, le rôle séculaire de l'Église. Il
la montra distribuant à tous, et surtout aux faibles, trois
nourritures, physique, intellectuelle et morale. On reprochait à l'Église de favoriser le pouvoir absolu ; Ozanam protestait ; il commentait les deux paroles par lesquelles le Christ avait renversé l'ancien despotisme : d'une
part : « L'homme ne vit pas seulement de pain » ; d'autre
part : « Ne craignez pas celui qui peut tuer le corps,
mais celui qui peut perdre l'âme. » Il faisait assister ses
auditeurs à la naissance de la liberté dans les catacombes ;
il célébrait la Légion thébaine, donnant le double exemple de la liberté et de la résignation chrétienne ; il glo-

---

1. *Ami de la religion,* 15 mars 1834, p. 330.
2. *Ami de la religion,* 20 mars 1834, p. 367. Voir sur Élie de Kertangui,
CHARLES SAINTE-FOI, *Souvenirs de jeunesse,* éd. Latreille, p. 78-81 (Paris,
Perrin, 1911).
3. Cité dans l'*Ami de la religion,* 10 mai 1834, p. 67. *L'Univers religieux* du
7 mai 1834 publia un résumé et une réfutation de la leçon de Lerminier contre
la théocratie catholique : les deux plumes d'Ozanam et de Lallier avaient collaboré pour ce travail.

riflait saint Ambroise devant Théodose; il faisait comprendre la portée du sacre, contrat établi par l'Église, « au pied des autels, entre deux parties libres, le peuple et le roi ». Se tournant vers l'autre confession chrétienne, il saluait, en elle, l'alliée véritable des rois absolus, Wasa, Henri VIII, Élisabeth; et passant en revue les Bourbons, il constatait que le peuple catholique de Paris s'était défié de la conversion d'Henri IV, que Louis XV avait eu Voltaire pour gentilhomme, que Louis XVI avait signé la Constitution civile du clergé, document schismatique. Puis il montrait l'Église favorisant le génie dans la science, dans l'art et dans l'action. « Que l'on ne se prévale pas des découvertes de l'intelligence, concluait-il en substance, et que l'on n'espère pas dépasser le christianisme. Jésus-Christ, comme Colomb, a découvert un nouveau monde intellectuel, les découvertes que l'on pourrait faire n'aboutiraient qu'à décrire quelques petites îles, circonvoisines du monde révélé. » Puis lorsque Ozanam eut parlé, Kertangui, cherchant à Lamennais des excuses, vint lire une lettre où celui-ci se déclarait fort tranquille sur les suites que pourrait avoir, relativement à Rome, la publication des *Paroles d'un croyant*, et se proclamait « soumis en religion, et libre sur tout le reste » [1].

Il y avait, parmi les assistants, un jeune légitimiste passionné, et sans doute extrêmement chatouilleux, qui s'appelait Cartier. D'après des souvenirs qu'il avouait déjà n'être plus récents, il envoya à l'*Ami de la religion* un résumé critique du discours d'Ozanam, résumé qu'il présentait lui-même comme incomplet. Un des collaborateurs ecclésiastiques de l'*Ami* trouva dans cette communication la matière d'un long article. Ozanam y était accusé d'avoir émis des « assertions hasardées, bizarres, fausses », d'avoir calomnié la monarchie, injurié Louis XVI, affirmé que « l'appui du royalisme était sali »; on lui imputait, aussi, d'avoir qualifié Lamennais de génie-démon.

---

1. La lettre fut publiée dans l'*Ami de la religion*, 7 juin 1834, p. 271.

Puis l'article relatait, d'une façon incomplète, l'intervention de Kertangui, et concluait : « Tous ces détails nous
ont paru assez piquants dans les conjonctures présentes ;
ils montreront à quel point de jeunes esprits se laissent
prévenir en faveur de théories et de systèmes dont il faut
espérer que la réflexion et l'expérience les détacheront
peu à peu [1]. »

Lorsque parut le numéro de l'*Ami*, le plus ennuyé fut
Cartier. Jamais il n'avait pensé que ses indiscrétions pussent susciter contre Ozanam trois pages aussi agressives ;
il écrivit à celui-ci pour se confesser et s'excuser. La
réponse d'Ozanam fut un modèle de cordialité et de généreuse dignité. Il la faut citer toute entière.

MONSIEUR,

Je vous remercie de la loyale conduite que vous avez tenue à mon
égard, en me prévenant de l'article inséré contre moi dans l'*Ami de
la religion*. L'imprudence que vous pouviez avoir commise est plus
que réparée par l'aveu amical que vous m'en faites.

Nous sommes jeunes, Monsieur, et comme tels nous sommes tous
capables de pareilles fautes, mais nous sommes chrétiens aussi, et
si comme tels nous nous devons le pardon des injures, à plus forte
raison nous devons-nous l'oubli d'un manquement involontaire.

Ainsi je vous promets de ne point parler à la conférence de cette
affaire qui me peine vivement, ou si, par quelque motif je me vois
obligé d'en parler, je vous promets de le faire de manière à ce que
rien ne puisse blesser votre délicatesse. Votre démarche envers moi
mérite de ma part reconnaissance, elle vous assure mon estime, elle
me fait désirer votre amitié.

Je suis fâché de ne pouvoir pas donner communication de votre
lettre à M. de Kertanguy avec qui je n'ai d'autres rapports que ceux
de la conférence ; je me ferai d'ailleurs un plaisir de lui expliquer
tout à votre honneur samedi prochain.

Je comprends enfin que des motifs sacrés puissent vous empêcher
de témoigner votre mécontentement à M. l'ecclésiastique, auteur de
l'article en question. Je vous prie en retour de lui transmettre la
lettre ci-incluse, dans laquelle il ne trouvera rien d'offensant, mais
un appel à sa bienveillance et à sa justice. J'espère que vous vou-
drez bien lui faire parvenir cette lettre, j'y tiens *expressément*.

Il pourra se faire, Monsieur, que nous ne partagions point les
mêmes doctrines politiques ; toujours nous serons d'accord sur les

---

1. *Ami de la religion*, 5 juin 1834, p. 253-256.

maximes inébranlables de Religion et de Charité. Puissent ces relations que vient d'établir entre nous une affaire assez désagréable de
sa nature, resserrer pour nous les liens de la fraternité catholique
et nous assurer dans l'esprit l'un de l'autre un amical souvenir!

Je suis, Monsieur, avec la considération la plus distinguée, votre
dévoué serviteur et affectionné collègue.

Signé : A.-F. OZANAM[1].

C'est ainsi qu'Ozanam savait pardonner. Quant à l'*Ami
de la religion*, Ozanam jugeait nécessaire de lui donner
un avertissement; et la lettre qu'il expédiait à cette feuille
par l'entremise de Cartier, témoignait d'une légitime
tristesse. Les violences dont Ozanam était victime n'é-
taient que le symptôme de l'esprit coutumier qu'appor-
taient Picot et ses amis dans certaines polémiques. Ce
qu'il y avait au fond de leur pensée, le récent biographe de dom Guéranger nous l'explique de lumineuse
açon. « Picot, écrit le R. P. dom Delatte, suivait avec une
rare avidité toutes les étapes de la chute de Lamennais,
chute qu'il semblait savourer comme un triomphe. Il
considérait comme suspect quiconque, ayant appartenu
de près ou de loin à l'école de l'*Avenir*, n'avait pas
consenti depuis l'encyclique *Mirari vos* à se faire une
créance immaculée en abjurant entre les mains de Picot. »

Voilà, mis à nu, l'intime motif de la malveillance que
Picot témoignait à la conférence d'histoire ; et l'alerte
défense d'Ozanam était dès lors amplement justifiée.

Monsieur, riposta-t-il, dans votre avant-dernier numéro, vous
m'avez fait l'honneur de parler de moi, jeune homme inconnu, et d'a-
nalyser un discours que j'aurais prononcé dans une réunion littéraire.
Je pourrais me plaindre, au nom de mes collègues, de cette publicité
donnée à une réunion familière où l'on n'a d'autre ambition que
d'apprendre un peu à parler et à écrire, où l'on a coutume d'apporter à la fois son esprit et son cœur, et de ne rien se taire, où on
désire par-dessus tout l'intimité, la discrétion et la paix.

1. Bibliothèque d'Avignon. Autographes de la collection Requien, n. 7378. Nous
devons à M. Decq-Ozanam l'obligeante communication de cette lettre, qui
doit être reproduite, avec un certain nombre d'inédits, dans les *Mélanges du
centenaire Ozanam*, de A.-J. CORBIERRE. (Paris, Lethielleux).

Mais, puisque vous avez attaché assez de prix à nos conversations amicales pour en entretenir vos respectables lecteurs, au
moins une scrupuleuse fidélité devait présider à ce rendement de
compte. Jeunes gens que nous sommes, la première fois que vous
traduisiez notre nom et nos discours sur la scène publique, ce ne
devait pas être pour les flétrir d'accusations injustes.

Cependant l'analyse que vous avez donnée de mes paroles est
inexacte, elle tronque ma pensée, elle me prête des expressions
odieuses et ridicules dont je ne me suis pas servi, elle est accom-
pagnée de réflexions sévères où l'on m'attribue des idées et des intentions que je repousse.

Il est vrai, monsieur, que j'ai parlé dans une conférence littéraire au sujet du dernier livre de M. de La Mennais ; mais ce
n'était point un système historique ou politique que moi, jeune
homme de vingt-et-un ans, je venais exposer ; c'étaient seulement
quelques réflexions simples et improvisées que je soumettais de
vive voix à mes collègues, pensant ainsi provoquer les leurs.

Passant au détail, Ozanam rectifiait, d'abord, certains
des propos que le correspondant de l'*Ami* lui avait prê-
tés ; et, chemin faisant, il donnait une jolie leçon de charité à ceux qui, suivant l'expression de dom Delatte,
savouraient comme un triomphe personnel la chute de
Lamennais. « Je n'ai point nommé M. de Lamennais un
génie-démon, protestait-il ; car, je me souviens qu'il est
écrit : ne jugez pas, afin que vous ne soyez point jugé. »
Il n'avait jamais dit, non plus, que l'appui du royalisme
fût sali. « Le royalisme, insistait-il, se personnifie pour
moi sur des têtes si vénérables et si chères, qu'une semblable expression ne saurait s'échapper de mes lèvres
sans me laisser un remords au cœur. » Mais l'*Ami*, non
content de mettre sur les lèvres d'Ozanam des paroles
qu'Ozanam n'avait pas dites, avait fait au jeune homme
un procès de tendance. Ozanam le constatait, et sa lettre
se terminait en ces termes :

Voilà pour ce que l'on m'a fait dire ; voici pour ce dont on m'accuse.

On m'accuse de calomnier la monarchie. Jeune, je n'ai encore
aucun intérêt à calomnier qui que ce soit, et quand j'y aurais intérêt, j'espère avoir assez d'honneur et de charité pour m'en abstenir.
J'étudie l'histoire selon mes forces ; je ne sais si je me trompe,
mais à coup sûr je ne calomnie pas.

Enfin, on me fait sortir d'une école hostile aux rois. Chrétien, je me fais gloire de n'appartenir à aucune autre école qu'à celle de la vérité, qui est l'Église. Mais si jamais, dans la lutte des opinions qui divisent la France, mes sympathies m'ont fait pencher quelque part, si jamais on m'a attribué des croyances politiques, c'était plutôt dans une école opposée, dans une école amie de la royauté sage, que je les aurais puisées.

Ce n'est point une déclaration de principes que je suis venu faire ici ; ce serait une présomption malséante à mon âge. Un temps viendra où l'étude et l'expérience me donneront peut-être le droit d'avoir des doctrines sociales; en attendant, j'ai deux choses auxquelles je tiens, parce que l'une me vient de Dieu et l'autre de mes parents : la foi et l'honneur. Ces deux choses, nul n'a le droit de les attaquer.

D'ailleurs, la personne qui s'est permis de publier et d'interpréter mes paroles n'était point présente à la séance où je les ai prononcées; elle n'a eu entre les mains que des notes éparses, incertaines, recueillies tandis que je parlais sans note, sans préparation : n'était-ce pas imprudent de sa part d'en faire matière à journal? Et l'imprudence, quand elle peut compromettre le nom d'un jeune homme, n'est-elle pas manque de charité?

Charité! Voilà le mot qui demeurait toujours au bout de la plume d'Ozanam, lors même que les circonstances la forçaient d'être véhémente. Picot inséra la lettre avec quelques ergotages; il observa qu'Ozanam, ayant improvisé, pouvait ne pas se rappeler tout ce qu'il avait dit, et se déclara surpris de trouver chez le jeune homme « tant d'horreur pour la publicité, puisque son nom figurait dans trois ou quatre recueils, dans la *France Catholique*, dans l'*Univers*, dans la *Jeune France*[1] ». L'*Ami de la Religion* n'aimait peut-être pas que dans la presse la religion trouvât d'autres amitiés que la sienne[2].

Lequel des deux était le plus à plaindre : Ozanam ou Picot? Le publiciste chagrin, auquel ses partis pris interdisaient maintes raisons d'espérer, ou bien le manieur de jeunes âmes, jeune lui-même, qui savait faire, d'elles toutes, des ouvrières et des messagères d'espoir? Dans une de ses lettres, Ozanam racontait à Falconnet la sortie d'une conférence d'histoire :

1. *Ami de la religion*, 10 juin 1834, p. 285.
2. Voir à ce sujet, sur Picot, les pages de CHARLES SAINTE-FOI. *Souvenirs de jeunesse*, éd. Latreille, p. 201-205 (Paris, Perrin, 1911).

Nous sommes surtout une dizaine, lui disait-il, unis plus étroitement par les liens de l'esprit et du cœur, espèce de chevalerie littéraire.

Quelquefois, lorsque l'air était plus pur et la brise plus douce,
aux rayons de la lune qui glissaient sur le dôme majestueux du
Panthéon, en présence de cet édifice qui semble s'élancer au ciel
et auquel on a ôté sa croix comme pour briser son élan, le sergent
de ville, l'œil inquiet, a pu voir six ou huit jeunes hommes, les
bras entrelacés, se promener de longues heures sur la place solitaire ; leur front était serein, leur démarche paisible, leurs paroles
pleines d'enthousiasme, de sensibilité, de consolation ; ils se
disaient bien des choses de la terre et du ciel, ils se racontaient
bien des pensées généreuses, bien des souvenirs pieux ; ils parlaient de Dieu, puis de leurs pères, puis aussi de leurs amis restés
au foyer domestique, puis de leur patrie, puis de l'humanité. Le
Parisien stupide qui les coudoyait en courant à ses plaisirs ne comprenait point leur langage : c'était une langue morte, que peu de
gens connaissent ici. Mais moi, je les comprenais, car j'étais avec
eux, et en les entendant, je pensais et je parlais comme eux, je
sentais se développer mon cœur, il me semblait que je devenais
homme, et j'y puisais, moi si faible et si pusillanime, quelques instants d'énergie pour les travaux du lendemain[1].

C'est en vérité grand dommage, s'il plaisait au correspondant de Picot de se tenir aux écoutes, qu'il n'ait pas
surpris, sur la place du Panthéon, quelques-uns de ces
entretiens tardifs dans lesquels Ozanam était comme le
maître du chœur et qui devaient ressembler, parfois, à
des prières communes. Une fois au moins, les « espions
de certains journaux soi-disant religieux »[2], pour reprendre l'expression d'Ozanam dans une lettre du 16 mai 1834,
eussent pu servir à l'édification des âmes.

Dans quelle mesure le ralentissement des conférences
d'histoire, qui se dessina dans l'été de 1834 et devint très
notoire en 1835, fut-il dû aux chicanes, aux ennuis dont
Ozanam se sentait peut-être guetté ? C'est ce qu'il est
malaisé de discerner, pas plus qu'on ne peut préciser si
l'abbé Marduel, confesseur d'Ozanam[3], fut appelé à dire
son mot. L'opinion de l'abbé Marduel était d'avance con-

1. Lettres d'Ozanam, I, p. 68.
2. Lettres d'Ozanam, I, p. 103.
3. Sur l'abbé Marduel, voir Mgr OZANAM, op. cit., p. 639-644.

nue, puisque, dans ses deux gros volumes sur l'*Autorité
Paternelle*, il écrivait : « Plaignons ceux qui ne pensent
pas bien ; évitons de discuter avec eux, car dans les
moments d'effervescence on est peu disposé à entendre la
vérité. Souvent nos efforts pour la faire connaître atta-
chent plus fortement à l'erreur. Dieu seul peut éclairer
les esprits, changer les cœurs et retirer l'homme de
l'aveuglement qui l'empêche de comprendre les vérités
les plus simples[1]. »

Ces réflexions, évidemment, n'interposèrent aucun
voile entre la conscience catholique d'Ozanam et son
ferme dessein d'un long apostolat intellectuel ; le grand
élan d'Ozanam apôtre, de l'Ozanam qu'aujourd'hui tous
les catholiques sont d'accord pour glorifier, ne se laissa
pas amortir ; mais peut-être persuadèrent-elles Ozanam
que, dans le cadre d'une parlotte telle qu'étaient les
conférences d'histoire, des discussions sur les grands
problèmes religieux servaient de peu, et les « pau-
vrettes », comme Ozanam qualifiait ces conférences,
furent peu à peu « mourantes », et ne l'intéressèrent
plus que « comme moyen de recruter la conférence de
charité ». Car les catholiques prédestinés à de grandes
œuvres — et tel était Ozanam — savent faire bon usage
des inimitiés qu'ils rencontrent ; et si Picot, sans le vouloir ni le prévoir, fit s'orienter vers la conférence de
Saint-Vincent de Paul, vers une œuvre de bien qui leur
survit magnifiquement, les énergies que sa vigilance sus-
pectait, l'*Ami de la Religion*, par ce manque même de
charité que lui reprochait si justement le jeune Ozanam,
fit beaucoup, sans le savoir, pour la charité.

1. MARDUEL, *op. cit.*, II, p. 518.

***

Au delà des improvisations ou des juvéniles travaux de
la conférence d'histoire, à côté de ces cours de Sorbonne
où l'on allait, parfois, en protestataires plutôt qu'en disciples, Ozanam, dès son arrivée à Paris, s'était préoccupé
de faire surgir certaines chaires, au pied desquelles ses
jeunes amis pussent, en toute sécurité, s'instruire et
s'exalter. Dès janvier 1832, l'abbé Gerbet avait inauguré
quelques leçons sur la philosophie de l'histoire ; de Coux,
le futur professeur de Louvain, avait commencé un enseignement d'économie politique ; et un autre rédacteur de
l'*Avenir*, d'Ault-Dumesnil, appliquait à la littérature espagnole la théorie générale qu'il avait conçue sur les caractères généraux de la littérature catholique. « Comme une
humble image qu'on brise ensuite et qu'on oublie », ces
cours voulaient « préfigurer, ainsi que le proclamait Gerbet, les futures universités catholiques et libres ». Les leçons dans lesquelles de Coux mettait à nu « la plaie qui
ronge la société et le remède qui seul peut la guérir »,
attiraient une studieuse affluence ; Ozanam y trouvait
« profondeur, intérêt, vérité, vie »[1]. Mais l'abbé Gerbet,
surtout, le passionnait : « C'est maintenant, écrivait-il à
Falconnet, qu'on peut dire que la lumière brille dans les
ténèbres ; jamais ne retentit à nos oreilles une parole plus
pénétrante, une doctrine plus profonde. » Et il dessinait
ce portrait du prédicateur : « Aucun charlatanisme : une
voix faible, un geste embarrassé, une improvisation douce
et paisible ; mais, à la fin de ses discours, son cœur
s'échauffe, sa figure s'illumine, le rayon de feu est sur son
front, la prophétie est sur sa bouche[2]. »

1. *Lettres d'Ozanam*, I, p. 118.
2. *Lettres d'Ozanam*, I, p 46-47.

Devant Gerbet, autour d'Ozanam, se rangeaient les
« hommes célèbres » et les « jeunes gens avides ». Ozanam voyait «)). de Potter, de Sainte-Beuve, Ampère
fils recevantavec transport » les enseignements du jeune
prêtre; il notait cela joyeusement, magnifiait Dieu; et
Gerbet, au début de sa première leçon, disait à ses auditeurs : « Vous êtes, messieurs, les prémices de cette jeunesse avide de foi et de science, qui se pressera un jour
dans des écoles encore inconnues. » Jeunes gens avides,
écrivait Ozanam; jeunesse avide, disait Gerbet. Ils mar-
quaient du même mot, tous les deux, le tourment de ces
jeunes hommes dont le petit Lyonnais, tout frais émoulu
de sa province, était déjà le conducteur, et dont il acheminait vers l'abbé Gerbet les esprits et les âmes.

Après le 6 février 1832, Gerbet suspendit ses conférences, pour les reprendre en avril 1833 ; et quelques-uns de
ses auditeurs les publiaient au fur et à mesure, en fasci-
cules, dont le groupement devait former un volume
aujourd'hui presque introuvable : *Introduction à la philosophie de l'Histoire*, par). l'abbé Gerbet[1].

Ces entretiens, disait Gerbet, doivent être « une préparation telle quelle à cette grande philosophie catholique
qui, prenant pour base les phénomènes permanents et
généraux de l'intelligence humaine, ramènera toutes les
sciences à l'unité, à une unité supérieure aux organisations
scientifiques du passé, de toute la supériorité que l'esprit
moderne a acquise par l'immense *variété* de ses connaissances ». L'enivrement même de son dessein cachait à
l'orateur une partie des ressources que le passé lui pouvait fournir ; la philosophie du moyen âge ne lui apparaissait que sous l'image d'une tente, « vaste comme tente,
trop étroite comme demeure », isolée « au milieu d'un

---

1. Ce volume manque à la Bibliothèque nationale; nous ne l'avons trouvé,
dans Paris, qu'à la Bibliothèque Cardinal. Il fut publié à Paris, aux bureaux
de l'Agence générale pour la défense de la liberté religieuse, 1832 et 1833.
Cf. DE LADOUE, *Mgr Gerbet, sa vie, ses œuvres et l'École Menaisienne*, I, p. 218-227
(Paris, Tolra et Haton, 1869).

désert où l'esprit humain a passé ». Au delà de ce désert
il apercevait en France, en Allemagne, une résurrection
de la science religieuse, et concluait que « la lampe qui
veille près du sepulcre chrétien d'Aristote n'est pas
l'éternel soleil de l'esprit humain ». Et d'un geste singulièrement prématuré, il montrait au loin, se formant, se
développant, la philosophie de N. l'abbé de Lamennais,
qui « ne ressemble, dans sa généralité, à aucune des philosophies connues ». Il annonçait un prochain ouvrage de
son « illustre ami et maître » sur l'ordre de·liberté et de
science : cet ouvrage, disait-il triomphalement, « marque
la seconde époque de son intelligence ; il en révélera une
moitié jusqu'ici inconnue ». Gerbet se trompait, et Gerbet d'autre part ne croyait pas dire aussi vrai ; l'ouvrage
qu'il annonçait avec cette ferveur de disciple ne parut
jamais ; et d'autres parurent qui révélèrent de Lamennais, effectivement, une moitié jusque-là inconnue —
mais sur laquelle Gerbet n'avait plus qu'à pleurer.

Il y avait, dans ces conférences de Gerbet, d'admirables
passages : il établissait, saint Vincent de Lérins en main,
comment l'idée du progrès de l'humanité est une idée
toute chrétienne ; il faisait éclater les applaudissements
en s'essayant à débrouiller les rapports entre l'ordre spirituel et l'ordre temporel ; il trouvait de merveilleux jeux
d'optique pour laisser voir brusquement, à la fin d'un
paragraphe, comment Rome était le centre du catholicisme, comment le catholicisme était le foyer du christianisme, comment le christianisme était le résumé de
toutes les traditions religieuses de l'humanité, et comment, ainsi, des députés de·tous les peuples même sauvages, de toutes les sectes chrétiennes même les plus dé-
gradées, se réunissant à Rome en un concile, y retrouve-
raient toutes les idées religieuses sur lesquelles d'avance
ils étaient d'accord entre eux. Il montrait l'Allemagne
moderne représentant l'intuition, l'Angleterre représentant l'esprit logique, la France combinant ces deux grandes facultés ; et le génie de Napoléon symbolisant cette

combinaison, présageant l'union de l'esprit oriental, plus
intuitif, et de l'esprit grec, plus logique ; et fugitivement,
l'auditoire, fasciné par les évocations de Gerbet, apercevait l'Empereur « se revêtant du christianisme comme
d'une armure afin de partir la tête haute pour la grande
expédition de l'éternité ». Une autre conférence — ce fut
en 1833 — était consacrée à l'ordre de charité et à l'ordre
de jouissance : on y voyait l'activité même du dogme
chrétien, rayonnant dans le cercle des devoirs de l'homme,
aboutir à la suppression de l'esclavage, puis entraîner la
restitution à tous les hommes des droits civils. Gerbet
faisait comparaître, devant la chaire chrétienne, la nouvelle
féodalité, celle de la richesse. « Opposant à l'ancienne
aristocratie le principe de la liberté, disait-il, et à l'émancipation des classes inférieures les mêmes principes que
la première opposait au progrès social, elle dit à l'une : il
n'y a point de droits contre les droits de la nation ; et se
retournant aussitôt vers le peuple, elle ajoute : la nation
c'est moi. » A quoi Gerbet ripostait : « Les lois par lesquelles la Providence gouverne le genre humain auraient
failli, si la société pouvait vivre de ce mensonge. » Il
donnait aux jeunes hommes qui l'écoutaient certains aver-
tissements que l'année 1848 devait leur offrir une occasion d'appliquer.

Si les hommes religieux veulent épargner à la religion et à la
société des calamités sans exemple, il ne suffit pas qu'ils se déta-
chent de l'ordre politique du passé, il ne faut pas qu'ils en sortent
pour venir s'accroupir sous l'ignoble tente qu'une féodalité nouvelle
essaie de planter sur le sépulcre du moyen âge. Il faut qu'ils prennent position dans l'avenir, et s'établissent à la fois les défenseurs,
les modérateurs et les guides des intérêts des masses, des intérêts
vraiment populaires, dont l'inévitable triomphe, étroitement uni à
celui de la charité et de la justice, terminera le cycle social dont le
genre humain a déjà parcouru divers degrés. De là aussi, messieurs,
une nouvelle carrière de charité, qui s'ouvre devant le sacerdoce,
ou plutôt devant tout chrétien, car tout chrétien est prêtre pour
accomplir le sacrifice de la charité.

Lorsque Gerbet parlait de la sorte, Ozanam et ses amis

avaient déjà tenu, quelques semaines plus tôt, la première réunion des conférences de Saint-Vincent de Paul. La
parole du futur évêque de Perpignan semblait ainsi scel-
ler et orienter leur propre vocation de « prêtres », prépo-
sés au « sacrifice de la charité ». Quant à l'université
libre que l'enseignement de Gerbet aspirait à « préfigurer », elle n'était pas encore à la veille de naître ; et ces
étudiants catholiques, qui la cherchaient dans Paris et
puis ne la trouvaient point, consolaient et vengeaient leurs
déceptions en venant au secours de la nouvelle université
de Louvain, par leurs souscriptions d'abord, et puis par
la riposte publique qu'ils adressaient aux outrages dont
avaient voulu la salir quelques libertins[1]. Cazalès, à cette
même date, ébauchait un projet qui devait permettre à
quelques jeunes Français d'aller s'asseoir au pied des
chaires catholiques d'Allemagne[2]. La jeunesse catholique
de France cherchait ainsi partout, en France et hors de
France, les sommets du haut desquels certaines lèvres
illustres enseignaient ou célébraient la foi.

*
* *

Ozanam rêvait avec quelque fièvre d'une autre prédication spécialement destinée au public des écoles et qui
prolongerait en quelque sorte les catéchismes de la
Madeleine, professés par l'abbé Dupanloup devant les
membres de l'Académie Saint-Hyacinthe[3]. Pour cet enseignement religieux supérieur, l'édifice qu'il voulait n'était
autre que Notre-Dame de Paris ; et son impatience s'ac-
crut lorsqu'il sut que les jours de l'Académie Saint-Hya-

1. Lettres d'Ozanam, I, p. 97-99.
2. Revue Européenne, janvier 1833, p. 618-624.
3. La Chapelle Saint-Hyacinthe : souvenirs des catéchismes de la Madeleine,
recueillis par un ancien disciple de Mgr l'évêque d'Orléans. (Paris, Douniol, 1872.)

cinthe étaient comptés [1]. Les adieux de l'abbé Dupanloup,
auxquels il assista, l'émurent profondément; et son parti
fut pris de multiplier les instances pour qu'une autre
chaire s'ouvrit, plus retentissante, plus altière, plus atti-
rante encore. Ce fut en juin 1833 qu'à l'instigation d'Ozanam une centaine de jeunes gens, écrivant à l'archevêque
Mgr de Quélen, souhaitèrent « une prédication qui, nouvelle dans sa forme, et descendant sur le terrain des
controverses actuelles, prît corps à corps les adversaires
du christianisme pour répondre aux objections journel-
lement enseignées » [2]. Ozanam, Le Joulteux et Montazet,
s'en furent, avec ce papier, voir au couvent des Dames de
Saint-Michel, rue Saint-Jacques, l'archevêque de Paris.
Il les reçut bien, leur confia son pressentiment que quelque chose de grand se préparait, embrassa dans leurs
trois personnes toute la jeunesse, et sans doute, après
les avoir congédiés, songea longuement à eux. L'hiver
suivant, Ozanam recruta de plus nombreuses signatures,
à peu près deux cents, pour une seconde pétition : le
Paris étudiant réinsistait en vue d'« une prédication qui
montrerait l'harmonie du christianisme avec les aptitudes
et les besoins de l'individu et de la société, et qui expose-
rait une philosophie des sciences, des arts et de la vie » [3].
     Avec Lamache et Lallier, Ozanam sollicita de Quélen
une audience nouvelle pour lui remettre ce nouveau manifeste, et pour lui commenter sans doute, de toute l'abondance de son cœur, ces mots qu'il y avait glissés : « Peut-
être, au milieu de ces jeunes gens réunis autour des
mêmes autels, naîtrait un fraternel amour, qui irait chercher l'indigence au dehors et lui porter remède. » Le
même jour où ils avaient envoyé leur demande d'audience,

1. Sur l'histoire de l'Académie Saint-Hyacinthe, voir LAGRANGE, *Vie de
Mgr Dupanloup*, I, p. 138-148 (Paris, Poussielgue, 1883), et SCHALL, *Adolphe
Baudon*, p. 14-16 (Paris, Maison de la Bonne Presse, 1897).
2. Pour l'histoire des démarches qui installèrent Lacordaire à Notre-Dame,
nous empruntons le double récit de Lallier, d'abord dans ses notes manus-
crites, puis dans sa brochure anonyme intitulée : *Origines de la Conférence Saint-Vincent de Paul*.
3. Voir le texte de la pétition dans les *Lettres d'Ozanam*, I, p. 85-88.

13 janvier 1834, ils furent reçus. Ils réclamèrent « un enseignement qui sortît du ton et des sujets ordinaires des sermons, où l'on traitât les questions qui préoccupaient alors la jeunesse, où l'on présentât la religion dans ses rapports avec la société, où se trouvât enfin une réponse, au moins indirecte, aux principales publications d'Allemagne et de France ». Ils jetèrent dans l'entretien le nom de Combalot, le nom de Bautain, et, avec insistance, le nom de Lacordaire : c'étaient là les hommes à la séduction desquels les âmes aspiraient [1].

L'archevêque passa légèrement sur ces divers noms, fit causer les trois messagers, et finit par leur dire qu'il espérait les contenter, et qu'au surplus ce qu'il voulait faire serait un essai qui n'engagerait pas pour les années suivantes. Ils allaient sortir quand un visiteur fut introduit, souffreteux, rabougri, le regard éteint par des lunettes vertes ; c'était Lamennais, Lamennais en personne ; l'archevêque de Paris espérait encore, à cette époque, le déterminer à certains actes de soumission plus complète, à la signature de certaines phrases d'adhésion, qui auraient été, au sens authentique du mot, des paroles de croyant ; mais sous ce beau nom, le prestigieux écrivain allait bientôt publier d'autres pages... Quélen, en le voyant, courut au-devant de lui, lui prit la main, et se tournant vers les jeunes gens : « Voilà, messieurs, leur dit-il, l'homme qui vous conviendrait. Si ses forces et sa voix lui permettaient de se faire entendre, il faudrait ouvrir toutes grandes les portes de la cathédrale, et elle ne serait pas assez vaste pour contenir la foule des auditeurs. — Oh ! moi, monseigneur, répondit Lamennais, ma carrière est finie. » Et Lamache, soixante ans après, le revoyait encore, les mains étendues sur ses jambes, levant ses grands

---

1. A quel moment se place, vers cette époque, la première visite d'Ozanam à Lacordaire, dont vingt-deux ans plus tard Lacordaire gardait le vivant souvenir ? (LACORDAIRE, *Frédéric Ozanam*, p. 8-9). C'est ce qu'il est impossible de préciser, Lacordaire disant simplement : « C'était dans l'hiver qui liait 1833 à 1834. »

yeux, chargés d'une indicible et amère tristesse [1]. Les
jeunes gens se retirèrent, laissant en tête à tête avec leur
pasteur celui qu'on avait pu croire prédestiné pour être
le guide du renouveau catholique, et qui venait de sonner à leurs oreilles de jeunes son propre glas — un glas
déchiré par une fausse note, un glas de cloche fêlée. Il
était encore temps, pour ce « génie superbe », de pardonner certains procédés, qu'Ozanam qualifiait de « dé-
goûtantes avanies » [2] et qui allaient le pousser, peu à
peu, dans « une voie de colère et d'égarement » : son
archevêque, devant les représentants de la jeunesse,
l'accueillait avec une confiante chaleur. Mais non, sa carrière était finie, et par un rapprochement presque tragique, dans la même minute où s'achevait l'entretien
d'Ozanam et de Quélen sur les nécessités de la prochaine
conquête chrétienne et sur les postes d'avant-garde qu'il
seyait d'installer, Lamennais, d'un mot, se laissait choir
dans l'arrière-garde, sinon déjà plus loin.

L'un des trois émissaires de la jeunesse catholique, Lamache, eut la malechance, au sortir de son audience, de
rencontrer l'abbé Migne, et de trop causer ; et douze
heures plus tard l'*Univers religieux*, dont Migne était directeur, prolongea le bavardage : la démarche des jeunes
gens auprès de l'archevêque y fut indiscrètement racontée.
Ils en furent très contrariés ; le 14 au matin, Ozanam et
Lallier s'en furent auprès de Quélen excuser Lamache.
« Ces journalistes n'en font jamais d'autres », déclara le
prélat : il embrassa les deux jeunes gens pour les consoler, et puis, les poussant dans un salon voisin, il les mit
en présence de sept ecclésiastiques entre lesquels Quélen
voulait, au prochain carême, répartir la prédication dans
la chaire de Notre-Dame. Il n'y avait là ni Combalot, ni
Bautain, ni Lacordaire ; mais deux futurs évêques, Dupanloup et Thibault, le futur fondateur de l'Oratoire, Petétot,

---

1. Lettre de Lamache dans le *Monde*, 4 août 1892 (ALLARD, *Paul Lamache*,
p. 48-49. Paris, Lecoffre, 1893).
2. *Lettres d'Ozanam*, I, p. 97.

et quatre sermonnaires alors notoires, Jammes, Annat,
Veyssières, Dassance.

« Pendant que je vais déjeuner, dit l'archevêque aux
deux jeunes gens, expliquez-leur ce que vous voulez. »

Pendant une demi-heure, raconte Lallier, nous nous efforçâmes
de leur prouver que ce n'était pas eux qu'il nous fallait. Bien
entendu, Ozanam supporta tout le poids de la discussion. Elle devint si vive que pendant que je restais debout près de la cheminée,
causant avec les deux ou trois plus calmes, Ozanam avait fini par se
trouver à l'autre bout du salon, argumentant très vivement avec les
autres, parmi lesquels se faisait remarquer l'abbé Thibault, fort
animé et coloré, le geste plein et la voix élevée. Monseigneur sur-
vint à ce moment, et lorsqu'il parut, M. Thibault étendit les deux
bras vers lui en criant : « Monseigneur, nous nous entendons !
nous nous entendons ! — Si vous ne vous entendez pas, répartit
monseigneur en souriant, on vous entend parfaitement. » Sur ce,
nous prîmes congé, en nous excusant de la liberté grande.

Ozanam et Lallier s'en allaient déçus. Il y avait là, pour
eux, six prédicateurs de trop ; ils auraient préféré « un
enseignement unique, fortement coordonné ». Rentrant
chez l'un d'eux, ils rédigèrent, séance tenante, un mémoire, destiné à l'archevêque de Paris.

Ozanam était plein de son sujet, raconte Lallier ; les idées se
pressaient sur ses lèvres et s'en échappaient comme d'une source.
Chacun des deux amis prit la plume, et dans une sorte de dictée
réciproque, par un échange rapide et animé de pensées et d'expression, où Ozanam avait presque toujours l'initiative, ils s'efforcèrent
de formuler, en termes clairs et précis, chacune des questions qu'il
leur semblait important de traiter, et qui, presque toutes, se rapportaient au rôle social de l'Eglise.

On envoya ce travail à l'archevêque. Fut-il mis par
Quélen sous les yeux des sept prédicateurs ? La parole de
Dieu, telle qu'elle retentit en 1834 dans la chaire de Notre-
Dame, fut-elle en quelque mesure l'écho de ce curieux
plébiciste, par lequel les mandataires de la jeunesse catholique indiquaient aux interprètes du Verbe les besoins
des âmes ? C'est ce qu'on ne peut savoir, le programme
rédigé par Ozanam étant demeuré introuvable [1]. Mais du

1. *L'Univers religieux* des 21 février, 1er mars, 7 mars et 25 mars 1834, publia
quatre articles de l'abbé Bautain, intitulés : *Quelques réflexions sur l'institu-*

moins Quélen, dans le mandement par lequel il annonçait le prochain Carême [1], montrait comment ce genre de prédications nouvelles avait été surtout réclamé par la jeunesse, par « les pères, les mères, les sœurs, les évêques provinciaux de ces jeunes gens ».

La chaire de Notre-Dame, en cette année 1834, demeurait donc close, encore, à l'abbé Lacordaire. Il semble, d'après une lettre qu'il écrivait à Montalembert, qu'il aurait pu être des sept, et qu'indirectement Quélen l'avait fait sonder [2] ; mais il s'était effacé, « ne voulant pas, disait-il, se jeter dans ce labyrinthe où il pressentait qu'il serait très difficile de s'entendre ». Mais dès le 19 janvier 1834, s'inauguraient au collège Stanislas, par l'initiative de l'abbé Buquet, préfet des études, quelques conférences de Lacordaire. Elles furent rapidement suspectes. « L'esprit de routine se scandalisait, écrit Foisset. L'esprit de parti poussait des cris, cabalait, dénonçait à l'archevêché, au Vatican, à la police [3] ». Pour avoir dit que le premier arbre de la liberté avait été planté, il y a longtemps, dans le paradis, par la main de Dieu même, Lacordaire était dénoncé comme une sorte de républicain fanatique, capable de bouleverser l'esprit d'une partie de la jeunesse [4]. Un jour, c'était le 21 mars 1834, découragé par les intrigues hostiles, il écrivit à Quélen qu'il renonçait à ses conférences.

Je les termine, déclarait-il, sans autre regret que celui du bien qu'elles commençaient à produire... Si un jour, dans une de ces tourmentes où la barque de Pierre chancelle, et où les disciples sont

---

tion des conférences religieuses à Paris. Il est intéressant d'y chercher comment Bautain eût compris ces conférences, si, comme l'avaient subsidiairement souhaité Ozanam et ses amis, elles lui eussent été confiées.

1. Exauvillez, Vie de Mgr de Quélen, II, p. 138-145 (Paris, Société de Saint-Nicolas, 1840). Henrion, Vie et travaux apostoliques de Mgr de Quélen, 2e édit., p. 403-416 (Paris, Le Clère, 1840).

2. Lacordaire à Montalembert, 20 janvier 1834 (Foisset, Vie du P. Lacordaire, I, p. 304. (Paris, Lecoffre, 1870).

3. Foisset, op. cit., I, p. 298.

4. Chocarne, Le P. Lacordaire, sa vie intime et religieuse, 9e édit., I, p. 171 (Paris, Poussielgue, 1905.)

émus du danger, l'Eglise a besoin d'un pauvre serviteur oublié à
fond de cale et méconnu, il tâchera de rallumer dans son sein les
restes étouffés de sa jeunesse, et, s'il ne le peut, il portera, aux
pieds de Dieu qu'il n'aura pas servi, une excuse touchante peut-
être, son talent réprouvé et perdu sans qu'il s'en soit plaint[1].

Mais l'archevêque le rassurait. Lacordaire reprenait la
parole ; l'affluence était telle que le directeur du collège
Stanislas avait dû faire construire des tribunes, et ceux
qui s'y pressaient s'appelaient Chateaubriand, Berryer,
Lamartine, Odilon-Barrot, Victor Hugo. On n'allait pas à
Notre-Dame, vers les sept prédicateurs ; on allait vers
Lacordaire, avec Ozanam, avec les jeunes gens. La police
de la monarchie de Juillet s'inquiéta de plus belle ; et
Quélen, en avril, sans donner aucun ordre à Lacordaire,
le conduisit à clore ce cycle de discours, dont le succès
faisait peur. Deux visites de Lacordaire à Quélen, en
octobre 1834, ne purent obtenir que le prélat autorisât
formellement la réouverture des conférences[2]. Ce prêtre
avait été l'ami de Lamennais ; et bien qu'il se fût détaché
du malheureux grand homme par la publication même des
Considérations sur le système philosophique de Lamennais,
quelques-uns voulaient, au nom du passé, qu'il se tût.
C'étaient de ces hommes chez qui la passion de la vérité,
perdant quelque chose de sa noblesse et de sa pureté, se
ravale, insensiblement, au niveau des autres passions
humaines, et tout d'un coup devient cruelle comme elles,
et, comme elles, ouvrière de vengeances. Ils obsédaient
Quélen, visaient à l'intimider, réussissaient à le troubler.
Au début de janvier 1835, Ozanam écrivait à son ami Velay :

Nous n'entendons plus M. Lacordaire : c'est une grande douleur à nous qui avions besoin du pain de la parole, qui nous étions
accoutumés à cette nourriture excellente et forte, d'en être privés
tout à coup, sans que rien la remplace.
Ce nous est un chagrin plus grand encore de voir ceux de nos
frères égarés, qui, à cette voix puissante, avaient repris le chemin
de la vérité, s'en retourner à leurs erreurs, secouant la tête et levant

1. POISSET, *Vie du P. Lacordaire*, I, p. 566-568.
2. FOISSET, *op. cit.*, I, p. 569-575.

les épaules. Peut-être le Ciel veut-il ce silence, cette humiliation des catholiques comme un sacrifice de plus, peut-être avions-nous trop tôt levé le front. Nous mettions notre orgueil dans la parole d'un homme, et Dieu met la main sur la bouche de cet homme afin que nous apprenions à être chrétiens sans lui, afin que nous sachions nous passer de tout, hormis de la foi et de la vertu[1].

Mais si Dieu avait mis la main sur la bouche de son serviteur Lacordaire, ce n'était point pour clore à jamais ses lèvres, mais bien plutôt pour achever de les consacrer. Avec une soudaineté qui ressemblait à une brusque surprise de la grâce, on vit Quélen, à la suite des démarches de l'abbé Affre et du jeune abbé Dupanloup[2], appeler Lacordaire dans la chaire de Notre-Dame. La jeunesse avait vaincu : le 8 mars 1835, Lacordaire fit son premier discours. L'abbé Migne avait chargé Ozanam d'en rendre compte dans l'*Univers religieux*. Lallier prit les notes, Ozanam rédigea l'article. C'était un cri de triomphe : il montrait la vieille cathédrale sortie de son veuvage, les flots du peuple revenant, comme en des temps meilleurs, battre les murailles, et près de cinq mille hommes remplissant la nef[3].

Deux personnages dominaient cette assemblée, continuait Ozanam. L'un jeune encore, mais déjà savant de la science de Dieu et de la science de la vie, ayant déjà l'expérience de toutes les douleurs et sachant se faire un langage à la hauteur de sa pensée : fils du siècle, qui en a abjuré les erreurs, et qui veut annoncer à ses frères, à ceux de son âge, la vérité que ses yeux ont reconnue. L'autre, pontife vénérable, aussi grand par ses vertus que par ses souffrances, couronné de toutes les auréoles que peuvent placer sur un front humain la religion, le talent, le malheur et la calomnie des méchants : pasteur qui vient lui-même conduire ses brebis au pâturage et qui se réjouit de leur pieuse avidité. Et lorsqu'à la fin du discours, l'auditoire qu'avait subjugué la voix du jeune prêtre tomba aux pieds du pontife pour recevoir sa bénédiction, lorsque les cloches de Notre-Dame s'ébranlèrent en même temps et que les portes s'ouvrirent pour répandre dans toute la capitale cette foule riche de l'aumône de la vérité, il nous semblait assister non pas à la résurrection

1. *Lettres d'Ozanam*, I, p. 126-127.
2. Foisset, *Vie du P. Lacordaire*, I, p. 323-326. Voir sur le rôle de l'abbé Dupanloup, Lagrange, *op. cit.*, I, p. 139.
3. Cf. lettre d'Ozanam à son père, 15 mars 1835.

du catholicisme, car le catholicisme ne meurt point, mais à la résurrection religieuse de la société actuelle[1].

Aux dimanches suivants, on fut trois à prendre des
notes, Ozanam, Lallier et la Perrière, en vue des analyses
à publier dans l'*Univers*. Ozanam signalait, à la seconde
conférence, la présence de Chateaubriand, « heureux d'assister au triomphe de ce christianisme dont il avait con-
fessé en des jours moins heureux le génie éternel » ; il
notait, sur le parvis, l'affluence des voitures, annonçant
que les heureux du monde étaient venus là pour recevoir
cette vérité dont ils sont pauvres ; et cette « barrière
vivante », cet « amphithéâtre animé », que formait la foule,
debout autour des nefs, lui rappelait les arènes antiques,
où la foi combattait, non pas seulement contre le doute
et contre le vice, mais contre les bêtes féroces, et d'où
certains spectateurs se retiraient convertis. Le frémissement général que produisait dans l'auditoire la parole de
Lacordaire était interprété par le jeune auditeur comme
un silencieux applaudissement. « La foule plus pressée
que jamais ; Lacordaire plus beau que jamais » : tel était
le bilan du troisième dimanche, où sous les voûtes sécu-
laires Ozanam avait aperçu, entre autres illustrations,
Saint-Marc-Girardin, Ballanche, le pasteur Athanase
Coquerel. La quatrième conférence, si l'on en juge par le
compte rendu d'Ozanam, avait eu quelque chose de moins
triomphant : le bruit que faisait, dans les bas côtés, l'immense affluence, avait peut-être troublé l'orateur ; et puis
dix-huit siècles de l'Église à faire revivre étaient une matière un peu trop touffue. Mais d'autres dimanches succé-
daient, où s'exaltait de plus en plus l'enthousiasme
d'Ozanam, et qui révélaient un Lacordaire « sublime de
charité et de douceur lorsqu'il annonçait les bienfaits du
catholicisme, sublime de grandeur et de majesté lorsqu'il
en proclamait les saintes rigueurs ». « Voilà qui nous met

1. *L'Univers*, 14 mars 1835.

du baume dans le sang »[1], confiait Ozanam à Velay. Et lorsque Lacordaire eut terminé sa station, Ozanam écrivit dans l'*Univers* :

Les fruits mûriront en silence. Bien des raisons superbes ont été ébranlées, bien des passions frappées comme d'un coup de foudre. Le monde sait maintenant que le christianisme est vivant, il l'a entendu tonner sur sa tête, il a vu que nulle doctrine ne pouvait attirer plus nombreux autour d'elle les flots de la génération présente que la doctrine de Jésus-Christ. Le chemin de nos cathédrales n'est plus inconnu aux hommes de nos jours, l'herbe qui croissait sur le seuil sacré s'est usée sous leurs pas; ils ont appris ce que c'était qu'un prêtre, ce que c'était qu'un pontife ; ils ont appris à discerner la voix et les traits de leur pasteur; ils ont appris à l'aimer : il connaissait ses brebis, maintenant ses brebis le connaissent[2].

Trois ans plus tôt, au moment du choléra, Lacordaire devait se déguiser en laïque pour pénétrer dans l'un des hôpitaux établis aux greniers d'abondance et pour chercher, timidement, s'il n'y aurait pas quelque âme qui appartînt au troupeau, et confesser, de çà de là, un ou deux mourants[3]. Le printemps de 1835 voyait s'inaugurer une tribune du haut de laquelle ce prêtre entrait en contact avec Paris et dans laquelle, quelques années plus tard, il devait fièrement étaler l'habit du Frère Prêcheur : le jeune Ozanam était l'ouvrier de ces merveilles, non pas qu'il eût songé à faire grand, mais parce qu'il avait, tout simplement, voulu le bien.

Sa joie cependant n'était pas sans mélange ; il sentait qu'« à toute réaction religieuse correspond nécessairement une réaction contraire de l'impiété ». Il voyait la propagande rationaliste redoubler d'efforts auprès de la jeunesse ; il gémissait sur Lamennais, il tremblait pour la

1. *Lettres d'Ozanam*, I, p. 417.
2. *Univers*, 21 mai 1835.
3. Cbocarne, *Le P. Lacordaire, sa vie intime et religieuse*, 9ᵉ édit., I, p. 151.

« muse virginale » de ce Lamartine [1], si bon, si généreux, qui lui avait fait tant plaisir, une fois, en venant lui rendre visite [2]. Les louanges que le poète donnait au Coran dans son *Voyage en Orient* causaient à Ozanam quelque peine [3]; la mise à l'index de *Jocelyn*, en 1836, aggrava son amertume [4].

> Nous sommes punis, concluait-il, nous catholiques, d'avoir mis plus de confiance dans le génie de nos grands hommes que dans la puissance de notre Dieu. Nous sommes punis de nous être appuyés sur ces roseaux pensants, quelque mélodieux qu'ils fussent; ils se sont brisés sous notre main [5].

Et une autre fois : « Nous ne pouvons pas, jeunes gens chrétiens, penser à remplacer ces hommes; mais ne pourrions-nous pas en faire la monnaie, et combler par le nombre et le travail la lacune qu'ils ont laissée dans nos rangs [6]! »

Mais le nombre, c'était à lui de le recruter ; le travail, c'était à lui de le diriger. Il se rendait compte, avec frayeur, avec un certain recul parfois, de ce que les jeunes attendaient de lui.

Il voyait très clairement, dès 1834, qu'on voulait faire de lui, parce que Dieu et l'éducation l'avaient doué de quelque étendue d'idées, de quelque largeur de tolérance, un chef de la jeunesse catholique [7] ; qu'on le mettait à la tête de toutes les démarches ; qu'on le sollicitait pour les présidences de toute une série de réunions ; qu'une demi-douzaine de journaux réclamaient sa prose, qu'une foule de circonstances, indépendantes de sa volonté, l'assié-

---

1. *Lettres d'Ozanam*, I, p. 150.
2. *Lettres d'Ozanam*, I, p. 136.
3. *Lettres d'Ozanam*, I, p. 147.
4. *Lettres d'Ozanam*, I, p. 194.
5. *Lettres d'Ozanam*, I, p. 150-151. Certains catholiques lyonnais, demeurèrent, de longues années encore, plus indulgents pour Lamartine (ROUSTAN, *op. cit.*, p. 32, 59, 68, 69): par exemple Falconnet dans son livre : *Alphonse de Lamartine*, publié en 1840, et la poétesse Clara-Francia Mollard.
6. *Lettres d'Ozanam*, I, p. 195.
7. *Lettres d'Ozanam*, I, p. 80.

geaient et le poursuivaient. Il bénissait de telles circonstances qui prouvaient qu'on voulait autour de lui faire les
affaires de Dieu, et d'autre part il les écartait, ne pouvant
suffire à toutes.

Comme en 1835 son ami le jeune poète Gustave de La
Noue lui proposait la vice-présidence d'une société dont le
but était de glorifier la religion par les arts et de régénérer
les arts par la religion, Ozanam, tout en s'exaltant pour
ce rêve, déclinait, faute de temps et de forces, l'honneur
d'y être directement associé, et invitait La Noue à réfléchir
mûrement, de crainte que l'œuvre ne manquât[1]. Il paraissait en 1835 avoir moins d'entrain pour toutes sortes de
besognes qu'il n'en avait en 1832. C'est que les conférences
de Saint-Vincent de Paul le captivaient avec un certain
exclusivisme ; et puis Dieu greffait sur de sourdes souffrances, au fond de l'âme du jeune Ozanam, la fécondité
de l'action.

Il y avait des heures où l'incertitude de son avenir lui
pesait : ferait-il du droit, ferait-il de l'histoire? Il avait
obtenu de son père, à l'automne de 1834, d'être renvoyé à
Paris pour deux ans, en vue de son doctorat. Mais ensuite,
quelle serait sa tâche et quelle serait sa destinée? Il
aurait « à gagner sa vie, à travailler pour de l'argent »[2] :
cette nécessité même accroissait sa perplexité. Son âme
alors flottait entre toutes sortes de sentiments divers,
qui tous confluaient vers le mécontentement de lui-même.
Tantôt il se sentait insouciant, paresseux, tantôt il se
disait que son devoir était de remplir une place, mais qu'il
ne la voyait pas, et que, s'il la voyait, l'énergie lui manquerait pour la remplir. Mais raisonnant avec lui-même,
il acheminait son raisonnement vers un bel acte d'abandon à Dieu. « Pauvres gens que nous sommes, s'écriait-il,
nous ne savons pas si demain nous serons en vie, et nous
voudrions savoir ce que nous ferons dans vingt ans d'ici.
Pourvu que l'ouvrier sache à chaque heure du jour la

1. *Lettres d'Ozanam*, I, p. 176-182.
2. *Lettres d'Ozanam*, I, p. 117.

tâche qui lui est imposée pour l'heure suivante, n'attein-
dra-t-il pas aussi sûrement au terme de l'œuvre que s'il
avait sous les yeux le plan de l'architecte? Si nous savons
ce que Dieu veut faire de nous demain, n'est-ce pas assez,
et qu'avons-nous besoin de nous soucier de ce qu'il nous
commandera dans dix ans? » C'est en ces termes qu'Ozanam, dans une lettre à Falconnet, essayait d'apaiser l'in-
sécurité d'âme que créaient chez son ami les soucis d'avenir et qu'à son tour il éprouvait pour lui-même. Il s'agissait bien, en vérité, de ce qu'on serait dans dix ou dans
vingt ans. « Que seras-tu dans quatre-vingts ans d'ici,
s'écriait-il, et pendant tous les siècles après? Voilà ce
qu'il dépend de toi de déterminer. » Il se retranchait
finalement derrière cette reposante observation : « Les
plus grands hommes sont ceux qui n'ont jamais fait
d'avance le plan de leur destinée, mais qui se sont laissés
mener par la main[1]. »

Si des soucis de sa propre carrière, sa pensée s'élevait
aux soucis de son apostolat, il se laissait aller à d'autres
affaissements. C'étaient quelquefois des scrupules : le
désir de faire le bien, pour lui, ne se confondait-il pas
avec le désir d'acquérir la gloire? Et, d'autres fois, c'étaient
des dégoûts, en présence de l'immoralité, de l'égoïsme,
de l'orgueil des savants, de la « fatuité des gens du
monde », de la « crapule du peuple »[2]; des dégoûts,
encore, en présence du manque de charité qu'il constatait
dans les disputes religieuses, et des convoitises accapa-
reuses dont il voyait les partis politiques entourer la jeunesse. Cela le rendait sombre et grave comme un homme
de quarante ans, et il lui arrivait de dire que, s'il ne s'agissait que de son bien-être, il préférerait cent fois n'être
jamais sorti de son trou. Mais il se secouait en songeant
à l'Évangile, qui ordonne de se dévouer; en réfléchissant
que « la Providence l'éprouvait; que si elle lui faisait connaître le monde, c'était pour qu'ensuite il s'y rendît plus

1. *Lettres d'Ozanam*, I, p. 88-97.
2. *Lettres d'Ozanam*, I, p. 101.

utile[1]. » Son frère, l'abbé Ozanam, et un autre ecclésiastique, lui parlaient, d'une manière tout à fait rassurante, de
l'apostolat des laïques[2] : il reprenait courage. Mais pour
éviter la langueur, ils avaient bien besoin, lui et ses amis,
faibles Samaritains, d'avoir des frères qui priassent et qui
méditassent pour eux, et de prier les uns pour les autres,
comme chaque soir Lallier faisait pour Ozanam, nomina-
lement[3]. Ainsi élevé au-dessus de terre et au-dessus de
lui-même par ce flot montant des prières, il sentait se
ranimer en lui la conscience de sa vocation, de tous les
appels intérieurs qu'il avait sentis[4], de tout ce qu'avait fait
le Père de famille, dans sa vigne, pour ce cep qui s'appelait Ozanam[5]; une fois de plus, cette évocation même le
faisait retomber sur lui-même, pleurer sur sa stérilité[6],
son desséchement, sa lâcheté. Il se grondait, se boudait,
jusqu'à ce qu'il finit par « faire la paix avec son vénérable
individu, quoique ce fût un triste sire ». Il allait mal, surtout quand son confesseur l'abbé Marduel était absent;
alors, abandonné à son humeur et aux caprices de son imagination, il plaignait les protestants qui, eux, n'avaient
jamais de confesseur. « Sans un tel secours, disait-il, je
serais, ou complètement gâté, ou consumé de mélancolie[7]. »

Cependant ce garçon qui s'accusait de paresse collaborait fréquemment à l'*Univers;* il y donnait, en 1834, une
série d'articles sur le cours d'Écriture sainte que professait en Sorbonne l'abbé Frère ; il y commentait certaines
grandes fêtes : d'abord, à la fin de 1833, dans un article
d'une piété très pénétrante, les trois fêtes après Noël[8],
puis, en 1834, la fête de l'Annonciation, par un article sur

1. *Lettres d'Ozanam,* I, p. 103.
2. *Lettres d'Ozanam,* I, p. 159.
3. *Lettres d'Ozanam,* I, p. 169.
4. *Lettres d'Ozanam,* I, p. 185.
5. *Lettres d'Ozanam,* I, p. 139.
6. *Lettres d'Ozanam,* I, p. 149.
7. *Lettres d'Ozanam,* I, p. 102.
8. *Univers,* 28 décembre 1833.

la croyance à la Sainte Vierge, considérée dans son action sur les beaux-arts [1]; il y réfutait, avec Lallier, un cours de Lerminier, et y développait cette idée, qu'en présence de certaines attaques l'enseignement de l'histoire ecclésiastique devait être plus répandu parmi la jeunesse [2]; il traduisait enfin, avec la collaboration du même Lallier, diverses poésies de Silvio Pellico [3], que Bailly imprimait en un petit volume.

Un article de la *France catholique*, écrit aussi en 1834 [4], avait la portée d'un manifeste, et devait, dans la pensée d'Ozanam, inaugurer une série d'études; cet article, tel quel, isolé, inachevé, était comme un acte d'accusation du catholicisme contre le romantisme, « littérature égoïste et sensuelle qui se disait inspirée, et qui, sur les autels du sublime et du beau, avait placé le simulacre de l'horrible et de l'extraordinaire ». Ozanam nommait en toutes lettres les objets de sa colère : ils s'appellent *Han d'Islande*, *Lelia*, *la Tour de Nesle*, *Marie Tudor*. « Depuis ces œuvres, s'exclamait-il, qu'y a-t-il de sacré dans le monde, de pudeur dans une nation, qui n'ait été profané? » Mais il constatait le dégoût, il constatait l'effroi provoqué par cette « pompe de poésie sanglante et adultère », par sa « turpitude », par sa « stérilité ». Ozanam épiait le monde littéraire ; on y comprenait enfin « que, de ce débordement de l'imagination individuelle, rien de social et partant rien de durable ne saurait sortir ». Et Ozanam saluait, dans le catholicisme, « le prophète qui, ayant la vie en lui, accueillerait le génie des arts, haletant, fatigué, et qui le remettrait dans sa route ». Il projetait d'exposer une série d'idées qui lui étaient venues, incultes, confuses, sur les rapports de la poésie future avec la vie pratique de l'hu-

---

1. *Univers*, 9 avril 1834. Nous avons, en collaboration avec M. Victor Bucaille, réimprimé ces deux articles dans la *Revue Montalembert* du 25 mai 1912, p. 342-344.

2. *Univers religieux*, 7 mai 1834.

3. Voir *Univers religieux*, 17 janvier 1835.

4. Reproduit dans l'*Univers*, 13 février 1834. Nous avons, en collaboration avec M. Victor Bucaille, réimprimé une partie de cet article dans la *Revue Montalembert* du 25 mai 1912, p. 329-342.

manité. « Peut-être parmi ces idées, expliquait-il, se rencontrera-t-il quelque heureux pressentiment que d'autres plus favorisés devront poursuivre un jour. On dit que des jeux d'enfants réveillèrent dans Huygens et Newton le génie des découvertes; ce furent quelques rameaux flottants et des oiseaux dans l'air qui annoncèrent à Christophe Colomb la découverte du nouveau monde. » Le jeune adversaire des vertiges romantiques n'eut pas le temps de donner suite au projet qu'annonçait cet article. D'autres idées le hantaient, d'autres sollicitations l'obsédaient; très riche d'idées, il les semait, les laissant mûrir au gré des âmes, au gré de Dieu.

Avant qu'il n'eût pu mener à terme ses études sur la poésie et le catholicisme, la *Revue Européenne*, en 1835, invoquait pour une autre besogne la plume d'Ozanam. Cette revue venait de traverser une crise; elle se réessayait à vivre; et c'est à Ozanam que l'on s'adressait pour l'article qui devait inaugurer la série nouvelle[1]. Il l'intitula : *Le Progrès par le christianisme*. A côté d'une page sur la jouissance de la propriété, qui déjà fait pressentir les théories sociales du penseur catholique[2], Ozanam dessine, dans cet article, toute une philosophie de l'histoire universelle. Il faut citer le passage où l'on voit les connaissances de foi introduites par le jeune historien dans le domaine même de la connaissance historique, pour l'exploiter et la féconder.

On verrait le christianisme, écrit Ozanam, préparer la voie que le genre humain doit parcourir et y placer trois radieuses images de la perfection dont l'aspect triplera son courage et ses forces : à l'entrée, le souvenir de l'innocence primitive ; à la fin, la vision prophétique de la glorification future ; au milieu, la figure sacrée du Christ, réunissant, dans sa personne, la nature humaine à la nature divine. On verrait le genre humain se diviser en deux parties et l'une des deux abandonner l'autorité de la tradition véritable et s'aller perdre dans une dégradation toujours croissante, marche rétrograde dont le paganisme offre l'exemple dans les temps antiques, l'hérésie dans les temps modernes, le rationalisme dans les

1. OZANAM, *Vie de Frédéric Ozanam*, p. 229-230.
2. OZANAM, *Mélanges*, I, p. 121.

uns et dans les autres. On verrait la partie fidèle de l'humanité
s'avancer sous l'œil de Dieu, passer de la forme patriarcale à la
forme de peuple, et de celle-ci à la forme universelle ou catholique :
dans ce dernier état, on verrait enfin l'humanité chrétienne, gran-
dissant encore, traverser successivement l'ère de la foi, qui est
celle des martyrs et des Pères, l'ère de l'espérance, qui embrasse
les temps laborieux du moyen âge, et l'ère de la charité, qui commence au siècle de sainte Thérèse, de saint Charles Borromée et
de saint François de Sales, arrive jusqu'à nous et doit se prolonger
jusqu'à la réalisation complète de la loi évangélique dans l'état
social : époque où la cité de la terre se transfigurera pour devenir
la cité de Dieu[1].

Quelques mois se passaient ; et durant ses vacances
lyonnaises de 1836, avant de retourner à Paris, Ozanam
montait deux fois à Fourvières pour prier devant l'autel
de saint Thomas Becket en vue de l'essai qu'il préparait
sur deux chanceliers, Thomas Becket et Bacon[2].

Ainsi coupait-il court à ses malaises, par la préparation de quelque besogne nouvelle. C'était l'époque où
beaucoup de jeunes gens avaient du vague à l'âme. Dieu
et le travail arrachaient Ozanam à la morbide obsession
du vague ; et les souffrances mêmes, qui lui semblaient
paralyser son action, avaient l'évidente vertu de parache-
ver sa vie intérieure et de le pousser à vouloir le progrès
de son âme : c'est dans une de ces minutes fécondes qu'il
se reprochait de n'avoir pas porté assez avant dans son
cœur la pensée du monde invisible, du monde réel ; et
d'avoir trop exclusivement considéré le christianisme
comme « une sphère d'idées, une sphère de culte, et pas
assez comme une sphère de moralité, d'intentions, d'actions[3] ». A l'issue de ces heures de tourments intérieurs,
retentissait encore l'appel des conférences Saint-Vincent
de Paul, réalisation par excellence de ce christianisme
pratique dont cet intellectuel avait soif.

L'année 1837 l'éloigna de Paris ; c'est comme professeur,

1. OZANAM, Mélanges, I, p. 125.
2. OZANAM, Mélanges, I, p. 359-520.
3. Lettres d'Ozanam, I, p. 92.

quelques années plus tard, qu'il devait reprendre son
apostolat auprès des étudiants. Survenant à Paris en un
moment où l'on ne voyait presque plus de jeunes gens
dans les églises, Ozanam, en peu de temps, avait en partie modifié la physionomie morale du vieux quartier latin.
De cette modification, nous avons un témoin contemporain, c'est Sainte-Beuve en personne. Après avoir dit adieu
au rationalisme du *Globe*, puis au saint-simonisme, Sainte-
Beuve, en 1833 et 1834, éprouvait d'ardentes sympathies,
plus littéraires d'ailleurs que morales [1], pour la religion
catholique ; et son roman *Volupté* était même salué par
quelques-uns, par Falconnet [2], par Hippolyte de La Mor-
vonnais [3], comme une œuvre d'apologétique spiritualiste
et de mystique chrétienne. Or à cette époque, au moment
même où l'auteur de *Rolla*, interpellant Voltaire, lui demandait s'il dormait content, Sainte-Beuve, en deux articles, notait le renouveau catholique dont il était le spectateur, et dont certains enthousiastes le considéraient
lui-même comme un artisan.

En 1833, félicitant le jeune du Clézieu, auteur d'une
ode à Lamennais, d'avoir de bonne heure « cherché le
port dans l'antique croyance », il ajoutait :

C'est un spectacle assurément mémorable, au milieu de tant de
scepticisme et de tant d'écarts dont on est entouré, que de voir comment l'élite de ces vierges et vertueux esprits ne diminue pas, comment elle se recrute et se perpétue, conservant pour ainsi dire dans
toute sa pureté le trésor moral. Quelles que soient les formes sous
lesquelles doive se reconstituer (nous l'espérons) l'esprit religieux
et chrétien dans la société, cette vertu avancée de quelques jeunes
cœurs, cette foi et cette modestie tenue en réserve, aideront puissamment au jour de l'effusion [4].

Quelques mois plus tard, dans la *Revue des Deux Mon-*

1. D'Haussonville, *A. de Sainte-Beuve, sa vie et ses œuvres*, p. 67-68 (Paris,
Lévy, 1875). Michaut, *Sainte-Beuve avant les lundis*, p. 188 et suiv. (Paris,
Fontemoing, 1903).
2. Falconnet, *Revue du Lyonnais*, 1834, p. 246-247.
3. *La France catholique, album religieux, historique, scientifique et littéraire*,
4 octobre 1834, p. 240-242.
4. Sainte-Beuve, *Premiers Lundis*, II, p. 262.

des, Sainte-Beuve rendait compte de l'édition des œuvres
de Salvien que venaient de publier Grégoire et Collombet :

> Dans cette publication estimable, expliquait-il, les auteurs n'ont
> pas été mus seulement par des raisons d'étude, et de choix histo-
> rique et littéraire ; un sentiment religieux, qui est celui d'une si
> notable partie des jeunes générations de notre temps, les a poussés
> à cette entreprise utile dont ils se sont acquittés avec élégance et
> bonheur... Ainsi les études religieuses renaissent de toutes parts,
> et il se manifeste un mouvement non douteux de restauration du
> christianisme par la science [1].

La « vertu avancée », la « foi et la modestie tenue en réserve », la « restauration du christianisme par la science »,
voilà trois caractères par lesquels se dessine la physionomie personnelle d'Ozanam et dans lesquels se résume son mode d'action. Et si Sainte-Beuve, sans nommer
Ozanam, donne d'une « notable partie des jeunes générations » un portrait d'ensemble qui pourrait être, avec
une exactitude frappante, le portrait individuel de l'illustre
étudiant, on ne saurait trouver un plus émouvant indice
de l'empreinte qu'avait mise Frédéric Ozanam sur la
jeunesse environnante et de l'ardeur créatrice avec laquelle
il avait su communiquer à cette jeunesse beaucoup de lui-
même, en se donnant à elle tout entier [2].

GEORGES GOYAU.

---

1. *Revue des Deux Mondes*, 15 janvier 1834, cité dans LATREILLE et ROUSTAN,
Lettres de Sainte-Beuve à Collombet, p. 132 (Paris, Société française d'impri-
merie et de librairie, 1903). Lorsqu'Ozanam mourra, Sainte-Beuve, alors émigré
vers de tout autres idées religieuses, se souviendra de lui, et il écrira à
Collombet (LATREILLE et ROUSTAN, *op. cit.*, p. 270) : « La mort d'Ozanam est une
perte, quoiqu'il fût déjà hors de combat depuis quelques années : il est uni-
versellement regretté. Je crois qu'Ampère est chargé de mettre ordre à ses
papiers, et qu'il en tirera la matière d'un portrait, sinon d'une statue. »
2. Mme Laurent Laporte, fille d'Ozanam, avait bien voulu nous aider, pour
cette étude, d'un certain nombre de communications qui furent pour nous
d'un grand prix : la mort depuis lors est venue la surprendre ; et l'on peut
dire que les derniers mois de sa vie furent consacrés à seconder la préparation du centenaire de son père. Nous tenons à remercier, aussi, pour le
concours qu'elle nous a prêté, Mme Picard, née Lallier : nous devons à sa
bonne grâce d'avoir pu consulter un précieux recueil factice dans lequel
M. Lallier avait rassemblé les numéros de la *Tribune* et de l'*Univers* contenant
des articles des premiers confrères de saint Vincent de Paul.

Le Fondateur de la Société

de Saint-Vincent de Paul

Le Fondateur de la Société
de Saint-Vincent de Paul [1]

Les débuts des conférences de Saint-Vincent de Paul sont longtemps demeurés environnés d'une certaine imprécision. Lorsqu'on les interrogeait, la plupart des premiers membres, pris d'un scrupule d'humilité, se dérobaient aux questions : « C'est un mouvement de piété chrétienne qui nous a réunis, et personne en particulier ne peut se rapporter l'origine de la Société. Quand on a dit cela sur l'origine de la Société de Saint-Vincent de Paul, on a tout dit [2]. » Ils ajoutaient parfois (et ceci n'était point une sim-

---

1. La première source est ici l'admirable *Correspondance*, récemment rééditée, échangée par Ozanam avec ses parents et ses amis de jeunesse : les extraits relatifs à la Société de Saint-Vincent de Paul, joints à divers rapports ou discours d'Ozanam, seront prochainement publiés en un volume séparé par les soins de l'un des vice-présidents généraux de la Société (M. le vicomte d'Hendecourt). — L'opuscule intitulé *Origines de la Société de Saint-Vincent de Paul, d'après les souvenirs de ses premiers membres*, a été composé de 1879 à 1882, comme l'indique l'avertissement de la réimpression de 1909, par Lallier, qui avait contrôlé ses réminiscences par celles des trois autres témoins survivants de la fondation. Mme Laurent Laporte, fille de Frédéric Ozanam, malheureusement décédée elle-même le 26 juin 1912, avait bien voulu me communiquer de précieux documents inédits. Je dois connaissance de trois lettres intéressantes à M. René Devaux, fils de Jules Devaux. Enfin, quelque temps après la mort d'Ozanam, deux de ses plus anciens amis lyonnais, Brac de la Perrière et Chaurand, instituèrent une véritable enquête sur le rôle joué par lui dans la fondation de la première conférence; grâce à l'obligeance de M. Gabriel Perrin, gendre de Brac de la Perrière et ancien bâtonnier de l'ordre des avocats près la Cour d'appel de Lyon, j'ai pu consulter non seulement les pièces de cette enquête, mais le récit dans lequel Brac de la Perrière avait condensé et discuté les divers témoignages recueillis. Il convient naturellement de citer aussi les diverses biographies d'Ozanam.

2. Lallier à Brac de la Perrière, 12 mars 1856.

ple défaite) qu'inconscients du développement réservé à
leur entreprise d'adolescents, ils avaient attaché peu d'importance aux détails de la fondation, et parvenaient malai-
sément à les reconstituer après vingt ou quarante années
écoulées. « Aucun de nous ne se doutait qu'il y eût là le
germe d'une grande œuvre. Qui aurait pu soupçonner
alors ce que la bonté divine devait faire sortir de cette
réunion de quelques étudiants laïques[1] ? » Le seul Ozanam
avait le pressentiment de l'extension que pourrait prendre
le petit groupement, du bien qu'il lui serait donné d'accomplir : plusieurs passages de ses lettres en font foi.
Mais aussi, sa modestie s'ingéniait à amoindrir, à dissimuler
son propre rôle dans la fondation, à égarer sur ce point
l'affectueuse gratitude des contemporains, la pieuse curiosité de la postérité. Tantôt, dans sa correspondance, il attribuait à tel de ses compagnons tout le mérite de l'idée première et de la réalisation. Tantôt, dans un document public,
malgré les amicales mais très vives protestations de Léon
Cornudet, il s'obstinait à décerner officiellement le titre
de *fondateur* à celui qui n'avait été en réalité que l'hôte
et le mentor de la première conférence[2]. « Notre cher
Ozanam, » pouvait-on écrire plus tard, « avec son excès
d'humilité, a contribué à fausser l'histoire de nos origines.
Le bon Dieu lui aura tenu compte de tout ce désintéressement, mais il l'aura nécessairement grondé pour avoir
dit et écrit le contraire de ce qui était vrai[3]. »

Au lendemain de la mort d'Ozanam, les témoins de son
charitable apostolat comprenaient déjà la nécessité de lui
restituer la part prépondérante qui avait été sienne :
« Grâce à l'immense développement de notre Société, » faisait remarquer l'un d'entre eux, « l'histoire a commencé
pour elle; notre devoir est de ne pas laisser fausser les
faits... Il n'est venu à la pensée de personne, j'imagine,
de blâmer les prêtres de la Mission, s'ils ont rétabli la

1. Lamache à Chaurand, 6 mars 1856.
2. Circulaire du 11 juin 1844, rédigée par Ozanam.
3. Brac de la Perrière à Mme Ozanam, 9 juin 1889.

vérité sur les actes de saint Vincent de Paul, cachés ou
obscurcis par son humilité. Qui donc pourrait nous blâmer
de restituer à notre Ozanam ce que sa modestie repoussait
ou semblait attribuer à un autre[1] ? » Ce devoir s'impose non
moins impérieux à la génération qui, sans avoir eu le bonheur de connaître personnellement Ozanam, contemple au
bout de quatre-vingts ans la merveilleuse extension de son
œuvre de prédilection : il importe de montrer que, dans le
domaine de la charité comme ailleurs, il fut un initiateur,
un créateur, aux intuitions lointaines et aux conceptions
fécondes.

*
* *

Débarqué à Paris en ce lendemain de la Révolution de
1830, où les passions antireligieuses étaient déchaînées,
où les meilleurs prêtres hésitaient à se risquer en soutane
dans la rue, où la présence d'un jeune homme faisait sensation dans une église, Frédéric Ozanam, sans se laisser
décourager par une ambiance si défavorable, entreprit,
avec la vaillance et l'entrain de ses dix-huit ans, de travailler à la réalisation du double projet qui lui tenait au cœur
depuis un certain temps déjà : demander à l'histoire les
éléments d'une apologie du catholicisme; tirer de leur
isolement les adolescents chrétiens dont les convictions
avaient résisté à la bourrasque, et les grouper en une association de mutuel réconfort moral.

On a vu comment cette double préoccupation le conduisit, au début de l'année 1832, à entrer dans une *conférence littéraire* ou *conférence d'histoire*, qui tenait ses
séances place de l'Estrapade, proche du Panthéon. C'était
une de ces *parlottes* (les Mémoires de Falloux attestent
que le mot était dès lors d'usage courant) où les étudiants
se sont de tout temps exercés au maniement des idées et
des mots. Elle avait ceci de particulier, que le local des
séances avait servi naguères à la *Société des Bonnes-Etudes*,
émanation, « filiale », comme nous dirions à présent, de

---

1. Brac de la Perrière à Devaux, 10 mars 1856.

la fameuse *Congrégation*. Cette Société n'avait pu survivre
à la Révolution : mais un de ses directeurs, qui approchait
alors de la quarantaine, M. Bailly, était demeuré en possession de l'installation matérielle et continuait à exercer
une discrète tutelle sur les étudiants chrétiens qui lui
étaient signalés. La conférence littéraire dont il présidait
les discussions, dans une salle du rez-de-chaussée, n'avait
néanmoins pour ainsi dire rien de commun avec les
séances de l'ancienne Société des Bonnes-Etudes, accessible seulement aux initiés dont l'orthodoxie politique et
religieuse avait été éprouvée. La disette d'adolescents
croyants dans la jeunesse des Ecoles, l'influence plus ou
moins inconsciente des idées qui avaient prévalu avec la
Révolution, amenaient M. Bailly à accueillir des représentants de toutes les doctrines. A côté de quelques catholiques convaincus, la conférence comptait des disciples
attardés du persiflage voltairien, des adeptes des doctrines
saint-simoniennes : un membre même, par bravade ou
par aberration sincère, se proclamait sectateur du Coran.
Dans cette jeunesse ardente et divisée, le choc des opinions
était presque toujours courtois, mais souvent animé et
même bruyant : attirés par les éclats de voix, des passants,
ouvriers, étudiants, petits bourgeois du quartier, en-
traient parfois et venaient grossir un auditoire plus attentif que silencieux.

« Quels que fussent les sujets de lecture ou de discussion, histoire, philosophie, littérature, beaux-arts, archéologie, économie politique, car on traitait *de ommi re sci-
bili et de quibusdam aliis*, la question religieuse se
mêlait à tout... Ozanam honorait notre cause par son
érudition précoce et par l'éclatante supériorité d'un mérite
auquel tous applaudissaient d'autant plus volontiers qu'il
était rehaussé par une modestie parfaite[1]. » Sous son influence, les discussions, sans rien perdre de leur vivacité,
prirent un caractère plus approfondi. Lui-même a rappelé

---

1. Lamache à Chaurand, 6 mars 1856.

qu'à l'origine « des habitudes peu scientifiques ne laissaient presque pas de place à la philosophie et aux investigations sérieuses » : ce qu'il n'a pas dit, c'est que sa jeune maturité, son ascendant sur ses contemporains, avaient été pour beaucoup et presque pour tout dans une si avantageuse transformation. Mais quelques mois plus tard, dans une lettre confidentielle à un parent, il constatait avec une sorte d'effroi cette prééminence que tous reconnaissaient en lui avant même qu'il eût accompli sa vingt et unième année : « Parce que Dieu et l'éducation m'ont doué de quelque étendue d'idées, de quelque largeur de tolérance, on veut faire de moi une sorte de chef de la jeunesse catholique de ce pays-ci... Il faut que je sois à la tête de toutes les démarches, et, lorsqu'il y a quelque chose de difficile à faire, il faut que ce soit moi qui en porte le fardeau. »

Au printemps de 1832, l'épidémie de choléra, qui semait l'épouvante dans Paris, entraîna l'ajournement prématuré des conférences littéraires du samedi : mais à la rentrée scolaire de l'automne, elles reprirent plus brillantes et plus suivies encore. Ozanam y amena un étudiant en droit plus jeune que lui, François Lallier, qui par timidité avait résisté aux insistances d'autres condisciples, mais qui s'inclina quand on lui montra du bien à faire, un bon combat à soutenir en commun [1]. Un étudiant en médecine, Jules Devaux, qui à la conférence s'était lié avec Ozanam, procura une autre utile recrue, Paul Lamache [2]. Un peu plus âgé, ce dernier était le seul dont le séjour à Paris fût antérieur à la Révolution de 1830. Il a indiqué lui-même comment un scrupule de délicatesse l'avait tenu à l'écart des groupements politico-religieux dans les derniers temps de la Restauration : « Pour ma part, venu à Paris dès 1829, je n'avais point voulu faire partie de la Congrégation, parce que les faveurs accordées à plusieurs de ses membres et l'étroite solidarité qui semblait exister alors

1. Lallier à Brac de la Perrière, 27 mars 1856.
2. Devaux à Brac de la Perrière et à Chaurand, 6 mars 1856.

entre la religion et une opinion politique fournissaient
à la malveillance un prétexte de suspecter le désintéressement de leur piété. Au contraire, après 1830, il était
manifeste qu'en disant le *Credo* on ne pouvait nourrir
l'arrière-pensée de recommander son avenir au patronage
d'hommes influents : position infiniment plus commode
pour un loyal garçon [1]. » Lamache ne fit donc point difficulté d'entrer dans la conférence littéraire, ni d'y défendre
ses convictions chrétiennes avec le talent de parole qui
devait lui valoir une longue et brillante carrière dans
l'enseignement supérieur [2].

Au bout de quelque temps, l'idée vint tout naturellement aux membres chrétiens de la conférence de concer-
ter entre eux les arguments, de désigner les champions
qui dans chaque discussion soutiendraient leurs communes croyances. Une petite commission, composée des
trois meilleurs orateurs du côté catholique, Ozanam, Lamache et Lallier, se réunit à cet effet dans la chambre
d'hôtel où Lamache avait pris gîte. Le lendemain, Lallier
en causait avec un de ses condisciples et coreligionnaire,
Auguste Le Taillandier, qui suivait assidûment les débats
de la conférence littéraire sans y jamais intervenir. Le
Taillandier témoigna de l'impression de lassitude que
lui causait parfois ce perpétuel cliquetis de mots et d'idées ;
il suggéra qu'au lieu de se rencontrer pour s'occuper encore de controverse, les étudiants chrétiens pourraient
tenir de pures réunions de piété et de charité. Rapporté
à Ozanam et à Lamache, le propos parut ne point les frapper, et les trois amis continuèrent à se cantonner dans
la préparation des discussions de la conférence.

Sur ces entrefaites, une séance eut lieu, particulièrement orageuse. Un jeune homme qui devait bientôt mar-

---

1. Lamache à Chaurand, 6 mars 1856.
2. Paul Lamache, qui ne mourut qu'en 1892, le dernier des fondateurs de la
Société de Saint-Vincent de Paul, fut successivement professeur aux *Facultés
de droit* de Strasbourg et de Grenoble ; sa biographie a été écrite par M. Paul
Allard, l'érudit historien des origines chrétiennes et des persécutions (Lecoffre, 1893, in-12).

quer dans la rédaction du journal révolutionnaire *Le National* entreprit un éloge enthousiaste de Byron, non seulement comme poète, mais comme penseur hostile à l'idée religieuse; il montra comment le scepticisme de Byron procédait de celui de Voltaire, et en prit occasion pour prodiguer contre le christianisme l'insulte et même le blasphème. Ozanam releva le gant, mais il sortit de la séance profondément attristé. Comme il se retirait avec Lamache et Devaux, il les entretint soudain de l'opportunité, sans renoncer aux controverses historiques ou philosophiques, de grouper les adolescents chrétiens en une réunion de charité, qui aurait le double avantage de conserver en eux l'esprit de foi et de faire éclater aux yeux de leurs camarades indifférents la persistante et bienfaisante vitalité du christianisme.

Le souvenir de cette scène est resté gravé dans la mémoire des interlocuteurs d'Ozanam : « Je vois, » écrivait *cinquante-cinq ans* plus tard le dernier survivant d'entre eux, « je vois la flamme briller dans les yeux d'Ozanam, j'entends sa voix que l'émotion fait légèrement trembler, pendant qu'il nous explique, à Devaux et à moi, le projet d'association catholique et charitable [1]... Il m'en parla en termes si chauds et si émus, qu'il aurait fallu être sans cœur et sans foi pour ne pas adhérer aussitôt à la proposition [2]. » Quant au langage même que tint Ozanam, quant aux perspectives qu'il entr'ouvrit sur l'œuvre future, nous pouvons nous en faire une idée par cette lettre adressée dix-huit mois plus tard à un ami de province : « A Paris, nous sommes des oiseaux de passage, éloignés pour un temps du nid paternel, et sur lesquels l'incrédulité, ce vautour de la pensée, plane pour en faire sa proie. Nous sommes de pauvres jeunes intelligences, nourries au giron du catholicisme et disséminées au milieu d'une foule inepte et sensuelle ; nous sommes des fils de mères chrétiennes, arrivant un à un dans des murs étrangers où

1. Lamache à M. Paul de Raynal, 14 janvier 1888.
2. Lamache à Mgr Ozanam, 1ᵉʳ juillet 1883.

l'irréligion cherche à se recruter de nos pertes. Eh bien !
il s'agit, avant tout, que ces faibles oiseaux de passage se
rassemblent sous un abri qui les protège, que ces jeunes
intelligences trouvent un point de ralliement pour le temps
de leur exil, que ces mères chrétiennes aient quelques
larmes de moins à répandre, et que leurs fils leur reviennent comme elles les ont envoyés... Or le lien le plus
fort, le principe d'une amitié véritable, c'est la charité :
et la charité ne peut exister dans le cœur de plusieurs
sans s'épancher au dehors ; c'est un feu qui s'éteint faute
d'aliment, et l'aliment de la charité, ce sont les bonnes
œuvres. »

Lallier, s'il n'assistait point à l'entretien, se laissa aisément convaincre ; il en fut de même de Le Taillandier,
dont le projet primitif se précisait ainsi et prenait une
portée plus pratique. D'un commun accord, les jeunes gens
décidèrent de prendre l'avis de M. Bailly, dont l'âge et la
bonté leur inspiraient pleine confiance. Il les encouragea,
leur promit de présider la réunion de charité comme il
présidait la conférence littéraire, et les engagea à consulter l'abbé Olivier, curé de la paroisse Saint-Etienne-du-
Mont. Ce prêtre éminent, qui devait être curé de Saint-
Roch, confesseur de la reine Marie-Amélie et évêque
d'Evreux, était peu porté aux nouveautés, peu habitué surtout à recevoir pareilles demandes de la part des étudiants
du quartier latin : sans déguiser son étonnement ni son
scepticisme sur la durée de ce bel enthousiasme, il suggéra à ses interlocuteurs, « d'un ton moitié sérieux moitié goguenard, de faire le catéchisme à de petits malheureux[1] ». Le conseil plut médiocrement aux jeunes gens,
d'abord parce qu'ils se rendaient compte que leur idée
n'avait pas été comprise, ensuite et surtout parce que
ce qu'ils rêvaient, c'était de « se reposer des luttes de
l'esprit par l'exercice pour ainsi dire manuel de la charité[2] ». Après en avoir conféré entre eux, ils arrêtèrent

1. Hommais à Brac de la Perrière, 3 mars 1856.
2. Ibid.

leur choix sur la visite des pauvres à domicile, avec distribution de secours en nature. Ils résolurent aussi de grossir leur nombre d'une unité, et de faire appel à l'un de leurs camarades, fils d'un chef d'institution et saint-simonien récemment converti, Félix Clavé.

La première séance eut lieu au mois de mai 1833, dans les bureaux du journal religieux que dirigeait M. Bailly, rue du Petit-Bourbon-Saint-Sulpice. Ce local avait été préféré à celui de la place de l'Estrapade comme plus intime et plus propre aussi à prévenir toute confusion avec la Société des Bonnes-Etudes et les autres associations disparues. Il y a là une préoccupation qui hanta les fondateurs, on peut le dire, jusqu'à leur dernier soupir : « Cette œuvre, » écrivait Devaux en 1856, « est indépendante de toute œuvre antérieure, et ne s'y rattache que comme se rattachent entre elles les œuvres les plus diverses inspirées successivement par le christianisme[1]. » Et Lallier déclarait au bout d'un demi-siècle, dans le récit longuement mûri où il condensait ses souvenirs : « Aucun de ces jeunes gens n'avait fait jusque-là partie d'aucune association pieuse. Si quelqu'un d'entre eux avait une opinion politique, les autres ne la connaissaient pas. » Le même souci dictait l'engagement de ne jamais se servir de la réunion naissante comme d'un moyen de favoriser sa fortune ou sa carrière temporelle : scrupule qui peut prêter à sourire de la part d'adolescents de vingt ans, à l'aube d'un gouvernement voltairien, mais scrupule singulièrement honorable, et fort avisé sous une apparence de naïveté ; il s'explique d'ailleurs historiquement par les allégations colportées la veille ou l'avant-veille, et dont nous avons mentionné l'effet sur la conscience ombrageuse de Lamache.

Ce fut toujours la même crainte, au moins autant que l'exemple de la conférence littéraire, qui fit écarter les vocables d'*association*, *confrérie*, *congrégation*, et adop-

---

1. Devaux à Brac de la Perrière et à Chaurand, 6 mars 1856.

ter celui de *conférence de charité*[1]. Cette expression, qui
a fait fortune, était et demeure, grâce à Dieu, étymolo-
giquement très impropre. S'il est un lieu d'où la rhétorique et la recherche de l'éloquence soient bannies, un
lieu où l'on s'abstienne de disserter et de *conférencier*,
un lieu où les controverses théoriques soient remplacées
par des causeries toutes simples et toutes pratiques, ce
sont et ce seront indéfiniment, il faut l'espérer, les conférences de Saint-Vincent de Paul. Elles n'en restent pas
moins pieusement, tendrement attachées à ce nom de
conférences, qui évoque le souvenir bientôt séculaire
d'une poignée d'étudiants chrétiens, groupés pour tenter
d'adoucir le sort de leurs frères indigents et d'étayer leur
propre foi.

On s'affermit dans la résolution de porter des secours au domicile des pauvres ; mais parmi ces novices
de la bienfaisance, aucun ne connaissait de pauvres.
L'un d'entre eux émit l'idée de recourir aux lumières de
la supérieure des Filles de la Charité du quartier de la
Montagne-Sainte-Geneviève, la Sœur Rendu, connue et
bénie encore aujourd'hui sous son nom de religion,
Sœur Rosalie. Cette grande femme de bien encouragea
sans hésitation ceux qui faisaient ainsi appel à son expérience : elle désigna des familles où la visite des jeunes
gens pourrait être convenable et efficace ; elle fournit
des bons de pain, en attendant que la conférence en
possédât en propre ; elle eut même la générosité d'ouvrir
un crédit assez large et très opportun, car la quête hebdomadaire ne réunissait dans le chapeau du trésorier Devaux
qu'une somme relativement mince. La Sœur Rosalie fit
mieux encore : dans ses conversations familières avec les
jeunes visiteurs, qui venaient l'entretenir des besoins de
leurs protégés, elle exerça sur eux une action d'autant
plus profonde et durable qu'elle s'abstenait soigneusement d'exhortations proprement dites; mais le spectacle

---

1. « Il sembla d'ailleurs que ce nom était entièrement inoffensif et que personne n'en pourrait prendre ombrage. » (*Origines*, p. 19.)

de son éminente charité, de sa foi en la Providence, était la plus persuasive des prédications.

« Dès la seconde ou la troisième séance, » rapportait plus tard Lallier, « la Société était ce que nous la connaissons, sans disputes, sans discussions, sans controverses, et comme la chose du monde allant le plus toute seule[1]. » Pour mettre un peu d'ordre dans la tenue des séances et dans la distribution des services, il avait pourtant été nécessaire de fixer au moins oralement une ébauche de règlement : les points essentiels en avaient été adoptés dans des causeries amicales, principalement sur l'initiative de M. Bailly, qui se trouvait ici dans son rôle de modérateur et de guide. Au témoignage d'une des premières recrues, « il était président de cette conférence de charité sans prendre part à son action spéciale, comme il était président de nos conférences littéraires sans prendre part à leurs travaux. C'était à vrai dire un président d'ordre et de conseil plutôt qu'un membre véritablement participant[2] ».

En l'absence de documents écrits (on ne tenait pas ou on ne conservait pas alors de procès-verbaux), les souvenirs ont longtemps varié sur le nombre exact des membres présents aux deux ou trois premières séances. Ozanam en particulier, familier qu'il était devenu avec les philosophes scolastiques, protestait modestement et gaiement quand plus tard on parlait devant lui des *sept* fondateurs de la Société de Saint-Vincent de Paul : « Oh ! mon bon ami, » disait-il à Devaux, qui lors d'une rencontre à Rome évoquait avec lui ces chères réminiscences, « ne nous arrêtons pas à ce nombre de sept, car il y a des gens qui voudraient encore voir là du mysticisme ! Sept n'est-il pas le nombre des sacrements, etc., etc.[3] ? »

Tout compte fait, c'étaient bien *sept*, si l'on y comprend M. Bailly, qu'étaient les premiers membres de la première conférence. Socialement, aucun d'entre eux n'appartenait

1. Lallier à Brac de la Perrière, 12 mars 1856.
2. Hommais à Brac de la Perrière, 3 mars 1856.
3. *Jules-Louis Devaux* (monographie non mise dans le commerce), p. 21.

ni à l'aristocratie, ni même à la bourgeoisie opulente, à
laquelle la Révolution de juillet venait pour un temps
d'assurer la prépotence : leurs familles, de petite bourgeoisie laborieuse, occupaient un rang modeste et jouis-
saient d'une réputation honorable dans le cercle assez res-
treint où elles vivaient. Individuellement, leur destinée à
presque tous fut de même modeste autant qu'honorable. Si
Lamache fut un excellent professeur de Faculté, Lallier,
doué des qualités qui font le bon, l'éminent magistrat,
refusa obstinément, par réserve, par attachement à sa
chère Bourgogne, un siège de juge et même de conseiller
à Paris : il demeura par sa volonté président du petit tribunal de la petite ville de Sens. Le Taillandier, fixé à
Rouen, partagea son temps entre les œuvres et ses affaires
commerciales. Devaux usa ses forces dans l'absorbant
métier de médecin de campagne, si noble quand on
l'exerce en philanthrope et surtout en chrétien. Clavé enfin,
bientôt séparé de ses compagnons, a terminé ses jours
dans une telle obscurité qu'il n'a pas été possible jusqu'ici
de reconstituer la fin de son existence ni même de se
procurer son portrait.

Par l'éclat de sa trop courte carrière, par la persistante
influence de son enseignement et de ses livres, par l'étendue de son érudition, par l'originalité de sa méthode, par
le charme de son talent oratoire et littéraire, Ozanam se
classe à part. Mais la Société de Saint-Vincent de Paul
dérogerait gravement aux traditions d'humilité qui ont
présidé à sa naissance si, en revendiquant Frédéric Ozanam pour son principal fondateur, elle cédait à la tentation
tout humaine de s'attribuer une illustre ascendance. Le
seul souci de la vérité, le désir d'acquitter une dette de
gratitude, la conduit à proclamer que, dans la fondation
comme dans la propagation, le rôle d'Ozanam fut capital,
et que Lacordaire n'a nullement exagéré en saluant en
lui « le saint Pierre de cet humble cénacle ».

Sans doute, l'idée première, encore vague et imprécise,
a été mise en avant par Le Taillandier ; sans doute encore,

Λ. Bailly a fourni à l'œuvre naissante l'hospitalité d'un toit qui était sien, le crédit de son âge, l'appui de son expérience ; sans doute surtout, la fondation de la première conférence de charité fut une entreprise collective, où chacun évita soigneusement de se mettre en avant ; mais en fait, comme l'écrivait longtemps après un contemporain et un émule des fondateurs, « ces jeunes gens se sont groupés autour d'Ozanam, par son unique · attrait et grâce à son unique influence [1] ». Sur cette influence décisive, faite à la fois d'autorité et d'amicale persuasion, tous les témoignages concordent. « Ozanam, » s'écrie Lallier, « à qui je dois, après Dieu, presque tout ce que j'ai pu faire de méritoire [2]... » Au lendemain des noces d'or de la Société, où il avait été acclamé comme l'un des fondateurs survivants, Lamache protestait : « Laissant absolument de côté tout sentiment d'humilité chrétienne, j'affirme sur ma parole d'honneur que, pour ce qui me concerne, je n'ai aucune espèce de droit à ce titre de co-fondateur ; que j'ai bien été un des premiers membres et que le bon Dieu m'a fait la grâce toute gratuite de toujours aimer l'Eglise et les pauvres, mais que jamais je n'aurais pensé à former cette première conférence ; que c'est Ozanam qui le premier m'en a parlé ; que c'est lui qui a été l'âme de cette première conférence, comme il avait été l'âme de la conférence littéraire qui avait été l'occasion de mes premières relations avec lui ; qu'une très large part de reconnaissance est due au vénérable Λ. Bailly, et que sans lui, sans son expérience et son aide, la formation de la première conférence serait peut-être restée à l'état de velléité généreuse ; mais que certainement sans Ozanam cette première conférence ne serait pas née [3]. » Devaux de son côté n'avait point hésité à déclarer publiquement : « J'ai eu le bonheur d'être un des sept ou huit premiers qui formèrent le noyau de cette association. *Celui qui me procura ce bonheur*, qui me

1. Brac de la Perrière à Mme Ozanam, 6 juin 1889.
2. Lallier à Brac de la Perrière, 27 mars 1856.
3. Lamache à Mgr Ozanam, 1er juillet 1883.

parla le premier de ce dessein inspiré par les sentiments
les plus exquis de la charité chrétienne, et me proposa d'y
prendre part, a toujours été à mes yeux le véritable fondateur des conférences de Saint-Vincent de Paul. Les motifs
qui en déterminèrent l'essai, s'ils ne lui étaient pas entièrement personnels, résultaient du moins des circonstances
dans lesquelles il avait été si proéminent qu'aux yeux de
ceux qui se les rappelleront comme moi, l'honneur de cette
fondation lui appartiendra toujours, j'en suis convaincu ;
c'était feu le professeur Frédéric Ozanam [1]. »

Les contemporains qui ont assisté à la fondation sans y
prendre personnellement part sont peut-être plus explici-
tes encore. « C'est d'une inspiration de votre cœur, » écri-
vait-on à Ozanam en 1840, « qu'est née cette sainte institution, qui est destinée peut-être à étendre sur la France
entière comme un vaste réseau de charité [2]. » Et trois ans
après sa mort, quinze des premières recrues croyaient
devoir souscrire cette déclaration solennelle : « S'il est
vrai que la Société de Saint-Vincent de Paul a été fondée
par plusieurs, il n'est pas moins vrai que Frédéric Ozanam
a eu une action prépondérante et décisive dans cette
création. C'est lui qui a partagé avec un autre étudiant
l'honneur d'avoir l'idée première d'une réunion dont les
membres uniraient à leur foi la pratique des œuvres de
charité. C'est lui qui a usé d'initiative pour amener la
réalisation de ce projet. C'est lui qui a décidé la plupart
des premiers coopérateurs à faire acte de dévouement
envers les pauvres, aucun d'entre eux n'ayant appartenu
à des associations antérieures... Entrés dans la Société
peu de temps après sa création, il nous est permis de
parler de ses origines sans être liés par les sentiments
honorables qui peuvent condamner les fondateurs au
silence, et en affirmant ce qui précède, nous n'avons

---

1. Lettre de Devaux du 18 février 1856, publiée dans le journal *La Vérité* du
22 février 1856.

2. Léonce Curnier à Ozanam, 1ᵉʳ décembre 1840.

d'autre mobile que notre respect et notre amour également-
ment profonds pour la vérité[1]. »

De tant d'attestations concordantes, on peut conclure
que dans l'œuvre collective de la fondation de la première
conférence, la part de Frédéric Ozanam fut nettement
prééminente : son rôle allait s'affirmer aussi capital dans
le fonctionnement et le développement de l'œuvre nouvelle.

*
* *

A la troisième ou quatrième séance, la question se posa
de savoir si la réunion serait ouverte à de nouvelles
recrues : « Il paraît, » écrivait Lallier vingt ans plus tard,
« que ce fut moi qui présentai le premier membre admis
dans notre conférence de charité ; il se nommait de La Noue,
fils d'un conseiller à la cour d'Orléans... Je dis *il paraît*,
car mes souvenirs à cet égard ne sont pas très précis. C'est
Ozanam qui me rappelait ce fait, il y a deux ans, et qui
m'assurait que l'on n'avait pas admis sans difficulté un
neuvième[2] membre et que j'avais dû lutter pour arriver à
ce résultat[3]. » On objectait que le petit groupe d'amis, en
s'élargissant, risquait de se banaliser et de perdre son
charme d'intimité. Lallier fit valoir que son candidat venait
tout récemment d'abjurer les erreurs saint-simoniennes,
et qu'il importait de le confirmer dans sa conversion. Par
le fait, de La Noue fut un confrère modèle, qui mit au service de la conférence non seulement une exemplaire générosité de cœur, mais un talent littéraire déjà très affiné :
il n'eut malheureusement le temps que de rédiger quelques rapports, et succomba prématurément.

Une première admission prononcée, il n'y avait point

1. Déclaration du 30 mars 1856, signée de quinze « membres de la première
conférence de Saint-Etienne-du-Mont, à Paris ». Les signataires ne voulaient
pas laisser « compromettre l'exactitude de faits qui nous sont connus d'une
manière certaine grâce à nos propres souvenirs et grâce à ce que nous avons
appris de la bouche même des fondateurs ».
2. On sait qu'Ozanam demeura persuadé toute sa vie que les premiers membres avaient été au nombre de *huit*.
3. Lallier à Théophile Foisset, 23 novembre 1853.

de motif plausible pour tenir la porte fermée aux étudiants
sérieux et chrétiens, qui manifestaient le désir de s'ad-
joindre à la jeune phalange. Dans le cours de l'été, celle-ci
grossit jusqu'au nombre de quinze. Ozanam présenta
notamment son cousin Pessonneaux, ses compatriotes
Chaurand et Gignoux.

En dehors de la visite des pauvres, la conférence accomplit, en 1833, sa première manifestation de piété extérieure, manifestation spontanée, discrète et par là même
d'autant plus significative, comme la plupart de celles auxquelles devait se livrer la Société de Saint-Vincent de
Paul. A la suite de la Révolution de 1830, les processions
de la Fête-Dieu avaient cessé de se dérouler dans les rues
de Paris. Les membres de la conférence et quelques
autres adolescents chrétiens résolurent de prendre part à
une procession dans une paroisse de la banlieue : leur
choix se porta sur Nanterre, la patrie de sainte Geneviève,
alors encore un village perdu au milieu des champs.
Dans une lettre exquise à sa mère, Ozanam a rendu compte
de ce pieux et joyeux pèlerinage, terminé en partie de
campagne, car les étudiants, séduits par la beauté de la
journée, décidèrent d'aller à pied dîner à Saint-Germain,
revinrent de même et ne regagnèrent le pays latin que
tard dans la nuit. « Nous avions rempli nos devoirs envers
Dieu en lui rendant l'hommage qui lui était dû, envers
nos frères en leur donnant un bon exemple, envers nous-
mêmes en nous procurant un plaisir pur, en nous donnant un témoignage de réciproque amitié. » Dans ce récit
débordant d'un juvénile enthousiasme, Ozanam signale
incidemment une règle pratique qui fut adoptée comme
d'instinct et qui n'a cessé de sauvegarder l'humilité de
ses disciples comme d'assurer leur influence pour le bien :
« Nous nous mêlons parmi les paysans qui suivent le
dais : c'est plaisir pour nous de coudoyer ces braves gens,
de chanter avec eux. » Fidèles à ce précédent, les conférences de Saint-Vincent de Paul éviteront toujours, quand
elles participeront à une cérémonie religieuse, d'y paraître

en corps, avec insignes, bannière ou même en groupe distinct : elles se contenteront de grossir les rangs des simples fidèles, qui se sentent par là même encouragés et fortifiés. C'est ainsi que sans démonstrations tapageuses et ostentatoires, par la seule et persistante efficacité de l'exemple, elles extirperont de la jeunesse des écoles le fléau du respect humain.

Sur ce point essentiel, la vaillante initiative des fondateurs n'attendit point longtemps sa récompense. Le souvenir en revenait, avec un soupçon de légitime fierté, sur les lèvres d'Ozanam mourant : « Ces jeunes gens n'eurent aucun souci de ce qu'on pourrait dire d'eux, sûrs qu'ils étaient de voir se lever le jour de la vérité et de la justice... A peine les premiers membres de la Société eurent franchi l'escalier du pauvre, distribué le pain à des familles en pleurs, envoyé aux écoles les enfants jusque-là négligés; à peine eut-on reconnu à ces signes que le peuple avait en eux de vrais amis, qu'ils trouvèrent aussitôt autour d'eux non seulement tolérance, mais faveur et respect. » Dans l'été même de 1833, un homme d'une trentaine d'années, un lettré, qui avait fréquenté le *cénacle* romantique, écrivait, après une conversation où M. Bailly l'avait mis au courant des débuts de la conférence de charité : « Il y a, en ce moment, ici, un grand mouvement de charité et de foi, mais tout cela, dans la sphère voilée de l'humilité, échappe au monde indifférent. Je me trompe bien, ou de ces catacombes nouvelles sortira une lumière pour le monde[1]. »

L'auteur de cette lettre, Léon Le Prévost, futur fondateur de la congrégation des Frères de Saint-Vincent de Paul, se fit admettre à la conférence quand elle reprit ses séances, après les vacances scolaires de 1833. C'était la première recrue en dehors du monde des écoles : son âge était exactement intermédiaire entre ceux de M. Bailly et d'Ozanam; il ne tarda point à acquérir parmi ses jeunes confrères un crédit très justifié.

1. Le Prévost à Victor Pavie, 20 août 1833. *Vie de M. Le Prévost*, p. 35.

De son côté, Ozanam avait fructueusement travaillé pour la conférence pendant les vacances, passées dans sa famille. A la rentrée, la réunion comptait vingt-cinq membres, sur lesquels dix-huit, originaires de Lyon ou de la région environnante, représentaient le contingent personnel d'Ozanam.

Le bureau de rédaction de la rue du Petit-Bourbon-Saint-Sulpice commençait à être trop peu spacieux; d'ailleurs la *Tribune catholique* venait de se réunir à un autre journal, à la direction duquel M. Bailly était étranger. On se décida donc à émigrer vers la place de l'Estrapade, où l'on pouvait disposer d'un vaste local : quant aux souvenirs compromettants, il parut que la jeune conférence avait en quelques mois assez fortement marqué son originalité pour n'avoir plus de confusion à craindre.

Vers cette époque, un témoignage bien inattendu de confiance fut donné à l'œuvre naissante. Le personnel des bureaux de bienfaisance des divers arrondissements de Paris avait été renouvelé en 1830, sous une inspiration peu sympathique aux idées religieuses. Un administrateur du bureau du XIIe arrondissement, qui comprenait alors la Montagne-Sainte-Geneviève, entendant parler du dévouement spontané des jeunes visiteurs, eut l'idée de leur proposer d'assurer une part des enquêtes et des distributions officielles : transmise par M. Bailly, l'ouverture fut accueillie avec faveur, car elle permettait à la conférence d'étendre son action morale; Ozanam fut de ceux qui s'offrirent pour les fonctions de commissaire du bureau de bienfaisance. Mais jamais, pas plus à ce moment qu'à un autre, les confrères n'eurent la tentation de se cantonner dans le rôle de distributeurs de secours matériels.

Dès sa première séance de mai 1833, la *conférence de charité* s'était placée sous le patronage de saint Vincent de Paul, mais en termes généraux et un peu vagues, sans prendre le nom de ce saint ni lui adresser des prières spéciales. C'est le 4 février 1834 que Le Prévost, se faisant l'interprète de plusieurs de ses confrères, demanda que ce patronage devînt effectif, par la célébration solennelle de la fête de saint Vincent de Paul, par la récitation d'invocations au commencement et à la fin des séances. Ozanam, obéissant à l'une des plus chères traditions de la piété lyonnaise, fit décider que la Société se mettrait également sous la protection de la Vierge Marie et célébrerait une de ses fêtes (l'Immaculée-Conception).

Il n'avait pas pris l'initiative de donner pour patron aux modernes visiteurs des pauvres l'apôtre de la charité chrétienne dans la France du xviie siècle ; mais il saisit d'emblée la convenance de cette tutelle, dont nul n'a parlé en termes plus pénétrants : « Un saint patron n'est pas une enseigne bànale pour une société, comme un saint Denis ou un saint Nicolas pour un cabaret. Ce n'est même pas un nom honorable sous lequel on puisse faire bonne contenance dans le monde religieux. C'est un type qu'il faut s'efforcer de réaliser, comme lui-même a réalisé le type divin qui est Jésus-Christ. C'est une vie qu'il faut continuer, un cœur auquel il faut réchauffer son cœur, une intelligence où l'on doit chercher des lumières ; c'est un modèle sur la terre et un protecteur au ciel ; un double culte lui est dû, d'imitation et d'invocation... Saint Vincent de Paul, l'un des plus récents entre les canonisés, a un avantage immense par la proximité du temps où il vécut, par la variété infinie des bienfaits qu'il répandit, par l'universalité de l'admiration qu'il inspira. Les grandes âmes qui approchent Dieu de plus près y prennent quelque chose de prophétique. Ne doutons pas que saint Vincent de Paul n'ait eu une vision anticipée des maux et des besoins de notre époque. Il n'était pas homme à fonder sur le sable, ni à bâtir pour deux jours. La bénédiction du quatrième commandement est sur la tête des saints : ils honorèrent ici-bas leur Père céleste, ils vivront longuement ; une immortalité terrestre leur est décernée dans les œuvres. »

Une occasion ne tarda pas à se présenter, de fêter ce grand et saint patron dont la popularité devait aider à la

diffusion des conférences et en emprunter en retour
comme un renouveau d'éclat. Les reliques de saint Vincent de Paul, providentiellement sauvées pendant la Terreur, avaient été au printemps de 1830 portées en procession solennelle à la nouvelle maison-mère des Lazaristes,
rue de Sèvres[1], et déposées dans la sacristie en attendant
l'achèvement d'une nouvelle châsse. Cette châsse allait
être inaugurée le 13 avril 1834 : le 12, les membres de
la conférence, réunis rue de Sèvres, obtinrent la faveur
de vénérer de près les restes mortels du patron qu'ils
s'étaient donné. Après quelques instants consacrés à une
prière intime et recueillie, chacun s'agenouillant devant
le corps « vint à son tour baiser les piéds de celui qui,
pareil à son divin maître, avait passé sur la terre en faisant
le bien[2] ». Le lendemain, jour de la fête de la Translation,
plusieurs membres se rendirent à Clichy, ou « Monsieur
Vincent » avait été le modèle des curés de village ; ils
insistèrent pour prendre sur leurs épaules et porter
pendant la procession la châsse qui contient un fragment
de ses reliques.

Cependant l'abbé Olivier, transféré à la cure de Saint-
Roch, avait été remplacé à Saint-Etienne-du-Mont par l'abbé
Faudet. Posant dès l'origine une règle qui devait pour
elle être fondamentale, la conférence avait voulu que l'autorité ecclésiastique, représentée en l'espèce par le curé
de la paroisse, fût tenue au courant de ses modestes travaux : tous les huit ou quinze jours, depuis le début de
l'année 1834, le secrétaire Chaurand allait donc exposer à
M. Faudet ce qui avait été fait et s'informer de ses désirs
au sujet des pauvres à secourir. Quand vint l'été, il parut
convenable d'inviter M. le curé à assister à une séance,
qui sur sa demande fut fixée au *vendredi* 27 juin, alors qu'on
se réunissait habituellement le *mardi* soir. Comme son

1. C'est cet événement que rappelle la fête de la Translation des reliques de
saint Vincent de Paul, célébrée ou commémorée à Paris le second dimanche
après Pâques, et devenue une des quatre fêtes annuelles de la Société de Saint-
Vincent de Paul.
2. *Origines de la Société de Saint-Vincent de Paul*, p. 32.

prédécesseur, M. Faudet était peu porté vers les nouveautés et défiant des courants qui dominaient parmi la jeunesse ; ses conversations hebdomadaires avec Chaurand,
où il était simplement et uniquement question d'infortu-
nes à secourir, n'avaient point totalement déraciné de son
esprit certaines préventions. Aussi, quand il prit place
au bureau, son visage était-il manifestement soucieux. Le
rapport où de La Noue récapitulait ce qui s'était fait depuis
la fondation eut le don de le captiver : quand ensuite la
délibération ou plutôt la causerie s'engagea sur les divers
protégés de la conférence, la physionomie du curé s'éclaira
tout à fait, et ce fut sur un ton de très franche cordialité,
avec une nuance d'émotion, qu'il félicita et encouragea les
jeunes gens. C'était la première en date des allocutions
ecclésiastiques qui terminent toutes les assemblées extraordinaires des conférences de Saint-Vincent de Paul : le
ton n'en varie que d'un degré à l'autre de la sympathie, et
quant aux auditeurs, depuis longtemps la joyeuse surprise
a fait place chez eux à la confiante et respectueuse gratitude.

L'été de 1834 vit encore l'inauguration des *œuvres
accessoires*, appelées à se greffer sur la visite des indigents
et à foisonner presque indéfiniment, à mesure que se
révèle une détresse morale ou matérielle. Il s'agissait d'aller instruire et moraliser les enfants détenus par mesure de
correction dans une prison du quartier des Ecoles, rue des
Grès, et privés de tout secours religieux. L'œuvre put
être entreprise grâce à la bienveillance du président de
Belleyme, qui avait été préfet de police avant d'être mis
à la tête du tribunal de la Seine, et qui, sans être lui-même
un très fervent chrétien, s'était rendu compte que les
influences religieuses sont seules susceptibles d'amender
l'enfance coupable. Les visites rue des Grès se succédè-
rent avec régularité et non sans fruit pendant deux ans,
jusqu'au jour où les jeunes détenus furent transférés à l'autre extrémité de Paris. On les remplaça alors par le patronage des apprentis, qui est demeuré une des œuvres favo-

rites de la Société de Saint-Vincent de Paul. Quant à la
très méritoire visite des prisonniers adolescents ou adul-
tes, le mauvais vouloir des gouvernements successifs a
toujours empêché qu'elle fût en France pratiquée avec
suite : mais elle a pris un développement considérable
dans les conférences de plusieurs pays de l'Europe et du
Nouveau Monde.

***

Quand vinrent les vacances scolaires de l'année 1834, la
conférence ne suspendit point ses séances : plusieurs membres qui ne quittaient pas Paris, Le Prévost entre autres,
redoublèrent de zèle pour suppléer leurs confrères. Ceux-ci
de leur côté s'employèrent comme l'année précédente à
racoler des recrues : « Nous vous amènerons, » écrivait Ozanam, « une bande de bons Lyonnais qui grossiront toutes
nos réunions. » A la rentrée de novembre 1834, le nombre des membres ne tarda pas à dépasser la centaine[1]. Les
séances s'en trouvaient notablement allongées, et l'ordre
matériel devenait même malaisé à maintenir, malgré le
bon esprit dont faisaient preuve tous les jeunes gens.

Ces quelques semaines furent décisives dans l'histoire
de la Société de Saint-Vincent de Paul. En ouvrant leurs
rangs à des camarades chrétiens et charitables comme eux,
les premiers fondateurs avaient déjà assuré l'extension de
leur œuvre au delà de toute prévision : si la conférence
demeurait unique et isolée, elle sauvegarderait la persévérance religieuse d'une centaine d'étudiants parisiens.
C'était un résultat fort appréciable sans doute, mais singulièrement limité encore. D'autre part, à se scinder en
plusieurs sections, à essaimer au dehors, ne risquait-on
point d'altérer ce caractère d'intimité qui avait fait non
seulement l'attrait, mais le lien des réunions durant la
première année écoulée?

1. Parmi ces recrues de l'automne de 1834, il convient de signaler Henri
Wallon, mort doyen d'âge du Sénat et secrétaire perpétuel de l'Académie des
Inscriptions, et Théodore-Henri Martin, plus tard doyen de la *Faculté des
Lettres* de Rennes.

Ozanam eut le mérite, doublement appréciable à l'âge de vingt et un ans, de prévoir avant tous les autres que ces graves questions se poseraient nécessairement, et de préconiser, contre les résistances passionnées de certains de ses plus chers amis, la solution d'avenir, celle qui devait entraîner une large expansion de la charité catholique dans le monde. Dès le 29 avril 1834, au sortir d'une séance trop bruyante à son gré, il arpentait longuement la place du Panthéon avec Devaux et Lallier, les entretenant pendant une grande heure de l'opportunité prochaine d'un dédoublement, de façon à restituer à chaque section ce cachet de familiarité que la conférence unique était en train de perdre. Cette préoccupation le suivit au cours des vacances : « Comme il est probable qu'au renouvellement de l'année scolaire notre nombre augmentera et s'élèvera à une centaine, nous serons obligés de nous diviser et de former plusieurs sections, qui auront périodiquement une assemblée commune. »

C'était donc un projet très mûri qu'Ozanam déposait à la séance du 16 décembre 1834 : la conférence devait se diviser en trois sections, dont chacune aurait ses séances distinctes ; une fois par mois se tiendrait une assemblée générale, qui aurait seule le droit d'allouer des secours extraordinaires et d'admettre de nouveaux membres. La proposition souleva des débats très vifs, et presque orageux; tandis qu'elle était chaudement soutenue par Lallier et Arthaud, d'autres membres, comme Le Taillandier et surtout Brac de la Perrière, un Lyonnais [1], protestaient qu'il serait désastreux, sinon criminel, de briser l'unité qui avait cimenté de si douces et précieuses amitiés : sans sortir de son rôle d'impartial arbitre, M. Bailly laissait

---

1. Cinquante-cinq ans plus tard (9 février 1890), Brac de La Perrière écrivait à Mme Ozanam : « Je tiens, une fois pour toutes, à rectifier ce qui a été dit de mon opposition. Elle fut dès le premier moment très nette, mais elle consistait à faire non pas *rejeter* mais *ajourner* la division. » Cette distinction a son importance : on reconnaîtra toutefois qu'il est malaisé, surtout à qui est animé d'une fougue juvénile, de combattre vivement l'opportunité d'une mesure sans aborder peu ou prou la critique du fond.

comprendre que la motion ne lui agréait guère. Une commission fut nommée, qui à la séance suivante (23 décembre) conclut à un ajournement indéfini. Mais les partisans de la division ne se tinrent point pour battus ; un appui inattendu leur vint de l'impétueux et alors très influent abbé Combalot : à l'issue de la messe de minuit, célébrée dans l'église des Carmes, le célèbre missionnaire, tout en partageant le modeste et amical réveillon des confrères, employa sa chaude éloquence à leur démontrer les avantages du sectionnement[1]. Aussi, le 30 décembre, Arthaud reprenait-il la proposition d'Ozanam. Le président nomma une nouvelle commission, qui se réunit dès le lendemain 31, en présence de plusieurs autres membres, que la question passionnait : le débat se rouvrit, ardent, pathétique, entretenu par la bonne foi même dont on était animé de part et d'autre ; il menaçait de s'éterniser, quand sonnèrent les douze coups de minuit. Alors M. Bailly intervint sur un ton d'affectueuse autorité : « Depuis quelque temps, ces discussions et ces incertitudes ébranlent ma santé ; je me sens incapable de les prolonger. Une nouvelle année commence ; embrassons-nous et laissez-moi le soin de prendre des dispositions convenables pour donner satisfaction à tous les vœux. » On se sépara en effet sur une joyeuse et générale accolade ; un peu plus tard, Ozanam éloigné de Paris se plaisait à évoquer le souvenir de « cette fameuse séance du dernier décembre 1834, où l'on discuta la division, où Le Taillandier pleurait, où La Perrière et moi nous nous traitâmes d'une dure façon, où l'on finit par un embrassement plus amical que jamais en se souhaitant la bonne année du lendemain ».

Fidèle à sa promesse, M. Bailly reprit le 6 janvier 1835 l'examen de la question : il eut la singulière idée de nommer cette fois deux commissions, composées l'une de partisans et l'autre d'adversaires de la proposition Ozanam-Arthaud. Les nouveaux pourparlers aboutirent à un

---

1. J'emprunte ce détail à un récit inédit de Brac de la Perrière.

compromis, que le président sanctionna dans les séances
des 17 et 24 février : deux sections ou divisions devaient
tenir séance à la même heure dans deux salles distinctes
de la maison de la place de l'Estrapade, puis se réunir
pour le vote des secours extraordinaires, l'admission des
nouveaux membres et la quête; Ozanam était nommé vice-
président de la première section, celle qui visitait des
pauvres dans le XII° arrondissement et l'île de la Cité
Au bout de quelques semaines, la nécessité s'imposa de
renoncer aux réunions plénières hebdomadaires, qui pré-
sentaient les mêmes inconvénients pratiques que l'ancienne conférence unique. D'ailleurs, des sections se
fondaient dans des quartiers éloignés, au Roule et sur la
paroisse Bonne-Nouvelle. Les assemblées générales furent
dès lors réservées pour les quatre fêtes annuelles, où on
entendait la messe en commun, où on s'entretenait de la
marche et des intérêts de la jeune Société. Cette distinction fut consacrée par le règlement écrit, dont le besoin
commençait à se faire sentir, et qui fut promulgué à l'assemblée générale du 8 décembre 1835. Le préambule
était l'œuvre de N. Bailly, qui s'était inspiré d'un opuscule peu connu de saint Vincent de Paul; Lallier avait
rédigé les articles. Le conseil de direction ou conseil
général fut constitué à cette occasion, avec quatre membres seulement : N. Bailly, qui devenait président général, nomma vice-président Le Prévost (en raison notamment de son âge), secrétaire général Brac de La Perrière,
trésorier Devaux. Ozanam fut confirmé dans la présidence
de la conférence Saint-Etienne-du-Nont.

Les idées qu'il avait préconisées passaient dans le nouveau règlement, et recevaient en outre la consécration du
succès : mais il n'était point homme à goûter les jouissances de l'amour-propre personnel. Ce qui l'exaltait dans
le cours de cette année 1835, c'était la vision de plus en
plus nette du rôle réservé à la charité dans le monde
contemporain. Il insistait soigneusement sur l'humilité,
l'abnégation, qui devaient toujours la distinguer de la

philanthropie purement humaine : « La philanthropie est une orgueilleuse pour qui les bonnes actions sont une espèce de parure et qui aime à se regarder au miroir. La charité est une tendre mère qui tient les yeux fixés sur l'enfant qu'elle porte à la mamelle, qui ne songe plus à elle-même et qui oublie sa beauté pour son amour. » Il indiquait surtout, en termes d'une admirable éloquence, comment les chrétiens laïques pouvaient et devaient se conformer à la parabole évangélique en portant remède aux blessures de leurs frères : « L'humanité de nos jours me semble comparable au voyageur dont parle l'Evangile. Elle aussi, tandis qu'elle poursuit sa route dans les chemins que le Christ lui a tracés, elle a été assaillie par des ravisseurs, par des larrons de la pensée, par des hommes méchants qui lui ont ravi ce qu'elle possédait : le trésor de la foi et de l'amour; et ils l'ont laissée nue et gémissante, couchée au bord du sentier. Les prêtres et les lévites ont passé, et cette fois, comme ils étaient des prêtres et des lévites véritables, ils se sont approchés de cet être souffrant et ils ont voulu le guérir. Mais, dans son délire, il les a méconnus et repoussés. A notre tour, faibles Samaritains, profanes et gens de peu de foi que nous sommes, osons cependant aborder ce grand malade. Peut-être ne s'effraiera-t-il point de nous; essayons de sonder ses plaies et d'y verser de l'huile; faisons retentir à son oreille des paroles de consolation et de paix; et puis, quand ses yeux se seront dessillés, nous le remettrons entre les mains de ceux que Dieu a constitués les gardiens et les médecins des âmes, qui sont aussi, en quelque sorte, nos hôteliers dans le pèlerinage d'ici-bas, puisqu'ils donnent à nos esprits errants et affamés la parole sainte pour nourriture et l'espérance d'un monde meilleur pour abri. »

Cette exhortation était adressée par l'étudiant de vingt-deux ans à l'un de ses contemporains, fondateur de la première conférence qui eût été créée hors de Paris. La réunion parisienne comptait à peine une année d'existence, qu'Ozanam rêvait déjà de foyers analogues vivifiant et réchauffant l'ensemble du territoire français : « Je voudrais que tous les jeunes gens de tête et de cœur s'unissent pour quelque œuvre charitable, et qu'il se formât par tout le pays une vaste association généreuse pour le soulagement des classes populaires. » Durant les vacances de 1834, il s'ouvrit de cet espoir à un jeune Nîmois, de passage à Lyon ou dans les environs. Léonce Curnier n'était jamais venu à Paris, mais Ozanam lui fit de la conférence de charité une description si fidèle et en même temps si engageante que, de retour à Nîmes, il se mit résolument au travail : « Notre association, » pouvait-il écrire le 24 octobre 1834, « commence comme a commencé la vôtre : elle n'est encore composée que de sept membres, mais, comme vous, nous prierons le Ciel de bénir notre œuvre, et Dieu, qui lit au fond de nos cœurs, ne rejettera pas notre prière. » Ozanam lui répliqua par un cantique d'actions de grâces : « Le champ est devant vous, la misère y a tracé de larges sillons; vous y sèmerez des bienfaits à pleines mains, vous les verrez grandir et fructifier. Dieu et les pauvres vous béniront; et nous, que vous aurez surpassés, nous serons fiers et joyeux de compter de tels frères. Le vœu que nous formions est donc accompli : vous êtes le premier écho qui ait répondu à notre faible voix; d'autres s'élèveront bientôt peut-être; alors le plus grand mérite de notre petite société parisienne sera d'avoir donné l'idée d'en former de pareilles. Il suffit d'un fil pour commencer une toile; souvent une pierre jetée dans les eaux devient la base d'une grande île. » Mais en même temps, avec une surprenante sûreté de coup d'œil, le jeune homme établissait la distinction entre la première conférence parisienne, qui groupait et protégeait des étudiants arrachés au foyer paternel, *déracinés,* comme nous dirions à présent, et les futures conférences de province, où le soulagement matériel et moral des indigents serait un but plus immédiat : « La terre ne chancelle pas sous vos pieds; vous n'avez pas besoin de nouveaux efforts pour vous affermir; votre foi et votre vertu n'ont pas besoin de l'*association* pour se maintenir, mais seulement pour se développer; ce n'est point une nécessité pour vous, c'est l'action libre, spontanée, d'une volonté libre et solide. Vous agirez directement pour les pauvres. » A quatre-vingts ans de distance, on peut estimer que le provincial Ozanam jugeait avec quelque optimisme les mœurs et les caractères de la province; qu'à Nîmes et dans la plupart des autres villes de France, la lutte contre le respect humain, l'indifférence, la sensualité, s'imposait comme à Paris. Il n'en demeure pas moins qu'il eut le mérite et la sagacité, tout en travaillant à l'expansion de la Société de Saint-Vincent de Paul, de discerner les conditions de cette expansion : l'esprit de simplicité, de foi, de dévouement aux pauvres, de cordialité fraternelle devrait subsister comme aux premiers jours, mais un groupement d'étudiants ferait place à une Société d'hommes qui pourraient différer entre eux par l'âge, par la carrière, par la condition sociale, et qui seraient unis par le seul lien de la charité chrétienne.

Ozanam souhaitait cette expansion, non seulement comme un moyen d'accomplir plus de bien, mais comme une condition indispensable de vitalité pour l'œuvre existante : « Tâchons, » écrivait-il en novembre 1834 à son cousin Pessonneaux, « tâchons de ne pas nous refroidir, mais souvenons-nous que dans les choses humaines il n'y a de succès possible que par un développement continuel, et que c'est tomber que de ne pas marcher. » L'évènement fit mieux que confirmer ces espérances : il les dépassa largement et rapidement. Dès 1836, Ozanam avait la joie de constater l'existence de huit conférences, dont une à Rome. En 1838 et 1839, ses ambitions s'étendaient et se précisaient à la fois : « Nous verrons peut-être un jour les enfants de notre vieillesse trouver un large abri sous cette institution dont nous avons vu les frêles commencements... Il m'est évident que la Société de Saint-Vincent de Paul grandit sans cesse en importance, qu'une mission magnifique lui est donnée, qu'elle seule, par la multitude et la condition de ses adhérents, par son existence sur tant de points divers, par l'abnégation de tout intérêt philosophique ou politique, peut rallier la jeunesse dans des voies droites, porter peu à peu dans les plus hautes classes et dans les fonctions les plus influentes un esprit nouveau, tenir tête aux associations secrètes qui menacent la civilisation de notre pays, et peut-être enfin sauver la France. » Mais pour Ozanam, cette action sociale et nationale ne devait être que la conséquence et la résultante de l'application aux humbles travaux de la charité quotidienne : « Avant de régénérer la France, nous pouvons soulager quelques-uns de ses pauvres. » Cependant les progrès étaient de plus en plus merveilleux : en 1845, rappelant à Lallier combien au début on avait fait de façons et formulé d'objections avant d'admettre un *huitième* adhérent, Ozanam constatait que la Société comptait à présent *neuf mille* membres[1].

Le 16 août 1836, une conférence s'était fondée à Lyon, toute composée de jeunes gens qui avaient pratiqué l'œuvre à Paris : quand il s'agit d'élire un président, les suffrages se portèrent unanimement sur Ozanam, *qui était absent*, mais dont on escomptait le prochain retour dans sa famille. C'était lui d'ailleurs dont les encouragements avaient déterminé la fondation de la première conférence lyonnaise[2].

Frédéric Ozanam s'installa en effet à Lyon au mois d'octobre 1836. Heureux de se retrouver dans le milieu où il avait grandi, sa pensée se reportait pourtant avec un certain attendrissement vers la période désormais close de ses années d'étudiant à Paris ; mais les souvenirs qu'il

1. Aujourd'hui un dénombrement exact est à peu près impossible, mais l'on peut affirmer que le chiffre de *cent mille* membres actifs est de beaucoup dépassé.

2. Note ajoutée plus tard par Brac de La Perrière à une lettre de Chaurand à Ozanam, en date du 20 septembre 1836.

évoquait à peu près exclusivement, ceux en tout cas où il se complaisait avec prédilection, c'étaient ceux qui se rapportaient à la conférence de charité et aux amitiés chrétiennes dont elle avait été le lien : « ... Les réveillons de Noël, les processions de la Fête-Dieu, les églantines qui fleurissaient si jolies sur le chemin de Nanterre, les reliques de saint Vincent de Paul portées sur nos épaules à Clichy, et puis tant de bons offices échangés, tant de fois le trop plein du cœur épanché en des conversations que la complaisance de l'un permettait à l'autre de rendre longues ; les conseils, les exemples, les pleurs secrets versés au pied des autels quand on s'y trouvait ensemble ; enfin jusqu'aux promenades autour des lilas du Luxembourg, ou sur la place Saint-Etienne-du-Mont, quand le clair de la lune en dessinait si bien les trois grands édifices. »

Si l'âme d'Ozanam se répandait naturellement en effusions poétiques ou éloquentes, il n'était point de la famille morale de ces chrétiens qui s'absorbent dans des rêveries ou des réminiscences. « Les idées religieuses, » avait-il écrit à l'âge de vingt et un ans, « ne sauraient avoir aucune valeur si elles n'ont une valeur pratique et positive. La religion sert moins à penser qu'à agir, et si elle enseigne à vivre, c'est afin d'enseigner à mourir. » Le devoir actuel pour lui, au point de vue chrétien, c'était la direction de la jeune conférence de Lyon : il s'y appliqua de son mieux.

Des difficultés se présentèrent, auxquelles son expérience parisienne ne l'avait pas préparé. A Paris, à part le scepticisme éphémère de l'abbé Olivier, ou les préventions plus éphémères encore de l'abbé Faudet, la conférence n'avait rencontré que bienveillance dans les milieux catholiques : bénie et encouragée par Mgr de Quélen, elle avait obtenu l'approbation ou même l'adhésion active des laïques en vue comme Montalembert. A Lyon, les dispositions se manifestaient très différentes : le clergé semblait favorable, ou plus exactement ne témoignait aucune hostilité ; les laïques au contraire, plus fervents en général que les Parisiens, mais aussi plus exclusifs, plus attachés à la routine sous le nom vénérable de tradition, plus défiants des innovations, se montraient disposés à dénoncer, comme de néfastes brouillons, cette poignée de jeunes gens qui obéissaient à des influences suspectes et menaçaient de compromettre la prospérité des œuvres existantes[1]. En racontant à un parent, à un confrère, les débuts de la conférence lyonnaise, Ozanam peignait sur le vif l'étroitesse d'esprit à laquelle se heurtait sa largeur de cœur, et il rendait compte aussi de sa méthode pour faire chrétiennement face à l'orage : « Nous nous réunissons le mardi soir à huit heures. Nous avons, comme à Paris, la table, le tapis vert, les deux chandelles, les bons, les vieux habits, etc. Mais la salle est encore peu remplie, la bourse aussi. Nous avons éprouvé les petites contrariétés que nous avions prévues. Des personnes pieuses, et même des personnes graves, se sont effrayées ; elles ont cru, elles ont dit qu'une cabale de jeunes gens Lamenaisiens[2], qui avaient réussi à imposer M. Lacordaire à l'archevêque de Paris[3], voulaient s'établir en maîtres à Lyon ; qu'ils avaient sollicité toutes les Sœurs de charité de la ville pour obtenir des listes de pauvres, qu'ils étaient au moins trente, qu'il y en avait parmi eux qui n'étaient pas même chrétiens, qu'ils allaient discréditer toutes les autres œuvres de charité par la mauvaise

1. Dans une communication au conseil général, récemment retrouvée et publiée, Ozanam indiquait avec autant de discrétion que de finesse les lacunes du tempérament lyonnais : « Dans une ville comme la nôtre, justement fière de son passé, et non moins attachée à ses institutions et à ses habitudes qu'à ses croyances et à ses mœurs antiques, il ne faut point s'étonner de la défaveur qui accueille les choses nouvelles. D'un autre côté, les occupations multipliées de la vie commerciale ne laissent guère à la piété des laïques le loisir de s'éclairer : il est naturel qu'elle soit souvent ombrageuse dans ses soupçons, inconsidérée dans son zèle. » (Décembre 1837.)

2. C'est le mot qu'emploie Ozanam ; l'usage s'est introduit de dire *Menaisiens*.

3. M. Goyau a entretenu nos lecteurs de la fondation des conférences de Notre-Dame, qui se rattachait plutôt à l'action apologétique d'Ozanam étudiant ; on a vu qu'en effet ses confrères de la toute jeune Société de Saint-Vincent de Paul s'associèrent à ses démarches auprès de Mgr de Quélen.

manière dont ils conduiraient la leur, etc., etc. Suivant
les avis de notre règlement, nous nous sommes faits bien
petits, bien humbles, nous avons protesté de nos intentions inoffensives, de notre respect pour les autres
œuvres, et présentement on ne dit plus rien contre nous,
sinon que nous ne réussirons pas... J'espère que, malgré
les sinistres prophéties, nous réussirons, non par le
secret, mais par l'humilité ; non par le nombre, mais par
l'amour ; non par les protections, mais par la grâce de
Dieu. »

Le succès ne tarda pas en effet à récompenser tant de
vaillance charitable, d'humilité chrétienne, de prudente
discrétion. Le prélat qui administrait le diocèse de Lyon
pendant l'exil indéfini du cardinal Fesch, Mgr de Pins, se
déclara nettement sympathique aux nouveaux disciples de
saint Vincent de Paul. Certaines défiances laïques furent
plus obstinées; elles inspiraient au président en 1838 une
boutade fameuse, qui n'a pas perdu tout à-propos, et qui
prouve qu'Ozanam eût été un maître ironiste si la charité
ne l'avait pas presque toujours retenu sur cette pente :
« ...Gros bonnets de l'orthodoxie; pères de conciles en
frac et en pantalons à sous-pieds; docteurs qui pronon-
cent entre la lecture du journal et les discussions du comp-
toir, entre la poire et le fromage; gens pour qui les
nouveaux venus sont toujours les mal venus, pour qui
tout ce qui arrive de Paris est présumé pervers, qui font
de leur opinion politique un treizième article du symbole, qui s'approprient les œuvres de charité comme leur
chose, et disent, en se mettant modestement à la place de
Notre-Seigneur : « Quiconque n'est pas avec nous est
« contre nous. » Vous ne sauriez croire les mesquineries,
les vilenies, les arguties, les minuties, les avanies dont
ces gens-là, avec la meilleure foi du monde, ont usé contre nous. Les plus estimables ont été entraînés par la
foule, et nous avons dû beaucoup souffrir de ceux mêmes
qui nous aimaient. Au reste, nous n'avons pas à nous
plaindre quand nous avons affaire à un monde où M. La-

cordaire est anathématisé, M. de Ravignan déclaré inintelligible et l'abbé Cœur [1] suspect. »

La prudence chez Ozanam ne confinait jamais au manque de courage : il ignorait ou il méprisait cette habileté qui fait qu'on désavoue ou qu'on tient à distance un ami compromettant. Quand Lacordaire, en mars 1839, s'achemina vers Rome pour y revêtir la blanche robe du Frère Prêcheur, une séance exceptionnelle de la conférence de Lyon fut convoquée en son honneur. Il improvisa, sur la charité laïque, sur l'apostolat religieux que lui-même méditait de développer en restaurant en France l'ordre de saint Dominique, sur le sacrifice indispensable à quelque degré dans toute vie chrétienne, une allocution familière qui laissa aux assistants un ineffaçable souvenir.

Les confrères de Lyon en furent affermis dans leur zèle charitable. A la visite des pauvres, à l'instruction religieuse des enfants, ils avaient joint l'évangélisation des militaires, particulièrement opportune dans une ville de nombreuse garnison, à une époque où le service de sept ans soustrayait le soldat pour toute sa jeunesse à l'influence familiale et le séquestrait même très à part de la population civile. Aussi était-ce dans une certaine mesure une exploration en pays inconnu qu'entreprenait la conférence de Lyon : « Dans ces communications fréquentes avec le soldat, » écrivait Ozanam au conseil général, « nous avons beaucoup appris. Jamais nous n'aurions pu croire combien d'excellents cœurs battaient sous l'uniforme, gardaient encore un tendre attachement à la foi de leur mère, aux impressions de leur première communion, aux bons avis de leur bon vieux curé, aux exemples des vertus de leurs sœurs. Mais combien aussi ils sentaient ces heu-

1. L'abbé Cœur, prédicateur renommé, d'origine lyonnaise, fut par la suite professeur d'éloquence sacrée à la Sorbonne, puis évêque de Troyes, et mourut en 1860 au moment où il était question de le nommer précepteur du prince impérial. On peut s'étonner de le voir mis ici sur le même pied que les deux illustrations de la prédication française au XIXe siècle, mais le manque de recul entraîne souvent les contemporains à de telles erreurs de perspective aux yeux de beaucoup de sujets de Louis XIV, Mascaron égalait Fléchier et même Bossuet.

reuses dispositions refoulées par le respect humain! Quelles souffrances accompagnaient cette crainte des hommes plus puissante que la crainte de Dieu! Quelles apostasies extérieures intérieurement désavouées, quels remords, et quelles résolutions pour un meilleur avenir! Et souvent ces terreurs sont réciproques, et celui qui se perd à cause de l'impiété présumée de son frère d'armes le perd à son tour... Nous leur offrons donc un rendez-vous; nous aimons à les voir s'étonner de se rencontrer là. »

Fidèle aux prescriptions du règlement nouvellement édicté, Ozanam ne manquait point, trois ou quatre fois par an, d'adresser au conseil général le compte rendu des travaux de la conférence de Lyon; il sollicitait en échange des avis, des observations auxquelles il s'engageait à se conformer. Mais cette humilité très sincère[1] ne saurait nous donner le change sur la vraie marche des choses. En réalité, c'est Ozanam qui de Lyon continuait à guider la Société fondée par lui, à prodiguer les exhortations, à suggérer des solutions pour les cas embarrassants. Les preuves en abondent dans sa correspondance avec son ami Lallier, devenu secrétaire général. Un jour, il lui résumait en quelques lignes l'abrégé des devoirs de sa charge : « Soyez souvent présent aux assemblées particulières ; voyez de temps à autre les présidents ; tenez la main aux réunions du conseil de direction; stimulez quelquefois le calme trop grand du président général; ne négligez pas la correspondance avec les conférences de province. » Une autre fois il lui adressait, sur la convenance de concilier l'humilité avec le dévouement, des réflexions qui, lues par Lallier à une assemblée générale des conférences de Paris, enthousiasmaient tous les assistants et entraînaient l'adhésion jusque là hésitante de l'abbé Dupanloup[2]. Quand Lallier, le dernier des fon-

---

1. « Isolés comme nous le sommes, nous sentons plus que jamais notre faiblesse et le besoin de conserver d'étroits rapports avec le centre de la Société. »

2. Lallier à Ozanam, 10 mai 1838. Voici le passage dont la lecture produisit tant d'effet : « Prenons garde que l'humilité ne soit pas chez les gens de bien le

dateurs demeuré à Paris, fut à son tour mandé en province par les exigences de sa carrière, c'est à Ozanam que le nouveau secrétaire général adressait un cri d'appel et presque de détresse. « Il (Lallier) était pour nous le dernier représentant du noyau fondateur de notre Société, qui en était pour ainsi dire l'âme et la vie. Voilà donc tous nos aînés dispersés et nous autres, vos frères cadets, restés seuls à la maison paternelle : il nous faut garder le foyer de la charité que vous aviez su y allumer... Pourquoi faut-il que de telles distances nous séparent que vous ne puissiez nous venir en aide et consolider vous-même l'œuvre de vos mains ? Oh! si nous pouvions encore réunir ici quelques amis comme vous, au cœur chaud et à l'âme ardente, que nous nous trouverions forts, et combien nous entreprendrions avec courage ! Mais au moins donnez-nous l'appui de vos conseils : ce sera encore beaucoup pour nous[1]. »

En fait, dans bien des lettres écrites pendant ce séjour à Lyon, Ozanam, alors âgé de vingt-trois à vingt-huit ans, a marqué avec autant de sûreté dans le jugement que de force et même d'éloquence dans l'expression les traits distinctifs, le but et ce qu'on peut bien appeler « l'esprit » permanent de la Société de Saint-Vincent de Paul, esprit qui veut, aujourd'hui comme alors, « que la Société ne soit ni un parti, ni une école, ni une confrérie, qu'elle soit profondément catholique sans cesser d'être laïque ». Il insistait notamment, en esquissant pour Lallier le thème d'une circulaire, sur la nécessité de concilier l'humilité avec l'absence, avec l'horreur de la clandestinité : « Il faudrait insister sur les caractères de l'humilité et montrer comme elle doit exclure cet orgueil collectif qui se cache souvent sous le nom d'amour de corps, et ces manifestations imprudentes à l'égard des étrangers sous

prétexte commode de l'indolence. Quand le Sauveur mourut sur le Calvaire, il pouvait avoir à ses ordres plus de douze légions d'anges, et il n'en voulut pas; il voulut bien cependant que Simon le Cyrénéen, un homme obscur, portât sa croix et contribuât ainsi à la grande merveille de la rédemption universelle. »
1. Louis de Baudicour à Ozanam, 30 mai 1839.

prétexte d'édification et de prosélytisme. D'une autre
part, on remarquerait que le secret n'est point la forme
nécessaire de l'humilité véritable, que souvent même il
lui est contraire, car on ne tait guère que ce que l'on croit
important, et l'on se dédommage entre soi de l'admiration que l'on ne peut pas chercher au dehors. » Comment
cette humilité, qualité primordiale du confrère de Saint-
Vincent de Paul, doit l'escorter et l'inspirer surtout au foyer
du pauvre, comment il lui faut bannir tout soupçon de
charité altière ou pharisaïque, c'est ce qu'Ozanam indiquait en termes inoubliables : « Comment prêcher aux
malheureux une résignation, un courage dont on se sent
dépourvu ? Comment leur adresser des reproches dont on
se sent digne ? Voilà, messieurs, la difficulté principale
de notre position ; voilà ce qui fait qu'au milieu des familles que nous visitons, souvent le silence se fait sur
nos lèvres et la confusion dans notre cœur, parce que
nous nous voyons égaux en infirmités et souvent inférieurs
en vertus à ceux qui nous entourent ; et nous reconnaissons avec saint Vincent de Paul « que ces pauvres de
« Jésus-Christ sont nos seigneurs et nos maîtres, et que
« nous ne méritons pas de leur rendre nos petits services. »
　　Ozanam avait encore le mérite, en un temps où l'indi-
vidualisme était à peu près exclusivement en honneur, de
vanter les bienfaits de la solidarité chrétienne, de la communion des saints, pour lui donner son vrai nom : « On a
besoin en nos jours courts et mauvais de mettre en commun le peu de bien que chacun réalise. Les sociétés de
charité où les mérites s'accumulent ainsi et se confondent
pour rapporter une usure immense au jour de la rémuné-
ration, ne peut-on pas dire qu'elles sont les caisses d'épargne de l'éternité ? » Avec une érudite compréhension, du
passé, il fallait une intuition quasi-géniale de l'avenir
pour discerner et définir, dès 1836, le rôle pacificateur de la charité dans les luttes sociales qui déchire-
raient bientôt le monde moderne : « Hélas ! si au moyen
âge la société malade ne put être guérie que par l'immense

effusion d'amour qui se fit surtout par saint François d'Assise; si plus tard de nouvelles douleurs appelèrent les mains secourables de saint Philippe de Néri, de saint Jean de Dieu et de saint Vincent de Paul : combien ne faudrait-il pas à présent de charité, de dévouement, de patience, pour guérir les souffrances de ces pauvres peuples, plus indigents encore que jamais, parce qu'ils ont refusé la nourriture de l'âme en même temps que le pain du corps venait à leur manquer ! La question qui divise les hommes de nos jours n'est plus une question de formes politiques, c'est une question sociale, c'est de savoir qui l'emportera de l'esprit d'égoïsme ou de l'esprit de sacrifice : si la société ne sera qu'une grande exploitation au profit des plus forts, ou une consécration de chacun pour le bien de tous et surtout pour la protection des faibles. Il y a beaucoup d'hommes qui ont trop et qui veulent avoir encore ; il y en a beaucoup plus d'autres qui n'ont pas assez, qui n'ont rien, et cette lutte menace d'être terrible : d'un côté, la puissance de l'or; de l'autre, la puissance du désespoir. Entre ces armées ennemies, il faudrait nous précipiter, sinon pour empêcher, au moins pour amortir le choc. »

La Société de Saint-Vincent de Paul ne comptait pas encore cinq années d'existence, qu'Ozanam lui remontrait l'utilité « des inspirations nouvelles, qui, sans nuire à son esprit ancien, préviennent les dangers d'une trop monotone uniformité ». Dans une allocution prononcée en 1840 au cours d'un voyage à Paris, il rappelait « les traditions primitives d'une œuvre fondée il y a huit ans et qui déjà réunit tant d'hommes de bonne foi de tous drapeaux, parce qu'elle n'en a qu'un, la croix, qui étend ses bras sur tout l'univers. Que cette œuvre ne devienne pas une pédagogie, une institution philosophique, une bureaucratie chrétienne, où les papiers sont tout et les cœurs peu de chose! » Il insistait plus fortement encore en 1841 sur les dangers de l'ostentation et de la paperasserie : « Une seule chose pourrait nous arrêter et nous perdre : ce serait l'altération de notre premier esprit; ce serait le pharisaïsme qui fait sonner la trompette devant lui : ce serait l'estime exclusive de soi-même qui méconnaît la vertu en dehors des rangs de la corporation préférée; ce serait un excès de pratiques et de rigueur, d'où résulteraient la lassitude et le relâchement; ou bien une philanthropie vertueuse plus empressée de parler que d'agir, ou encore des habitudes bureaucratiques qui entraveraient notre marche, en multipliant nos rouages. Mais ce serait surtout d'oublier l'humble simplicité qui présida d'abord à nos rendez-vous, nous fit aimer l'obscurité sans chercher le secret, et nous valut peut-être nos accroissements ultérieurs. Car Dieu se plaît surtout à bénir ce qui est petit et imperceptible, l'arbre dans sa semence, l'homme dans son berceau, et les bonnes œuvres dans la timidité de leurs débuts[1]. »

Ces dernières lignes, si touchantes et si fortes, sont extraites d'une lettre d'amour, qu'Ozanam adressait à sa fiancée. Dès que le mutuel engagement avait été échangé, Mlle Soulacroix avait témoigné le désir d'être mise et tenue au courant de tout ce qui occupait et intéressait celui dont elle devait partager la vie : comment, dans ces graves et affectueuses confidences, Ozanam n'aurait-il pas fait une place de choix à la Société de Saint-Vincent de Paul? « Vous saurez un jour, » écrivait-il encore en exagérant sans doute sa fragilité d'antan, « combien je dois à cette Société, qui fut l'appui et le charme des plus périlleuses années de ma jeunesse. »

A l'inverse, la jeune Société devait beaucoup à son principal fondateur. C'est pour acquitter cette dette sans cesse grossissante, c'est aussi pour faire montre de leur cordial attachement au président qu'ils allaient perdre, que les confrères de Lyon se pressaient au grand complet à la cérémonie nuptiale du 23 juin 1841. Ozanam, qui a si éloquemment parlé de l'amitié chrétienne, devait ainsi, à toutes les étapes de sa trop courte vie, se sentir escorté

1. Ozanam à Mlle Amélie Soulacroix, 1er mai 1841.

des sympathies de ceux qu'il avait plus que personne
contribué à grouper.

Le mariage d'Ozanam coïncida presque avec son établissement définitif à Paris, comme suppléant, puis comme titulaire d'une chaire à la Sorbonne. Le brillant et bientôt
célèbre professeur n'était pas homme à se désintéresser
de l'œuvre qu'avait créée huit ans auparavant le jeune
étudiant. Dans cette existence si absorbée, on peut dire
si surmenée, une part, et une part importante, fut réservée
comme par le passé à la Société de Saint-Vincent de Paul.
A travers les réticences de la correspondance d'Ozanam,
réticences inspirées par sa coutumière humilité, on peut
discerner qu'il travailla efficacement à l'organisation et à
la mise en fonctionnement du conseil général, qui jusqu'a-
lors n'avait guère existé que pour la forme. Il fut l'âme
de ce conseil, et ne tarda point à devenir vice-président
général. Par deux fois, en 1844 et 1847, il déclina la présidence devenue vacante : en dehors des prétextes qu'allé-
guait sa modestie, il lui semblait à plus juste titre qu'en
raison du développement déjà pris par les conférences, la
direction de la Société réclamait désormais une vie libre
d'occupations professionnelles ; c'est ainsi qu'il fit choisir
une première fois un ancien magistrat, Jules Gossin, qui
résuma les principes essentiels de la Société dans quelques
circulaires remarquables par la hauteur des vues et la
distinction du style, et ensuite un très jeune confrère,
Adolphe Baudon, homme de zèle et de loisir, appelé à
guider la Société pendant près de quarante ans au milieu
de circonstances souvent difficiles. Lieutenant discret,
fidèle et docile, Ozanam, tout en demeurant soigneusement à la seconde place, n'en exerça pas moins une action
considérable, et souvent prépondérante. De même qu'il
avait fait entendre aux confrères de Lyon la parole de
Lacordaire, il convia les membres des conférences de Paris
à venir écouter une allocution à eux spécialement destinée

par le P. de Ravignan ; il devait mettre plus que personne en
pratique l'émouvante péroraison où le saint religieux, con-
viant ses auditeurs à se dépenser sans compter au service
de Dieu et des pauvres, s'écriait en montrant le ciel : « Nous
nous reposerons là-haut ! » Quand l'avènement de Pie IX
fit tressaillir d'espoir le monde chrétien, c'est Ozanam
que le conseil chargea d'exprimer dans une lettre latine
ses hommages et ses vœux. Appelé par ses recherches
érudites à voyager souvent à l'étranger, il prenait plaisir
à assister partout aux réunions de ses confrères, à les
encourager, à entretenir cet esprit d'union pour le bien
qui avait été dès l'origine le caractère distinctif de la
Société.

Comme aux premiers temps de la première conférence,
le progrès, le développement lui semblaient la marque la
plus désirable de la vitalité. Dans les grandes villes, et à
Paris notamment, il rêvait de fédérer les conférences par
quartier ou par arrondissement, projet qu'il était réservé
au xxe siècle de réaliser. Une autre vue d'avenir lui faisait
souhaiter la multiplication des conférences rurales, si différentes en apparence de l'entreprise ébauchée par les étudiants de 1833 : « Rien, » disait-il aux confrères de Paris,
« rien n'est plus honorable et plus encourageant pour l'œuvre de Saint-Vincent de Paul que de pénétrer ainsi au delà
des villes, au delà des professions libérales où elle a d'a-
bord cherché son recrutement, et de s'établir au milieu
de ces populations laborieuses qui sont la force de la
nation comme de l'Eglise, et plus rapprochées de Dieu
par la simplicité de leur foi, et plus rapprochées des pauvres par la simplicité de leur vie. »

Prompt à recueillir et même à rechercher toutes les innovations utiles, Ozanam n'en mettait ni moins d'ardeur ni
moins d'énergie à défendre les principes traditionnels de
la Société, notamment la tolérance religieuse et l'absence
de toute inquisition à l'égard des pauvres. Son jeune ami
l'abbé Perreyve a raconté une scène qui avait laissé un
profond souvenir chez tous les assistants. Un pasteur

protestant, chargé de destiner une somme d'argent à quelque œuvre de bienfaisance, en avait confié la distribution à Ozanam, sur sa réputation de chrétienne philanthropie. Ozanam porta l'argent à sa conférence, et en expliqua l'origine ; un membre crut faire preuve de largeur d'esprit en exprimant le vœu qu'après avoir prélevé la plus grosse part pour les familles catholiques indigentes, les plus nombreuses, on distribuât le reste entre des pauvres protestants. « Pendant qu'il parlait, raconte l'abbé Perreyve, je voyais le visage d'Ozanam se contracter par l'impatience et je devinais, au frémissement de sa main qu'il passait et repassait dans ses longs cheveux, l'approche d'une de ces explosions dont il pouvait rarement comprimer les flammes. « Messieurs, s'écria-t-il tout à coup, si cet avis a le mal-
« heur de prévaloir, s'il n'est pas bien entendu que nous
« secourons les pauvres sans distinction de culte, je vais
« de ce pas reporter aux protestants les secours qu'ils m'ont
« remis, et je leur dirai : Reprenez-les ; nous n'étions pas
« dignes de votre confiance. » — La chose ne fut pas même mise aux voix.

Prodigue de conseils et d'encouragements en matière de charité, Ozanam prêchait surtout d'exemple. Le professeur applaudi, l'érudit dont l'opinion comptait dans les controverses historiques, le gracieux et éloquent écrivain se délassait de ses travaux en grimpant dans des mansardes. Par les impressions de quelques jeunes confrères qu'il initiait à la pratique fondamentale de la Société de Saint-Vincent de Paul, par le récit de certains de ses protégés, on entrevoit qu'il fut un visiteur modèle. Au seuil du logis des pauvres, comme en accueillant les étudiants dans son cabinet, il dépouillait cette physionomie austère, presque rébarbative, qui lui faisait du tort auprès des indifférents et des mondains. Le chapeau à la main et le sourire aux lèvres, il pénétrait dans l'humble logis, prenait le siège qu'on lui offrait, et sans familiarité comme sans affectation de protection ou de prédication, se mettait à causer gaiement, simplement, des menus incidents de

la vie quotidienne de ses protégés : les confidences arri-
vaient d'elles-mêmes, sans qu'il eût l'air de les provoquer
et tout naturellement aussi les conseils, les encouragements, les remontrances au besoin intervenaient dans sa
conversation. Tout en se montrant prodigue de son temps
et de son cœur, trésors également précieux, il trouvait
moyen, malgré l'exiguïté de ses revenus, malgré ses obligations professionnelles et familiales, de pratiquer l'aumône la plus méritoire devant Dieu, celle qu'on dispense
au prix d'une privation. Sa charité avait de ces délicatesses
dont l'assistance officielle est incapable : à côté du bon
réglementaire, il s'ingéniait de temps à autre à placer
une gâterie, une attention, une surprise, un de ces procédés qui partent du cœur et qui vont au cœur, pour le ré-
conforter, pour le relever, pour le convertir. Nul n'a plus
profondément senti ni décrit en termes plus pénétrants le
gain spirituel qui résulte pour le visiteur du contact avec
le pauvre, les grâces de résignation, de détachement, de
conformité à la volonté divine. Dans une prière admirable,
où quelques mois avant sa mort il énumérait les bienfaits
reçus d'en haut, il n'avait garde d'omettre « une inspiration qui me pousse à voir mes pauvres un jour de mauvaise humeur, et qui me fait descendre de chez eux tout
humilié de mes misères d'imagination devant l'effroyable
réalité de leurs maux ». Il invoquait une expérience intime et prolongée le jour où, réfutant les sophistes qui
représentaient l'aumône comme onéreuse et offensante
pour la dignité du pauvre, il rispostait éloquemment :
« Quand vous redoutez si fort d'*obliger* celui qui reçoit
l'aumône, je crains que vous n'ayez jamais éprouvé qu'elle
oblige aussi celui qui la donne. Ceux qui savent le chemin de la maison du pauvre, ceux qui ont balayé la poussière de son escalier, ceux-là ne frappent jamais à sa
porte sans un sentiment de respect. »

Les événements de 1848 stimulèrent davantage encore l'activité charitable d'Ozanam. D'une part, le conflit social éclatait, qu'il avait depuis longtemps prévu et auquel il avait assigné comme remède l'observation de la fraternité évangélique. De l'autre, au cours de la formidable insurrection parisienne de juin 1848, le président général Baudon, qui défendait la cause de l'ordre dans les rangs de la garde nationale, fut très grièvement blessé, et condamné à garder le lit pendant de longs mois. Le soin de le suppléer incombait à Ozanam, alors en pleine maturité d'intelligence et de talent : il prononça à cette époque quelques allocutions qui sont de vrais chefs-d'œuvre d'éloquence, d'émotion et d'amour des pauvres.

C'étaient lui et Cornudet, son collègue à la vice-présidence, qui avaient pris la liberté de suggérer à l'archevêque de Paris, Mgr Affre, la démarche de pacification que le prélat accomplit avec une héroïque simplicité et qui lui coûta la vie. Lors de la première assemblée des conférences parisiennes tenue après l'insurrection, Ozanam, sans parler bien entendu de son initiative, célébra la mort du pasteur donnant sa vie pour ses brebis : « Dieu a permis qu'en ce moment suprême l'humble Société de Saint-Vincent de Paul fût représentée auprès de l'archevêque de Paris par un de ses membres, qui porta le drapeau de parlementaire; nous ne rappelons sa présence que pour ajouter, pour ainsi dire, un témoignage domestique et une tradition de famille au récit de cette mort que l'histoire célébrera. Beaucoup d'entre nous se souviennent du jour où un prédicateur que nous aimons tous, portant la parole à Notre-Dame devant Mgr Affre, alors vicaire général du diocèse, s'écriait avec une pieuse liberté : « Donnez-nous des saints, mon Dieu, il y a si longtemps « que nous n'en avons vu. » Dieu est généreux, messieurs: vous lui demandiez des saints, il vous donne des martyrs ! »

Dans le tumulte d'idées consécutif à la Révolution de 1848, nombre de sophistes démagogues s'étaient déchaînés contre l'aumône, qu'ils prétendaient avilissante pour l'assisté. Ozanam fit appel à toute son éloquence, à sa plus pénétrante dialectique, pour réhabiliter et venger la charité chrétienne : il s'y employa dans sa campagne de presse de l'*Ere nouvelle* comme dans ses allocutions aux conférences de Paris, dont les membres avaient besoin d'être prémunis contre cette entreprise de dénigrement : « Quand vous dogmatiserez contre la charité, fermez du moins la porte aux mauvais cœurs, qui sont heureux de s'armer de vos paroles contre vos importunités. Mais surtout fermez la porte aux pauvres, ne cherchez pas à leur rendre amer le verre d'eau que l'Evangile veut que nous leur portions. Nous versons le peu que nous avons d'huile dans leurs blessures : n'y mettez pas le vinaigre et le fiel. Non, il n'y a pas de plus grand crime contre le peuple que de lui apprendre à détester l'aumône et que d'ôter au malheureux la reconnaissance, la dernière richesse qui lui reste, mais la plus grande de toutes, puisqu'il n'est rien qu'elle ne puisse payer... Surtout ne croyez pas ceux qui réprouvent l'aumône comme un des plus déplorables abus de la société catholique, comme une consécration de l'inégalité, comme un moyen de constituer le patriciat de celui qui donne, l'ilotisme de celui qui reçoit. Oui, sans doute, l'aumône oblige le pauvre, et quelques esprits poursuivent en effet l'idéal d'un état où nul ne serait l'obligé d'autrui, où chacun aurait l'orgueilleux plaisir de se sentir quitte envers tous : où tous les droits et les devoirs sociaux se balanceraient comme les recettes et les dépenses d'un livre de commerce. C'est ce qu'ils appellent l'avènement de la justice substituée à la charité : comme si toute l'économie de la Providence ne consistait pas dans une réciprocité d'obligations qui ne s'acquittent jamais ; comme si un fils n'était pas l'éternel débiteur de son père ; un père, de ses enfants ; un citoyen, de son pays, et comme s'il y avait un seul homme assez malheureux, assez abandonné, assez isolé sur la terre pour pouvoir se dire en se couchant le soir qu'il n'est l'obligé de personne ! »

En haranguant ses confrères, Ozanam pulvérisait l'objection déjà courante alors, qui opposait aux œuvres de la Société de Saint-Vincent de Paul les écoles de régénération sociale. Sa décision en matière de réformes sociales, son zèle pour améliorer la condition légale du petit et du pauvre, lui donnaient le droit, sans manquer à l'humilité chrétienne, de le prendre de haut avec ceux qui tenaient de tels propos : « On dira souvent aux plus nouveaux venus parmi vous, déjà on leur dit chaque jour : « Jusques « à quand irez-vous dans les associations catholiques pra- « tiquer la charité du verre d'eau? Qu'allez-vous faire « parmi des hommes qui ne savent que soulager la misère « sans en tarir les sources? Que ne venez-vous plutôt « vous asseoir dans ces réunions plus hardies où l'on tra- « vaille à déraciner le mal d'un seul coup, à régénérer le « monde, à réhabiliter les déshérités? » Ce langage n'est pas nouveau pour nous. C'est celui que nous tenaient, il y a quinze ans, les écoles saint-simoniennes et phalanstériennes, lorsqu'en si petit nombre nous fondions la Société de Saint-Vincent de Paul. Assurément nous ne sommes pas contents de nous-mêmes, et le ciel nous préserve de nous louer de nos œuvres ! Mais quand nous comparons ce que nous aurions fait dans les rangs de ceux qui nous pressaient de leurs reproches, et les besoins que nous avons secourus, les larmes que nous avons essuyées, les unions légitimées, les enfants élevés, peut-être les crimes prévenus, les colères adoucies, ah! nous n'avons pas de regret du choix que Dieu nous inspira de faire. Choisissez de même, messieurs, et dans quinze ans vous ne vous en repentirez pas... Oui, sans doute, c'est trop peu de soulager l'indigent au jour le jour : il faut mettre la main à la racine du mal, et par de sages réformes diminuer les causes de la misère publique. Mais nous faisons profession de croire que la science des réformes bienfaisantes s'apprend moins dans les livres et aux tribunes des assemblées qu'en montant les étages de la maison du pauvre, qu'en s'asseyant à son chevet, qu'en souffrant du même froid que lui, qu'en lui arrachant dans l'effusion d'un entretien amical le secret d'un cœur désolé. Quand on s'est acquitté de ce ministère, non pendant quelques mois, mais de longues années ; quand on a ainsi étudié le pauvre chez lui, à l'école, à l'hôpital, non dans une ville seulement, mais dans plusieurs, mais dans les campagnes, mais dans toutes les conditions où Dieu l'a mis, alors on commence à connaître les éléments de ce formidable problème de la misère ; alors on a le droit de proposer des mesures sérieuses, et au lieu de faire l'effroi de la société, on en fait la consolation et l'espoir. »

Mais après avoir nettement et éloquemment rétabli la dignité de l'aumône, Ozanam exhortait ses confrères à la pratiquer de façon à désarmer les défiances : « En des temps moins orageux, nous n'aurions qu'à faire la charité, aujourd'hui nous avons à la réhabiliter. Oui, la confusion s'est faite à ce point dans les idées et dans le langage des hommes, qu'au moment où la fraternité est inscrite sur la façade de tous nos monuments, la charité, c'est-à-dire l'expression la plus tendre de la fraternité chrétienne, est devenue suspecte aux oreilles du peuple, et que, pour lui en parler, il faut des détours et des périphrases. Ah ! c'est que la charité fut compromise par ceux qui la pratiquèrent mal, par la philanthropie plus prodigue de discours que de sacrifices, par la bienfaisance dédaigneuse, par le zèle indiscret. C'est à nous de retrancher les vices qui rendent l'aumône humiliante au pauvre et stérile devant Dieu ; c'est à nous de supprimer les froideurs qui gâtent un bienfait, les vivacités et les imprudences qui le compromettent, et de ramener la charité, telle que l'Évangile la veut, parmi ce peuple qui n'attend que de la voir sous ses traits véritables pour la reconnaître et la bénir. »

Pour commencer, Ozanam demandait aux membres des conférences de Paris, un mois à peine après la défaite de l'insurrection de juin, de jouer ce rôle pacificateur qu'il avait depuis longtemps rêvé pour la Société de Saint-Vincent de Paul ; il les engageait à s'offrir en grand nombre pour distribuer les secours de chômage alloués par les pouvoirs publics, et à opérer cette distribution avec autant d'impartialité que de discrétion : « A l'heure où nous sommes, et quand nous avons la charge de fermer les blessures des derniers combats, comment laisserions-nous échapper un mot qui pût les rouvrir ? Ne demandons point aux ouvriers s'ils ont fréquenté les clubs, mais si leurs enfants vont aux écoles ; entretenons-les d'abord de leurs intérêts, puis de leurs affections et leurs devoirs. Trouvons dans notre expérience un conseil pour assainir le logement insalubre, pour rappeler dans le ménage le travail qui manque, pour ramener à l'ordre le fils qui se dérange. N'introduisons la religion dans nos entretiens qu'au moment où elle y sera naturellement amenée, où elle viendra comme d'elle-même pour consoler une douleur qui n'aurait pas de consolation terrestre, ou pour expliquer aux esprits aigris l'apparente injustice des desseins de la Providence. Sachons attendre à cet égard les questions et les ouvertures qui ne manqueront pas de la part de ceux que nous visitons, s'ils nous trouvent bons et affables. Craignons qu'un zèle impatient de faire des chrétiens ne fasse que des hypocrites. »

Ardent à encourager ses confrères, Ozanam n'hésitait point non plus à les reprendre avec une cordiale liberté. Quand les craintes de bouleversement social s'éloignaient, il leur reprochait vivement, presque durement, leur médiocre générosité : « Je sais la gêne dont toutes les fortunes se sont ressenties ; mais je sais aussi, et je puis le dire dans la familiarité de cet entretien, qu'il y a un an, si Dieu nous eût demandé le quart de ce que nous possédions en nous garantissant le reste, nous aurions souscrit des deux mains un engagement si avantageux. Un peu plus tard, la tranquillité renaissant, nous aurions traité pour un huitième ; mais pour peu que la sécurité publique se rétablisse tout à fait, nous ne voudrons plus entendre parler de sacrifices. Voilà ce qui nous accuse devant Dieu et devant nos consciences. »

Il regrettait encore, et il regrettait tout haut, que certains chrétiens, au lieu de trouver dans les troubles révolutionnaires un rappel au devoir de fraternité évangélique, en eussent été incités à se cantonner dans la politique,
une politique étroite, acerbe et vindicative : « Beaucoup
d'esprits, même chétiens, ont le tort de pousser la passion de la justice jusqu'à l'oubli de la charité, et de s'occuper d'affaires et de périls plutôt que d'œuvres et de sacrifices. La politique ne tient compte que de la justice, et
comme l'épée qui en est le symbole, elle frappe, elle
retranche, elle divise. La charité, au contraire, tient compte
des faiblesses; elle cicatrise, elle réconcilie, elle unit.
Sans doute la politique a sa place et son temps dans la
société chrétienne, mais la charité est de tous les lieux et
de tous les temps : et cette chose éternelle est en même
temps souverainement progressive, puisqu'elle a ceci de
propre de ne se contenter d'aucun progrès, de ne pas
trouver de repos tant qu'il reste un mal sans remède...
Quand les temps sont si difficiles, les problèmes si graves,
les desseins de Dieu si cachés, comment les meilleurs
citoyens ne se diviseraient-ils pas et ne porteraient-ils pas
dans leurs opinions opposées toute la chaleur de leur
patriotisme? Le cœur cependant a besoin de repos, et la
charité d'un asile où ne pénètre pas le bruit des disputes.
La Société de Saint-Vincent de Paul vous offre ce refuge.
En entrant dans nos paisibles conférences, on laisse les
passions politiques à la porte ; on se trouve une fois rassemblés, non pour se combattre, non pour se déchirer,
mais pour s'entendre, pour se voir, en quelque sorte, par les
bons côtés, pour y traiter de questions charitables, capables,
par conséquent, de calmer pour un moment toutes les irri-
tations, de faire oublier tous les froissements du cœur.
Quand chaque matin vingt journaux s'occupent d'attiser
nos colères, il est bon qu'au moins une fois par semaine
nous allions les apaiser en parlant des pauvres. »
   La crise économique et politique, en restreignant l'activité industrielle, en tarissant même certains revenus, avait

multiplié le nombre de ceux qu'on désigne du nom expressif de *pauvres honteux*. Ozanam y voyait une occasion providentielle, non seulement d'étendre la secourable activité des conférences, mais même d'en retremper, d'en épurer l'esprit : « Nous trouverons quelque instruction, messieurs, et quelque utilité à visiter des hommes autrefois nos égaux; nous apprendrons par là quel fond il faut faire sur les espérances du monde. Nous apprendrons surtout à porter dans le bienfait cette délicatesse qui fait oublier à l'assisté son infériorité apparente. Nous nous déferons de ces habitudes d'ascendant, de patronage, de domination peut-être, que nous contractons dans le commerce ordinaire des indigents, qui s'excusent par la différence d'éducation et de lumières, mais qui n'en coulent pas moins d'un secret amour-propre, principe corrupteur de toutes les bonnes œuvres. » Il fut déçu à cet égard, et les conférences de Paris s'adonnèrent peu à une forme d'assistance trop différente sans doute de celle dont elles avaient l'habitude. En revanche, le choléra de 1849 provoqua un magnifique élan de dévouement. Moins terrifiante que celle de 1832, l'épidémie était encore très meurtrière, surtout dans certains quartiers populeux : « Dans le XII° arrondissement, » constatait Ozanam, « les ravages de l'épidémie égalèrent pendant quinze jours tout ce qu'on raconte du *mal des ardents* et de la peste noire. » Cent douze membres de la Société de Saint-Vincent de Paul se présentèrent pour visiter et soigner les victimes de la contagion : répartis en neuf sections, se concertant avec les médecins et les Sœurs de charité, ils remplirent l'office d'infirmiers volontaires auprès de plus de deux mille malades, dont un quart environ succomba; ces derniers furent ensevelis et conduits à la dernière demeure par les confrères. L'assistance matérielle se doubla, cela va sans dire, d'enseignements, d'exhortations morales et religieuses : presque tous les mourants et beaucoup de convalescents furent réconciliés avec le Dieu de leur enfance.

Ozanam, en relatant les faits, ne prononçait naturelle-

ment aucun nom (sauf celui de l'unique confrère à qui sa
courageuse charité avait coûté la vie); mais il en profitait
pour montrer comment, sans manquer à l'humilité traditionnelle, il convenait de stimuler par des récits analogues le zèle et l'entrain des membres de la Société de
Saint-Vincent de Paul : « Ranimons l'intérêt des conférences, et rompons la monotonie d'une distribution de
bons de pain par de fréquents rapports sur les œuvres
communes, par des récits qui, en montrant quelquefois
les fruits de la persévérance, raffermiraient les faibles et
consoleraient les découragés. Car la charité n'a pas de
tentations plus dangereuses que l'apparente stérilité de
ses œuvres, et le ministère de l'aumône devient bien ingrat si de temps à autre un exemple éclatant ne montre
comment Dieu se réserve de faire fructifier à la fin, et
quelquefois à l'heure de la mort, une semence qui semblait perdue. »

*
* *

Lorsque Ozanam, épuisé avant quarante ans par un sur-
menage sans trêve, dut interrompre son enseignement et
ses travaux littéraires pour aller demander au ciel de
l'Italie un trompeur espoir de guérison, il continua, dans
les diverses étapes de ce voyage funèbre, à s'occuper
avec sollicitude de la Société de Saint-Vincent de Paul.
Dans sa prière inspirée du cantique d'Ezéchias, sans doute
un des plus sublimes cris de douleur et de résignation
qu'un chrétien ait jetés en face de sa tombe entr'ouverte,
il envisageait la perspective de renoncer à la science et à
la littérature pour vouer à la charité tout ce qui lui demeu-
rerait de loisirs et de forces : « Si je vendais la moitié de
mes livres pour en donner le prix aux pauvres, et, me
bornant à remplir les devoirs de mon emploi, je consa-
crais le reste de ma vie à visiter les indigents, à instruire
les apprentis et les soldats, Seigneur, seriez-vous satisfait, et me laisseriez-vous la douceur de vieillir auprès de
ma femme et d'achever l'éducation de mon enfant ? Peut-

être, mon Dieu, ne le voulez-vous point. Vous n'acceptez pas ces offrandes intéressées : vous rejetez mes holocaustes et mes sacrifices. C'est moi que vous demandez. Il est écrit, au commencement du livre, que je dois faire votre volonté. Et j'ai dit : « Je viens, Seigneur. »

C'est donc sans arrière-pensée, c'est avec le désintéressement et le détachement le plus parfait, qu'il visita les conférences le long de sa route, comme il avait accoutumé de faire dans ses déplacements d'études. « Notre petite Société de Saint-Vincent de Paul, » écrivait-il à son ami Cornudet, « tient une grande place dans les préoccupations et les consolations de mon voyage. » A Toulouse, à Marseille, à Nice, à Gênes, il s'émerveilla des progrès réalisés et exhorta les confrères à persévérer. Il fit davantage en Toscane, où il était appelé à passer le premier semestre de l'année 1853. Lors d'un précédent voyage, en 1847, ses appels étaient demeurés sans écho : on lui avait donné à entendre qu'une œuvre nouvelle serait superflue dans un pays si prospère et d'ailleurs si richement doté d'institutions de bienfaisance. Depuis lors était survenue la leçon de 1848, qui là aussi avait révélé bien des lacunes et mis à nu bien des plaies. Un vif enthousiasme s'était manifesté pour la fondation des conférences ; mais les obstacles venaient maintenant du gouvernement grand-ducal, hanté de l'obsession des complots révolutionnaires, et redoutant dans les conférences autant d'« ateliers » de carbonari. Ozanam, en proie à une crise des plus graves, fit l'héroïque effort de se lever pour aller trouver la grande-duchesse douairière, de passage à Pise : séduite par la réputation littéraire du commentateur de Dante, touchée de la chaleur pathétique, presque fiévreuse, mise par Ozanam à défendre son œuvre de prédilection, la princesse promit de s'employer à faire lever le *veto*, et elle tint parole.

La conférence de Florence réclama, pour sa séance d'ouverture, la présence et la parole de celui à qui elle devait d'exister. Ozanam ne se sentit pas le courage de refuser :

« Les larmes de joie me viennent aux yeux, » écrivait-il à
Foisset, « quand je trouve à ces distances notre petite famille,
toujours petite par l'obscurité de ses œuvres, mais grande
par la bénédiction de Dieu. » Usant de la langue italienne
qui lui était familière, il évoqua, comme s'il eût éprouvé
le pressentiment de sa fin prochaine, le souvenir des humbles débuts de 1833 ; puis il montra, avec plus de dialectique et plus d'onction que jamais, les grâces de réconfort
attachées à la pratique de la charité. Il ne craignit point,
lui qui d'habitude avait horreur de parler de lui, d'entrer
dans la voie des confidences personnelles : « Oh ! combien de fois moi-même, accablé de quelque peine intérieure,
inquiet de ma santé mal affermie, je suis entré plein de
tristesse dans la demeure du pauvre confié à mes soins,
et là, à la vue de tant d'infortunés plus à plaindre que moi,
je me suis reproché mon découragement, je me suis senti
plus fort contre la douleur, et j'ai rendu grâces à ce malheureux qui m'avait consolé et fortifié par l'aspect de ses
propres misères ! Et comment dès lors ne l'aurais-je pas
d'autant plus aimé ! » — Le 1er mai 1853, alors qu'il se
savait perdu, qu'il avait rédigé ses dernières dispositions
et fait le sacrifice de sa vie, il haranguait les membres
de la conférence de Livourne. — Plus tard encore, le 19 juillet, jour de la fête de saint Vincent de Paul, il écrivait
une longue, éloquente et persuasive lettre à un religieux
qu'il voulait décider à fonder une conférence dans la jeunesse universitaire de Sienne : « Vous avez des enfants
riches. O mon Père, l'utile leçon pour fortifier les cœurs
amollis, le bienfaisant spectacle de leur montrer des
pauvres, de leur montrer Nôtre-Seigneur Jésus-Christ non
seulement dans des images peintes par les plus grands
maîtres, ou sur des autels éclatants d'or et de lumière,
mais de leur montrer Jésus-Christ et ses plaies dans la
personne des pauvres ! »
    Les nouveaux confrères d'Italie, pour lesquels il dépen-
sait ses dernières forces, le payaient d'une touchante gratitude. C'est un trait digne de cette légende franciscaine

qu'Ozanam aimait tant, que la délicate attention de deux membres de la conférence de Livourne, cheminant une partie de la nuit pour apporter au petit jour une provision de glace dans le village de pêcheurs où le malade était brûlé par la fièvre.

La vigilance avec laquelle Ozanam continuait à se tenir au courant des intérêts de la Société faisait illusion à ses confrères parisiens. Le 8 août, un mois juste avant la fin de ses souffrances, le président Baudon le remerciait d'une lettre écrite pour la fête de saint Vincent de Paul ; il le renseignait copieusement, minutieusement sur le détail des affaires, comme si Ozanam avait dû en étudier la suite à son prochain retour[1].

C'était au contraire le grand départ qui se préparait. On en sait les vicissitudes, les adieux à Antignano, la traversée paisible, le débarquement du mourant à Marseille. Pendant la soirée du 8 septembre 1853, la chambre voisine de celle où agonisait Frédéric Ozanam était remplie des membres des conférences de Marseille, priant et pleurant en silence. Il jeta le dernier cri du Sauveur sur la Croix : « Mon Dieu ! Mon Dieu ! Ayez pitié de moi ! » et alla retrouver ceux dont il avait écrit quelques semaines auparavant : « Nous avons assurément une conférence au Paradis, car plus de mille des nôtres, depuis vingt ans que nous existons, ont pris le chemin d'une meilleure vie. »

Sans se départir de la discrétion et de l'humilité que la Société de Saint-Vincent de Paul doit observer jusque dans ses regrets, Adolphe Baudon marqua par une circulaire la perte irréparable qu'elle venait de faire. Quant aux amis et aux compagnons de jeunesse, leur douleur ne se cicatrisa point, leur attachement à la chère mémoire ne faiblit point avec les années. « Cette mort et celle de mon père, » écrivait Lallier, « ont changé, en quelque sorte, le cours de mes idées. Je fais souvent les mêmes choses qu'au-

1. Adolphe Baudon à Ozanam, 8 août 1853.

paravant, mais je ne les fais plus avec la même âme [1]. » Et Lamache trente ans après : « Fidèle au conseil de la prudence chrétienne et aux recommandations testamentaires d'Ozanam [2], je n'ai point cessé de prier pour le repos de son âme, quoique bien persuadé que les prières qui visent le Purgatoire sont parties tout droit en Paradis et retombent sur celui qui les a faites [3]. »

Ce qui est plus touchant et plus merveilleux encore, c'est la recrudescence de vénération dont depuis quelques années, sans mot d'ordre concerté, le souvenir d'Ozanam est spontanément entouré dans les nouvelles générations de la Société de Saint-Vincent de Paul. Des conférences étrangères à la France et même à l'Europe s'enquièrent avec un pieux empressement des détails de la vie de ce patriarche de la charité chrétienne et laïque dans les temps modernes. Lorsqu'au printemps de 1909 les délégués de la Société ont tenu à Rome une grande assemblée internationale, le cardinal qui devait la présider [4], consulté sur le sujet qu'il convenait de mettre à l'ordre du jour, répondit sans hésitation : « Un rapport sur Frédéric Ozanam. » De temps à autre enfin, des Américains de passage à Paris, évêques, prêtres ou laïques, se rendent à la lointaine église Saint-Joseph des Carmes, demandent à descendre dans la crypte et vont s'agenouiller tout émus, dans le coin le plus obscur, sur une humble pierre tombale ; puis, remontés dans l'église, ils déchiffrent l'inscription qui caractérise avec tant de justesse la primauté d'Ozanam dans le petit groupe des fondateurs de la Société de Saint-Vincent de Paul : *Sodalitatis Beati Vincentii condendae auctor inter paucos primus.*

DE LANZAC DE LABORIE.

---

1. Lallier à Brac de la Perrière, 27 mars 1856.
2. « Ne vous laissez pas ralentir par ceux qui vous diront : *Il est au ciel.* Priez toujours pour celui qui vous aime beaucoup, mais qui a beaucoup péché. Aidé de vos supplications, mes bons amis, je quitterai la terre avec moins de crainte. » (Extrait du testament d'Ozanam.)
3. Lamache à Mgr Ozanam, 1er juillet 1883.
4. Son Em. le cardinal Vincent Vannutelli.

L'historien

L'historien

« Tous les esprits ensemble, et toutes leurs productions, ne valent pas, a dit Pascal, le moindre mouvement de charité. » Personne n'en a été plus convaincu qu'Ozanam ; et si, au terme d'une trop courte vie, son humilité lui avait permis d'en repasser lui-même les mérites et d'en apprécier les résultats, ses livres, sa réputation d'éloquence et de science, lui auraient paru bien peu de chose au prix de ses œuvres de foi, de charité et de piété. Mais ceux qui ont entrepris d'honorer aujourd'hui son souvenir n'ont pas le droit, même pour tout ramener à Dieu, de faire aussi bon marché de ce qui reste aux yeux des hommes une part notable de sa gloire ; ne fût-ce que pour cette seule raison, que les vertus et la foi d'Ozanam, unies à de si beaux dons de l'intelligence, en prennent une valeur plus grande d'affirmation et d'exemple. Essayons donc de montrer ce qu'il a été dans cette carrière d'historien qu'il avait choisie.

Rien dans les circonstances extérieures ne semblait d'abord le diriger vers cette voie : ni les exemples paternels, ni l'influence de ses maîtres, ni les premiers projets d'avenir que l'on formait pour lui. Son père était un ancien officier de l'armée d'Italie, devenu un médecin fort distingué. De tous les professeurs de sa jeunesse, celui qui a exercé la plus profonde action sur son esprit était un phi-

losophe, l'abbé Noirot. Sa famille le destinait au barreau,
et à sa sortie du collège il débuta par un stage dans une
étude d'avoué. Mais une vocation spontanée et profonde
le tenait, et une seule preuve en suffira. A la grande
question qui s'impose à tout homme qui pense, et dont la
solution peut seule donner un sens à la vie, quelques-uns
demandent la réponse à la philosophie, d'autres à la science,
à l'expérience morale ou sociale ; Ozanam la cherchait ins-
tinctivement dans l'histoire ; et l'ayant trouvée pour lui-
même, et brûlant de la communiquer aux autres, le premier projet qu'il conçoit est celui d'un grand travail
d'histoire religieuse qui devait s'intituler : *Démonstration
de la vérité de la religion catholique par l'antiquité des
croyances historiques, religieuses et morales.* Des traditions de chaque peuple, examinées à la lumière de la géographie et de l'histoire, il entend dégager « un élément
immuable, universel, primitif », qui doit être la vérité,
puisqu' « il y a une Providence, et que cette Providence
n'a point pu abandonner pendant six mille ans des créatures raisonnables, naturellement désireuses du vrai, du
bien et du beau, au mauvais génie du mal et de l'erreur[1] ».
On a reconnu le postulat fondamental et la méthode de
l'école traditionnaliste. Veut-on une esquisse un peu plus
précise de l'immense entreprise projetée, il suffit d'ouvrir un écrit de jeunesse d'Ozanam, son début littéraire,
les *Réflexions sur la doctrine de Saint-Simon*[2]. Amené à
comparer cette doctrine avec le christianisme, le point
de vue auquel il se place est caractéristique de sa tournure
d'esprit. « Sans doute de profondes réflexions philosophiques pourraient décider entre ces deux grands systèmes ;... mais ici c'est l'histoire qui est appelée à trancher
le nœud[3]. » Et elle le tranche en faveur du christianisme ;
celui-ci, tandis que son adversaire « n'existe encore qu'à
l'état de conception idéale[4] », a un passé sur lequel on peut

1. *Lettres* (éd. 1912), I, 5-6, cf. 12, 16-22.
2. *Mélanges* (éd. 1872), I, 311-409.
3. *Ibid.*, 321.
4. *Ibid.*, 361.

le juger, et qui, en un certain sens, est aussi vieux que l'humanité ; c'est ce qu'Ozanam s'efforce d'établir dans les pages où il cherche et retrouve, dans les traditions de tous les peuples, au moins à l'état de souvenir obscur ou de vague pressentiment, les dogmes fondamentaux de la Création, de la Trinité, de la Chute, de la Rédemption, de la vie future avec ses récompenses et ses peines.

Quelques années plus tard, sa thèse latine[1], dans sa seconde partie, devait offrir l'exemple d'une enquête du même genre, qui portait seulement sur un domaine plus limité. Elle est consacrée aux deux thèmes voisins de la descente aux Enfers et de l'évocation des morts, qui tiennent une si grande place dans les religions, les philosophies et les littératures antiques. Dans les légendes qu'il analyse, Ozanam distingue deux classes : celles où le voyageur d'outre-tombe n'a pas d'autre objet que de s'instruire sur le passé, sur l'avenir, ou sur les vérités éternelles (ainsi Ulysse ou Enée) ; celles, au contraire, où le motif de son voyage est le salut d'un être chéri qu'il s'agit d'arracher à l'inexorable destin. Les légendes de ce dernier type, qui lui semblent plus nobles et qu'il n'hésite pas à proclamer plus anciennes, le ramènent tout naturellement au mythe si répandu de la mort et de la résurrection des dieux ; et remontant à ce qui lui paraît la source commune de toutes ces croyances, il découvre enfin l'idée d'un rédempteur qui, vaincu d'abord par la mort, en triomphe ensuite définitivement.

Bien plus tard encore, dans une œuvre de sa pleine maturité, ses *Germains avant le christianisme*, Ozanam travaillera à rattacher la mythologie germanique à la religion primitive universelle[2]. Ainsi les spéculations d'histoire comparée des religions ne cessèrent jamais d'exercer un attrait sur son esprit. Mais il y avait longtemps qu'elles ne l'occupaient plus exclusivement, et que le grand dessein de sa jeunesse était abandonné. Faut-il le regret-

---

1. *De frequenti apud veteres poetas heroum ad inferos descensu.*
2. Voir notamment p. 109-122 (éd. 1872).

ter ? Nous ne le pensons pas. Ce n'est pas à nous qu'il
appartient de dire ce que valait sa conception, du point
de vue apologétique, et si elle n'offrait pas moins d'avantages et plus de dangers qu'il ne le supposait; car à force
de retrouver partout le christianisme, ne risque-t-on pas
d'en rendre la transcendance moins évidente? Du point
de vue scientifique, elle était certainement très hasar-
deuse. Il y a des études qui à un certain degré de leur
développement ne semblent pas susceptibles encore des
méthodes sévères qui caractérisent la science; elles éga-
rent les esprits les plus éminents. Partis pris, conclusions
superficielles et hâtives, assertions tranchantes, rapprochements forcés, érudition improvisée et douteuse, dédain ou mieux ignorance des méthodes précises, tendance
à résoudre les questions par l'éloquence, ou à prendre la
beauté poétique pour un argument, prétention « de suppléer à la science par le talent », qui voudrait soutenir
que les chefs de l'école traditionnaliste, les maîtres, —
d'ailleurs assez divers à beaucoup d'égards, — dont Ozanam
se réclamait alors, un Chateaubriand, un Lamennais, un
Ballanche, un d'Eckstein, un Gœrres[1], aient été tout à
fait exempts de ces défauts et de ces erreurs? A côté
d'une excitation intellectuelle féconde, ils étaient capables
de donner les plus détestables exemples. Contre ces
exemples, il est vrai, Ozanam se tenait en garde. Jeune et
encore obscur, il avait sur ces illustres une grande supériorité : le sentiment fort net que la compétence est nécessaire, et ne s'acquiert que par un travail acharné. « Connaître[2], écrivait-il, une douzaine de langues pour consulter
les sources et les documents, savoir assez passablement
la géologie et l'astronomie pour pouvoir discuter les systèmes chronologiques et cosmogoniques des peuples et
des savants, étudier enfin l'histoire universelle dans toute
son étendue et l'histoire des croyances religieuses dans
toute sa profondeur, voilà ce que j'ai à faire pour parve-

1. *Lettres* (1912), I, 41.
2. *Lettres*, I, 8.

nir à l'expression de mon idée. » On conviendra que
l'homme qui s'imposait une pareille tâche se trompait sur
les limites du travail et des forces humaines ; il ne se dissimulait pas la difficulté des questions ; il avait les illusions, mais non la présomption de la jeunesse. Il reste
qu'il se chargeait d'une entreprise impossible. Même une
équipe de travailleurs, comme il songea à en organiser
une, n'aurait pas pu l'accomplir, car la difficulté en tenait
en partie à l'état d'avancement de la science. L'histoire
comparée des religions n'avait pas encore traversé ce
siècle d'analyse, qui, suivant la parole d'un maître, est nécessaire pour que l'on puisse goûter la joie d'une heure de
synthèse[1]. La tentative d'Ozanam était donc prématurée,
et l'on est embarrassé pour dire ce qui lui fait le plus
d'honneur, d'avoir conçu cette noble ambition, ou d'y
avoir sagement renoncé.

Nous y avons quelque peu insisté, cependant, d'abord
parce qu'elle explique l'éclosion de la vocation historique
d'Ozanam ; ensuite parce qu'elle révèle ses tendances
intellectuelles : il sera toujours de ceux qui travaillent en
largeur[2], pour ainsi dire ; il quittera l'histoire comparée

1. Même aujourd'hui, on peut se demander si elle a dépassé la phase purement descriptive. De récentes publications collectives, comme *Christus* et *Où
en est l'histoire comparée des religions ?* de même la fondation de la *Semaine
d'Ethnologie religieuse*, semblent montrer qu'on ne le pense pas, dans les
milieux catholiques. Elles attestent des tendances bien différentes de celles qui
prévalaient il y a quatre-vingts ans ; plus de prudence, de patience, moins de
hâte d'aboutir, l'idée que la science est à la longue la meilleure apologétique.
(Cf. l'article de Mgr Batiffol dans le *Correspondant* du 25 août 1912 : « On vise
moins à des synthèses qu'à des monographies. »
2. En voici un exemple : dans ses *Réflexions sur la doctrine de Saint-Simon*
(*Mélanges*, I, p. 330 n.) il proteste contre l'idée de réduire l'enquête sur les croyances
primitives de l'humanité à la seule race européenne. « Un esprit consciencieux
penserait, ce me semble, que la marche des peuples de l'Europe n'est au contraire qu'un terme du développement total du genre humain, qu'une loi générale doit être établie, non sur une série de faits particuliers, mais sur l'examen
de tous les phénomènes auxquels elle se rapporte, et qu'il est téméraire à
l'homme de vouloir forcer la nature à rentrer dans les cadres étroits qu'il a
tracés. » Tout le développement de la science s'est fait dans le sens indiqué
par Ozanam. Dans son étude (dont il sera question plus loin) sur les *Origines
du droit français cherchées dans les symboles et formules du droit universe*l, par
MICHELET, l'un des reproches qu'il adresse à l'auteur, c'est l'étroitesse de sa
documentation. (Cf. *Mélanges*, II, 414.)

des religions, mais pour l'histoire comparée des littératures. Enfin elle fut le stimulant qui l'excita à se donner, bien jeune encore, la plus vaste culture. Déjà ses *Réflexions sur la doctrine de Saint-Simon* déploient une érudition de seconde main, bien entendu, mais puisée aux ouvrages alors les plus estimés, et que l'on jugera superficielle, si l'on oublie l'âge de l'auteur, mais prodigieuse, si l'on pense à ses dix-huit ans. Rien qu'à lire sa correspondance on est confondu de tout ce qu'il sut lire et s'assimiler, au temps même où ses meilleures heures étaient prises par un labeur professionnel ingrat. En particulier, c'est durant ces années décisives qu'il acquit, non d' « une douzaine de langues », mais des quatre grandes langues européennes : anglais, allemand, italien et espagnol, cette connaissance approfondie qui devait, lors du concours d'agrégation des facultés, lui assurer une supériorité indiscutable sur tous ses concurrents, et qui surtout constituait une excellente préparation à son métier d'historien. C'était une originalité véritable, en un temps où l'on n'avait pas compris encore, du moins en France, que « la culture des sciences... est internationale », et que la connaissance des langues étrangères « est un instrument de travail indispensable »; à ceux qui ne le possèdent pas, « les grands problèmes... sont interdits, pour cette raison misérable et ridicule qu'ils sont en présence des livres publiés sur ces problèmes en tout autre langue que la leur, devant des livres scellés[1] ».

Ce furent des nécessités de carrière qui amenèrent Ozanam à sortir de cette période de préparation générale pour aborder des tâches précises. Il n'y avait pas alors à Lyon de Faculté de droit. Force fut au futur avocat d'aller chercher ailleurs l'enseignement nécessaire. Ses parents l'envoyèrent à Paris. Dans ses lettres, on saisit à merveille le conflit de deux sentiments : le regret affectueux de la famille et du sol natal, la griserie joyeuse qu'il éprouve à se trouver au centre intellectuel le plus actif du monde,

---

1. LANGLOIS et SEIGNOBOS, *Introduction aux Études historiques*, p. 35.

sans y marquer d'abord sa place à venir, — car sa modestie
et sa docilité filiale mirent longtemps à concevoir pour
lui-même autre chose qu'une obscure et honorable carrière au barreau lyonnais, — mais avec la résolution de
profiter le mieux possible des quelques années qu'il lui
était donné d'y passer. Non sans quelques scrupules de
sacrifier à ses goûts personnels les études de droit qui
étaient le motif officiel de son séjour à Paris, il se plongea
avec délices dans les bibliothèques et fréquenta les cours
de la Sorbonne et du Collège de France. Ses choix sont
très variés; ils reflètent une curiosité très ouverte, des
préoccupations de culture générale et d'apostolat, beaucoup plus que des soucis de préparation technique. Mais
Paris lui procura d'autres occasions encore, qui furent avi-
dement saisies. Sa bonne fortune, ou plutôt le charme
qui se dégageait de sa nature morale, lui valurent de faire
la conquête d'André-Marie Ampère. Reçu chez l'illustre
savant, en qualité d'hôte et de commensal, il put y voir de
près la beauté d'une vie toute vouée à la science. Mais
surtout il put profiter de la bibliothèque d'abord, et bientôt des conversations du savant, un peu inconstant et superficiel, mais à l'esprit merveilleusement ouvert, que fut
Jean-Jacques Ampère, le fils d'André-Marie. Plus âgé de
quelques années qu'Ozanam, déjà « arrivé » quand celui-ci
n'était qu'un obscur débutant, Jean-Jacques Ampère
devint pour lui un guide, un ami, presque un frère aîné;
par ses conseils, ses recommandations, ses votes, il lui
rendit en toute circonstance de ces services de carrière
qui n'étaient pas indispensables, — car le mérite d'Ozanam aurait forcé toutes les portes, — mais qui sont toujours utiles; et surtout il semble bien avoir exercé une
influence décisive sur son orientation intellectuelle, et
l'avoir dirigé vers ces études de littérature comparée où
il allait trouver la gloire.

De bonne heure, que ce fût pour sa satisfaction personnelle, ou dans l'idée vague que cela pourrait servir à sa
carrière, ou simplement pour trouver dans un programme

d'examen une direction précise, Ozanam conçut l'idée de prendre ses grades littéraires en même temps que ses grades de droit. Il passa sa licence ès lettres en 1835; puis de Lyon, où il était rentré, il envoya à la Sorbonne sa thèse de doctorat, qu'il revint soutenir le 7 janvier 1839. C'était son livre sur Dante. Le succès qu'il obtint décida de son avenir. Il était désormais un maître, reconnu pour tel. Il ne lui manquait plus qu'une chaire. Il l'obtint d'abord dans une spécialité tout autre que celle où il venait de débuter avec tant d'éclat. A Lyon avait été créé pour lui, par les soins et en partie aux frais de la Chambre de commerce, un cours de droit commercial. Il le professa du 16 décembre 1839, date de sa leçon d'ouverture, jusqu'à la fin de l'année scolaire 1840.

Pour qui ne connaîtrait Ozanam que par les œuvres charmantes et célèbres où il a su mettre tant de poésie dans l'histoire, *Les Poètes franciscains* ou *Le Pèlerinage au pays du Cid*, par exemple, ce cours semblerait une gageure. Il paraît au premier abord l'homme le moins fait pour enseigner une des branches les plus arides de la science juridique. A tant faire que de monter dans une chaire de droit, le droit public ou l'histoire du droit lui auraient, semble-t-il, bien mieux convenu, et l'auraient mieux préparé à sa future tâche. Il venait de montrer qu'il était capable d'exceller dans ces études[1]. Cependant son cours de droit commercial, ou plutôt les notes de ce cours, qui se sont conservées, ont paru à un juge compétent, Théo-

1. Nous faisons allusion à deux articles de circonstance que l'on a très justement recueillis dans les *Mélanges* (II, 331-405 et 407-435). L'un, de 1837, était une étude sur les *Biens de l'Eglise*, très brillante, très éloquente (forcément un peu brève sur certains points et où notamment est comme oubliée la question des taxes pontificales, si brulante à la fin du moyen âge). L'autre, beaucoup plus remarquable (parue dans l'*Univers* de septembre-octobre 1837), est un compte rendu de l'ouvrage de MICHELET, *Origines du droit français cherchées dans les symboles et les formules du droit universel;* critique très ferme, en même temps que très sympathique, très compétente, et par endroits finement railleuse, d'un ton qu'Ozanam s'interdit ordinairement, mais où il aurait excellé, s'il l'eût voulu. Sans méconnaître le moins du monde les très grandes qualités de Michelet, il a très justement plaisanté cet homme « qui était né poète » et qu'avec ses éminentes facultés « nous avons redouté de voir descendre au rang d'historien » (p. 410-411), qui dans un travail sur les origines du droit « ne se

phile Foisset, très dignes d'être publiées[1]. « Ce ne sont
que des notes, et pourtant quelle étendue! quelle élévation! quelle lumière! Il n'y a là que les grandes lignes du
sujet, mais elles y sont toutes[2]. » Le juriste ne sera pas
seul à s'y intéresser. « Le droit » pour Ozanam, a dit
encore Foisset, « c'était avant tout une branche de la philosophie; c'était une portion de l'histoire, c'était même
un côté de la littérature[3]. » Rarement professeur, à coup
sûr, a par des aperçus plus nombreux, plus variés, mieux
situé au milieu de l'ensemble des connaissances humaines la science particulière qu'il était chargé d'enseigner;
et si le rôle d'un maître est moins encore de remplir l'esprit de connaissances que d'éveiller la curiosité intellectuelle, jamais personne, assurément, ne l'a mieux compris
qu'Ozanam. Dès sa leçon d'ouverture, il avait protesté contre l'erreur que tout le droit commercial se trouve au code
de commerce, et revendiqué pour son cours une bonne
partie du droit civil; ce qui était d'autant plus justifié, et
même nécessaire, qu'il n'existait pas encore à Lyon de
chaire de droit civil. Il avait annoncé également qu'il ne
s'assujettirait pas à la méthode purement exégétique. Une
première leçon sur le droit en général, une autre sur les
devoirs des commerçants envers la société, envers les
particuliers, envers eux-mêmes, une autre sur le juste
salaire, le montrent philosophe, psychologue, sociologue,
quittant très volontiers, il l'avouait, « la jurisprudence
pour la morale ». Non seulement trois leçons tout historiques, sur le droit commercial dans l'antiquité, au moyen
âge, dans les temps modernes, servaient d'introduction

---

vante pas « d'être jurisconsulte, et « peut-être même se vante de ne l'être
pas » (p. 412). Ozanam a fait preuve d'un bout à l'autre de cet article d'une
grande connaissance de l'histoire et d'un sens très juste de l'évolution du
droit. S'il était possible de regretter qu'il ait écrit *Dante*, on voudrait qu'il se
fût spécialisé dans l'histoire du droit.

1. Elles occupent les pages 439-679 du tome II des *Mélanges*. Il y a quarante-
sept leçons, quarante-huit en tenant compte de la leçon d'ouverture, dont la
rédaction même est conservée.

2. *Ibid.*, p. 327.

3. *Ibid.*, p. 325.

au cours; mais à propos de chaque théorie particulière,
il refait l'historique des idées et des lois; et c'est ainsi
que la trente-neuvième leçon, qui commence la matière
des sociétés, laisse deviner, à travers la sécheresse du
résumé, une connaissance remarquable des grandes com-
pagnies de marchands italiens au moyen âge. Ainsi l'historien, dans ces cours, a plus à glaner qu'on ne croirait.
Si la Chambre de commerce de Lyon avait voulu un pur
praticien, qui se bornât à faire « l'application des textes
juridiques aux difficultés de chaque jour [1] », elle était loin
de compte; elle avait un savant, et qui se faisait de son
enseignement l'idée la plus élevée. Il ne semble pas,
d'après ce que l'on sait des auditoires qui se pressaient
autour du jeune maître, que personne ait rien regretté.

Il s'en faut, d'ailleurs, qu'Ozanam restât dans le domaine
des idées pures, et perdît de vue la fin après tout d'ordre
pratique que s'étaient proposée les fondateurs de la chaire.
Toujours dans sa leçon d'ouverture, il avait promis de
fournir aux négociants, « pour qui le temps est un capital
productif », et à qui il ne faut « enlever une partie de leurs
loisirs qu'au prix d'un profit certain [2] », un enseignement
d'une utilité positive et en quelque sorte chiffrable. Mais
sa thèse est justement que la théorie est nécessaire à la
pratique et la féconde. Il la développe d'une manière bien
plus forte dans un article évidemment né de son cours et
des rapports qu'il entretint à cette occasion avec le monde
de l'industrie lyonnaise. Il y demandait, pour la partie de
la jeunesse vouée aux carrières commerciales et industrielles, un *enseignement spécial supérieur*, à caractère
théorique, et parallèle à l'ancienne éducation classique. Il
rêvait de voir « l'industrie recevant officiellement la consécration de la science,... et s'anoblissant par une alliance
publique avec les hautes disciplines intellectuelles ».
C'est exactement ce que tendent de plus en plus à faire
nos modernes facultés des sciences avec leurs *instituts*

---

1. Expression de Foisset, *ibid.*
2. *Ibid.*, p. 463.

divers. En lançant l'idée, Ozanam montrait autant de sens pratique que d'avenir dans l'esprit. Nous aurons à relever, dans le genre de son enseignement à la Sorbonne, bien des traits et des habitudes alors générales, aujourd'hui un peu démodées. Il n'en importait que plus de montrer en lui, à l'occasion, un précurseur.

Ainsi ce cours, qui semble au premier abord une parenthèse bien aride dans la brillante carrière d'Ozanam, lui a été, même pour ses études, moins inutile qu'on ne pourrait le croire, et lui a fourni l'occasion d'acquérir ou de manifester ce sens des réalités et de la vie dont aucun maître ne peut impunément rester dépourvu, si enfoncé qu'il soit par ses études dans un lointain passé. Il est heureux néanmoins qu'il ne s'y soit pas éternisé. En même temps que des cours de droit, on avait créé à Lyon un enseignement supérieur des lettres. Quinet y professait la littérature étrangère. A Pâques 1840, il allait occuper une chaire au Collège de France et inaugurer son enseignement tapageur. On engagea Ozanam à briguer sa succession. Cousin, alors ministre de l'Instruction publique, qui le connaissait depuis sa thèse et l'avait en haute estime, lui promit la place en n'y mettant qu'une condition : Ozanam se présenterait au concours d'agrégation des facultés des lettres, que le ministre venait d'instituer[1], et pour lequel, désireux d'en assurer l'éclat, il recrutait des candidats. Personne, ni Cousin, ni surtout le modeste Ozanam, ne regardait le succès comme possible ; il s'agissait de se dévouer à faire un piédestal à quelque autre vainqueur. Ce fut cependant Ozanam qui fut reçu le premier, l'emportant sur des concurrents comme Egger ou Berger, qui ont laissé une réputation dans la science et dans l'Université. L'un des juges du concours avait été Fauriel, qui enseignait à la Sorbonne la littérature étrangère. Il désirait prendre un congé, et avait besoin d'un

---

1. Ce grade n'a eu qu'une existence éphémère.

suppléant : il n'en voulut plus d'autre qu'Ozanam[1]. A
vingt-sept ans, celui-ci se trouvait monter sur un théâtre
digne de lui. Il devint titulaire de la chaire en 1844, à la
mort de Fauriel, sur la présentation unanime de la Faculté.

D'accord avec Fauriel, le jeune suppléant résolut, pour
sa première année, de traiter des *Nibelungen*. Son premier
soin fut de partir pour l'Allemagne, afin de visiter cette
région des bords du Rhin où sont localisées les plus célèbres des légendes dont il allait avoir à parler. Nous sai-
sissons ici encore un trait de sa physionomie intellectuelle.
Il aimait les voyages, non seulement par une curiosité instinctive et intelligente, mais pour le profit qu'en pouvaient retirer ses travaux. Sans doute ne faut-il rien exagérer. Il ne songeait pas encore, comme on le fera plus
tard, non sans beaucoup d'excès, à expliquer l'histoire par
le milieu. Ce qu'il demandait aux voyages, c'était la « dernière impression des lieux qui colore et fait voir l'histoire[2] » ; autrement dit, moins un objet d'études qu'une
excitation pour son imagination. Ainsi dans ses *Poètes
franciscains*, on trouve à chaque page le souvenir de ses
courses en Italie ; je ne parle pas des documents d'archives, mais des paysages de l'Ombrie. Quant aux œuvres
d'art, il les goûtait vivement, en esprit ouvert à toutes
les nobles impressions ; mais, bien que ses journaux de
voyage[3] le montrent touriste très diligent, précisant souvent ses notes d'un rapide croquis, relevant des plans,

---

1. Il y aurait une page intéressante à écrire sur les relations entre Ozanam
et le génial érudit qui du premier coup avait discerné son mérite ; d'un côté,
modestie et confiance, de l'autre la plus affectueuse estime. Cf. les lettres
d'Ozanam à Fauriel publiées par M. Victor Glachant dans la *Quinzaine* du
16 avril 1896 ; et quelques lettres inédites de Fauriel que je dois (comme
d'autres renseignements) à une affectueuse et bien chère communication ; l'une
entre autres où Fauriel, après avoir félicité Ozanam de son mariage, ajoute :
« Je n'ai pas besoin de vous dire combien je serais charmé de causer avec
vous, non de votre cours pour lequel vous n'avez aucun besoin de moi, et ne
devez consulter que vous, mais amicalement de toutes choses... Je serais
charmé de voir en passant votre nouvelle famille et l'ancienne, il me semble
que je leur [dois ?] quelque chose pour votre bonheur, et je suis prêt à les en
remercier. »

2. *Lettres* (1912), II, 455.

3. En partie publiés dans les *Lettres*.

esquissant des façades d'églises, on peut trouver qu'il en parle d'ordinaire d'une manière un peu vague. Il n'est pas archéologue professionnel [1] dans ses descriptions de monuments, pas plus qu'il n'est géographe dans ses descriptions de paysages; ce ne sont pas les questions techniques qui l'attirent [2], et l'on est même surpris de trouver si rarement, dans ses écrits, l'expression de l'intérêt que ne pouvaient manquer d'éveiller en lui les écrits et les travaux par lesquels un Victor Hugo, un Montalembert, un Vitet, un Mérimée, un Caumont vengeaient l'art religieux du moyen âge d'un injuste dédain et restituaient à la France et au catholicisme une de ses plus belles gloires.

Mais il y a deux choses qu'il a comprises à merveille. D'abord que les œuvres d'art sont à leur manière des documents dont l'histoire peut tirer parti. Dans sa thèse latine, il signale ce que peuvent apprendre, sur les croyances religieuses de l'antiquité, les monuments figurés et en particulier les vases grecs, dont l'étude méthodique commençait alors. Il le note d'ailleurs d'un trait juste, et passe. De même, à propos de Dante, il remarquera finement, dans certaines représentations que le poète se fait du Paradis, un souvenir de la manière dont s'ordonnent, au tympan de nos cathédrales, les chœurs concentriques d'anges et de saints. Il n'y a encore là qu'une indication non développée. Mais dans son commentaire du *Purgatoire*, il fit entrer toute une étude sur les origines de l'art italien, à propos de ces admirables chants X et XI, qu'on

---

1. Il faut faire une exception pour l'archéologie des catacombes qu'il avait étudiée très sérieusement (cf. dans *La Civilisation au V* siècle [1873], II, 293, la leçon sur l'*Art chrétien*), et dont il a su tout ce qu'on pouvait en savoir avant de Rossi. Cet art chrétien primitif, où le symbole tient une si grande place, où la pensée l'emporte tellement sur la forme, répondait bien au tour d'esprit qu'Ozanam portait dans les questions d'art.

2. Nous citerons à ce propos un mot qui nous semble révéler sa tournure d'esprit. Il est tiré d'une lettre écrite de Lyon le 24 novembre 1835, à son ami de La Noue. Celui-ci avait accepté au nom d'Ozanam la vice-présidence d'une association pour le développement de l'art religieux, que l'on songeait à former. Ozanam se dérobe. « J'aime beaucoup les arts, mais je les connais bien peu : à peine suis-je initié à ces études difficiles désignées sous le nom d'esthétique. » (*Lettres*, éd. 1912, I, 180.) On le voit, c'est par le côté philosophique qu'il paraissait naturel à Ozanam d'aborder les arts.

pourrait appeler le poème des artistes ; puisque c'est leur
race ambitieuse et susceptible, avide de louanges, animée
« du grand désir de l'excellence», qui est appelée par le
poète à fournir l'aveu et l'exemple, et de l'attrait, et de la
vanité, et de l'expiation de la gloire[1]. De même le livre des
Poètes franciscains fait très bien ressortir l'influence du
franciscanisme sur l'art ; il contient comme une première
esquisse de l'ouvrage célèbre de Thode[2]. D'autre part, Ozanam a reconnu d'un coup d'œil très juste les caractères essentiels de l'art du moyen âge, didactique, encyclopédique,
symbolique.« Tout le *Speculum* de Vincent de Beauvais est
dans les sculptures de la cathédrale de Chartres[3] » ; cette
formule si bien frappée mériterait de servir d'épigraphe
aux beaux travaux de M. Mâle. Ozanam est donc tout autre
chose qu'un pur savant de cabinet ; il est de ceux qui sa
vent regarder ; et l'un des fruits les plus achevés de sa
maturité est ce délicieux *Pèlerinage au pays du Cid*[4], où
l'historien admirablement renseigné sur le passé du pays
qu'il visite, le poète indulgent aux vieilles légendes,
pourvu qu'elles soient pieuses et gracieuses, le lettré aux
intarissables souvenirs, l'amant de la nature, l'observateur attentif du pittoresque dans les costumes et dans
les mœurs, et par dessus tout le chrétien empressé de
tout ramener à Dieu, s'unissent pour nous donner un des
chefs-d'œuvre de la littérature des récits de voyage[5].

Au retour de son voyage d'Allemagne, en décembre
1840, Ozanam inaugura son enseignement. C'est le moment de se demander comment il a compris sa tâche.
Qu'il ait aimé avec passion ce métier d'éveilleur d'âmes,

---

1. *Purgatoire* (éd. 1873), p. 229-232 (il n'en subsiste malheureusement que
les notes, non la rédaction développée).
2. THODE, *Franz von Assisi und die Anfänge der Kunst der Renaissance in
Italien*.
3. *Purgatoire*, p. 200.
4. *Mélanges*, I, 3-103.
5. Qu'on lise les pages consacrées au pays basque; elles sont comme le
résumé anticipé de ce que Loti a si amplement et si magnifiquement déve-
loppé dans *Ramuntcho*.

il l'a dit lui-même [1]. Qu'il se préparât avec une rare conscience, cela va de soi, et il est inutile d'y insister. Les mœurs du temps, et surtout son ardeur et sa curiosité, lui imposèrent, malheureusement, il faut le dire, une tâche écrasante et excessive. Aujourd'hui, avec nos habitudes de division du travail, d'abord il semblerait absurde de n'avoir qu'une seule chaire pour toutes les littératures étrangères, et surtout l'on trouverait tout naturel qu'en pareil cas le professeur se fît une spécialité, selon sés goûts et sa compétence particulière. Ozanam tint à honneur et à devoir de donner un enseignement aussi varié que le titre de sa chaire était vaste. Comme cours principal, et sans préjudice d'heures consacrées à des explications de textes littéraires, il traita successivement, durant les années scolaires 1840-1841 et 1841-1842, de la littérature allemande au moyen âge ; de 1842 à 1845, des origines de la littérature italienne et de Dante ; en 1845-1846, des origines de la littérature anglaise [2] ; à partir de 1848 et tant que sa santé lui permit de paraître dans sa chaire, de la civilisation au ve siècle et de l'histoire littéraire des temps barbares ; dans les derniers mois de sa vie, il songeait à aborder la littérature espagnole [3]. On verra d'ailleurs que ces études si variées n'étaient pas décousues ; elles s'ordonnaient en un plan d'ensemble, que la mort ne lui permit pas de remplir.

Quel caractère a-t-il voulu donner à ses leçons ? Il l'a dit dans une lettre curieuse, adressée à sa fiancée, Mlle Soulacroix, au sortir d'un de ses premiers cours [4] ; lettre qui est un document à la fois pour l'histoire de l'enseignement, et pour la psychologie, éternellement semblable à elle-même, de l'entourage des professeurs et des sa-

---

1. Lettre à son suppléant, Benoît, du 28 février 1853 (*Lettres*, II, 471) : « Cher ami, après les consolations infinies qu'un catholique trouve au pied des autels, après les joies de la famille, je ne connais pas de bonheur plus grand que de parler à des jeunes gens qui ont de l'intelligence et du cœur. »
2. En 1847, il fut en congé pour raison de santé.
3. J.-J. AMPÈRE, dans sa préface aux œuvres complètes (*La Civilisation au Ve siècle* [1873], I, 33).
4. *Lettres*, éd. 1912, I, p. 397.

vants. A Lyon, dans le cercle de la famille Soulacroix, où
l'on suivait ses débuts avec un intérêt facile à comprendre,
on avait trouvé, paraît-il, les premières leçons un peu
austères. Devant ces affectueuses critiques de personnes
très éprises de sa réputation, très pressées d'en jouir,
plus sûres de son talent que conscientes des difficultés de
toute œuvre sérieuse, et qui, je ne dis pas préféraient le
succès mondain au succès scientifique, mais les confondaient peut-être, Ozanam se justifiait d'abord en rappelant
que le *Journal de l'Instruction publique* ne reproduisait
pas intégralement ses cours, qu'il « abrégeait, resserrait
et desséchait » ; mais il ajoutait :

« Nous distinguons deux sortes de succès, et leur réunion
peut seule assurer notre avenir ; le succès de popularité
et le succès d'estime. Le premier s'acquiert par l'éclat ou
la chaleur de l'élocution, par l'habileté avec laquelle les
matériaux se disposent, par le choix même d'un sujet opportun. Il est obtenu quand la multitude est compacte et
les applaudissements prolongés. Il soutient le professeur
dans le monde, mais seul il ne suffirait pas pour aplanir
sa carrière universitaire. Au contraire, c'est souvent une
tentation et un péril ; l'habitude de sacrifier aux caprices
publics compromet et déshonore l'enseignement. Le second
exige des recherches patientes, des choses rares et peu
connues, des aperçus approfondis, une érudition voisine
peut-être du pédantisme. C'est le suffrage des confrères,
l'approbation des gens de métier, qui ne se payent pas de
phrases ; c'est un certain parfum de poussière classique
auquel dame Université, notre mère, se complaît, et qui
appelle de ce côté ses bonnes grâces et ses faveurs. On
n'approuve pas en Sorbonne « les cours d'Athénée et les
« littératures de feuilleton » ; tel est le perpétuel adage
de M. Le Clerc et de M. Cousin. »

Ainsi, même à cette époque où l'on se figure trop volontiers que régnait le culte exclusif de la « grande leçon »,
on en sentait les inconvénients et les dangers possibles.

Personne cependant ne songeait à y renoncer; aucun professeur ne se serait fait un titre de gloire, ainsi qu'il arriva quelquefois au temps de la réaction contre les cours publics, de faire le vide dans sa salle, d'éprouver ses auditeurs en les ennuyant de parti pris, et d'appliquer à leur recrutement les procédés de Gédéon. Ozanam, en particulier, a toujours voulu tout concilier : attirer le grand public, satisfaire les « hommes spéciaux qui dédaignent le style et ne cherchent que la science [1] » ; mais si l'on était tenté de penser qu'il jetait sur les dessous d'ailleurs très solides de ses leçons une parure par trop brillante, il faut se souvenir qu'on lui a parfois, de son temps, adressé le reproche tout contraire.

Grâce à ses papiers pieusement conservés, il est facile de retrouver sa méthode de travail. De vastes lectures, faites la plume à la main, formaient sa préparation générale. Il a rempli de gros registres des analyses détaillées des principaux ouvrages relatifs aux sujets qu'il se proposait de traiter. Il ne semble pas avoir pratiqué la méthode des fiches; c'est un détail de métier qui lui manquait et dont le défaut se fait sentir [2]. Pour son cours même, quelques pages d'une écriture très fine et très ferme contenaient le canevas détaillé de chaque leçon, avec le texte des citations à faire [3]. Il n'emportait pas autre chose [4]. Il se gardait bien de lire et même d'apprendre par cœur et même de tout rédiger d'avance, se fiant à l'improvisation pour développer son thème. Au début et malgré toutes les instances, il refusait très sagement de publier au fur et à mesure « ses leçons sténographiées et simplement revues ». « La critique, observait-il, a bien plus de prise

1. *Ibid.*, p. 398.

2. Sur les inconvénients de toute autre méthode, cf. LANGLOIS et SEIGNOBOS, *Introduction aux études historiques*, p. 80-83.

3. « Ces notes, disait J.-J. AMPÈRE, sont une vraie merveille. » (*La Civilisation au I*ᵉ *siècle*, éd. 1873, préface, p. 16.) On peut s'en faire une idée par la leçon XX de ce cours, dont la sténographie n'a pas été retrouvée (*ibid.*, II, 337).

4. Du moins à la fin; au début il avoue qu'il lui arriva de s'égarer « dans es chaos » de ses notes (*Lettres*, éd. 1912, p. 392).

sur la parole écrite[1]. » Il fit exception, suivant l'usage,
pour quelques leçons d'ouverture, morceaux d'apparat
forcément plus soignés. Vers la fin de sa trop courte
carrière, devenu plus sûr de lui, il songeait au contraire
à donner chaque année un volume de leçons sténographiées[2]. Cette pensée fut réalisée après sa mort, pour le
cours sur la *Civilisation au V⁰ siècle*, par les soins de sa
veuve et de ses amis.

De toute façon, ses œuvres les plus importantes sont
le fruit, plus ou moins longuement mûri, de son enseignement; elles ont été préparées en chaire et gardent le ton
du cours. C'était la méthode qu'avaient alors comme consacrée des maîtres illustres, les Guizot, les Cousin, les
Villemain; elle offrait l'avantage de la vie. Elle supposait évidemment et contribuait à conserver au cours un
certain caractère. La leçon, faite à la fois pour l'auditeur
et pour le lecteur, adressée d'ailleurs à un public nombreux
et qui venait plutôt chercher une distraction intelligente
et compléter son instruction générale que s'initier aux
méthodes techniques et se former au travail personnel,
avait besoin de plus d'apprêt que la parole uniquement
parlée; elle ne pouvait d'autre part être d'une trame aussi
serrée, d'une érudition aussi apparente qu'un chapitre de
livre. Il y fallait des repos, des digressions, de l'imprévu,
l'art de bien dire, d'une façon neuve et·piquante, ces
morceaux de bravoure qui éveillent l'attention et provo-
quent les applaudissements; en un mot quelques-unes des
qualités d'un discours académique[3]. Le professeur était-il
éloquent, on attendait de lui qu'il déployât dans toute son
ampleur un don qui passait alors pour le plus précieux
de tous.

1. *Lettres*, II, 3 (à M. Soulacroix).
2. Cf. *Lettres*, II, 183 (éd. 1912), la lettre où Ozanam expose ses projets à son
ami Foisset. Cf. *Ibid.*, 291.
3. Dans une lettre à sa fiancée (*Lettres*, 1912, I, 397), Ozanam explique comment
il s'ingénie à rechercher la variété : « Il ne se passe guère de leçon où je n'aie
tour à tour des considérations philosophiques, un tableau historique, quelque
citation de poète naïve ou touchante, quelques détails de mœurs qui piquent

Ozanam le possédait au plus haut degré[1]. Mais il y a
bien des manières d'être éloquent. Parmi les dons de
l'orateur, il en est qui disparaissent tout entiers avec lui
et sur lesquels la postérité ne peut que s'en rapporter
aux contemporains. C'est tout ce qui se rattache à l'action
oratoire. Les témoignages ici sont unanimes : Ozanam
était mal pourvu des qualités purement physiques. « Sa
voix est peu flexible, a dit de lui Sarcey[2] ; elle est forte,
mais très monotone; son bras n'a qu'un geste et qui n'est
pas gracieux. » Caro[3] parle aussi de sa voix « sourde et
concentrée », de sa « physionomie... immobile », de « son
geste lourd », de « ses yeux fermés ». « On aurait dit,
ajoute-t-il, qu'il craignait de voir en face ce terrible auditoire qui pourtant l'adorait. » C'est qu'en effet ces défauts
physiques étaient en grande partie l'effet d'une extrême
timidité naturelle. Caro, qui fut l'élève d'Ozanam à
Stanislas[4], a noté que même dans sa classe, « comme il y
avait de la gêne dans son maintien, il y avait aussi de
l'embarras et presque de la gaucherie dans ses premières
paroles... Les premiers moments étaient toujours à l'incertitude et au trouble. » Que dire alors de sa chaire bien
autrement intimidante de la Sorbonne? La lettre[5] où il
raconte à sa fiancée les impressions de son premier cours
est une véritable analyse psycho-physiologique des phénomènes du « trac ». « Un peu pâle et tremblant... je prends
place... Mais yeux se lèvent vers l'auditoire; et alors cet
amphithéâtre couvert de plus de trois cents personnes,

la curiosité ou qui excitent l'hilarité générale. Déjà l'occasion s'est présentée
cinq ou six fois de conter de ces merveilleuses légendes auxquelles la foi se
refuse, mais l'imagination se complaît. »
    1. « Monsieur Ozanam, on n'est pas plus éloquent que cela! » lui avait dit
Cousin le jour de sa soutenance de thèse.
    2. Extraits du *Journal de Jeunesse* de Sarcey; cités par M. Adolphe Brisson
dans le *Temps* du 7 janvier 1903.
    3. CARO, *Un apologiste chrétien au XIXᵉ siècle : Frédéric Ozanam* (*Revue
contemporaine*, du 31 juillet 1856).
    4. Ozanam professa la rhétorique à Stanislas en même temps qu'il suppléait
Fauriel. Il abandonna sa classe, conformément aux règlements, quand il devint
titulaire.
    5. *Lettres* (1912), I, p. 386.

mal disposé d'ailleurs, étreignant la chaire dans les douze
cercles de ses gradins qui la dominent et paraissent la
menacer, cette vue inopinée m'effraie ; je me sens tout à
coup brisé de corps comme par une terreur panique,
mes lèvres se paralysent et ma mémoire se refuse à me
suggérer quelques phrases écrites et apprises précisément pour subvenir au premier embarras. Il y a eu alors
une minute d'hésitation et d'angoisse qui ne s'effacera
jamais de ma mémoire... Les forces physiques me manquaient ; les idées s'effaçaient aussi, distraites par la multitude des visages connus que j'apercevais dans la salle. »
Rien de ses angoisses n'échappait à son auditoire. « Il
tremblait comme un enfant... Un puissant effort de volonté pouvait seul, chaque fois, le pousser à paraître en
public... On souffrait de le voir souffrir ainsi [1]. » Il triom-
phait enfin de cette première impression. « Peu à peu, a
écrit, — un peu solennellement, — Lacordaire [2], par l'entraînement que la parole se communique à elle-même, par
cette victoire d'une conviction forte sur l'esprit qui s'en
fait l'organe, on voyait de moment en moment la victoire
grandir, et lorsque l'auditoire lui-même était une fois
sorti de ce premier et morne silence si accablant pour
l'homme qui doit le soulever [3], alors l'abime rompait ses
digues et l'éloquence tombait à flots sur une terre émue
et fécondée. » Plus simplement et plus profondément,
Caro [4] dit que « son talent était encore de la conscience ».
Sa « mauvaise honte » du début cédait bientôt au devoir
« de produire les idées avec toute la force et la chaleur
qu'on doit mettre au service de la vérité ». Il pouvait lui
arriver encore de chercher ses mots ou de s'embarrasser
dans une période ; personne n'y prenait plus garde ; à force
de passion il entrainait tout le monde. « La parole s'accen-

1. CARO, loc. cit.
2. LACORDAIRE, Frédéric Ozanam, p. 43.
3. Ozanam a noté l'impression presque physique que faisaient sur lui les
applaudissements, pour lui « rendre du cœur » (Lettres, 1912, I, p. 387). A la fin
de sa vie, quand il cherchait à se ménager davantage, il s'en plaignait presque
comme d'une excitation fatigante (Lettres, II, p. 374).
4. Loc. cit.

tuait; la physionomie s'éclairait de la lumière intérieure;
le regard s'ouvrait et parlait aussi;... la pensée élargissait
la phrase, l'image se pressait harmonieuse et variée sur
les lèvres de l'orateur; l'éloquence abondait, vive et pressée; une métamorphose était accomplie. » Il a touché les
plus irrévérencieux et les plus sceptiques. « Il a le feu
sacré, écrivait Sarcey[1]; il y a une telle conviction intérieure en cet homme que sans art[2], malgré tous ses défauts, il vous convainc, il vous émeut. Il a une imagination
tendre et rêveuse; et il trouve d'admirables expressions,
pleines de mélancolie et presque poétiques. A l'écouter,
on se sent venir les larmes aux yeux. »

Est-ce à dire qu'il fût sans défaut? On lui reprochait
parfois ceux qui sont, qui étaient surtout en ce temps-là
la rançon de l'éloquence, « la pompe des images, la splendeur trop préparée de quelques effets, l'abus du trait;...
l'imagination égarait parfois son goût et le faisait succomber à la tentation d'un faux lyrisme[3] ». Il est certain
que quelques-unes de ses leçons finissent par ressembler à des méditations poétiques et religieuses à propos
d'histoire[4]. Ce sont les travers de l'époque. Il faut songer
qu'on était en plein romantisme; comme le poète, il semblait naturel que le professeur étalât son « moi », fît à
tous la confidence de ses opinions politiques ou de ses
sentiments intimes, et non seulement traitât magnifiquement son sujet, mais en sortît pour « dire son âme à son
auditoire[5] ». C'était le temps où il ne paraissait pas bur-
lesque de faire de Mickievicz un professeur au Collège de

---

1. « Il n'y a que deux hommes, écrivait encore Sarcey dans cette espèce de
galerie qu'il a donnée des professeurs de la Sorbonne, qui m'aient révélé ce
que peut être un orateur : l'un est M. Ozanam, l'autre est M. Jules Simon. »
Il les oppose d'ailleurs l'un à l'autre. « Quant à M. Simon, c'est autre chose
c'est un homme qui est orateur jusqu'au bout des ongles. Quel admirable comé-
dien!... De M. Ozanam et de M. Simon réunis, on ferait, je crois, un homme
bien éloquent. Mais la conviction intérieure manque un peu à M. Simon. »
2. Cela ne doit s'entendre que de la forme extérieure.
3. Caro, loc. cit.
4. Ainsi, en tête du cours sur la *Civilisation au V* siècle*, les célèbres leçons
sur *Le progrès dans les siècles de décadence*.
5. Expression de Lacordaire à propos d'Ozanam.

France, et où Michelet et Quinet vaticinaient autant qu'ils enseignaient. Quoi d'étonnant, si Ozanam aussi « montait sur le trépied[1] », et, bien plus réservé, se livrait cependant d'une manière qui semblerait étrange aujourd'hui. Il n'étonnait pas trop[2], il provoquait tout au plus d'affectueux reproches de ses collègues, qui l'invitaient à se ménager[3], quand il s'abandonnait à des effusions presque lyriques, ou à des envolées oratoires, qui le laissaient « accablé de fatigue, ébranlé dans tout son système nerveux jusqu'au rire et jusqu'aux larmes[4] »; ou lorsqu'il prenait ses auditeurs à témoin de sa résolution de mourir à leur service[5], ou quand, en janvier 1849, il les invitait tour à tour à souscrire en faveur de Pie IX, réfugié à Gaëte[6], et de Venise, assiégée par l'Autriche[7]. Ajoutons qu'il leur demandait d'en agir avec lui comme lui-même, étudiant, en avait agi avec Jouffroy ou Letronne; il provoquait de leur part des objections écrites auxquelles il répondait publiquement[8]. Son cours était donc quelque

1. « Je ne me tiens pas sur le trépied », écrivait-il en 1852, par opposition avec ses habitudes antérieures (*Lettres*, II, 374).

2. Cependant il lui arrivait de faire sourire, et il le voyait. Cf. la lettre (à sa fiancée) du 6 février 1841 (*Lettres*, I, 396) : « Si quelques mots de sentimentalité me viennent avec un peu de chaleur, je vois dans l'auditoire quelques visages bien connus prendre une expression d'intelligence maligne, et les voisins se pousser le coude. Mais ils n'en sont pas moins contents, et l'espièglerie des compliments qu'ils me font ensuite ne m'offense pas. »

3. Cf. le discours de V. Le Clerc sur la tombe d'Ozanam : « Prenez garde, lui disais-je, dès la première année de son cours ; modérez cette verve qui vous emporte, soyez toujours un orateur, mais un orateur plus calme; cette parole vive, émue, passionnée, qui éclate et retentit après de longues méditations, cet enthousiasme dont vous n'êtes point le maître et qui vous domine, cette excitation nerveuse, presque fébrile, inquiète pour vous vos amis. Songez à l'avenir; nous voulons que vous ne retranchiez rien de cet avenir qui vous est dû, nous le voulons pour vous et pour nous. »
Et lui-même il m'écrivait de Pise, au mois de mars dernier : « Je n'ai point assez écouté vos conseils, lorsque vous m'invitiez à tempérer une fougue qui a trop tôt épuisé mes forces. »

4. *Lettres*, I, 388.

5. Mgr BAUNARD, *Frédéric Ozanam*, p. 521.

6. *Lettres*, II, 223.

7. *Le Purgatoire de Dante*, p. 186.

8. Voir (*Ibid.*, p. 311) un exemple de ces objections et de la réponse d'Ozanam (il s'agissait de cette question bien vague, et insoluble dans les termes où on la posait, de savoir si le moyen âge a connu la liberté, et si l'Eglise l'a favorisée).

chose de très vivant, on pourrait presque dire de dramatique et de passionné. Le professeur d'aujourd'hui, qui d'ordinaire n'a pas d'autre ambition que d'exposer en un langage sobre, clair et précis, sans autre chaleur que celle de la logique, à des auditeurs choisis et préparés, un fragment de la science impersonnelle, s'étonne et a peine à comprendre quand on lui parle de ces « tourments de la parole publique[1] » qu'Ozanam éprouva jusqu'au bout et dont douze années de pratique ne purent le guérir. C'est que l'enseignement ainsi compris réclamait plus que de la science, une espèce d'inspiration, forcément irrégulière et inégale. Telles qu'elles sont, avec leurs grandes qualités, qui sont de tous les temps, avec leurs particularités qui datent, les leçons d'Ozanam, — et ses livres, car les deux choses se confondent à peu près, — sont d'admirables exemples d'un genre aujourd'hui abandonné, jadis très en faveur et dont le brillant épanouissement, de 1820 à 1850, a été un honneur pour l'esprit français.

L'enseignement n'est pas utile à l'auditoire seulement ; il l'est souvent au maître lui-même. Si l'on compare la thèse sur Dante aux *Etudes germaniques*, le progrès, — un certain genre de progrès, — est évident. Dans l'ouvrage du début, la forme n'est pas tout à fait à la hauteur du fond ; la composition est un peu lâche et fragmentaire ; le style parfois rugueux et embarrassé. Plus rien de ces légers défauts dans les *Etudes*. Ozanam s'y montre tout à fait maître de ses procédés d'exposition et de son style, clair, ample, vivant, coloré, trop continuellement oratoire, peut-être un peu monotone et solennel[2], il l'avouait lui-même. On a souvent dit, après Cicéron, que c'est la plume qui forme l'orateur. L'inverse est parfois vrai. Sainte-Beuve a remarqué de Guizot que la tribune avait donné

---

1. Expression de Lacordaire à propos d'Ozanam.
2. Lettre à Ampère, 12 nov. 1850 : « Je me défie de la monotonie et de la solennité de mon style. » (*Lettres*, II, 282.)

de la fermeté à son style naturellement pâteux. Ozanam raconte qu'il trouvait dans sa chaire (presque une tribune [1], alors) la chaleur qui l'abandonnait quelquefois dans le cabinet [2].

Cet enseignement très suivi, très goûté, fut malheureusement interrompu par la maladie, dans le courant de l'année 1846-1847. Si elle n'avait été le premier avertissement de sa fin prématurée, il faudrait se féliciter de cette interruption, car elle fut pour Ozanam le moyen d'un progrès nouveau. A cet homme qui n'avait jamais négligé une occasion d'apprendre, un moyen de s'instruire avait manqué. A lui comme à beaucoup d'autres, d'ailleurs. Pendant la plus grande partie du XIXe siècle, il y a eu là un défaut commun à presque tous les historiens français, à la seule exception des anciens chartistes. L'Ecole des chartes était le seul établissement où fût organisé l'enseignement « des sciences auxiliaires et des moyens techniques d'investigation [3] ». Ailleurs les étudiants en histoire ne recevaient qu'une éducation littéraire. Ozanam, qui avait suivi tant de cours, n'avait et ne pouvait avoir reçu nulle part une initiation méthodique à la paléographie, à la diplomatique, à la philologie romane, à la chronologie technique ; en un mot aux diverses sciences qui enseignent à trouver les documents, à les lire, à les comprendre, à les critiquer. En toutes ces matières, qui ne s'apprennent bien que par « dressage » et sous la direction d'un maître, il n'était qu'un autodidacte, instruit tant bien que mal par le hasard des lectures, ou la consultation des spécialistes sur des points particuliers ; mieux préparé, par conséquent, et plus enclin à mettre en œuvre les matériaux accumulés par autrui, qu'à explorer par lui-même les bibliothèques et les archives. Il avait le sentiment de ce qui lui manquait

1. CARO, loc. cit.
2. Lettres, II, 183.
3. Cf. sur cette situation LANGLOIS et SEIGNOBOS, Introduction aux études historiques, p. 37.

à cet égard [1]; il entreprit de l'acquérir. Les médecins lui ordonnaient une année de congé; il désira l'occuper par un voyage; le Ministre de l'Instruction publique, Salvandy, facilita les choses en lui donnant une mission en Italie. Dans ces temps éloignés, la légende — est-ce tout à fait une légende? — veut que la principale obligation du « missionnaire » fût de toucher ses frais de route. Ce n'est pas ainsi que le comprit Ozanam; il fouilla les bibliothèques de Florence, de Rome, du Mont-Cassin, de Venise ; il en rapporta les *Documents inédits pour servir à l'histoire littéraire de l'Italie ;* il en rapporta surtout pour lui-même la pratique des recherches et des travaux de critique. Bien qu'il n'ait jamais pu combler entièrement les lacunes inévitables de sa formation première, bien qu'il ait été ressaisi trop vite par sa préférence pour les travaux de vulgarisation supérieure, il importait de signaler la qualité nouvelle qu'il avait acquise et développée [2].

Ainsi peut-être se justifie le titre donné à ce chapitre, et le paradoxe apparent de faire durer la période de formation d'Ozanam jusqu'à la fin de sa trop courte vie. C'est qu'il a toujours conservé la vivacité d'esprit, la curiosité, la fraîcheur d'intelligence, qui imposent le perfectionnement de soi-même et rendent impossible de se reposer sur son acquis. Sainte-Beuve, en un jour de mauvaise humeur et d'injustice, l'appelait «cet ardent et vigoureux écolier dont ils sont en train de faire un grand homme [3] ». Le grand critique était trop pénétrant pour que ses boutades les plus malveillantes ne fussent pas vraies par quel-

---

1. « Pour le moment, écrivait-il à Ampère le 21 juillet 1849, je m'occupe de publier mes documents inédits rapportés d'Italie, mais j'ai une extrême impatience d'avoir fini, quoique j'y aie l'avantage de m'essayer à des exercices de critique auxquels j'étais resté trop étranger jusqu'ici. » (Lettre inédite, communiquée par M. et Mme Laurent Laporte.)

2. Dans le dernier séjour qu'il fit en Italie, déjà presque mourant, en 1853, il s'occupait encore de recueillir des documents.

3. *Causeries du lundi.* XV, 289, Sainte-Beuve a été ailleurs beaucoup plus équitable pour Ozanam. Cf. son jugement sur la *Philosophie de Dante,* que nous citerons plus loin; et les quelques lignes rappelées par M. Goyau à la fin de son article.

que endroit, au besoin en dépit de lui-même. Ici il tour-
nait seulement en blâme ce qui aurait dû être un éloge.
Ozanam a été jusqu'au bout un écolier, dans le sens et dans
la mesure où doit le rester toujours un maître véritable.

On devine déjà qu'un esprit si distingué, qui avait passé
par tant de disciplines, pourvu d'une culture classique si
forte, nourri des plus solides études philosophiques et juridiques, familier avec les quatre principales langues et
les quatre grandes littératures modernes, complété par de
grands voyages, doué de l'instinct sinon rompu à la méthode
du chercheur; on devine qu'un pareil homme, s'appliquant
avec un labeur acharné aux études d'histoire littéraire,
n'a pu manquer d'y conquérir une place éminente et d'y
laisser sa trace. C'est à marquer cette trace que nous
devons nous appliquer maintenant.

Cela ne va pas sans quelque difficulté. Personne ne
pouvant se flatter d'avoir dit le premier ou le dernier mot
sur rien, il n'est pas toujours aisé de faire la part de chacun et de discerner les influences exercées ou subies.
La science, et surtout la science historique, ne procède
pas par l'addition les unes aux autres de vérités successivement acquises et définitivement établies. Pour reprendre
une métaphore bien usée, la pierre que le savant apporte
à l'édifice de la science n'y reste pas toujours reconnais-
sable et marquée de son nom. Ses successeurs la retail-
lent et la resculptent à leur manière, ou même la remplacent par un travail en sous-œuvre. Le monument change
d'aspect, et il arrive que rien n'y rappelle au premier abord
la main des premiers constructeurs, sans lesquels cependant il n'existerait pas. Chaque génération apporte avec
elle son goût, des exigences plus raffinées, certaines manières de poser les questions, la préoccupation de certains
problèmes primitivement négligés. Pour nous borner à quelques exemples, qui se rapportent à l'ordre de questions
étudiées par Ozanam, les recherches philologiques, con-
duites avec une précision croissante, les recherches d'histoire littéraire, orientées vers les problèmes de la filiation

des œuvres et du développement des thèmes, ont fait naître le besoin de textes reproduits avec une impeccable fidélité. On ne peut plus se contenter de publier une œuvre telle que la donne le manuscrit que le hasard vous a fait rencontrer ; le moindre écrit réclame une édition critique, et presque toutes les éditions anciennes sont jugées insuffisantes[1]. D'une façon plus générale, l'expérience a appris que des faits très importants peuvent être établis grâce à de minutieuses remarques de langue, de diplomatique, de paléographie, dont le profane dénoncerait volontiers la pédantesque inutilité. « Les sciences historiques en sont arrivées maintenant à ce point de leur évolution, où les grandes lignes étant tracées, les découvertes capitales ayant été faites, il ne reste plus qu'à préciser des détails ; on a le sentiment que la connaissance du passé ne peut plus progresser que grâce à des enquêtes extrêmement étendues et à des analyses extrêmement approfondies dont seuls des spécialistes sont capables[2]. » D'innombrables pièces d'archives ont été mises au jour ; on peut dire, — sauf les réserves qu'appellent toujours des formules aussi générales, — que c'est l'œuvre propre du XIXe siècle ; les érudits du XVIIe et du XVIIIe s'étaient chargés de faire connaître les principales chroniques. Cette masse de documents nouveaux n'a pas seulement comblé beaucoup de lacunes et corrigé beaucoup d'erreurs ; on peut dire qu'elle a modifié les tendances mêmes de la critique historique et la conception que l'on se fait de la valeur des documents. Il est arrivé si souvent que les sources narratives, et surtout les sources un peu postérieures aux événements, confrontées avec les pièces d'archives, en ont reçu un démenti, qu'on est devenu bien plus sceptique sur la valeur de ces sources, bien plus défiant dans la critique qu'on exerce sur elles. On est fixé sur le défaut de critique des auteurs du moyen âge ; on est guéri de l'espèce d'illusion d'optique qui faisait considérer comme recevable le témoignage d'auteurs

1. LANGLOIS et SEIGNOBOS, op. cit., p. 54.
2. Op. cit., p. 96.

très éloignés en réalité des faits qu'ils racontent, et que
semblait seulement en rapprocher la distance à laquelle
ils sont de nous mêmes. Bien des traditions hagiogra-
phiques, littéraires ou autres, se sont évanouies devant cette
défiance. Notamment, beaucoup d'attributions d'écrits ont
été revisées ou mises en doute. Contre ce scepticisme,
cette espèce de doute méthodique, les arguments d'éloquence ou de sentiment ne sont plus de mise ; on a éli-
miné jusqu'aux derniers restes du romantisme, et l'on
considère aussi de plus en plus que la recherche historique n'a pas d'autre but qu'une intelligente curiosité,
et se suffit à elle-même. L'histoire ne sert à rien! a-t-on
dit d'un air de triomphe. Ceux mêmes qui refuseraient avec
raison d'aller jusque-là, y regardent du moins à deux fois
avant d'aller chercher dans l'histoire des arguments pour
nos controverses présentes. On s'est rendu compte qu'il
n'y a rien de plus trompeur que les mots, rien de plus
dangereux que les rapprochements purement verbaux, rien
de si délicat à analyser que les conceptions politiques
d'autres époques, et surtout d'époques à demi naïves encore
et peu habituées aux idées abstraites. On a renoncé à rechercher dans le passé les « titres de la liberté » ; on ne
s'imagine plus que les « libertés » que les Milanais défendaient contre Frédéric Barberousse eussent le moindre
rapport avec la liberté selon la Charte ; ou qu'on réponde
au reproche adressé à l'Eglise, de se montrer hostile à la
démocratie, en lui attribuant, d'ailleurs très probablement
à tort, l'affranchissement des communes. Il y a donc forcément beaucoup de parties caduques dans les livres d'autrefois. Personne n'apprend plus la philologie romane dans
Fauriel, ou même l'histoire de Guillaume le Conquérant
dans Augustin Thierry, l'histoire de la civilisation en France
dans Guizot. Mais alors même qu'ils appellent presque à
chaque page des rectifications ou des réserves, alors même
que les conclusions générales en sont abandonnées, alors
même qu'ils risqueraient d'égarer celui qui s'y fierait
exclusivement, et qu'ils ne sont plus guère lus que pour

la beauté de leur style, ou par curiosité historique et
comme témoins d'un état dépassé de la science, il y a des
livres qui restent mémorables, parce qu'ils ont marqué
un progrès, qu'ils en ont provoqué d'autres, et qu'à
défaut d'une infaillibilité impossible, ils ont eu la fécondité. Ceux d'Ozanam sont du nombre[1].

*
* *

Le premier grand travail d'Ozanam, c'est son *Essai sur
la philosophie de Dante*, présenté comme thèse de doctorat, remanié ensuite et publié sous le nouveau titre :
Dante et la philosophie catholique au XIIIᵉ siècle.

Où en étaient, lorsqu'il conçut le plan de ce travail, la
connaissance et l'intelligence de Dante? Sainte-Beuve l'a
dit dans un de ses *Lundis*[2]. Il a très bien indiqué par
quelles étapes le grand poète a réussi à se faire accepter
chez nous; car on n'est pas venu à lui du premier coup.
A peu près inconnu, en France, au xviiᵉ siècle, le xviiiᵉ siècle n'en parle guère que pour s'étonner de la réputation
que lui faisaient les Italiens. Voltaire avait l'esprit peut-
être trop léger, trop fermé à tout un ordre de beautés
poétiques, en tout cas trop prévenu contre le catholicisme
et par conséquent contre les formes de pensée du Moyen
Age, pour essayer même de comprendre; il a traité Dante
avec une complète irrévérence, et ses admirateurs avec
impatience et colère, presque comme des ennemis personnels[3]. On aurait dit qu'il jugeait sa gloire liée au maintien

1. Nous examinerons les principaux travaux d'Ozanam en les groupant
d'après les sujets traités. Il se trouve que nous pourrons en même temps suivre
à peu près, mais à peu près seulement, l'ordre chronologique. Obligés de nous
borner, nous laisserons de côté les travaux de jeunesse, les articles de vulgarisation, les premières ébauches, reprises plus tard, pour nous attacher au
définitif et à l'essentiel.
2. *Causeries du lundi*, XI.
3. Il a traduit en vers, avec une « grande inintelligence de l'art sévère et
passionné de Dante » (HAUVETTE, *Dante*, 358), un épisode célèbre de l'*Enfer*,
celui de Guido de Montefeltro.

du goût classique étroit qui était le sien[1]. Le président
de Brosses a fait de sincères efforts pour s'initier; il avoue
n'y avoir guère réussi. Rivarol a fort bien senti quelques
aspects du style de Dante, mais non pas tous; il est responsable pour une part de la légende qui ne voyait dans le
poète florentin qu'âpreté sévère et tragique, et méconnais-
sait la grâce et la tendresse; qui en un mot dans la *Divine
Comédie* ne pensait qu'à l'*Enfer*. Surtout il n'a jugé Dante
qu'en littérateur, et c'est se condamner à ne l'entendre
qu'à moitié. La Harpe résume l'impression prodigieusement fausse du xviiie siècle : « un monstre », « un poème
monstrueux », telles sont les expressions qu'il emprunte
à Voltaire pour caractériser une œuvre qui est précisément
une des constructions les plus logiques et les plus méditées
de la littérature de tous les temps, et à laquelle on pourrait reprocher plutôt trop de science et trop de subtilité
dans l'arrangement[2]. Chateaubriand aurait pu trouver
dans la *Divine Comédie* les arguments les plus forts en
faveur de sa thèse sur la supériorité du merveilleux chrétien; à s'en tenir au *Génie du Christianisme*, on pourrait se
demander s'il l'a lue; on reste confondu de la pauvreté et
de l'insignifiance de ses remarques. Ginguené l'avait lue,
et le chapitre qu'il lui consacre dans son *Histoire de la
littérature italienne* est probablement la première étude
à peu près compétente parue en français. Elle est encore
gâtée par trop de préjugés « philosophiques ».

Une très grande réputation, « qui s'affirmera toujours,
parce qu'on ne le lit guère », une « vingtaine de traits qu'on
sait par cœur » et qui épargnent « la peine d'examiner le
reste[3] » — ainsi l'épisode de Françoise de Rimini ou celui
d'Ugolin — mélangés à beaucoup de bizarreries ou d'extravagances, voilà tout ce qu'éveillait le nom de Dante
pour un Français cultivé d'il y a cent ans. En Allemagne,
pays d'érudition plus solide et plus respectueuse, en Italie,

---

1. Comparer son attitude très analogue à l'égard de Shakespeare.
2. Cf. HAUVETTE, *Dante*, III, chap. I et II.
3. VOLTAIRE, *Dictionnaire philosophique*, art. Dante.

où la tradition subsistait du prodigieux prestige dont le
poète avait joui, et où on lui savait gré d'avoir fixé et
comme créé la langue italienne, l'admiration pour lui se
mélangeait de moins d'ignorance et d'irrespect ; mais au
fond, là aussi, on commençait à moins bien le comprendre [1].

Remettre en pleine lumière le génie et le poème de
Dante fut l'œuvre du xixe siècle ; œuvre collective et internationale, l'une des conquêtes les plus brillantes de cette
science nouvelle, l'histoire littéraire européenne, qui est
née des relations fréquentes entre les peuples et de l'élar-
gissement des goûts nationaux. La France y a pris une
belle part, grâce à Fauriel et à Ozanam ; deux noms toujours associés l'un à l'autre, dès qu'il est question d'exégèse dantesque [2] ; et cependant que de choses, ainsi que
l'a remarqué Sainte-Beuve [3], séparaient l'ancien membre
de la Société d'Auteuil du « jeune lévite » lyonnais ! Un
commun amour de la science les rapprochait.

Ils se sont du reste partagé la tâche. Ce que le premier
a fait, personne ne l'a mieux dit que le second, et nous ne
pouvons mieux faire que de citer l'éloge de Fauriel par son
successeur à la Sorbonne [4].

« En 1832, il avait expliqué plusieurs chants de l'*Enfer*,
non seulement à la manière des grammairiens et des philologues, mais par une étude profonde des événements contemporains, par les institutions de Florence, par la vie
même du poète... Il reste un souvenir plus durable des leçons de M. Fauriel dans la *Biographie de Dante* qu'il publia

1. « Le xviie et le xviiie siècle n'ont fait faire aucun progrès essentiel à
l'interprétation de Dante », a pu écrire KRAUS, *Dante, sein Leben und sein Werk*,
369.
2. « En France, dit KRAUS (*op. cit.*, p. 383), l'étude scientifique de Dante n'a
été inaugurée que par Fauriel et Ozanam. » « Depuis les travaux de Fauriel
et d'Ozanam, qui ont marqué une date dans l'histoire de l'exégèse dantesque »,
écrit HAUVETTE (*Dante*, p. vi). Il serait injuste de ne pas rappeler d'une ligne
le nom de Villemain, qui a encore parlé de Dante d'une façon assez superficielle, mais qui est bien un des fondateurs de l'histoire littéraire européenne.
3. *Causeries du lundi*, XI, 207.
4. *Mélanges*, II, 137.

bientôt après[1]. Avec cet art admirable qu'il eut toujours
de se borner et de se contenir, il écarte premièrement toutes les questions accessoires ; il touche peu aux études de
Dante, aux passions de sa jeunesse, à ce travail intérieur
d'où le poème sortit. Il se renferme dans l'histoire politique, mais c'est pour s'y établir en maître : on voit se
débrouiller sous sa main ce chaos d'affaires et de factions
qui partagent l'Italie à fin du xiii° siècle, la querelle expi-
rante du sacerdoce et de l'empire, la guerre acharnée des
nobles et des plébéiens, les rivalités des villes, l'intervention des étrangers. Ces devises contraires des Guelfes et
des Gibelins, des Blancs et des Noirs, dont le sens se
perd au milieu de la complication des intérêts et des événements, se déchiffrent et font voir tout ce qu'elles expri-
maient de violent et d'implacable. Les personnages mal
connus de Boniface VIII et de Charles de Valois, les chefs
des puissantes maisons florentines des Cerchi et des Do-
nati, se mettent en ordre, en lumière, en action. C'est
au milieu de cette clarté et de ce mouvement que le rôle
de Dante se déclare. »

Ainsi Fauriel avait pris Dante du point de vue philologique et biographique ; il laissait à Ozanam le soin de traiter le côté philosophique, la doctrine, les idées, « le travail
intérieur » d'où naquit la *Divine Comédie*.

Que Dante repousse avec horreur l'idée d'être un simple
amuseur ; que rien ne lui est plus étranger que la doctrine
de l'art pour l'art ; qu'il veut instruire au contraire, et que
son poème contient une véritable encyclopédie, sœur des
Miroirs et des *Sommes* où le Moyen Age formulait ses conceptions de la morale, de la science et de l'histoire, sœur
aussi des Sommes de pierre qui ornent nos cathédrales ;
mais que d'autre part ses enseignements se dissimulent souvent sous des voiles difficiles à percer ; qu'habitué, comme
tout le Moyen Age, aux procédés d'interprétation de la
Bible transmis par les Pères à la scolastique, il les

1. *Revue des Deux Mondes*, 1834.

applique à la poésie ; qu'il pense, avec toute l'école dont
il est issu, qu'un texte poétique doit être comme chargé
de plusieurs sens superposés [1] ; qu'il emploie, « sans jamais
s'en lasser », ce « langage particulier, si délaissé depuis
des siècles, l'allégorie [2] » ; et qu'ainsi il propose sans cesse
des espèces d'énigmes à la sagacité du lecteur [3] ; cela saute
aux yeux dès qu'on l'ouvre, et lui-même s'en est expliqué.

Pour prendre quelques exemples dans la *Divine Comédie*,
il faut certainement voir des symboles, et dans la forêt
obscure où le poète s'égare, et dans les trois animaux féroces qui lui barrent le chemin, et dans les personnages de
Virgile, de Mathilde ou de Béatrix, sans parler de bien d'autres traits moins célèbres et moins « classiques ».

Mais quelles sont, pour parler comme Dante lui-même,
« les vérités qui se cachent sous ces beaux mensonges » ?
Les très nombreux commentateurs que la *Divine Comédie* a
suscités depuis le xive siècle (il faut convenir qu'elle en avait
besoin) se sont naturellement divisés souvent sur des points
de détail. L'accord régnait sur l'essentiel [4] ; on pensait que
l'intention fondamentale de Dante était d'ordre moral et
religieux. Au sens littéral, le poème est une grandiose fic-
tion, où d'ailleurs « de nombreuses doctrines morales, théologiques, politiques ou scientifiques sont exposées directement [5] », où beaucoup de faits historiques sont rappelés et
appréciés. Au sens allégorique, il est l'histoire de la conversion de Dante lui-même ; au sens moral, il montre à

1. On sait que saint Thomas, qui ne fait que résumer la tradition antérieure,
distingue quatre sens différents : le sens littéral ou historique, le sens allégorique ou figuré (les faits de l'Ancien Testament sont la figure de ceux du Nouveau), le sens moral (de ces faits se dégage une leçon), le sens anagogique (dans
la mesure où ces faits peuvent nous révéler quelque mystère de la religion).
Dans son *Convivio* (II, i), Dante pose en principe que la même méthode vaut
pour la poésie, et il en donne des exemples en commentant quelques-unes de
ses propres *Canzoni*. Cf. HAUVETTE, *Dante*, p. 281-282.
2. HAUVETTE, *op. cit.*, 281.
3. O voi, ch'avete gl'intelletti sani
   Mirate la dottrina, che s'asconde
   Sotto l velame degli versi strani. (*Enfer*, IX, 61.)
4. Sur l'histoire des interprétations de la *Divine Comédie*, cf. KRAUS *op. cit.*
p. 366 et suiv.
5. Cf. HAUVETTE, *op. cit.*, p. 284-285.

l'humanité tout entière, dont le poète n'est que le représentant, la voie de la perfection et du salut. Mais au commencement du xixᵉ siècle apparut une explication nouvelle, celle-là tout historique et politique. C'est à ses
expériences, à ses espérances politiques, que Dante aurait
fait allusion. La « forêt obscure » ne serait plus l'état de
péché, mais l'Italie déchirée par les factions et piétinée
par l'étranger; le lynx, le lion et la louve, qui repoussent
le poète au moment où il cherche à gravir la colline en-
soleillée, ne représenteraient plus les vices ou les dispositions mauvaises de la nature, mais les puissances politiques ennemies de Dante, c'est-à-dire le parti des *Noirs*, la
France et la cour de Rome; et le salut qu'il annonce à l'humanité, c'est l'ordre et la paix par l'Empire. Il n'est pas
difficile de voir quelles raisons d'actualité favorisèrent en
Italie le succès de cette interprétation, qui n'est d'ailleurs
pas sans contenir une part de vérité. Le patriotisme italien
de Dante, l'éloquence avec laquelle il avait déploré les
discordes et l'abaissement de l'Italie, ses attaques aussi
contre le pouvoir temporel, avaient attiré sur lui l'attention
des premiers apôtres du *Risorgimento* et de l'unité ; le privilège de ce très grand nom a toujours été que tous les
courants qui ont agité l'Italie ont prétendu remonter à lui
comme à leur source. On oubliait qu'il concevait les destinées de sa patrie tout autrement que les « patriotes » et
que les « libéraux » modernes; on se rappelait seulement
qu'il n'y avait pas été indifférent ; on tenait à le vénérer
comme l'un des créateurs de cette âme italienne qui travaillait à se donner un corps. En Allemagne, où l'on n'avait pas
les mêmes raisons, on fit un accueil assez froid à la théorie
nouvelle [1]. En France, elle séduisit Fauriel. Mais surtout le
grand érudit, avec une mésintelligence, bien rare chez lui,
de l'esprit du Moyen Age, et poussé sans doute par le désir inconscient de rapprocher du goût moderne le poème
qu'il admirait, y réduisait, au point de la nier presque,

---

1. Pour le détail et les preuves, je me borne à renvoyer au chapitre de
Kraus cité plus haut.

la part de l'allégorie. Il allait, au mépris de toute la tradition, jusqu'à refuser de voir en Béatrix le symbole de la
théologie ; il développait sa thèse avec une verve ironique
qu'il aurait pu mieux employer. Pour lui le poème devait
se prendre autant que possible au sens littéral : il était un
magnifique hommage d'amour à la Béatrix réelle, la fille
de Folco Portinari[1].

Tel était l'état de la controverse dantesque au moment
où Ozanam écrivait sa thèse. La méthode en est aussi
irréprochable, que le plan original et les conclusions solides. Il part de ce principe de bon sens que Dante a pu,
par mode et par système, se proposer d'être énigmatique,
mais non pas tout de même d'être inintelligible. Obscure
pour nous, il faut que sa langue symbolique l'ait été moins
pour ses contemporains ; il empruntait plus ou moins à
un fonds connu et commun d'allégories et de figures. Ce
n'est donc pas à des conjectures plus ou moins ingénieuses, mais arbitraires, ce n'est pas à notre imagination,
toujours portée à prêter aux hommes d'autrefois les idées
d'aujourd'hui, qu'il faut demander le secret de Dante. Il
convient de se refaire un esprit du Moyen Age, d'interroger les contemporains du poète, ses premiers commentateurs et le poète lui-même, puisque aussi bien il a beaucoup écrit, en dehors de la *Divine Comédie*, et s'est
copieusement expliqué. L'idée est simple ; encore fallait-il
l'avoir, et surtout, ce qui était plus difficile, s'y tenir absolument[2]. C'est pour avoir suivi avec plus de ténacité et

1. Voir l'ouvrage posthume : *Dante et les origines de la langue et de la littérature italiennes.* « Que veulent donc dire les commentateurs pédants ou rêveurs quand ils disent que dans la Béatrix de Dante il faut voir la théologie?...
Un poète qui aurait une intention pareille, aurait-il la moindre chance d'être
compris? » De pareils passages font apprécier le mérite et l'originalité d'Oza-
nom. Il est à noter que l'ouvrage de Fauriel, bien que publié longtemps après
celui d Ozanam, reproduit un enseignement fort antérieur. Il serait intéressant
de savoir si Fauriel avait modifié ses vues.

2. Tout au plus peut-on dire que cette idée si juste est gâtée par une défaillance de critique bien excusable à cette date. Ozanam fait très grand état
d'une lettre de Dante à Cangrande della Scala (*thèse*, p. 74), qui serait en effet
de première importance, mais qui est très probablement apocryphe (KRAUS,
Dante, 313-317). Il convient d'ajouter qu'il se trompait avec presque tous les
érudits d'alors.

d'érudition que ses devanciers une idée semblable, que
M. Mâle renouvelait naguère l'étude de l'iconographie de
nos cathédrales. Ozanam a fait pour le chef-d'œuvre de la
poésie religieuse du Moyen Age ce que M. Mâle a fait avec
tant de bonheur pour les chefs-d'œuvre de l'art plastique.

Il ne s'est pas astreint à donner de la *Divine Comédie*
un commentaire continu, ni même une étude complète ;
il ne s'est pas attardé par exemple à en faire ressortir les
beautés poétiques [1], encore qu'il déplorât qu'on les connût
trop peu [2]. Mais par contre il ne s'y est pas exclusivement
renfermé. Il ne l'a envisagée que comme l'un des documents dont il disposait, concurremment avec d'autres, pour
reconstituer la philosophie de Dante et la comparer aux
autres systèmes du Moyen Age. Ainsi s'affirme la nouveauté de sa tentative et se justifie son titre [3].

Nous ne pouvons qu'analyser brièvement son livre. La
philosophie de Dante a la foi pour postulat, et conduit à
la foi ; elle est symbolisée par Virgile, que Béatrix envoie
à Dante et qui ramène Dante à Béatrix. Elle comprend une
physique, une métaphysique et une morale ; mais celle-ci
est l'essentiel et la fin de tout le reste. « Le point de vue
pratique est celui auquel toutes ses tendances ramènent [4] »
Dante. « Il ne faudra pas s'étonner si toutes les connaissances obtenues viennent se classer sous la notion du bien et
du mal. Il y aura un ensemble de doctrines qui comprendra le mal d'abord, puis le mal en lutte ou en rapport avec
le bien, enfin le bien lui-même, dans l'homme, dans la

---

1. De même il ne résume la vie de Dante qu'autant que cela est indispensable pour l'intelligence de son œuvre, et n'entreprend pas de refaire la biographie de Fauriel, qui pouvait alors passer pour satisfaire toutes les exigences.
C'est ainsi qu'il admet sans hésitation un fait aujourd'hui très contesté, le voyage
de Dante en France et à Paris (HAUVETTE, *op. cit.*, 160-164). Ici encore, on
constate son esprit de fidélité a la tradition.
2. Cf. *Thèse*, p. 6 : « Parmi ceux qu'on appelle les gens instruits, beaucoup
ne connaissent du poème entier que l'*Enfer*, et de l'*Enfer* que l'inscription de
la porte et la mort d'Ugolin. »
3. Sa thèse est intitulée : *Essai sur la philosophie de Dante*. Les éditions suivantes portent le titre : *Dante et la philosophie catholique au* XIII° *siècle*, qui
exprime mieux encore le contenu du livre.
4. *Thèse*, p. 90.

société, dans la vie à venir, dans les êtres extérieurs aux influences desquels la nature humaine est soumise [1]. » On voit le rapport entre cette division [2] et les trois parties de la trilogie dantesque ; « les conceptions savantes de la raison entreront comme d'elles-mêmes dans le cadre poétique donné par la tradition religieuse : *Enfer, Purgatoire et Paradis* [3] » ; et Ozanam s'assurera le moyen de concilier jusqu'à un certain point les avantages de l'exposition systématique avec ceux du commentaire.

Le mal se rencontre soit dans l'intelligence, où il s'appelle l'ignorance et l'erreur, soit dans la volonté, où il revêt trois formes principales, « les trois dispositions que le ciel ne veut pas [1], l'incontinence, la malice et la brutalité [5] » (classification empruntée à Aristote et qui domine la géographie infernale [6]). Dans la volonté, il résulte du dérèglement de l'amour, « principe nécessaire de toute activité », qui « peut errer dans son objet en s'écartant vers le mal », qui « peut errer aussi dans l'excès ou l'insuffisance de son énergie, en demeurant dirigé vers le bien [7] ». De là une classification des péchés capitaux qui diffère de celle qui est communément reçue et aussi de celle de saint Thomas, mais est empruntée à saint Bonaventure [8]. Le mal n'est pas seulement dans l'individu, mais dans la société et dans l'histoire, qui ne sont que l'agrandissement de l'individu dans l'espace et dans le temps : les égarements religieux, politiques et sociaux de l'humanité justifient les

1. *Ibid.*, p. 92.
2. D'ailleurs suggérée à Ozanam par un des plus anciens commentaires de la *Divine Comédie*, déjà signalé, mais encore inédit au temps où il écrivait, celui du fils de Dante ui-même, Giacopo di Dante (Ozanam l'utilisait d'après un manuscrit de la Bibliothèque Nationale). Partout on le retrouve sagement attentif à ne pas inventer, à retrouver l'état d'esprit du Moyen Age.
3. *Thèse*, p. 92.
4. Le tre disposizion che'l ciel non vuole :
    Incontinenza, malizia, e la matta
    Bestialitade... (*Enfer*, XI, 81-83.)
5. OZANAM, *Thèse*, 99.
6. HAUVETTE, *Dante*, 3ᵉ partie, chap. II.
7. OZANAM, *Thèse*, 101-102.
8. *Ibid.*, 102 n.

furieuses satires dont la *Divine Comédie* est remplie. Le mal
ne se rencontre à l'état absolu, pour ainsi dire, que dans la
perduta gente, dans la cité des méchants. Sur terre, il lutte
avec le bien; et cette lutte ayant pour théâtre l'homme,
qui vit dans le monde et qui en dépend, ce sera l'occasion d'exposer l'anthropologie et la cosmologie de Dante,
sa théorie de la conception et de la survie des âmes,
sa logique, son analyse des passions dérivant toutes de
l'amour. La lutte s'achève par la purification du mal et le
triomphe du bien, dans le Purgatoire. Le bien enfin résulte pour l'homme de l'accomplissement de ses deux destinées d'ici-bas, « l'une active, où il s'efforce d'opérer lui-
même, l'autre contemplative où il considère les opérations
de Dieu et de la nature. Ces deux destinées, figurées dans
l'Ancien Testament par Lia et Rachel, dans le Nouveau
par Marthe et Marie, sont représentées dans le poème
[de Dante] par Mathilde, la grande et énergique comtesse,
et par Béatrix, la sainte inspirée [1]. » Elles sont aussi proposées comme fin à l'humanité prise dans son ensemble, à
l'humanité conduite et encadrée par les organisations politique et religieuse. La monarchie impériale et la monarchie pontificale, universelles chacune dans sa sphère et
parfaitement distinctes, réalisent autant qu'il peut l'être
sur terre le bien temporel et le bien spirituel. Mais la satisfaction complète du bonheur dont l'homme est capable,
il ne la trouvera que dans la contemplation de Dieu enfin
dévoilé; la théodicée couronne tout cet exposé philosophique, comme le *Paradis* est le terme de la *Divine Comédie*.

Restait à rechercher les sources de ces doctrines et à
leur assigner leur place dans l'histoire de la pensée humaine. Il n'y avait peut-être pas lieu de parler d'influences
orientales : Ozanam s'est beaucoup exagéré la connaissance
que le XIII° siècle, et Dante en particulier, pouvaient avoir
des doctrines brahmaniques ou bouddhiques. Les ressemblances qu'il signale, ou sont des rencontres inévitables

---

1. OZANAM, *Thèse*, p. 157.

de l'esprit humain, ou font penser à la philosophie grecque
et arabe beaucoup plus qu'aux spéculations de l'Extrême-
Orient. Il semble bien aussi exagérer l'influence de Dante
sur l'avenir; et lorsqu'il lui attribue une vague prévision
de l'attraction universelle, de la découverte de l'Amérique,
ou des théories géologiques, il est dupe de rapprochements
verbaux. Ce qui est parfait de science, de justesse et de
mesure, « ce qui témoigne éloquemment de l'étendue de
ses études [1] », ce sont les pages où il montre chez Dante
« un éclectique chrétien [2] » (l'expression n'était-elle pas d'actualité, et une innocente politesse à l'égard de Cousin?)
Dante concilie en lui le platonisme et l'aristotélisme, le
mysticisme et le rationalisme, saint Bonaventure et saint
Thomas (qu'il associe, aux chants X à XIII du *Paradis*,
dans une égale admiration); il emprunte à celui-ci sa méthode rationnelle et l'ensemble de sa doctrine, à celui-là
une bonne part de ses théories morales, sur les rapports
de l'erreur et du vice, de la vertu et du savoir, du physique et du moral; il est original précisément par la largeur
d'esprit avec laquelle il se place au-dessus des systèmes et
des écoles, et les rapproche dans une harmonieuse synthèse, résumé de la sagesse du Moyen Age [3].

1. Expression de l'article, cité plus loin, de l'*Allgemeine Literaturzeitung* de
Halle.
2. *Thèse*, p. 243.
3. La thèse d'Ozanam, ou plutôt la première réédition qu'il en donna, immé-
diatement traduite en allemand en même temps qu'en italien, a été l'objet d'un
compte rendu très détaillé et très élogieux dans l'*Allgemeine Literaturzeitung*
de Halle (1844, nos 271-273). Il est d'autant plus digne de remarque qu'écrit du
point de vue protestant il ne saurait être suspect de complaisance. Nous le
traduisons ou le résumons, en faisant observer que les boutades antifrançaises
qui s'y rencontrent, tout à fait injustes pour l'érudition française en général,
sont un peu mieux fondées en ce qui concerne les études dantesques. L'auteur
constate que le travail d'Ozanam est d'autant plus le bienvenu qu'en Allemagne comme en France la scolastique est injustement dédaignée. « L'ouvrage,
écrit-il, appartient au petit nombre des livres qui fournissent la preuve qu'en
France, au milieu des frivolités et des extravagances, des intrigues et du charlatanisme, au milieu des querelles de la nouvelle littérature, où la passion
foule aux pieds toute vérité, il y a des hommes qui d'un esprit sérieux et
honnête poursuivent des études approfondies, et se détournant de l'agitation du
présent, s'occupent des plus dignes sujets. Ce livre inspire la plus haute estime
pour l'auteur, que l'on envisage la grandeur et l'importance du sujet ou la
manière dont il est traité. Tout est bien ordonné, clair, approfondi, sans

De cette brillante et pénétrante analyse, deux conclusions se dégageaient. Elles s'imposaient à l'esprit avec
une telle force et une telle évidence qu'Ozanam a pu se
borner à les indiquer sans insister. D'abord le seul exposé didactique de la philosophie de Dante se trouve
éclairer quantité de points de détails et l'ensemble même
de son grand poème. Après la lecture attentive du livre
d'Ozanam, si on aborde la *Divine Comédie*, on se sent
muni d'un fil conducteur qui empêche de s'égarer ; la plupart des difficultés et des obscurités s'évanouissent. Une
explication si satisfaisante, et qui, une fois donnée, parait
si simple, ne peut pas n'être pas vraie. Ozanam, selon
l'expression de Kraus, s'est trouvé devenir « un des appuis
principaux de l'interprétation morale et religieuse¹ » de
la *Divine Comédie*. Ce qui ne veut pas dire qu'on ne puisse
légitimement soutenir encore l'interprétation politique.
Mais il est devenu impossible de la présenter de façon
exclusive. Il faut admettre cette superposition d'allégories
à laquelle recourt de plus en plus l'érudition dantesque².

L'autre conclusion a dû être singulièrement agréable à
l'âme si catholique d'Ozanam, en lui permettant de mettre
pleinement d'accord sa foi et ses admirations littéraires.
Mais il faut se garder de dire qu'elle lui ait été suggérée
par un inconscient parti pris, et de parler de prévention.
Le parti pris était tout entier de l'autre côté. Il se mani-
festait par une application absurde de l'interprétation poli-

---

phrases, écrit avec simplicité et sérieux. » Sur la vie, sur les études de Dante,
rien qui soit nouveau pour l'Allemagne ; « mais il faut signaler avec éloges,
comme caractéristique de l'esprit de l'auteur, que tout à fait à l'opposé de la
manière ordinaire des Français, il voit dans la vérité et la moralité les éléments
essentiels de la poésie de Dante ». La troisième partie, la comparaison de la
philosophie de Dante avec les autres systèmes médiévaux, est la plus intéressante « et témoigne avec éclat des vastes études de l'auteur. En revanche,
les rapprochements avec l'Inde sont arbitraires. Le chapitre sur Béatrix, le
chapitre sur les sources de Dante sont excellents. Le catholicisme de l'auteur
l'égare parfois et l'empêche d'apercevoir les assertions hétérodoxes que contient
la *Divine Comédie*. Tout compte fait « cet ouvrage est et reste un des plus
remarquables dans la littérature récente de nos voisins ».

1. KRAUS, *Dante*, p. 384. Kraus ajoute que l'ouvrage d'Ozanam « est encore
précieux aujourd'hui ».
2. Voir le résumé de la question dans HAUVETTE, *op. cit.*, 3ᵉ partie, chap. III.

tique. Frappés de l'extrême liberté avec laquelle Dante
juge quelques-uns des papes et des prélats de son temps [1],
de la vigueur avec laquelle il dénonce dans l'Eglise la
corruption, la simonie, la richesse excessive, l'immixtion
trop fréquente dans les affaires politiques, et enfin de son
antipathie pour le principe même du pouvoir temporel,
quelques érudits, plus romantiques peut-être qu'érudits,
qui n'avaient pas le sens et ignoraient tout de l'esprit du
Moyen Age, qui n'avaient, sans doute, jamais lu saint Bernard ni regardé un *Jugement dernier*, ne pouvaient se
persuader qu'un homme d'un jugement si hardi conciliât
la liberté de ses appréciations avec la soumission la plus
complète au dogme chrétien le plus orthodoxe. D'ailleurs, l'intérêt de parti s'en mêlait. La Réforme avait
cherché dès ses débuts [2] et n'avait pas tout à fait renoncé [3]
à trouver en Dante un précurseur. Surtout, comme on l'a
vu, les hommes du *Risorgimento* essayaient de tirer à
eux cette grande mémoire. Or, par l'effet des circonstances, leur patriotisme s'unissait souvent au plus violent anticléricalisme; et beaucoup d'entre eux avaient con-
tracté dans le carbonarisme l'habitude des « loges » et des
« ventes », avec leur langage de convention. De là les théories, soutenues par Foscolo d'une manière à peu près
raisonnable, portées par Rossetti aux plus fantaisistes
exagérations. Dante se serait proposé de travailler à la
réforme de l'Eglise. A en croire Rossetti, il aurait été le
chef et le porte-parole d'une mystérieuse association,

---

1. On sait qu'il place en enfer Nicolas III, Boniface VIII, Clément V, et
même, très probablement, saint Célestin V.

2. OZANAM (*Thèse*, 257-259) a rappelé les controverses engagées à ce sujet, et
notamment l'interprétation par laquelle on appliquait à Luther la prédiction
d'un envoyé du ciel qui châtiera la prostituée assise sur la Bête aux sept têtes
et aux six cornes, c'est-à-dire l'Eglise corrompue.

3. Dans l'article de l'*Allgemeine Literaturzeitung* cité plus haut, une des
rares critiques adressées à Ozanam est d'avoir méconnu les nombreuses
assertions hétérodoxes contenues dans la *Divine Comédie*. Nous croyons qu'on
serait bien embarrassé pour en trouver, à moins qu'on ne compte comme telle
la condamnation du pouvoir temporel, qui était assurément une institution
très respectable par son antiquité et les services rendus à l'indépendance du
Saint-Siège, mais dont la nécessité n'est cependant pas un dogme. La doctrine
de la *Monarchie* ne serait peut-être pas aussi sûre.

d'une franc-maçonnerie de gibelins, l'inventeur d'une langue symbolique dont la secte aurait usé pour se dissimuler, et dont se seraient servis après lui Pétrarque et Boccace. Non seulement la *Divine Comédie*, mais toute la poésie du temps serait à traduire, pour ainsi dire, au moyen d'un chiffre, où *amour*, par exemple, signifierait attachement à l'Empire, et *dame*, la puissance impériale, tandis que les inspiratrices chantées par les poètes, la Béatrix de Dante, la Laure de Pétrarque et la Fiammetta de Boccace seraient autant de figures de la liberté civile et ecclésiastique [1]. Rêveries qui pouvaient trouver quelque créance alors, parce qu'elles n'étaient pas isolées [2]. C'était le temps où se fabriquait la légende des Templiers [3], et où Victor Hugo, et plus tard Viollet-le-Duc, interprétant tout à fait à faux le symbolisme de l'art médiéval, s'imaginaient découvrir, sur les façades des cathédrales, une protestation de l'esprit « laïque » comprimé par l'Eglise. En ce qui concerne Dante, Schlegel avait déjà vertement repoussé les élucubrations de Rossetti [4]. Mais la thèse d'Ozanam en apporte une réfutation indirecte, mais la plus péremptoire et la plus définitive qu'on puisse demander, en démontrant, non seulement la vivacité des sentiments religieux de Dante, mais la parfaite conformité de sa doctrine avec la théologie scolastique. « L'orthodoxie de Dante, pouvait-il écrire,... est la vérité culminante où viennent aboutir toutes nos inductions et nos recherches [5]. »

---

1. Cf. OZANAM, *Thèse*, 259-260, et pour plus de détails KRAUS, *op. cit.*, p. 372 et suiv.

2. Cf. KRAUS. p. 374.

3. La culpabilité des Templiers en tant qu'ordre, aujourd'hui niée par tous les érudits compétents (voir le résumé et la bibliographie de la question dans MOLLAT, *Les Papes d'Avignon*, p. 228-256) était alors admise assez volontiers. On leur attribua une doctrine ésotérique, origine de la maçonnerie. Cette idée a conservé un certain crédit dans quelques milieux religieux. Il est curieux de la rapprocher de la thèse anticléricale de Victor Hugo, que nous rappelons ci-dessus. Il est curieux aussi de constater qu'Ozanam, qui a si bien fait justice de la « légende dantesque », semble quelque peu impressionné par celle des Templiers (cf. *Purgatoire*. 392-393).

4. *Revue des Deux Mondes*, 15 août 1836.

5. *Thèse*, p. 265.

Mais Ozanam avait l'esprit beaucoup trop curieux et trop ouvert pour s'en tenir, sur Dante, à un seul point de vue.

De très bonne heure, un autre problème l'avait préoccupé, celui, sinon des modèles, du moins des sources de Dante. Ainsi qu'il l'a dit lui-même dans l'introduction de sa thèse latine [1], « ce qui lui était apparu tout d'abord » en étudiant la *Divine Comédie*, « c'est que la doctrine multiple cachée pour ainsi dire dans les entrailles du poème était dérivée des écoles philosophiques les plus variées. Mais d'autre part il avait tout de suite soupçonné que dans la structure extérieure de l'œuvre, certaines parties conservaient comme le reflet de modèles plus anciens. »

Ici encore, si l'on songe à la date où il écrivait, il est impossible de ne pas reconnaître à Ozanam un sens historique fort méritoire. Il n'y avait pas longtemps que cette préoccupation de la recherche des sources était entrée dans l'histoire littéraire, où elle tient aujourd'hui une place peut-être excessive. Dans la genèse de l'œuvre d'art, on donnait tout à l'inspiration ou au raisonnement, rien à la réminiscence; on ne concevait que la création pure, ou l'imitation consciente et réfléchie, comme celle d'Homère par Virgile ou d'Euripide par Racine. On n'était pas habitué encore à considérer un grand poème comme le produit à demi-inconscient d'une époque tout entière, dont l'auteur a collaboré avec une foule de prédécesseurs et de contemporains anonymes, et n'a fait que mettre en œuvre avec génie une matière commune. Dante, en particulier, était si grand et semblait si étrange, qu'on le prenait pour un isolé. Lorsque avait paru au commencement du siècle la *Vision d'Albéric du Mont-Cassin*, la surprise et presque le scandale qui avaient accueilli cette publication, par laquelle on croyait sérieusement mise en question l'originalité de la *Divine Comédie* [2], montrent bien que tout le monde à peu près se

___

1. P. 3.
2. Ozanam, *Des sources poétiques de la Divine Comédie* (Œuvres, V, 400); Hauvette, *Dante*, 216.

faisait jusqu'alors une idée inexacte et trop matérielle de
ce que pouvait être cette originalité. Mais désormais le
problème était posé. Foscolo le premier l'aborda, « en
une intéressante mais trop courte dissertation [1] ». Ozanam
eut l'instinct d'un beau sujet; il s'en empara et le fit
sien.

Sa thèse latine ne fait encore qu'en déblayer pour ainsi
dire les abords. Nous en avons déjà indiqué le sujet. Ozanam étudie les descentes aux Enfers de la littérature antique, d'une part comme thèmes littéraires, d'autre part
comme mythes religieux; c'est sous le premier aspect
surtout qu'on peut les considérer comme de lointains
prototypes ayant influé sur la *Divine Comédie*. Pour apprécier avec équité ce travail, il faut se rappeler que les
usages universitaires d'alors, et le légitime désir de conquérir vite un grade, lui imposaient des limites fort étroites. Il y a quelque inexpérience juvénile dans le choix d'un
si vaste sujet à traiter en quarante pages. Par la force des
choses, toute la première partie se réduit à un catalogue,
très complet d'ailleurs et qui fait le plus grand honneur à
la culture classique d'Ozanam. Nous ne croyons pas que
rien d'important lui ait échappé; il a même étendu son enquête aux littératures des peuples dits barbares, et emprunté, soit aux épopées indoues, soit aux Eddas, d'utiles
termes de comparaison. Mais le plan suivi n'est peut-être
pas le meilleur. L'ordre chronologique eût mieux valu sans
doute que le classement par genres littéraires. En l'adop-
tant, Ozanam eût été conduit à insister avec plus de force
sur la distinction qu'il a bien sentie, qu'il n'a pas suffisam-
ment marquée, entre les légendes primitives nées spontanément dans des imaginations croyantes, les mythes
philosophiques, et enfin les pures machines littéraires,
les lieux communs développés sans conviction dans les
œuvres artificielles de la poésie des âges récents. Et cette

---

1. OZANAM. *Thèse française*, p. 71. La dissertation de Foscolo a paru dans
l'*Edinburgh Review*, t. XXX.

distinction mieux faite l'eût à son tour préservé de certaines erreurs. Lui, qui a si bien compris la question
dantesque, n'a pas étudié de première main la question
homérique ; il s'en tient à l'opinion conservatrice, et oppose
aux novateurs une fin de non recevoir un peu sommaire ; il
se refuse par suite à reconnaître, dans l'épisode célèbre de
la descente d'Ulysse aux Enfers au XIe livre de l'*Odyssée*,
des contradictions évidentes et des traces de remanie-
ments, témoins de croyances successives et inconciliables.
D'une façon générale, il a trop isolé le thème particulier
qu'il étudiait de cette autre question plus vaste : quelle
idée l'antiquité s'est-elle faite de l'immortalité de l'âme et
des conditions de la vie d'outre-tombe ? Il lui reste d'avoir
le premier jalonné un sillon que ses successeurs devaient
creuser bien plus avant.

Dante a d'ailleurs fourni l'occasion beaucoup plus qu'il
n'est le sujet de cette première étude. C'est ainsi qu'Ozanam ne se demande même pas ce que la *Divine Comédie*
peut devoir au VIe livre de l'*Énéide*. Nous avons déjà vu
qu'il a plutôt conçu son travail comme une contribution à
l'histoire religieuse. C'est Dante, au contraire, qu'il a
constamment présent à la pensée dans son célèbre mémoire sur les *Sources poétiques de la Divine Comédie*.
Déjà dans la première édition de *Dante et la philosophie
catholique*, il avait consacré, à l'indication des principales
visions qui ont précédé celle de Dante, quelques pages
suffisantes pour fixer l'attention de la critique [1]. Depuis,
Labitte avait publié dans la *Revue des Deux Mondes* un
article sur la *Divine Comédie avant Dante* [2]. Ozanam reprit
la question [3] et trouva moyen d'ajouter beaucoup au travail, d'ailleurs remarquable, de son émule.

Pour montrer dans le grand poète, au lieu d'un inventeur

---

1. L'*Allgemeine Literaturzeitung*, dans l article signalé plus haut, en avait
relevé l'intérêt.
2. Année 1842, t. LIII.
3. Son mémoire, paru d'abord dans le *Correspondant*, est dans les dernières
éditions des *Œuvres* publié à la fin du volume sur les *Poètes franciscains*.

de conceptions dont l'étrangeté prouverait l'originalité, dont la puissance ferait pardonner l'étrangeté, l'interprète définitif d'une pensée aussi vieille que le genre humain, Ozanam, par une interversion hardie, prend à rebours l'ordre des temps; et partant de cette période culminante du Moyen Age qu'est le siècle de la *Divine Comédie*, passant des romans chevaleresques au *Pasteur* d'Hermas, et du *Pasteur* à Homère, il va rejoindre, par delà les « siècles de fer », par delà l'antiquité chrétienne, les mythes païens étudiés dans son précédent travail. Il remonte jusqu'à sa source le courant de la tradition, « ce fleuve d'idées formé des légendes du Moyen Age, purifié par le christianisme, chargé auparavant de toutes les fables de la poésie et de la théologie païenne, et sorti d'une source mystérieuse que l'homme n'a pas creusée[1] ». Il a écrit des travaux plus personnels que cette immense enquête ; rien qui prouve davantage l'ampleur de ses lectures. Naturellement, c'est sur le Moyen Age surtout qu'il insiste, et c'est le Moyen Age tout entier qu'il interroge ; depuis l'Irlande, si riche en fictions poétiques, qui lui fournit à la fois « la formidable histoire du *Purgatoire de Saint-Patrice* », et « l'odyssée monacale du *Voyage de saint Brendan* », et la farouche légende de Tundale, et celle de saint Fursy, jusqu'à l'Orient byzantin, où les histoires de saint Antoine et de saint Macaire, comparées à celle de saint Brendan, font reconnaître, dans leur bizarrerie, « la sécheresse, la dureté, la pauvreté du génie byzantin[2] » ; — depuis l'Islande, patrie de ce *Chant du soleil*, inséré dans les Eddas, et qui offre avec la *Divine Comédie* quelques rencontres de détail d'autant plus étranges, qu'il est absolument impossible de songer à une influence exercée, jusqu'à l'Italie, où sinon la *Vision d'Albéric*, du moins les œuvres de Joachim de Flore, ont quelque chance au contraire d'avoir été connues de Dante. Toutes ces légendes, tour à tour poétiques ou niaises, grandioses ou puériles, terribles ou

1. *Poètes franciscains*, p. 533.
2. *Ibid.*, p. 465.

consolantes, où « toute la douceur et toute la sévérité du
christianisme se sont réfugiées [1] », dont les unes ont joui
d'une popularité universelle, tandis que d'autres « se liaient
à l'histoire de chaque église, peut-être de chaque communauté puissante », et en portent comme la marque distinc-
tive, il a su les caractériser d'un mot toujours heureux, et
en tirer les traits communs qu'elle renferment et qui pour
la plupart se rencontrent chez Dante [2].

« Les différences, dit-il, sont innombrables, mais déjà
les ressemblances percent, et les traits principaux s'y
fixent. L'enfer, le purgatoire et le ciel se succèdent dans
le même ordre, et le paradis terrestre y a la même place.
Le visionnaire est sous la conduite d'un guide surnaturel ; les démons ne manquent pas de l'assaillir, les anges
de le défendre. L'appareil des supplices n'a guère d'autres
ressources que le fer, la glace et le feu. Les mêmes ser-
pents courent dans les mêmes sables, dans les mêmes
forêts épineuses. Le pont fatal est rarement oublié[3]. Du
fond du puits de l'abime, Satan s'élève comme un géant,
et les réprouvés se débattent sous ses mâchoires. Le voyageur ne passe pas impunément au milieu de tant de flammes ; elles l'atteignent, mais elles le purifient. Comment
ne reconnaitra-t-il pas dans les peines, dans les expiations
ou dans la gloire, ceux qu'il craignit sur la terre ou qu'il
aima ? Comment ne pas rencontrer des ombres illustres à
ce rendez-vous du genre humain ? Comment ne pas juger
son temps, quand il dispose de l'éternité ? Et parce que
l'économie divine ne souffre rien d'inutile, la vision veut
être manifestée ; et c'est au milieu des splendeurs du paradis que le spectateur ébloui reçoit l'ordre de publier ce
qu'il a vu, et de ne craindre ni la haine ni le mépris des
hommes. »

---

1. *Ibid.*, p. 485.
2. *Ibid.*. p. 467.
3. Ce pont d'ailleurs n'existe pas chez Dante ; c'est par erreur qu'Ozanam le
mentionne.

Il va de soi que l'érudition n'a jamais dit son dernier
mot. D'autres savants, et Ozanam lui-même, enrichiront
encore la liste des « visions » et des « voyages ». Cependant la gerbe était désormais liée ; il ne restait plus qu'à
glaner. Une critique un peu plus sérieuse, et la seule à
vrai dire que l'on puisse faire à ce beau mémoire, c'est le
plan un peu trop lâche ; il semble qu'Ozanam passe d'une
légende à l'autre au hasard de l'association des idées. Il y
aurait lieu de serrer davantage le problème de la filiation
de toutes ces histoires. Ozanam n'a pas non plus tiré tout
le parti qu'il aurait pu d'une distinction entrevue par
Labitte et qu'il a pleinement reconnue, entre les légendes
purement littéraires, ou purement édifiantes, ou politiques
et tendancieuses. Il a laissé à ses successeurs, MM. d'Ancona[1] et Kraus[2], le soin d'en faire un principe de classification des légendes. Mais on ne réussira pas mieux qu'O-
zanam à rendre accessible une matière un peu ardue ; ce
qui aurait pu n'être qu'un catalogue ennuyeux se lit d'un
bout à l'autre avec un vif intérêt. La conclusion marque à
merveille quelle est la portée de ces recherches d'érudition appliquées aux alentours de la *Divine Comédie*, dans
quelle mesure on peut parler « des précurseurs » de Dante,
et comment l'originalité du poète, qui semblait s'évanouir
par l'effet des travaux convergents d'Ozanam lui-même,
subsiste au contraire et grandit. Si ses idées philosophiques sont celles de son temps, si le cadre dans lequel il
les expose n'est pas davantage une création *ex nihilo*, deux
choses lui appartiennent en propre, et, le don du style mis
à part, constituent sa grandeur : c'est la vie qu'il a su inspirer à des conceptions abstraites, et la puissance avec
laquelle il a su organiser « un sujet immense, dont les
éléments mobiles roulaient depuis bientôt six mille ans
dans la pensée des hommes ».

Ozanam ne s'est pas borné d'ailleurs à rassembler avec

1. D'Ancona, *I precursori di Dante.*
2. Kraus, *Dante, sein Leben und sein Werk.*

beaucoup de patience les textes trouvés par autrui [1]. Nous
avons fait allusion déjà à la découverte qu'il lui était réservé
de faire dans ce domaine. Au cours de sa mission en Italie,
en 1847, il rencontra dans un manuscrit de la bibliothèque
de Saint-Marc, à Venise, deux petits poëmes : *De la Jérusalem céleste* et *De Babylone, cité d'Enfer*, dus à un franciscain jusqu'alors tout à fait inconnu de la fin du XIIIe siècle, frère Giacomino de Vérone. Il les publia [2] dans ses
Documents inédits [3], avec une annotation qui expliquait les
idiotismes les plus difficiles du dialecte véronais, et signalait les parallélismes avec Dante. Dans son introduction,
laissant aux spécialistes le soin d'en faire ressortir l'intérêt philologique, qui est considérable [4], il en relevait l'intérêt littéraire et surtout historique, qu'il avait tout de suite
reconnu. Sans doute Giacomino en lui-même est d'ordinaire un assez plat rimeur. Encore ne faut-il pas trop le
déprécier. Sa description de la Jérusalem céleste évoque
curieusement les splendeurs des mosaïques absidales, où
le même sujet est traité dans une autre technique. Son
Enfer a quelques traits saisissants de bouffonnerie sinistre,
et une scène d'une incontestable grandeur, qui eût mérité
que Dante s'en emparât pour l'immortaliser [5] : c'est la
rencontre du père et du fils, damnés l'un pour l'autre :
« Pour toi, dit le père, pour que tu fusses plus à l'aise, j'ai
abandonné Dieu, m'enrichissant d'usures et de rapines. »

1. Déjà dans son *Dante*, il avait donné en appendice un poème français inédit :
la *Vision de saint Paul*.
2. En s'aidant, comme il l'explique (*Documents*, p. 134), d'une copie annotée
de Tommaseo.
3. *Documents*, pp. 291-312, et introduction, pp. 118-134.
4. Les écrits de Giacomino sont parmi les plus anciennement signalés de
toute une série de poèmes (de Patecchio de Crémone, Uguccione de Lodi, Bar-
segapé, fra Bonvesin de Riva), qui ont en commun une inspiration morale et
didactique, et qui ont posé un problème résolu en sens contraires par d'éminents
philologues. « Une véritable langue littéraire, commune à toute cette région
de Milan à Venise », s'est-elle établie « au XIIIe siècle, à côté ou pour mieux
dire au-dessus des divers patois » ? Ou bien faut-il dire seulement que « les
dialectes de l'Italie supérieure avaient alors plus de ressemblance entre eux
qu'ils n'en ont aujourd'hui ? » (HAUVETTE, *Littérature italienne*, 45). Cf. l'exposé
de GASPARY, *Storia della letteratura italiana*, 118 n.
5. Rien ne prouve d'ailleurs que Giacomino en soit l'inventeur. Il a pu en
puiser l'idée chez quelque sermonnaire.

Et le fils reproche au père sa faiblesse, ses mauvais exemples et ses mauvais conseils. Mais surtout Giacomino fournit une preuve de plus à l'appui d'une thèse sur laquelle Ozanam, presque en même temps, insistait dans un autre de ses ouvrages. « On ne sait pas assez, dit-il, — et ces mots sont presque le programme de ses *Poëtes franciscains*, — quels services l'ordre des Frères Mineurs a rendus à la langue italienne[1].» D'abord, ordre de pauvres et fait pour les pauvres, il prêche dans l'idiome des pauvres. Saint François, d'autre part, a légué à bon nombre de ses disciples son âme de « troubadour[2] ». Giacomino est un des membres de sa famille poétique, qui se confond presque avec sa famille religieuse. Mais le lyrisme d'un saint François ou même la poésie plus savante d'un Jacopone de Todi, ne sont que l'expression spontanée d'une âme enthousiaste et comme la satisfaction d'un instinct. Giacomino a dans l'école franciscaine une physionomie un peu spéciale, en ce que ses essais poétiques sont un procédé réfléchi d'apostolat. Rien n'était plus en vogue, dans la Haute-Italie, à la fin du XIIIe siècle, que les épopées chevaleresques d'origine française, plus ou moins italianisées. Des chanteurs ambulants les récitaient dans les rues et sur les théâtres. Faire tourner ce goût au profit de la propagande religieuse, concurrencer sur son propre terrain cette poésie de carrefour, aux jongleurs profanes opposer « les jongleurs de Dieu », créer ainsi une forme nouvelle et détournée de prédication, voilà, grâce à Ozanam, ce que nous savons qu'a tenté Giacomino. Ses vers proclament eux-mêmes qu'il sont faits pour être chantés, non pour être lus. La forme de ses poèmes est précisément celle des chansons de geste. « Les vers de treize syllabes, rangés quatre à quatre en stances terminées par les mêmes rimes, rappellent les alexandrins et les tirades monorimes de nos vieux romans carlovingiens. » Pour le fond même, plus d'un pas-

---

1. *Documents inédits*, p. 119.
2. L'expression est empruntée au titre même d'un opuscule de GOERRES, *Der hl. Franz von Assisi, ein Troubadour.*

sage s'adresse évidemment à des imaginations qu'on suppose nourries de poèmes chevaleresques. L'entrée de l'enfer est une porte de château fort, avec tour, échauguette et pont-levis. Le bonheur des élus, outre la joie de la contemplation éternelle de Dieu, est fait de tous les plaisirs et de toutes les splendeurs que peut offrir une brillante cour féodale : « destriers et palefrois si riches, que personne ne peut dire qu'ils aient leurs pareils sur la terre », qui « courent plus vite que les cerfs, ou que les vents d'outre-mer ; étriers, selles, arçons et mors d'or ou d'émeraude », et « pour compléter ce qui convient à de grands barons », blanc gonfanon donné par la Vierge elle-même [1]. Ainsi Giacomino imite de près ce qu'il veut remplacer Il témoigne utilement de la popularité de ces « fables et dires de bouffons [2] », auxquels il veut opposer les plus sérieuses vérités. Car il s'agit de vérités. Il se vante d'avoir tout pris aux saints Pères[3] et aux Ecritures, « au texte, aux gloses et aux sermons [4] ». Il n'y a rien qu'il re ousse avec plus de force que le soupçon d'originalité. C'est la première leçon qu'il nous donne : il nous apprendrait, si nous ne le savions déjà, ce qu'il faut penser de celle des autres visionnaires du Moyen Age parmi lesquels l'heureuse trouvaille d'Ozanam lui a rendu sa place.

Pourquoi faut-il qu'à la liste des travaux dantesques d'Ozanam, on ne puisse ajouter celui qui aurait été le couronnement naturel de tous les autres, l'ample commentaire continu de la *Divine Comédie*, que personne alors n'était plus capable de tenter, qui nous manque encore, et qu'il avait entrepris ! Il le faisait peu à peu pour ses auditeurs de la Sorbonne ; il ne consacra pas moins de sept années à cette tâche, que la maladie, puis la mort, interrompirent. L'ouvrage n'était pas également avancé dans toutes ses parties. La traduction qui en était la base comprenait

---

1. *Documents inédits*, p. 120.
2. *Ibid.*, p. 300.
3. « Li Santi cum tutele Scripture », p. 291.
4. « Jacomino da Verona, de l'Ordeno de Minori
    La copula de testo, de glose e de sermoni ». (*Ibid.*, p. 311).

trente chants de l'*Enfer* (sur trente-quatre), six seulement
du *Paradis* (sur trente-trois), mais en revanche l'intégra-
lité des trente-trois chants du *Purgatoire*. On a noté [1] la
« prédilection particulière » qui « attachait M. Ozanam à ces
chants destinés à célébrer la réhabilitation de l'homme
coupable, et tout remplis de consolations et d'espérances
célestes ». Moins tragique et moins tendu que l'*Enfer*,
moins mystique, et, osons dire le mot, moins monotone
que le *Paradis*, le *Purgatoire* tient en quelque sorte de
l'un et de l'autre, et par la prodigieuse variété des tons et
des épisodes, est peut-être des trois parties du grand poème
celle qui suffirait le mieux à donner une idée de la sou-
plesse du génie de Dante et de la variété de ses préoccupations. On y rencontre aussi l'expression développée de
quelques-unes de ses plus curieuses théories philosophiques [2]; en le commentant, Ozanam revenait à l'objet de
ses premières recherches dantesques. Il n'est donc pas sur-
prenant qu'il y ait passé quatre années sur sept. Beaucoup
de fragments de son commentaire se retrouvèrent dans ses
notes ; quelques-uns de rédaction très poussée et presque
définitive, d'autres à l'état d'ébauche. Joints à la traduction,
ils purent former le tome IX des *Œuvres* [3]. Deux ont une
importance particulière et sont comme le sommaire d'ouvrages qu'Ozanam aurait mérité de pouvoir écrire. C'est
d'abord une étude profonde sur l'origine et les caractères
de cet amour platonique qui a été une des conventions
de la poésie du Moyen Age et une des sources d'inspiration de Dante. C'est ensuite la suggestive *Histoire poétique de Virgile* [4] : Ozanam y retrace l'extraordinaire fortune
de ce grand nom. Vénéré dans les écoles, comme l'auteur

---

1. Préface de M. HEINRICH au t. IX des *Œuvres* d'Ozanam, p. VI.
2. Ainsi (ch. XVIII) la théorie de l'amour, principe de tout bien et de tout
mal, et (ch. XXV) la théorie de la génération, de la création et de la survie des
âmes, prodige de poésie philosophique.
3. *Purgatoire*, p. 640 et suiv.
4. *Ibid.*, p. 428 et suiv. On sait que ce beau sujet a été admirablement
traité depuis par COMPARETTI, *Virgilio nel Medio Evo*. Ozanam avait sans
doute utilisé la thèse de Francisque Michel: *Quae vices quaeque mutationes e
Virgilium ipsum et ejus carmina per mediam aetatem exceperint* (1846).

par excellence et le résumé de toute sagesse et de toute
science, presque divinisé par le paganisme. Virgile est
pour les chrétiens tantôt un prophète, grâce à sa quatrième églogue, et tantôt le plus dangereux des tentateurs
par l'attrait qu'il prête aux fictions païennes ; il résume,
il personnifie ces lettres antiques qu'on ne se décide
jamais tout à fait, ni à proscrire, ni à étudier sans scrupules ;
jusqu'à ce que le moyen âge en fasse tour à tour un personnage liturgique, et un magicien. Hommage naïf et bizarre,
qui explique l'hommage noble et réfléchi que lui rend
Dante, en le proposant à l'humanité tout entière pour
guide et pour maître :

> Tu duca, tu signore, e tu maestro[1].

Dans le reste du commentaire, on retrouve naturellement, avec plus de détails, et à l'état épars, beaucoup de
ce qu'Ozanam avait exposé sous forme synthétique dans sa
Philosophie de Dante[2]. Il s'y montre de plus en plus familier avec la doctrine des anciens commentateurs et leur
méthode d'interprétation. Mais il y trouve enfin l'occasion
de se placer à un point de vue plus purement littéraire ;
témoin de charmantes et trop courtes pages sur Dante
imitateur de la nature[3], qui prouvent que le critique ne
sentait pas moins que le poète la variété et la beauté de
la nature italienne. Il semble aussi, comme pour affirmer
l'éternelle actualité du génie[4], que ce soit dans ces leçons
sur Dante qu'il s'est le plus souvent laissé entraîner à des
allusions politiques et à d'éloquentes professions de foi
sur les événements contemporains[5]. Quant à la traduction,

---

1. *Enfer*, II, v. 140.
2. Il revient en détail (*Purgatoire*, p. 622 et suiv.) sur la question de l'orthodoxie de Dante.
3. *Purgatoire*, p. 69 et suiv.
4. Voir, sur l'éternelle jeunesse des idées politiques et religieuses de Dante,
quelques belles pages, un peu tendancieuses, dans KRAUS, *Dante, sein Leben
und sein Werk*, notamment p. 720 et suiv. et 768-770.
5. Il faut ajouter d'ailleurs que ces leçons ont été professées de 1847 à 1850,
en un temps où l'agitation extérieure pouvait facilement gagner les salles de
cours.

malgré quelques sens discutables, il n'y en a pas sans doute
de meilleure en français; pour la comparer à deux autres,
parues vers le même temps, et qui ont joui d'un succès
mérité, elle est plus élégante que celle de Fiorentino, et
serre le texte de plus près que celle de Mesnard. Dante,
à vrai dire, — et on sent cela d'autant mieux qu'on le goûte
davantage, — décourage bien souvent le traducteur, pour
des raisons d'ailleurs différentes de beaucoup d'autres poètes. Ce que l'on désespère de rendre, en lui, ce n'est pas
l'harmonie musicale du vers, ni ces alliances de mots
hardies, étrangères à la pure logique, mais évocatrices de
sentiments et d'images. C'est quand il est le plus simple
qu'il est parfois le plus intraduisible. Il présente plusieurs
des caractères et des difficultés de cette langue latine dont
l'italien est demeuré plus rapproché que le français. L'extraordinaire raccourci de son style, ses inversions, la suppression de tant de particules qui encombrent notre langue, lui donnent tour à tour une grâce et une énergie ini-
mitables. La seule nécessité — et comment s'y soustraire?
— de rétablir l'ordre logique des mots, et d'introduire des
articles, fait ressembler toute traduction à un délayage[1].
Mais un très bon juge, J.-J. Ampère, en même temps
qu'il faisait de très fines remarques sur l'impossibilité d'une
traduction parfaite, constatait avec raison que l'on trouve
dans celle d'Ozanam, « ce qui est plus important encore
que la fidélité des détails, la fidélité de l'ensemble; on y
sent d'un bout à l'autre cette suavité mélancolique qui
donne au *Purgatoire* un charme si pénétrant, une beauté
si attendrie, et que l'âme noble et douce, passionnée et
souffrante d'Ozanam était si bien faite pour exprimer[2] ».

Le résumé d'ensemble et le jugement final sur toute
cette partie, la plus originale sans doute et la plus dura-

1. Cf. le jugement un peu dédaigneux de KRAUS (*op. cit.*, 499) sur les traductions françaises en général, comparées aux traductions allemandes ou
anglaises. Il est certain que l'anglais ou l'allemand se prêtent davantage à
rendre des œuvres poétiques.
2. Article d'Ampère dans le *Journal des Débats*, reproduit en tête du t. IX
des *Œuvres*, pp. XII-XIV.

ble de l'œuvre d'Ozanam, Sainte-Beuve[1] l'a donné en ces
quelques lignes, où une légère réserve, conséquence de
leur irréductible divergence d'esprit, ne fait que rehaus-
ser la force et la valeur de l'éloge : « M. Ozanam, doué
d'enthousiasme et les yeux dirigés vers un soleil qui
l'éclairait plus vivement sur quelques points, et qui
l'éblouissait peut-être sur quelques autres, a porté l'admiration plus loin qu'il n'est donné à de moins ardents de
la concevoir et de la soutenir pour ces formes si compli-
quées de l'esprit humain au moyen âge. Il a du moins
rassemblé tout ce qui peut aider à faire mieux comprendre
le monument poétique dans l'explication duquel il a gravé
son nom. Aujourd'hui en France, l'étude de la *Divine
Comédie*, inépuisable dans le détail, est fixée quant à l'ensemble[2]. »

Nous plaçons ici, pour ne pas séparer ce qui concerne les
études italiennes d'Ozanam, l'ouvrage qui fut le fruit
principal de sa mission de 1847[3]. Nous avons fait remarquer déjà qu'il est unique dans son œuvre. D'ordinaire il
cherche à agir sur le grand public et à l'instruire. Cette
fois, dans ce recueil de textes et de notices d'un caractère
tout technique, il ne s'est adressé qu'aux spécialistes ; et
si son érudition reste très vivante et sans rien de rébar-
batif, bien des gens sans doute la trouveraient austère.
Si aride et si décousue que doive sembler notre analyse,
nous ne pouvons cependant nous dispenser de la tenter,
sous peine d'oublier un trait essentiel dans le portrait
d'Ozanam historien. Peut-être d'ailleurs sera-t-il possible

1. *Causeries du Lundi*, XI, 207.
2. Sainte-Beuve ajoute-même : « Et a comme dit son dernier mot. » Ceci
était un peu exagéré. La biographie de Dante et l'étude des circonstances
politiques au milieu desquelles il a vécu ont été renouvelées depuis.
3 Le titre complet est : *Documents inédits pour servir à l'histoire littéraire
de l'Italie depuis le VIII* siècle jusqu'au XIII*, avec des recherches sur le moyen
âge italien*. Paru en 1850, et non compris dans les *Œuvres complètes*, l'ouvrage
a été depuis reproduit par le procédé anastatique.

de donner à tout le monde une idée de l'importance, de la nouveauté et parfois du piquant de ces découvertes qui lui font tant d'honneur auprès des gens du métier.

Son volume est un *iter*, comme disaient les savants d'autrefois, une excursion à travers archives et bibliothèques ; il appartient à un type de livres dont il y a de nombreux exemples et qui a rendu de grands services, avant que la multiplication des catalogues et des inventaires lui enlevât une partie de sa raison d'être. L'objet des voyages de ce genre a toujours été se précisant. Les premiers chercheurs, opérant en terre presque inconnue, notent pêle-mêle tout ce qui leur tombe sous la main d'intéressant, de même que des premiers explorateurs d'un pays vierge on réclame une compétence superficielle, mais universelle ; au fur et à mesure que les connaissances se précisent, on voyage à un point de vue plus spécial. C'est la différence des anciens *itinera* et des rapports de nos missionnaires actuels ou de ceux de la Société des *Monumenta Germaniæ*. Le recueil d'Ozanam est quelque chose d'intermédiaire. Il comprend en somme des textes variés, mais qui se rattachent tous à un même ordre d'idées, celui qui devait occuper la fin de la vie de l'auteur : l'histoire littéraire du haut moyen âge.

En tête se trouve un mémoire sur *Les écoles et l'instruction publique en Italie aux temps barbares*. Le sujet venait d'être traité par Giesebrecht[1] qui avait établi notamment le fait capital par lequel l'Italie se distinguait alors du reste de l'Europe latine. L'enseignement n'y est pas donné exclusivement dans les écoles monastiques ou épiscopales ; de nombreux maîtres laïques en font une carrière parfois lucrative ; et l'étude la plus cultivée n'est pas comme ailleurs la théologie, c'est la grammaire, ce seront bientôt le droit et la médecine ; en un mot, comme me on pouvait s'y attendre, les traditions antiques avaient été mieux conservées. Ozanam n'a guère pu que confir-

---

1. *De litterarum studiis apud Italos primis medii ævi sæculis*, 1845.

mer cette thèse [1]. Il l'a fait par la découverte de quelques
petits poèmes mythologiques, barbares de forme, antiques
d'inspiration, curieux monuments d'un paganisme littéraire dont on peut, il est vrai, se demander s'il est bien
spécifiquement italien. Il l'a fait aussi par les renseignements que lui ont permis de recueillir un dépouillement plus complet des recueils de Muratori et de Brunetti
et des recherches dans les archives de Lucques et de Florence. Sa liste de maîtres et d'écoles est bien plus complète que celle de Giesebrecht. Ce sont là des détails
dont chacun peut paraître insignifiant, dont la réunion
forme preuve et précise le tableau. Sa publication de
larges extraits de la vie de saint Donat, Irlandais d'origine
devenu évêque de Fiesole, rappelle le souvenir d'un de
ces moines celtes que les instincts aventureux de leur
race entraînaient loin de leur pays, et qui se firent les
propagateurs infatigables de cette culture classique dont
l'Irlande, par des raisons particulières, était devenue le
refuge. Ozanam enfin a contribué à mettre en lumière un
fait social considérable : la formation de cette classe de
juristes dont la prépondérance est une des particularités
de l'Italie du Moyen Age, de l'Italie des communes.

Le corps même du recueil se compose de deux parties,
latine et italienne.

La première s'ouvre par la *Graphia aureæ Urbis Romæ*,
« Description de Rome la ville d'or ».

On parle souvent des trois Romes, la Rome antique, la
Rome des papes, et celle que le patriotisme de l'Italie moderne rêve d'égaler aux deux autres. On pourrait en compter une quatrième : celle qui a vécu dans l'imagination et
la mémoire des hommes du Moyen Age [2]. Maintenant que
la ville éternelle a presque réussi à se donner l'apparence
de la plus banale des capitales modernes, et qu'il faut

---

1. Il a bien entendu très loyalement reconnu tout ce qu'il devait à Giesebrecht.
2. C'est le titre même du livre célèbre de GRAF, *Roma nella memoria e nelle
immaginazioni del Medio Evo*.

déjà un effort pour se la représenter telle que l'ont vue
les plus âgés de nos contemporains, on n'évoque pas sans
peine les sentiments que pouvait faire naître, chez le « sénateur » ou le « consul » d'il y a huit ou dix siècles, qui
en parcourait les rues désertes, en rêvant, comme un peu
plus tard Rienzi, aux grandeurs disparues, ou chez le pèlerin d'outre-monts qui la découvrait pour la première
fois des hauteurs du Monte Mario, cette ville de ruines,
immense et vide d'habitants, où les monuments antiques
bien délabrés et dépouillés déjà, bien plus considérables
qu'aujourd'hui, se dressaient au milieu des décombres
accumulés, et ramenaient de force l'esprit vers un passé
devenu mystérieux. L'histoire étant oubliée, jamais solli-
citation plus puissante n'a été adressée à la faculté créatrice des légendes. Chaque ruine, chaque pierre eut la
sienne, née de l'imagination populaire, ou élaborée par
l'ignorance pédantesque des soi-disant savants ; comme il
arrive souvent au Moyen Age, ce sont des histoires symboliques, niaises dans la forme, poétiques dans le fond ;
des idées parfois grandioses s'y cachent sous des fictions
puériles. L' «aiguille », l'obélisque, qui orne aujourd'hui
la place Saint-Pierre, et qui se dressait encore à son ancienne place, sur les ruines du cirque de Néron, passait
pour le tombeau de César ; ses cendres reposaient dans
une boule d'or placée au sommet, avec l'inscription :
« César, tu étais aussi grand que le monde ; te voilà enfer-
mé dans un petit réduit. » Et ainsi était à la fois rappelée
la grandeur du fondateur de l'Empire, et affirmé le néant
de toute grandeur humaine. L'empereur « Octavien » avait
fait bâtir un temple pour la sépulture des empereurs romains ; il ordonna que de chacune des provinces du monde
on apportât, pour le sol de ce temple, un gant plein de
terre ; ainsi Rome était la patrie universelle, et chacun
y foulait du pied son sol natal. On avait conservé va-
guement le souvenir de la « paix romaine ». Un Montesquieu, un Bossuet, analyseront les ressorts de la politique
habile et persévérante qui a abouti à cette réussite de

l'histoire. Les Bossuet et les Montesquieu du moyen
âge avaient une explication plus simple ; c'est par la magie qu'il rendaient compte de ce chef-d'œuvre de la sagesse et de la fortune ; et voici le conte qui circulait. Au
Capitole, chaque nation était représentée par une statue
ayant une clochette au cou ; si l'une d'entre elles méditait
quelque révolte, la clochette se mettait à sonner, et le
prêtre de semaine en informait les sénateurs. Pour convertir une ville si orgueilleuse et si protégée par ses faux
dieux, il n'avait pas fallu moins que des miracles. Les sénateurs voyant Auguste si beau que personne ne pouvait
soutenir son regard, et si puissant, qu'il s'était rendu le
monde entier tributaire, lui déclarent qu'ils veulent l'ado-
rer. Il se dérobe, il demande un délai, et convoque la Si-
bylle de Tibur. Celle-ci débite à l'empereur un oracle anon-
çant la naissance miraculeuse d'un Dieu nouveau ; Auguste voit le ciel s'ouvrir et laisser échapper une lumière
éblouissante ; une vierge lui apparaît, d'une beauté admirable, debout sur un autel, tenant un enfant dans ses
bras ; et il entend une voix s'écrier : « Cette vierge conce-
vra le salut du monde ; voici l'autel du Fils de Dieu. »
Ainsi la sagesse inspirée du paganisme lui-même rendait
d'avance hommage au Christ, ainsi était expliquée l'origine et le nom mystérieux de l'église de l'Ara Cæli.

Il ne faut pas trop sourire de ces légendes. Elles
n'offrent pas seulement, dans leur bizarrerie, un certain
charme ; elles ont exercé plus d'influence qu'on ne pourrait
croire. Pour des générations à peu près incapables d'énon-
cer une idée abstraite, elles équivalaient à l'affirmation,
sous une forme gauche, mais concrète, de la mission historique et providentielle de Rome ; elles formaient comme
les titres à la domination universelle de cette capitale de
la Sainte Eglise et du Saint Empire dont se réclamaient à
la fois les deux autorités suprêmes de la chrétienté [1].
Or, c'est à cette histoire légendaire de Rome qu'une

---

1. FABRE, *Etude sur le Liber Censuum de l'Eglise Romaine*, p. 9.

trouvaille d'Ozanam est venue apporter une importante
contribution.

On connaissait de longue date un recueil intitulé les
Mirabilia Urbis Romæ, où sont rapportés, selon un plan
topographique, avec beaucoup d'autres fables non moins
étranges, la plupart des traits que nous venons de citer.
Mais Ozanam découvrit à la Laurentienne, à Florence, un
manuscrit contenant sous le titre commun de *Graphia
aureæ Urbis Romæ* trois éléments distincts. D'une part
une histoire des origines de Rome. Le premier trait, et le
plus curieux, qui suffit pour faire juger de la valeur des
autres, est que Noé, après que ses fils eurent élevé la
tour de Babel, s'embarqua pour l'Italie, et vint fonder une
ville qui porta son nom, près de l'emplacement futur de
Rome, dont les origines, on le voit, se trouvaient repor-
tées bien des siècles avant Romulus ou Evandre, et dont
l'« éternité » apparaissait bien plus merveilleuse encore.
Exemple caractéristique aussi de ce besoin de relier ensemble toutes leurs connaissances, qui a inspiré aux
hommes du Moyen Age tant de combinaisons artificielles
et légendaires. Venait ensuite, dans le manuscrit de Florence, un recueil de *Merveilles de Rome,* très apparenté,
malgré de fortes variantes, aux *Mirabilia*[1]. En troisième
lieu, une espèce de traité du cérémonial impérial, du costume de l'empereur, du cortège qui l'accompagne, des
formules par lesquelles il crée les magistrats romains.
Ozanam reconnut du premier coup qu'il avait mis la main
sur cette *Graphia aureæ Urbis Romæ* qu'un chroniqueur
milanais du XIVe siècle. Galvagno Fiamma, cite avec éloges comme un livre « très authentique » (il n'était pas
difficile!). Mais quelle date lui assigner? Fallait-il y voir
un écrit composé d'un seul jet, ou une juxtaposition factice de trois textes d'origine différente? Et quels étaient
les rapports de la nouvelle récension avec la récension
antérieurement connue des *Mirabilia* : source, ou au con-

---

1. Il contient avec plus de détails que les *Mirabilia* les récits résumés plus
haut.

traire remaniement? On a beaucoup discuté sur tous ces points; et si le dernier mot a été dit[1], c'est tout récemment. On a été très vite d'accord qu'Ozanam avait trop vieilli le cérémonial. Très justement frappé de son caractère tout byzantin, il en avait conclu qu'il devait remonter à l'époque où Rome relevait politiquement de Byzance, au moins en théorie, c'est-à-dire qu'il était antérieur au milieu du VIIIe siècle. Il oubliait qu'à une autre époque Rome n'avait guère été moins byzantine d'aspect ; à la fin du Xe siècle, au temps où l'empereur Otton III, l'élève de sa mère, la Grecque Théophano, tenait sa cour au Palatin et affectait une pompe tout orientale. Mais replacé à la fin de l'époque ottonienne, le cérémonial soulève une autre question. Est-il un tableau authentique de la cour d'Otton III, ainsi qu'on l'a pensé longtemps[2] ; ou bien, comme on l'a soutenu récemment par de très bonnes raisons, « une fantaisie d'érudit, le rêve de quelque songe creux », « l'incohérente compilation » d'un auteur « qui s'amuse à brouiller tous les temps et tous les usages[3] » ? Même dans ce dernier cas, il resterait un curieux vestige de la mode byzantinophile qui prit un instant le dessus. Quant à la seconde partie de la *Graphia*, de Rossi la rajeunissait au point d'y voir une des rédactions les plus récentes des *Mirabilia*[4] ; Ferrai la date aussi de l'époque d'Otton III, et y voit la source de la *Descriptio situs et urbis Mediolanensis*, qui remonte au commencement du XIe siècle, et d'autres écrits analogues à la gloire de villes italiennes[5] ; cela se rapproche beaucoup de l'opinion d'Ozanam, pour

1. On ne pourra en être tout à fait sûr que le jour où l'on aura une édition critique, faite sur l'ensemble des manuscrits, des *Mirabilia* et de leurs diverses récensions.
2. GREGOROVIUS, *Geschichte der Stadt Rom im Mittelalter;* GIESEBRECHT, *Geschichte der deutschen Kaiserzeit ;* plus récemment KELLER, *Untersuchungen über die Judices sacri palatii Lateranensis,* dans *Deutsche Zeitschrift für Kirchenrecht,* 3e série, X.
3. HALPHEN, *La cour d'Otton III à Rome,* dans *Mélanges d'archéologie et d'histoire publiés par l'École française de Rome,* 1905.
4. DE ROSSI, *Roma sotterranea,* I, p. 158.
5. FERRAI, *Il « De situ urbis Mediolanensis »,* dans *Bullettino dell'Istituto Storico italiano,* XI (1892):

qui elle décrivait l'état de Rome avant l'incendie de Ro-
bert Guiscard. Mais Mgr Duchesne semble bien avoir
démontré tout récemment que les particularités caractéristiques communes à toutes les récensions des *Mirabilia,*
y compris la *Graphia,* révèlent la main du chanoine Benoît, auteur du fameux *Polyptique,* prototype du *Liber
censuum,* lequel écrivait à la fin de la première moitié du
xii⁰ siècle[1]. La *Graphia* ne saurait être antérieure. Comme
il n'y a pas de raison pour qu'elle soit sensiblement pos-
térieure, on se trouve ramené à l'opinion de Jordan, qui
la datait de 1150 environ[2]. Nous avons cru devoir résumer rapidement cette discussion ; elle montre en face de
quels problèmes, résolus en sens divers, se trouvent
parfois les historiens ; et par sa vivacité même et sa
durée, elle témoigne de la curiosité qu'a éveillée la découverte d'Ozanam chez tous les savants qui s'occupent du
folk-lore romain.

Parmi les monastères de la région romaine, il n'en est
guère de plus célèbre que celui de Farfa, dont le très riche cartulaire, compilé à la fin du xii⁰ siècle par le moine
Grégoire[3], est de tout premier ordre pour le nombre et
l'antiquité des documents qu'il contient. Ozanam, qui le
consulta à la Bibliothèque Vaticane, ne pouvait songer à
en entreprendre une édition[4]. Il y a pris ce qui lui paraissait mieux rentrer dans le cadre de son livre, lequel, sous
l'apparence d'une collection de textes isolés, témoigne en
réalité d'un dessein arrêté. Il a publié les préfaces, qui
offrent leur intérêt propre et indépendant. Grégoire y raconte les origines de son œuvre ; par son dévouement aux

1. FABRE-DUCHESNE, *Le Liber Censuum de l'Eglise Romaine,* 97 et suiv.
2. JORDAN, *Topographie der Stadt Rom im Altertum,* II, 358. Déjà Ozanam
avait remarqué que la *Graphia* mentionne les tombeaux des papes Innocent II
et Anastase IV, morts en 1143 et 1154. Mais ces indices chronologiques pouvaient
fort bien être des gloses postérieures.
3. Ce cartulaire avait déjà été consulté par Duchesne et Mabillon, et Muratori
en avait donné le catalogue.
4. Depuis cette édition a été donnée, sous les auspices de la *Società Romana
di Storia patria,* par MM. GIORGI et BALZANI (*Il regesto di Farfa di Gregorio di
Catino,* 1879 et suiv.).

intérêts, par son culte pour le passé de son monastère, il s'y
montre le type d'une vertu que beaucoup de ses confrères
ont poussée jusqu'au défaut ; mais en ce qui le concerne
lui-même, les explications qu'il donne, avec beaucoup de
précision, de naïveté et de franchise, sur la méthode em-
ployée par lui, si elles ne satisfont évidemment pas à toutes les exigences de la critique moderne, attestent du
moins son soin et sa bonne foi. Au sortir de l'effroyable
barbarie qui sévissait en Italie au xᵉ siècle, ou pour mieux
dire jusqu'au milieu du xiᵉ, un pareil travail, considérable et méthodique, est bien le produit de cette espèce de
Renaissance qui accompagne la réforme grégorienne. Partout, — en commençant par le Saint-Siège, — on s'attache
entre autres choses à reconstituer les titres et à défendre
les temporalités des églises.

L'évêque Ranieri, qui gouverna l'église de Sienne de
1129 à 1170, fit faire un calendrier destiné à servir en
même temps de nécrologe à son église. Il y a beaucoup
d'exemples de ce genre de livres. A chaque jour, après
l'indication du saint qu'on y honorait, on laissait un espace blanc pour inscrire le nom des morts dont on devait célébrer l'anniversaire. Il arriva souvent qu'on y nota
aussi au fur et à mesure les événements considérables.
On en usa ainsi à Sienne, durant plusieurs siècles. De
cette manière, et par une suite de mentions rigoureusement contemporaines, se constitua une espèce de chronique. Sans être inconnue[1], elle n'avait encore jamais été
publiée intégralement. Ozanam en donna la première édition complète[2], à laquelle il conserva la forme d'obituaire. Elle est surtout riche en notices relatives aux xiiiᵉ et
xivᵉ siècles. C'est une période très importante pour l'histoire de la Toscane ; celle où l'autorité de l'Empire, après
l'énergique restauration de Frédéric II, s'effondre défini-

---

1. Elle a été utilisée pour les notes mises par Benvoglienti à son édition de la
chronique d'Andrea Dei au t. XV des *Rerum Italicarum Scriptores* de Muratori.
2. Une seconde édition en a été donnée par Bœhmer, sous le titre d'*Annales
Senenses*, et cette fois en rétablissant l'ordre chronologique, dans les *Monumenta Germaniæ, Scriptores*, XIX, 225-235 (1866).

tivement ; où les villes achèvent de conquérir leur indépendance de fait ; où se forment les célèbres partis guelfe
et gibelin ; où Florence, après des luttes acharnées,
prend le dessus sur les autres villes toscanes et notamment sur Sienne. Or, pour le xiii⁰ siècle tout au moins,
l'historiographie toscane est assez pauvre en chroniques
contemporaines des faits. L'obituaire de la cathédrale de
Sienne l'enrichit de façon très appréciable. Il est d'ailleurs
plus vivant qu'on le croirait peut-être[1] ; à travers la sécheresse des mentions, de temps à autre un mot, un cri de
triomphe ou de haine révèle des passions politiques aussi
ardentes qu'inconstantes[2] ; et l'on croit y voir se peindre
l'âme tout entière de la vieille Sienne, la cité mystique,
la cité de la Vierge, et en même temps la ville aux ran-
cunes tenaces, qui pour ne jamais les oublier, faisait dans
un registre officiel tenir procès-verbal de ses griefs contre
ses voisines et des offenses reçues d'elles[3].

Un manuscrit de la Bibliothèque Vaticane, qui paraît da-
ter du ix⁰ siècle, renferme une collection de deux cent qua-
rante-trois hymnes, pour les heures canoniales et pour
chaque fête de l'année. Ozanam en a donné une table complète ; et parmi celles de ces poésies qui lui ont semblé
inédites, il en a choisi et publié treize. Œuvres dont
quelques-unes gardent un reflet de l'antiquité ; dont la
plupart sont fort barbares ; le pur lettré les dédaignerait,
et cependant Ozanam indique très bien en quelques lignes
le parti qu'en peut tirer l'érudition. Ce sont des témoins
d'une de ces décompositions qui préparent les résurrections ; les règles de la quantité tombent dans l'oubli, le
vers syllabique se substitue au vers métrique, la rime ap-

---

1. On y trouve même des traits de mœurs curieux ; ainsi (en 1384, *Documents*,
p. 212) la pittoresque vengeance que le recteur de Saint-Marc, Andrea Gru-
ziani, tira des frères ermites de Saint-Augustin, à Sienne.
2. On y constate le passage de Sienne du parti Gibelin au parti Guelfe.
3. Cf. BANCHI, *Il memoriale delle offese fatte al comune di Siena* (*Archivio
Storico Italiano*, 3ᵉ série, XXII). Ce « mémorial » fut compilé par ordre de
Bonifazio di Guido Guicciardi, podestat en 1223, et continué par ses successeurs.

paraît et s'impose ; c'est-à-dire qu'on assiste aux origines
de la versification moderne.

C'est un intérêt d'un autre genre que présentent les
vers d'Alfano et de Guaifre par lesquels se clôt la partie
latine des *Documents*. Il ne s'agit plus d'œuvres anonymes,
de date et d'attribution incertaines, de contenu banal en
somme comme une grande partie de l'hagiographie du
haut Moyen Age. Alfano et Guaifre sont des personnages
connus, et leurs poésies, où les traits individuels et précis, où les allusions ne sont pas rares, et qui parfois ont
un caractère de circonstance, fournissent des documents
à l'histoire, et non pas seulement à la philologie. Ils sont
les principaux représentants de l'école poétique du Mont
Cassin. Le célèbre monastère, après une période d'abandon, avait été repeuplé de moines et relevé de ses ruines
vers le milieu du xe siècle, et dans la seconde moitié du
xie connaissait les jours les plus brillants de son histoire.
Très riche, très puissant, il n'était pas seulement devenu
la métropole politique autant que religieuse d'un petit Etat
presque souverain, la *Terre de Saint-Benoît*. Il fut un instant la capitale de la chrétienté, quand un de ses abbés,
Didier, devint pape sous le nom de Victor III, et incapable
de se maintenir dans Rome, vint fixer sa résidence dans
son ancienne abbaye. N'eût-il jamais ceint la tiare, ce Didier, par son rôle comme abbé, serait encore une des
grandes figures de son temps. Il transforma le Mont-Cassin, en reconstruisit les bâtiments de fond en comble, en
fit, au point de rencontre de races et de civilisations très
diverses, un grand centre d'art, de culture et d'échanges
intellectuels, et l'un des intermédiaires par lesquels Byzance introduisait dans l'Europe latine les produits d'une
industrie raffinée que personne n'égalait alors[1]. Il n'encouragea pas moins les lettres. Déjà Ughelli, Tosti, avaient
publié des spécimens du talent d'Alfano et de Guaifre ;

---

1. Sur le Mont-Cassin comme centre d'art., cf. BERTAUX, *L'Art de l'Italie méridionale de la fin de l'empire Romain à la conquête de Charles d'Anjou*, p. 155
et suiv.

Giesebrecht, dans son mémoire sur les écoles en Italie,
leur avait consacré une étude approfondie[1]. Ozanam mit
à profit un court passage au Mont-Cassin pour faire co-
pier bon nombre de vers inédits; entre autres le poème
dans lequel Alfano chante le «renouvellement» de l'abbaye, document très considérable pour la connaissance
de ces immenses travaux de Didier, auxquels « ne suffi-
saient pas les artistes d'Hespérie », auxquels collaborait
«la Thrace[2]».

Dans la partie italienne, nous n'avons pas à revenir sur
les poésies de Giacomino de Vérone, et la nécessité de
nous borner nous fera passer rapidement sur les vers de
Buonagiunta Urbiciani de Lucques, l'un de ces poètes lyriques, imitateurs des Provençaux, qui fleurirent en Toscane durant la seconde moitié du XIIIe siècle, encore que
ces vers ne soient pas désagréables, et que dans cette période des origines, aucun *testo di lingua* ne soit indifférent.
Ce qui est beaucoup plus important, c'est le poème de l'*Intelligenzia*. Ozanam a raconté les circonstances qui le lui
firent connaître. Trucchi, dans ses *Poesie italiane inedite*,
avait déjà, d'après un manuscrit mutilé, signalé un poème
en *nona rima* [3] dont il avait publié seize stances, en les
attribuant à un auteur sicilien anonyme du commencement
du XIIe siècle ; ce qui était absurde. L'attention d'Ozanam
fut attirée par un érudit français, Colomb de Batines, l'auteur de la *Bibliografia Dantesca*, sur un manuscrit complet du même ouvrage conservé à la Magliabecchiana.
Ce manuscrit portait à la fin une mention presque contemporaine, à demi effacée, mais qui reparut sous les ré-
actifs chimiques du bibliothécaire Gelli, et qui donnait à
la fois le titre et le nom de l'auteur : « Questo si chiama
la Intelligenza, lo quale fecie Dino chompag... » Du coup

---

1. *De litterarum studiis apud Italos*, etc., p. 25 et suiv.
2. *Documents*, p. 265. BERTAUX, *op. cit.*, p. 165 insiste sur la très grande
importance de ce texte pour résoudre ce qu'il appelle « la troisième question
byzantine ».
3. C'est-à-dire en octaves auxquelles est rattaché un neuvième vers rimant
avec le sixième.

l'intérêt du poème se trouvait singulièrement accru. Car
Dino Compagni est un personnage presque illustre : prieur
en 1289 et 1301, gonfalonier de justice en 1293, et surtout auteur d'une chronique doublement célèbre, parce
qu'elle raconte en détail et de façon très vivante la grande
crise que traversa Florence au début du XIV° siècle, cette
guerre civile des Blancs et des Noirs que suffirait à immortaliser le nom de Dante ; et parce que l'authenticité en
a donné lieu à une polémique dont l'âpreté et la durée
ont rappelé les disputes littéraires des érudits de la Renaissance [1]. En Dino Compagni, Ozanam révélait brusquement un poète. Poète médiocre d'ailleurs, qui ne vaut
pas l'historien, et que son inventeur nous paraît avoir
traité avec un peu d'indulgence. Une rapide analyse en
fera juger. Le poème s'ouvre par une description du printemps, thème banal emprunté aux troubadours provençaux.
Puis l'auteur raconte comment il s'éprit de sa dame, et en
décrit le somptueux costume. « Il trouve ainsi l'occasion
d'enchâsser dans une digression d'environ quatre cents
vers tout un *lapidaire*, c'est-à-dire un de ces traités, que
le Moyen Age aimait, sur les origines et les propriétés
des pierres [2]. » Après la parure vient l'habitation, qui ne
peut en être indigne. Mais de si beaux appartements sont
décorés, bien entendu, de peintures, de mosaïques ou de
sculptures. Il faut bien en expliquer le sujet, et ce sera
prétexte à intercaler de longs épisodes, qui forment les
deux tiers du poème : histoire de Troie, histoire d'Alexandre, surtout histoire de César. Le poète, — longtemps infi-
dèle, — revient enfin à sa dame. Et il termine en daignant
donner la clef de ses énigmes. Celle qu'il aime est l'intelligence ; le palais qu'elle habite, « et qu'a fondé Dieu », c'est
l'âme avec le corps. La grande salle de ce palais c'est le
cœur ; la cuisine, ainsi qu'il convient, c'est l'estomac ; nous

---

1. Sur toute cette querelle (qui ne commença d'ailleurs qu'en 1858, après la
mort d'Ozanam) et sur Dino Compagni en général, voir le grand ouvrage
d'Isidoro del Lungo, *Dino Compagni e la sua cronaca*. La question est de plus
en plus tranchée dans le sens de l'authenticité.

2. *Documents*, p. 140.

pouvons nous en tenir à ces exemples. Tout cela est un modèle achevé de deux défauts insupportables : l'allégorie ba-
roque, et le développement à tiroirs. Mais le temps est passé
où les belles œuvres seules paraissaient dignes de retenir
la critique. De même que le naturaliste s'inquiète peu de
savoir si un animal est beau, mais s'il comble une lacune
dans une série ; de même l'historien de la littérature
pourra s'arrêter devant des œuvres médiocres, mais qui
représenteront de façon typique un moment, un genre,
parfois un travers et une mode. Ozanam a très bien montré quel est de ce point de vue l'intérêt de l'*Intelligenzia*. Ce poème est la contamination de deux genres : la
poésie allégorique didactique, et les romans chevaleresques français ; et le symbolisme qui y domine, la doctrine de l'amour platonique qui le pénètre, aident à
mieux connaitre le terrain dans lequel germa la *Divine
Comédie*[1]. Ainsi « le hasard des bibliothèques », pour
parler comme Ozanam, lui avait été favorable et l'avait
aidé à payer dignement « la dette de l'hospitalité » à l'Italie
savante et polie. Et ce qu'il dit si gracieusement de l'*Intelligenzia* peut s'appliquer à son recueil tout entier.

D'Italie, Ozanam avait rapporté autre chose encore que
ses *Documents inédits*. « Avec ces rares épis, glanés dans
le champ où Muratori et ses successeurs ont si bien moissonné, j'avais cueilli, dit-il, quelques fleurs de poésie,
comme le liseron mêlé au blé mûr[2]. » Le bouquet qu'il
forma de ces fleurs, ce furent les *Poètes franciscains*. Il a
raconté lui-même comment le dessein de son livre se déroulait dans son esprit, au sortir d'Assise, à mesure qu'il
voyait « fuir les blanches murailles du Sagro Convento, la
ville qui dort sous sa garde, et le coteau qu'elle domine,

---

1. Sur la question de l'*Intelligenzia*, voir l'ouvrage cité de Del Lungo.
2. *Les Poètes franciscains* (1882), p. 1.

doré des derniers rayons du soleil[1] ». Il le publia par fragments dans les années suivantes, et en volume en 1852.
A en juger par le nombre des rééditions, c'est peut-être le
plus populaire de ses ouvrages. Le succès en fut aussitôt
très vif, et très mérité, dans les milieux religieux. C'était
un charmant livre d'édification. Mais c'était aussi un livre
d'histoire, et très sérieux, si le mouvement religieux et
moral qu'a inauguré saint François a été un des grands
faits du Moyen Age, et s'il est fort important pour la science
d'en éclairer tous les aspects. On n'a pas dépassé les pages
exquises où Ozanam a montré, après Gœrres[2], mais mieux
que Gœrres, ce qu'il y eut dans l'âme du pénitent d'Assise
de joie expansive, de gaîté, d'amour pour toutes les créatures, d'enthousiasme pour la beauté du monde, de sentiment poétique et musical ; et comment même il adaptait à
ses idées mystiques certaines habitudes de langage des
troubadours. Grâce aux *Poètes franciscains*, il faut quelque
bonne volonté pour croire que Renan, Gebhart et Sabatier
aient découvert saint François. Le livre tient plus encore
que ne promet son titre. Ce ne sont pas les seuls poètes,
au sens propre du mot, qu'Ozanam y passe en revue. Pour
lui, « dans ces temps héroïques de l'ordre franciscain, on
peut dire que la poésie est partout[3] », aussi bien dans les
légendes qui finissent par s'épanouir dans le recueil des *Fioretti*[4], que dans telle dévotion gracieuse, comme l'Angelus,
popularisée, imaginée peut-être, par les Franciscains. Mais
ce courant de poésie diffuse finit par se concentrer, à la fin
du XIIIᵉ siècle, en un vrai poète, j'allais dire un poète de
profession, le bienheureux Jacopone de Todi. Les deux
chapitres qu'Ozanam lui consacra sont, croyons-nous, la

---

1. *Ibid.*, p. 7.
2. GŒRRES, *Der heilige Franziskus von Assisi, ein Troubadour* (le travail de
Gœrres porte d'ailleurs sur un sujet beaucoup plus limité que celui d'Ozanam).
3. *Les Poètes franciscains*, p. 106.
4. Aux *Poètes franciscains*, Ozanam a ajouté en appendice une anthologie
des *Fioretti*, œuvre de Mme Ozanam. « Une main plus délicate que la mienne
a choisi et mis en français les plus pieux, les plus touchants, les plus aima-
bles récits des *Fioretti*, en s'efforçant de serrer de près le ton simple et vif du
vieux narrateur » (p. 5).

première étude d'ensemble qui, en France tout au moins, ait attiré l'attention sur cet homme étrange[1]. Légiste sans scrupules[2], fier, avare, engagé dans tous les vices et les concupiscences du siècle, il est converti brusquement par la mort tragique de sa femme, et devenu frère lai de l'ordre des Mineurs, étonne le monde par l'ardeur et les excentricités de sa pénitence ; égalant presque saint François dans son amour de la pauvreté, mais dépourvu de ce bon sens joyeux que le saint associe toujours à sa « folie d'amour » ; dépourvu aussi de la douceur et de la docilité de son maître ; déformant l'idéal franciscain par des exagérations fougueuses et presque malsaines ; tour à tour insatiable d'humiliations, ou orgueilleusement rebelle au Saint-Siège, et passant de l'extase mystique à la satire haineuse. Cette âme véhémente s'est épanchée dans des vers de valeur très inégale ; les uns en latin (le *Stabat Mater Dolorosa*, dont il est probablement l'auteur[3], suffirait à sa gloire), les autres, beaucoup plus nombreux, en italien. Jacopone est le représentant principal et comme la personnification de ce genre de la *lauda* ou chant religieux populaire, qui se développa en Italie, au xiiie siècle, en partie par l'influence franciscaine ; il l'a porté au degré de perfection dont il est susceptible. Tour à tour, il entraîne par une passion brûlante, déconcerte par des subtilités bizarres, rebute par des trivialités voulues. Ozanam a très bien étudié

1. D'Ancona, dans son article sur *Jacopone da Todi, il giullare di Dio del secolo XIII* (réimprimé dans ses *Studi sulla letteratura italiana dei primi secoli*), raconte que Villemain, au cours de ses leçons sur la littérature européenne au Moyen Âge, ayant fini de parler de Dante, « reçut une lettre dans laquelle on lui reprochait d'avoir, en passant sous silence les poésies de Jacopone de Todi, négligé la source principale à laquelle avait puisé le génie de l'Alighieri. Il ne dit pas, et peut-être ne connut jamais, le nom de l'auteur de cette lettre ; mais nous avons été souvent tentés de la curiosité de le deviner. Ozanam n'était pas encore à Paris, et parmi les savants français de ce temps, nous n'en voyons pas d'autre qui pût avoir connaissance d'un auteur que Villemain, ainsi qu'il dut l'avouer, ignorait complètement ».

2. Il exerçait le métier de procureur, peu honoré des hagiographes (cf. sa vie en dialecte ombrien, publiée par Tobler dans la *Zeitschrift für Romanische Philologie*, II, 26.

3. L'attribution du *Stabat* à Jacopone, admise par Ozanam, est probable sans être absolument certaine. Il en est de même de son pendant, beaucoup moins célèbre, le *Stabat Mater Speciosa*, qu'Ozanam a contribué à mettre en lumière.

le mysticisme de Jacopone. Il a aussi particulièrement insisté sur ceux de ses poèmes qui sont en forme de dialogue ; par exemple une Passion où figurent comme interlocuteurs Jésus, la Vierge, la foule, et un messager ; et surtout celui qu'on pourrait appeler le *Débat de la Justice et de la Miséricorde*; une espèce de drame allégorique qui se joue au ciel, et dont le salut de l'homme est l'enjeu. « L'allégorie, dit-il à ce propos, et fort heureusement, qui ne prête que des fictions languissantes aux artistes des siècles savants, s'échauffait sous la main des hommes du Moyen Age. La foi dont ils débordaient passait dans leurs créations ; ils finissaient par croire à leurs personnages et par leur donner cette simplicité, ce naturel et cette verve qui les font vivre [1]. » Ces dialogues de Jacopone ont une grande importance pour l'histoire littéraire, puisqu'ils sont l'origine des mystères [2].

Tout cela est fort intéressant et au temps d'Ozanam était en grande partie nouveau. Mais par ailleurs il faut bien avouer que des réserves s'imposent. On regrettera d'abord qu'Ozanam, si attentif d'ordinaire à éclairer la littérature par l'histoire, n'ait pas écrit, au lieu de quelques lignes [3], un chapitre approfondi sur la situation intérieure de l'Ordre des Mineurs au XIIIᵉ siècle. On sait qu'elle se résume dans la querelle engagée entre les *Spirituels* et le parti de la Communauté. Les premiers se donnent pour les seuls représentants fidèles de la pensée de saint François; ils maintiennent avec intransigeance ce qui leur paraît son esprit même, la pratique de la pauvreté absolue, le dédain des vaines curiosités intellectuelles. Les autres (nous parlons des meilleurs et non des simples relâchés) subordonnent cet idéal aux nécessités pratiques de l'administration d'un ordre devenu immense et aux besoins du ministère et de l'apostolat; ils encouragent les études et la fréquen-

---

1. *Poètes franciscains*, p. 219.
2. *Poètes franciscains*, p. 232 ; cf. GASPARY (trad. Zingarelli), *Storia della letteratura italiana*, I, 134.
3. *Poètes franciscains*, p. 172.

tation des universités; ils s'accommodent des fictions
légales par lesquelles l'ordre acquiert une espèce de propriété de fait, condition de la stabilité et des loisirs et
par conséquent des études. De part et d'autre on fait valoir
d'excellentes raisons; de part et d'autre il y a des âmes
très saintes; le parti le plus fort, celui de la Communauté,
se donna le tort de rigueurs inutiles. Le conflit s'éternisa;
toute la littérature franciscaine des xiii° et xiv° siècles en
est plus ou moins le reflet; et cela est particulièrement
vrai des poésies de Jacopone. Elles ne reprennent toute
leur vie et tout leur sens, qu'une fois replacées dans le
milieu exalté qui les vit naître. Si l'on n'a pas pénétré à
fond la psychologie des Spirituels, façonnée par un demi-
siècle de tracasseries, faite d'enthousiasme et d'exaspéra-
tion, on ne comprendra pas la manière presque agressive
dont Jacopone glorifie la pauvreté, ni ses invectives contre « Paris destructeur d'Assise ». Si l'on n'a pas présente
à l'esprit la politique du Saint-Siège, presque toujours
favorable à la Communauté et parfois rude pour ses adversaires, on ne s'expliquera ni l'allégresse provoquée chez
les Spirituels par l'élection de Célestin V, un pape de
leur parti, ni l'amertume de l'immense déception qui suivit. La révolte de Jacopone contre Boniface VIII n'est pas
un incident isolé; elle résulte presque fatalement des raisons psychologiques et morales les plus profondes : tout
séparait ces deux hommes, qui représentent deux conceptions opposées de la religion et de l'Eglise. Plus d'attention
accordée aux doctrines des Spirituels aurait aussi amené
Ozanam à modifier un peu ce qu'il dit des rapports de
Dante avec « l'école religieuse et littéraire des disciples
de saint François [1] ». Dante tient à cette école autant peut-
être mais autrement qu'il ne le pense. Il doit aux Spirituels quelques-unes de ses idées de politique et de morale
religieuse. Il partage avec eux, outre une admiration
ardente pour la pauvreté franciscaine, la conviction, et

---

1. *Poètes franciscains*, p. 250.

que l'ordre va au rebours des intentions de son fondateur,
et que la corruption de l'Eglise est un effet de sa richesse,
et que la corruption du Saint-Siège en particulier est une
conséquence du pouvoir temporel ; et s'il damne saint
Célestin V, le pontife selon le cœur des Spirituels, ce n'est
au fond que l'effet tout contraire d'un même sentiment :
il en veut au pape de l'abdication, di *gran rifiuto*, des espérances qu'il avait fait naître et qu'il a trompées [1]. Dans
tout cela d'ailleurs, il n'y a pas encore la preuve d'une influence personnelle de Jacopone sur Dante. Littérairement
c'est une bien grande exagération de voir en Jacopone un
précurseur du grand poète florentin [2] ; et je doute fort
qu'il ait fallu son exemple pour décider Dante à écrire en
italien. Ne fût-ce que par sa langue [3], Dante se rattache à
un tout autre groupe que celui des *laudesi* ombriens ; et
les ressemblances qu'on avait cru découvrir entre lui et
Jacopone s'évanouissent au fur et à mesure qu'on replace
à leur date véritable des poésies indûment attribuées à
ce dernier et beaucoup plus récentes [4].

Enfin, Ozanam n'a pas tout à fait évité une espèce de
contradiction où sont tombés la plupart des historiens de
saint François et de son ordre ; et dont ceux-là seuls se
sont préservés qui ont pris pour cadre de leur travail les
controverses sur l'interprétation de la règle. Je veux dire
qu'il lui est arrivé de faire un titre de gloire à saint François de choses qui se sont faites à propos de lui, mais contre ses intentions et son esprit. Un des mérites les plus
incontestables de son livre, c'est d'avoir montré en saint
François un précurseur lointain de la Renaissance. La prédication franciscaine a ranimé la ferveur religieuse. En
orientant la piété vers la méditation de la Passion du Christ,

---

1. Dante blâme d'ailleurs les exagérations des Spirituels, et voudrait que
l'ordre tînt un juste milieu entre eux et les relâchés (*Paradis*, XII, 124), et il se
sépare d'eux en ce qu'il est un scolastique, un savant, et qui estime très haut
la science.
2. Comme l'a un peu trop fait Ozanam (*Poètes franciscains*, p. 244 et suiv.).
3. Ceci est d'ailleurs un point que note Ozanam (p. 248).
4. Sur toutes ces questions, cf. l'article cité plus haut de d'Ancona.

elle lui a donné un caractère plus sentimental et plus pathétique. Elle a provoqué un merveilleux élan vers les œuvres, et notamment vers la construction et la décoration
des églises. La vie du saint a fourni à l'art un grand nombre de sujets nouveaux, presque contemporains, qui ont
obligé les artistes à sortir de l'iconographie traditionnelle
pour s'engager dans ces voies de l'invention, du pathétique sobre et du sain naturalisme, où la peinture italienne allait trouver sa grandeur. Saint François a donc été
un grand inspirateur d'art. Seulement, — il faut y insister, — il l'a été indirectement et comme malgré lui. Sans
doute, il a eu l'âme ouverte à la beauté. Mais il s'est laissé
aller à son goût pour la musique, et surtout pour la poésie,
seulement parce que ce sont les plus spiritualistes de tous
les arts, où l'inspiration emporte presque l'exécution avec
elle. Pour les autres arts, au contraire, où l'exécution suppose une matière, l'esprit de pauvreté ne s'en accommode
guère. « A peine, dit Ozanam [1], eut on déposé [saint Fran-
çois] dans le tombeau, qu'on y sentit je ne sais quoi de
puissant qui remuait pour ainsi dire la terre et qui sollicitait les esprits... Et comme il n'avait eu ni toit ni serviteur,
il fallut qu'on lui bâtit une demeure magnifique comme
le palais qu'il avait rêvé dans sa jeunesse, et qu'il vît entrer à son service tout ce qu'il y avait d'ouvriers excellents
dans les arts chrétiens. » L'éloquence, ici, jette un voile
somptueux sur le fait que la basilique d'Assise fut élevée
par Elie de Cortone, un corrupteur et bientôt un apostat
de l'ordre, au milieu des protestations indignées des plus
fidèles disciples du saint. Elle est comme le symbole de
l'abandon du pur idéal franciscain, que, par une espèce de
paradoxe, on trahissait dès qu'on voulait le glorifier.

Mais la critique la plus grave que l'on doive adresser
aux *Poètes franciscains*, c'est qu'Ozanam ne se soit pas
assez rendu compte qu'une étude comme la sienne supposait un travail préliminaire, fort difficile d'ailleurs et

1. *Poètes franciscains*, p. 93.

fort minutieux. Il fallait dresser une espèce d'inventaire
des poésies franciscaines, avec une sévère revision des attributions traditionnelles. Il a commis ou mieux conservé
certaines erreurs d'attribution; et la sincérité exige qu'on
les relève pour elles-mêmes et à titre d'exemple, parce
que ces erreurs ne sont pas tout à fait accidentelles; elles
révèlent le côté où il penche, quand il ne se surveille pas;
elles accusent un défaut qu'on est bien obligé de reconnaître dans sa manière de travailler. Il passe un peu vite
sur ce qui lui paraît à tort des détails; il a un souci insuffisant des problèmes de critique, et une manière trop dé-
sinvolte de les traiter par le sentiment. Sur trois poèmes
italiens longtemps attribués à saint François, il n'y en a
certainement qu'un seul d'authentique, le *Cantique du Soleil*. Les *laudi* : *In foco Amor mi mise*, et *Amor di caritade*,
sont non moins certainement de Jacopone de Todi. Ozanam
n'avait pu, ainsi qu'il le raconte[1], consulter la dissertation[2], en effet très rare, où le P. Affo l'avait démontré dès
1777. Mais ses propres conclusions sont d'autant plus dé-
concertantes, qu'il a été sur la voie de la vérité, qu'il l'a
comme touchée du doigt sans la saisir. L'un et l'autre de
ces poèmes figurent, dans les manuscrits et dans les anciennes éditions, parmi les œuvres de Jacopone. L'un et
l'autre, par leur arrangement en vers à peu près corrects,
groupés en strophes régulières, et régulièrement rimés,
diffèrent tout à fait du *Cantique du Soleil*, qui est assurément de la poésie, qui est à peine des vers[3]. L'un et l'autre cependant ont été attribués à saint François par saint
Bernardin de Sienne (témoin, en l'espèce, de nulle autorité), et à sa suite, par beaucoup d'autres. Voilà ce que
sait et dit Ozanam; or il retire bien à saint François l'*Amor
di caritade*; mais dans la préoccupation fort discutable de
« concilier toutes les traditions », au lieu de choisir

1. *Poètes franciscains*, p. 82.
2. *I cantici di San Francesco*.
3. Ce « n'est qu'un cri, dit fort bien Ozanam, où les délicats auront quelque
peine à reconnaître les conditions régulières d'une composition lyrique ». *Les
Poètes franciscains*, p. 86.

entre elles, il suppose arbitrairement que Jacopone y pa-
raphrase « une pensée simple et grande qu'il empruntait
à quelque vieux cantique de saint François », et prétend
même retrouver et isoler le thème primitif[1]. Au contraire
il laisse à saint François l'*In foco Amor mi mise*, dont l'at-
testation est cependant toute semblable ; erreur de critique
qui aboutit à une erreur psychologique, car même avec
l'hypothèse trop commode d'un « disciple chargé de re-
toucher l'improvisation du maître[2] », c'est une fausse note
d'attribuer un poème tant soit peu savant à celui qui a
voulu être un pauvre dans tous les sens du mot, d'esprit
comme d'argent[3].

A ces objections, Ozanam a répondu d'avance : « Ce petit
livre n'est pas un livre de science[4]. » Assertion trop modeste, on l'a vu, et qu'il faut se garder de prendre à la lettre ; tout en reconnaissant que le « petit livre » est avant
tout une dernière fleur de poésie franciscaine, et un hommage déposé sur la tombe du grand apôtre de la pauvreté
par un des plus sincères amis qu'aient eu les pauvres.

Au moment où paraissaient dans le *Correspondant* les
premiers chapitres des *Poètes franciscains*, il y avait longtemps qu'Ozanam était plongé, tout entier, aurait-on pu
croire, dans l'histoire et la littérature des peuples germaniques. Son travail sur l'*Etablissement du christianisme
en Allemagne*[5] est comme l'ébauche de deux volumes
beaucoup plus travaillés, beaucoup plus mûris, qui parurent en 1847 et 1849 : *Les Germains avant le christianisme*

1. *Ibid.*, p. 90.
2. *Ibid.*, p. 86.
3. Le goût d'Ozanam l'a d'ailleurs préservé des exagérations de Goerres, qui
a prétendu retrouver et détailler minutieusement dans les poésies que lui aussi
croyait de saint François toute la technique des troubadours.
4. *Ibid.*, p. 1.
5. Paru dans le *Correspondant* en 1843.

et *La Civilisation chrétienne chez les Francs;* ils forment ensemble les *Études germaniques.*

Pour bien comprendre le mérite propre des *Germains,* il faut songer à leur date. L'Allemagne avait, depuis un demi-siècle, prodigieusement travaillé. C'est le moment où elle a fondé sa réputation et sa supériorité dans toutes les branches de l'érudition. L'étude avait été pour elle une consolation et une revanche de l'oppression napoléonienne ; puis après sa délivrance une manifestation de l'orgueil du triomphe, et une lente préparation de ses destinées futures. Ce grand effort avait profité notamment aux antiquités nationales. Là surtout le patriotisme était venu renforcer la curiosité scientifique. *Sanctus amor patriae dat animum,* dit la devise de la Société des *Monumenta Germaniae.* A la suite des frères Grimm, dont la découverte initiale, le poème de *Hildebrand et Hadebrand,* date précisément de l'année décisive 1812, toute une équipe de savants avait exploré l'origine, l'ethnographie, les traditions religieuses, les coutumes, la langue et la poésie des anciens Germains. Tout un passé longtemps obscur devenait objet de science au même titre que l'antiquité gréco-romaine, jusqu'alors surtout cultivée des érudits ; et du même coup des rapports nouveaux se révélaient ; la vieille Germanie ressuscitée se classait à sa place au milieu de la grande famille indo-européenne, dont l'unité apparaissait de plus en plus clairement aux philologues. On ne saurait dire que tout cet immense travail fût perdu pour la France[1]. Mais à coup sûr il n'était pas encore aussi connu qu'il aurait dû l'être. Nous l'avons déjà remarqué : le temps n'était pas encore venu où la connaissance pratique des langues vivantes serait réputée nécessaire à l'historien. Un renom bizarre d'inaccessibilité protégeait les travaux allemands. On s'excusait de les ignorer par un préjugé qu'on trouvait plus commode d'entretenir que de vérifier. Il était entendu que l'érudition germanique était indigeste, pédante, obs-

---

1. Ozanam cite lui-même quelques-uns de ses prédécesseurs (*Les Germains avant le Christianisme,* éd. 1872, p. 6).

cure et paradoxale; et que les savants allemands s'esti-
maient trop heureux que « l'esprit français » voulût bien
repenser leurs découvertes, pour les leur faire mieux comprendre à eux-mêmes, en y mettant l'ordre et la clarté [1].

Dans ces conditions, c'était déjà rendre un grand service que « de populariser une science déjà faite [2] » et
de donner au public français une bonne adaptation, un
résumé fidèle et suggestif des travaux allemands sur les
antiquités germaniques. Tel est le but du livre d'Ozanam,
la moins originale de ses œuvres sans être pour cela la
moins utile. L'historien y relèverait aujourd'hui l'emploi
peut-être excessif de la méthode comparative. Soit Ozanam,
soit les guides qu'il suivait, dans leur enthousiasme bien
naturel pour des résultats si nouveaux et si considérables,
n'ont-ils pas trop insisté sur les rapprochements et les
ressemblances? Dans quelle mesure, par exemple, est-il
permis de se servir des *Sagas* islandaises pour décrire
l'état religieux des Germains du temps des invasions, ou
même des Germains d'avant César; et n'est-on pas constamment engagé dans une espèce de cercle vicieux :
démontrer des analogies par une méthode qui inconsciem-
ment commence par les supposer? C'est l'objection que présentèrent, dès l'apparition du livre, des esprits judicieux
et critiques [3]. Ozanam se défendit par des arguments qui
sont les meilleurs que l'on puisse apporter [4]; et qui cependant ne paraîtraient pas décisifs, aujourd'hui que dans la
méthode comparative on est porté à voir surtout les dangers, et pas assez peut-être les séductions légitimes. En
revanche Ozanam ne fait à peu près pas appel à un moyen
d'investigation que les modernes emploient avec une

1. Même Ozanam parle de la « sauvage érudition germanique » et des
auteurs allemands « dont le pédantisme a la prétention de rendre inaccessibles
au vulgaire les avenues de la science ».

2. *Ibid.*, p. 8.

3. Ainsi M. Egger dans le *Journal de l'Instruction publique* des 5 et
12 avril 1848. M. Egger critique notamment les comparaisons entre les Germains et les peuples classiques; ainsi que les incursions d'Ozanam dans l'histoire comparée des religions et ses efforts pour retrouver partout les dogmes
chrétiens.

4. *Les Germains avant le Christianisme*, p. 15.

confiance peut-être excessive dans les résultats qu'il peut
donner : je veux dire l'archéologie préhistorique. C'est
une lacune inévitable de son temps ; les recherches métho-
diques et les grandes trouvailles n'avaient pas encore été
faites.

Deux chapitres sur la *Civilisation romaine chez les Germains*, et la *Résistance des Germains à la civilisation romaine*, terminaient le volume et le rattachaient à la *Civilisation chrétienne chez les Francs* [1].

Mais entre temps le plan de l'auteur s'était singulièrement
élargi, ou pour mieux dire le grand dessein qui sommeil-
lait confusément dans son esprit s'était dégagé. On a souvent cité la lettre, devenue presque célèbre, où il faisait à
son ami Foisset confidence de ses projets [2]. Nous en repro-
duirons une fois de plus les passages essentiels. Elle est
comme un pendant de la lettre de jeunesse où il lançait
l'idée de sa *Démonstration de la religion catholique;* c'est
toujours la même aptitude à concevoir les grands ensembles et la même noble ambition intellectuelle, et toujours
aussi le même coin d'illusion généreuse. Ozanam était de
la race des enthousiastes qui pensent que le premier devoir est de s'imposer plus qu'on ne peut faire.

« Mes deux essais sur Dante et sur les Germains sont
pour moi comme les deux jalons extrêmes d'un travail
dont j'ai déjà fait une partie dans mes leçons publiques,
et que je voudrais reprendre pour le compléter. Ce serait
l'histoire littéraire des temps barbares ; l'histoire des lettres
et par conséquent de la civilisation depuis la décadence

---

1. Le premier volume des *Etudes Germaniques* obtint de l'Académie des
Inscriptions et Belles-Lettres, en 1849, le grand prix Gobert; distinction
d'autant plus flatteuse qu'elle ne pouvait être attribuée, comme il arrive parfois,
à un accident heureux, l'absence, cette année-là, de concurrents sérieux. Le
second prix fut en effet décerné à l'*Histoire des Albigeois* de Schmidt, ouvrage
de haute valeur et qui en d'autres circonstances aurait été très digne d'un
premier prix. Une lettre (inédite) d'Ozanam à Ampère (21 juillet 1849, communication de M. et Mᵐᵉ Laurent Laporte) donne les noms de quelques-uns
des académiciens qui l'avaient soutenu: Victor Leclerc. Villemain, Pardessus,
Laboulaye, Lenormant, Mérimée, Vitet. Le prix Gobert fut renouvelé à Ozanam
après la publication du deuxième volume des *Etudes Germaniques*.

2. *Lettres* (1891), II, 186 (26 janvier 1848).

latine et les premiers commencements du génie chrétien
jusqu'à la fin du xiii° siècle...

« Le sujet serait admirable, car il s'agit de faire connaître
cette longue et laborieuse éducation que l'Eglise donna
aux peuples modernes. Je commencerais par un volume
d'introduction, où j'essayerais de montrer l'état intellectuel
du monde à l'avènement du christianisme : ce que l'Eglise
pouvait recueillir de l'héritage de l'antiquité, comment
elle le recueillit, par conséquent les origines de l'art chrétien et de la science chrétienne, dès le temps des catacombes et des premiers Pères. Tous les voyages que j'ai
faits en Italie l'an passé ont été tournés vers ce but.

« Viendrait ensuite le tableau du monde barbare, à peu
près comme je l'ai tracé dans le volume qui attend votre
jugement[1] ; puis leur entrée dans la société catholique et
les prodigieux travaux de ces hommes comme Boëce,
comme Isidore de Séville, comme Bède, saint Boniface,
qui ne permirent pas à la nuit de se faire, qui portèrent la
lumière d'un bout à l'autre de l'empire envahi, la firent
pénétrer chez les peuples restés inaccessibles, et se passèrent de main en main le flambeau jusqu'à Charlemagne.
J'aurais à étudier l'œuvre réparatrice de ce grand homme,
et à montrer que les lettres, qui n'avaient pas péri avant
lui, ne s'éteignirent pas après.

« Je ferais voir tout ce qui se fit de grand en Angleterre
au temps d'Alfred, en Allemagne sous les Othons, et j'ar-
verais ainsi à Grégoire VII et aux croisades. Alors j'aurais les trois plus glorieux siècles du moyen âge : les théologiens comme saint Anselme, saint Bernard, Pierre Lombard, Albert le Grand, saint Thomas, saint Bonaventure ;
les législateurs de l'Eglise et de l'Etat, Grégoire VII,
Alexandre III, Innocent III et Innocent IV ; Frédéric II,
saint Louis, Alphonse X ; toute la querelle du sacerdoce
et de l'empire ; les communes, les républiques italiennes,
les chroniqueurs et les historiens ; les universités et la

---

1. *Les Germains avant le Christianisme.*

renaissance du droit; j'aurais toute cette poésie chevaleresque, patrimoine commun de l'Europe latine, et, au-
dessous, toutes ces traditions épiques particulières à chaque peuple, et qui sont le commencement des littératures
nationales. J'assisterais à la formation des langues modernes, et mon travail s'achèverait par la *Divine Comédie*,
le plus grand monument de cette période, qui en est comme
l'abrégé et qui en fait la gloire. »

Deux phrases, ici, sont surtout significatives. Elles dé-
finissent l'œuvre projetée, et marquent les positions intellectuelles de l'auteur. Ozanam se propose d'écrire l'*histoire
des lettres et par conséquent de la civilisation*. Remarquons
cette confusion voulue des deux termes. Il avait dépassé,
cela va sans dire, le point de vue de la vieille critique
esthétique, de la critique de jugements. Il aborde la littérature en historien. Mais ce n'est pas pour réduire sa tâche
à dresser une espèce de catalogue biographique des auteurs
et d'inventaire analytique des œuvres, comme l'*Histoire
littéraire de la France*; ni même, isolant la littérature de
son milieu, pour étudier en elle-même l'évolution des formes et des genres. Il envisage les œuvres comme un témoin
et un produit de l'état social; dans cette formule est con-
tenue, et la raison de l'intérêt qu'elles présentent, et le
moyen d'en acquérir l'intelligence. Méthode à coup sûr
très intéressante et féconde, qui a renouvelé l'histoire littéraire; dont on ne peut dire qu'elle fût absolument originale, mais qui n'était pas non plus banale et courante encore
et qu'il y avait mérite à adopter. Peut-être Ozanam la portait-
il un peu trop loin, jusqu'au point où l'histoire littéraire
finirait par ne plus se distinguer du tout de l'histoire générale. Et cependant l'impossibilité de les confondre apparaît surtout dans le sujet qu'il traitait. Supposons qu'il
s'agisse de la littérature grecque, si riche et si complexe,
et qui a survécu à la plupart des autres sources d'information auxquelles on pourrait puiser : il sera jusqu'à un
certain point nécessaire d'y chercher, et il ne sera pas

impossible d'y trouver, une image de la société helléni-
que dans les diverses phases qu'elle a traversées. Mais la
littérature du haut moyen âge, si rare et si gauche, suffi-
rait-elle à faire comprendre les transformations profondes
qui s'accomplissaient alors? Et même pour des époques
plus récentes, par quel artifice Ozanam aurait-il fait rentrer
dans l'histoire littéraire, l'histoire des croisades ou de la
querelle du sacerdoce et de l'empire?

Ozanam d'autre part est convaincu que c'est l'éducation
de l'Eglise qui a fait les nations modernes. Ailleurs il dira
que c'est le christianisme qui « sut tirer des ruines romaines, et des tribus campées sur ces ruines, une société
nouvelle[1] ». Dans son désir de mettre en relief une seule
influence, il laisse délibérément de côté toutes les autres
et notamment les causes économiques, sur lesquelles
aujourd'hui l'attention est tellement attirée. Qu'il y ait
quelque danger à se placer à un point de vue si particulier pour écrire l'histoire générale, et que l'on se con-
damne ainsi à n'éclairer et à ne voir qu'un seul côté des
choses, Ozanam lui-même n'a pu s'empêcher de le sentir.
Qu'on relise, par exemple, ce qu'il dit de l'établissement
du régime féodal; également embarrassé pour parler ou
ne pas parler d'un bouleversement social immense, mais
dans lequel il s'étonne, avec une surprise qui surprend à
son tour, « de ne trouver rien de chrétien[2] ». Et s'il eût pu
continuer plus avant son ouvrage, on se demande comment il aurait bien pu rattacher à l'action de l'Eglise, soit
l'affranchissement des communes, soit la renaissance du
droit romain, soit le développement de la littérature en
langue vulgaire; en un mot des mouvements dans lesquels
les historiens placés au pôle opposé du sien saluent au
contraire, à tort ou à raison, le début de l'« émancipation
des peuples », et un premier essai de « laïcisation » de
la pensée et de la politique.

Il y a donc un peu d'imprécision et de vague dans son

1. *La Civilisation au V* siècle, I, 44.
2. *La Civilisation chrétienne chez les Francs*, p. 442.

dessein; et en cours d'exécution, il n'aurait guère eu que le choix, ou d'en abandonner bien des chapitres, ou, incapable qu'il était de vouloir faire aux faits la moindre violence, de renoncer à tout plan rigoureux, et de donner une série d'études partielles reliées par un lien assez lâche. Tout porte à croire qu'il aurait d'instinct adopté ce dernier parti[1].

Mais il faut se rappeler qu'un peu d'esprit de système est peut-être la condition nécessaire des puissantes constructions; et que l'histoire a souvent progressé par des thèses successives, chacune trop absolue, mais qui se corrigent et se complètent, et dont la vérité moyenne se dégage. La *Cité antique* offre bien des parties caduques et bien des lacunes; elle n'a pas, comme l'espérait Fustel de Coulanges, rendu compte de toute l'organisation des sociétés anciennes; mais elle a mis en lumière d'une façon définitive une des idées essentielles sur lesquelles reposait cette organisation. Il était bon que l'on dégageât de même la plus puissante des « idées-forces » qui ont créé la société médiévale. Quelque légères critiques que l'on puisse faire à la conception de l'*Histoire littéraire des temps barbares*, un sentiment domine donc sans réserve, en présence de l'œuvre si malheureusement interrompue, c'est qu'elle méritait d'être tentée.

Entre les parties exécutées, celle qui aurait dû passer la première, à raison de la place qui lui était réservée dans l'ensemble, n'a été publiée au contraire qu'après la mort de l'auteur par sa famille et ses amis. Ce sont les sténographies des cours sur la *Civilisation au V° siècle*. Ozanam a été soumis ainsi à la plus redoutable des épreuves : un livre a paru sous son nom qu'il n'a ni revu, ni terminé; la piété même de ses auditeurs risquait de tourner contre lui, en leur interdisant la moindre retouche. Et nous savons cependant que lui-même considérait son travail comme une ébauche très imparfaite et se réservait de le mettre au point.

1. C'est en effet un peu le caractère qu'ont les parties exécutées de l'ouvrage.

« Voici dans mes cartons, écrivait-il à Ampère le 12 novembre 1850[1], mes sténographies de l'an passé : tout un livre à faire sous ce titre : *Introduction à l'histoire littéraire des temps barbares*. Avant de considérer les périls que la barbarie fit courir à l'esprit humain, il m'a paru nécessaire d'examiner où en était l'esprit humain au moment où la barbarie allait devenir maîtresse, ce qu'il avait à perdre, ce qu'il avait peut-être à gagner, ce qu'il fallait arracher au grand naufrage, et je me suis trouvé conduit à l'étude du ve siècle comme introduction à l'histoire des siècles suivants. Le sujet est beau, mais j'hésite à l'entamer ; je le sais trop et trop peu ; trop peu pour avoir la conscience au repos ; comment parler de tous ces grands hommes, sans avoir vécu dix ans avec eux ; et cependant je sens que si je ne m'en tiens pas à mes études de l'an passé, si je les reprends pour les approfondir, l'attrait et la difficulté me retiendront, je n'en sortirai plus, et l'introduction dévorera l'histoire qu'elle devait précéder. D'un autre côté, je sais trop, trop de détails, trop de ces aperçus qui auraient leur place dans une étude spéciale du ve siècle ; je risque d'y perdre de vue ce qui ferait l'intérêt particulier de mon travail, c'est-à-dire les premiers germes des idées, des doctrines, des inspirations qui doivent occuper le moyen âge. Hors de là, je ne ferai qu'un livre de redites et de banalités. »

Tout est intéressant dans cette lettre qui fait si grand honneur à Ozanam. On y entend d'abord la confidence d'hésitations presque douloureuses que connaissent bien tous les travailleurs ; chacun peut plus ou moins y retrouver sa propre histoire. Tout sujet abordé se révèle bientôt plus vaste et plus complexe qu'on ne l'avait cru d'abord ; à mesure qu'on s'y enfonce surgissent des questions nouvelles. Le choix s'impose alors : suivre pour ainsi dire le sujet qui se creuse et se rétrécit ; s'en tenir au contraire au plan primitif et s'imposer en connaissance de cause le sacrifice d'être parfois superficiel.

1. *Lettres*, II, 286.

Mais surtout la lettre à Ampère nous apprend à connaitre la critique sévère et scrupuleuse qu'Ozanam exerçait sur lui-même. Elle prouve qu'il sentait parfaitement vers quels écueils risquaient de l'entraîner, et quelques-unes de ses tendances, et les nécessités même de son immense entreprise. Elle montre dans quel sens il aurait voulu se corriger. Il eût sans doute atténué la forme trop oratoire de ses développements, adouci l'éclat trop continu de son style. Il eût resserré tant de leçons qui débordent à chaque instant leur titre. Il eût rétabli entre les différentes parties de son livre cet équilibre que perd facilement de vue le professeur, toujours obligé de travailler vite, toujours enclin à développer davantage les parties les plus élaborées de la science, et à passer plus rapidement sur les autres. Il eût élagué ces considérations banales que le professeur encore doit pour ainsi dire, comme repos ou comme aide, à ses auditeurs moins préparés, et dont peut se dispenser l'écrivain, qui a davantage le droit de compter sur la collaboration intelligente de ses lecteurs. Il eût conservé, tout au plus en les creusant davantage, les brillantes leçons qui justifient de façon si éclatante la décision prise de ne pas priver le public de ce cours, dans l'état où il se trouvait : *La tradition littéraire ;* — *Comment les lettres entrèrent dans le christianisme ;* — *L'histoire ;* — *La poésie ;* — *L'art chrétien* [1]. Là il est au cœur de son sujet ; quand il décrit, par exemple, les *Saturnales* de Macrobe ou les *Noces de Mercure et de la Philologie* de Martianus Capella, ces livres étranges, produits d'une décadence sénile, divertissement laborieux de pauvres esprits, mais plus utiles que bien des chefs d'œuvre ; parce qu'à un temps qui ne pouvait plus supporter autre chose, ils ont offert l'encyclopédie abrégée de la science antique, sous une forme dont la bizarrerie même assurait le succès ; et parce que la fleur de la civilisation gréco-romaine s'y est desséchée et ratatinée, mais tout de même conservée. Ou bien quand il raconte les commencements de la poésie chrétienne; illustrée un instant

1. Nous avons signalé plus haut l'intérêt de cette leçon.

par les noms à demi classiques de Paulin de Nole et de
Prudence, elle n'en reçoit qu'un éclat éphémère ; elle n'arrive à la liberté, à la verve, à l'inspiration, que le jour où
elle rompt avec les formes anciennes, et retournant aux
origines lointaines de toute poésie, renoue une intime
alliance avec la musique, et redevient lyrique, populaire,
chorale et liturgique. Ou bien quand il signale, dès les
premiers siècles chrétiens, tous les aspects essentiels de
l'historiographie médiévale, avec la sécheresse de ses
chroniques, la naïveté poétique de ses légendes, avec son
effort impuissant, mais original et vigoureux, pour créer
une histoire universelle et une philosophie de l'histoire.
S'il fallait choisir, la plus remarquable de ces leçons nous
semblerait être la quinzième : *Comment la langue latine
devint chrétienne,* où la science philologique, le sens littéraire et le sentiment chrétien s'unissent de manière si harmonieuse. Ozanam y fait ressortir avec raison le caractère
propre des écrivains africains et l'influence qu'ils ont exercée sur la littérature et sur la langue. Il était réservé à
M. Monceaux de l'étudier en détail dans son grand ouvrage
sur l'*Histoire littéraire de l'Afrique chrétienne.*

Après cette ample introduction, les *Germains avant le
christianisme* auraient trouvé leur place naturelle. Puis la
Civilisation chrétienne chez les Francs, ou, pour emprunter
à l'auteur lui-même un titre qui répondrait peut-être mieux
au contenu du livre, l'*Entrée des barbares dans la société
catholique* [1] ; car le sens historique d'Ozanam lui a fait reconnaître d'emblée que la grande œuvre de la christia-
nisation de l'Occident ne peut guère se diviser. Elle est
l'œuvre collective de tout le monde ; chaque peuple y a
successivement travaillé ; chacun a donné et reçu tour à
tour ; l'unité de la civilisation chrétienne au moyen âge est
une résultante. En quelques pages Ozanam a d'abord rappelé comment, dès avant les invasions, le christianisme
avait déjà pris pied dans les provinces romaines de popu-

---

1. Expression de la lettre à Foisset citée plus haut.

lation germanique, sur le Rhin et sur le Danube[1]. Déjà
saint Irénée invoquait le témoignage et vantait l'orthodoxie
des églises établies chez les Germains. Plus tard, tandis
que leurs chefs interviennent avec autorité dans la querelle
donatiste et la querelle arienne, la foi populaire s'affirme
dans ces nombreuses inscriptions sépulcrales des pays rhé-
nans où l'on retrouve la langue et le symbolisme des catacombes. De même, dès avant les invasions, le christianisme
avait aussi pénétré chez quelques-uns des peuples de la
Germanie indépendante. C'était de quoi justifier toutes
les espérances. Mais la grande crise du v⁰ siècle parut
tout remettre en question. Il y a quelque chose de dramatique dans les angoisses des hommes de ce temps, qui
pouvaient croire le christianisme lié à une forme spéciale
de civilisation, et la voyaient s'écrouler sous leurs yeux.
Fallait-il s'acharner à maintenir le passé? Fallait-il avoir confiance dans l'avenir? Ozanam a retracé avec éloquence cette
lutte de sentiments. On dirait qu'à force d'imagination, et
l'esprit excité par les analogies qu'il croyait découvrir avec
son temps, il a fait revivre en lui les sentiments qu'il décrivait. Il était un trop fervent admirateur de la civilisation
antique pour ne pas comprendre le prix de ce qui dispa-
raissait alors. Mais il comprenait mieux encore qu'il ne
faut pas « se refuser aux nouveaux desseins de Dieu sur
l'univers [2] ». Personne, dans les circonstances les plus critiques en apparence pour l'Eglise et pour la société, n'a
montré plus de généreux optimisme. Il avait ailleurs[3]
rendu pleine justice aux beaux vers par lesquels un Prudence a célébré la mission providentielle de Rome. Mais

1. On peut se demander si Ozanam n'a pas exagéré en écrivant (p. 13)
qu' « au cinquième siècle, la foi semble maitresse des provinces germaniques ».
Si l'on en juge par l'analogie avec la Gaule, où saint Martin a eu tant à faire,
et tant laissé à faire, il serait probablement plus vrai de dire avec Hauck
(*Kirchengeschichte Deutschlands*, I, 39) que « le christianisme commençait seulement à s'étendre au delà des murailles des villes, quand prit fin la domination romaine ». Le témoignage formel de saint Paulin de Nole prouve que dans
la région de Trèves la propagande chrétienne avait encore été très faible.
2. *Civilisation chrétienne chez les Francs*, p. 62.
3. *La Civilisation au V⁰ siècle*, II, 284 et suiv.

toutes ses sympathies vont à un Salvien, à un Paul Orose,
qui, non sans d'involontaires révoltes de leur patriotisme
romain, saluaient dans les envahisseurs de l'Empire les
exécuteurs des desseins de la Providence, et les fondateurs d'empires nouveaux [1]. Il est avec ces grands chrétiens qui *passèrent aux barbares*, comme lui-même, en
des circonstances qu'il proclamait semblables, voulait
qu'on passât au peuple. Cinq siècles d'efforts, du ve au ixe,
propagèrent en effet la foi chrétienne dans l'Europe occi-
dentale et centrale. Mais aucune monotonie dans cette longue histoire, ni dans le récit détaillé qu'en fait Ozanam.
C'est qu'une tâche unique fut accomplie par des ouvriers
très divers. Les grands noms de saint Remi, de saint Colomban, de saint Boniface, de Charlemagne, résument
les quatre étapes de la conquête chrétienne. C'est d'abord
la période gallo-romaine : la séduction de la civilisation
supérieure que représentent, au milieu de la ruine générale, quelques grands évêques, constitue l'attrait humain,
qui, s'ajoutant aux interventions providentielles et aux
influences intimes, détermine la conversion des Francs.
Mais absorbée par la tâche effrayante qui s'impose à elle
parmi ses propres fidèles, envahie aussi, il faut bien le
dire, par la barbarie, l'Eglise gallo-romaine devenue l'Eglise
franque manquait peut-être de l'élan qui fait les missionnaires. Il fallut que les moines irlandais, ces grands aven-
turiers religieux, vinssent apporter sur le continent, avec
des institutions monastiques plus fortes [2], l'esprit de prosélytisme; à eux revient en grande partie le mérite d'avoir
achevé la conversion de l'Austrasie et de l'Allemagne du
sud. Mais peut-être certains traits de leur race, l'idéalisme
intransigeant, l'esprit d'indépendance fougueuse, les ren-
daient-ils incapables de créer des organisations définitives.
C'est à l'Eglise anglo-saxonne, fille de Rome, qui puisait
dans ses origines, avec le dévouement au Saint-Siège, le

---

1. *La Civilisation chrétienne chez les Francs*, p. 59 et suiv.
2. On sait que le succès, d'ailleurs éphémère, de la règle de saint Colomban,
a devancé en Gaule celui de la règle bénédictine.

sens du gouvernement, que devait appartenir la gloire,
et de réformer l'Eglise franque, et de commencer l'organisation religieuse de la Germanie. Charlemagne enfin, par
ses conquêtes, annexe à jamais la Germanie à la chrétienté ;
avec lui, par la restauration de l'Empire, l'unité religieuse
trouve un pendant et une garantie dans l'unité politique ;
et l'apostolat devient une forme d'impérialisme. Dans le
détail même, Ozanam renouvelle à chaque instant l'intérêt,
par la justesse discrète avec laquelle il fait revivre, dans
toutes les nuances de leur physionomie, non seulement les
protagonistes, mais les héros secondaires de la propagande chrétienne. Si tout n'était pas également nouveau
dans son livre, — lui-même a tenu à rendre hommage à
plusieurs reprises au célèbre mémoire de Mignet *Sur l'introduction de la Germanie dans la société de l'Europe civilisée*, — jamais encore, croyons-nous, on n'avait présenté
un tableau d'ensemble aussi attachant des origines chrétiennes des peuples modernes. Les progrès de la science
en ont retouché ou accentué beaucoup de traits, sans en
effacer les grandes lignes.

Après avoir raconté l'œuvre, restait à en marquer les
résultats. C'est l'objet des deux chapitres sur l'*Eglise* et
sur l'*Etat*, qui laissent, il faut bien le dire, une impression
un peu incertaine. Avertissons d'abord qu'on n'y doit pas
chercher de détails sur les institutions ecclésiastiques,
politiques ou sociales. Ce que dit Ozanam sur la papauté,
sur l'épiscopat, sur le monachisme, se réduit à quelques
indications bien sommaires ; il ne parle pas, ou à peine,
de plusieurs des grands faits ou des grands problèmes
du temps ; par exemple, l'exercice et la nature du pouvoir
ecclésiastique des rois, ou les controverses, — qui remplis-
sent tout le ixᵉ siècle, — au sujet des rapports respectifs
des divers degrés de la hiérarchie ; ou la multiplication
des paroisses rurales ; ou les modifications à la discipline
pénitentielle, ou l'adaptation de l'Eglise à la société féodale, et d'une façon plus générale les origines de la féodalité. Aussi bien a-t-il voulu faire autre chose : non pas

décrire la société, mais dégager les principes et les sentiments, d'ordre moral et religieux, sur lesquels elle reposait, en montrer l'origine dans le christianisme, en faire
ressortir la nouveauté féconde. La foi nouvelle, dit-il, a
transformé, retourné, converti les barbares, dans toute la
force originelle du terme ; elle a modifié leur conception
de la vie, créé en eux le goût du travail, éveillé la curiosité de l'esprit, suscité le sens moral et le sentiment du
péché, « relevé l'intelligence par la prédication, la volonté
par la pénitence, et toute l'âme enfin par la prière[1] ». Et
d'autre part la société religieuse a reconstitué la société
politique ; le christianisme a substitué l'harmonie d'une
autorité limitée et d'une obéissance consentie au duel aveu-
gle de la force et de l'anarchie. Assurément, l'adoption
du christianisme a été la révolution morale la plus profonde que le monde ait connue. Assurément aussi l'étude
en est du ressort de l'histoire. Mais il est extraordinairement difficile de s'imposer d'y procéder par la pure
méthode historique. Cette méthode, ici, est tellement
délicate et lente ; il faudrait, avant de conclure, avoir rassemblé tant de faits, d'ordres si divers, et il faudrait
apporter tant de prudence dans leur interprétation, que
la tentation sera toujours bien grande de prendre la voie
plus courte, mais bien dangereuse, du raisonnement *a
priori*. On ne peut dire qu'Ozanam y ait tout à fait échappé.
Il ne distingue pas assez entre ce que le christianisme a
réellement fait, et ce qu'il aurait pu et dû faire, s'il avait
toujours été pleinement compris et pratiqué. « Le christianisme, écrira-t-il par exemple[2], avait achevé en Allemagne un grand dessein ; il avait fondé une société spirituelle : car la foi et l'amour formaient le lien sacré auquel
était suspendue toute l'économie des institutions ecclésiastiques. Rien n'était plus puissant qu'une telle société,
puisqu'elle ne connaissait de limites ni dans l'espace ni
dans le temps, et qu'elle prétendait régler les affaires de

1. *La Civilisation chrétienne chez les Francs*, p. 358.
2. *Ibid.*, 352.

l'éternité. Et cependant rien n'était plus libre, puisque le
pouvoir ne s'y exerçait que par la parole et par l'exemple.
Mais comme l'ordre ne peut s'établir au milieu du désordre sans attirer tout à lui, la société religieuse n'avait pu
se constituer parmi les barbares sans y recomposer la
société politique... » L'Eglise « s'appliquait à sanctifier
le pouvoir, à lui imprimer un caractère moral, à le dégager enfin de ce qui lui restait de matériel et de violent.
Mais l'autorité ne s'établissait qu'en prouvant ses titres ;
il fallait qu'elle s'adressât à la raison et à la conscience :
il fallait donc qu'elle reconnût leurs droits. Et quand la
conscience éclairée se soumettait enfin, elle ne se rendait
encore qu'à l'évidence d'un devoir, c'est-à-dire d'une loi
divine; l'obéissance devenait un sacrifice, l'acte le plus
libre dont la nature humaine soit capable. Ces conditions
de liberté étaient aussi des conditions de puissance :
comme le pouvoir assis dans les esprits ne s'absentait
plus, comme il veillait toujours et se faisait entendre
partout, rien ne l'empêchait désormais d'agir avec l'étendue et la durée qu'il faut aux grandes choses. » Voilà un
morceau éloquent, mais que la critique ne sait comment apprécier; qu'a voulu faire Ozanam ? A-t-il entendu
peindre la réalité (auquel cas il l'aurait singulièrement
flattée), ou résumer les doctrines des théoriciens politiques du moyen âge, ou exposer son propre idéal de politique chrétienne? Des pages de ce genre, qui ne sont
plus de l'histoire, si vagues et si générales qu'elles échappent presque à la discussion, se rencontrent parfois, il
faut l'avouer, dans ses derniers ouvrages. Il prodigue
trop les réflexions et les sentences morales ; il abuse de
la philosophie de l'histoire ; il sait trop quels ont été les
desseins de la Providence. Il lui arrive aussi, à lui qui
sait tant de choses, de se laisser entraîner par ses souvenirs à des rapprochements arbitraires et forcés, établis par-dessus les siècles et les distances[1]. Mais toujours,

---

1. Par exemple, il nie (*Civilisation chez les Francs*, p. 647), conformément à
l'évidence, que Charlemagne ait fondé l'Université de Paris. Mais il veut que

quand il reste sur le terrain solide des faits, on retrouve
l'historien pénétrant. Ainsi il a très bien aperçu une
vérité acceptée de tous, aujourd'hui que Fustel de Coulanges l'a développée avec sa vigueur coutumière, mais
longtemps méconnue; c'est que les rois mérovingiens,
bien loin de rompre systématiquement avec la tradition
administrative romaine, l'ont prolongée autant qu'il l'ont
pu, et dans la mesure où ces organes savants se prêtaient
à être maniés par des mains barbares. De même, il a ana-
lysé de façon intéressante les éléments divers qui ont
concouru à former la conception que le moyen âge s'est
faite de la monarchie. Il a très justement fait ressortir le
caractère tout religieux et mystique que prend la dignité
impériale dans l'esprit de Charlemagne et de ses contemporains; et revenant à un ordre de questions auquel il
avait déjà consacré quelques-uns de ses meilleurs travaux,
il a abordé, après le cycle des fins dernières, après le
cycle de Rome, un autre des grands ensembles légendaires du moyen âge, celui qui se rattache à l'Empire. A
l'aide de quelques exemples, il a tout au moins esquissé
les grandes lignes de ce curieux sujet.

Mais dans la *Civilisation chrétienne chez les Francs* le chapitre le plus considérable par l'étendue (il occupe à lui seul
près du tiers du volume), le plus important aux yeux de
l'auteur, le plus neuf, et le plus remarqué à l'apparition
du livre, c'est celui qui est consacré aux écoles. Ozanam y
soutient que jusque dans la seconde moitié du VIIe siècle
les écoles publiques romaines avaient prolongé leur existence, à la vérité de plus en plus précaire; lorsqu'elles dis-
parurent enfin, elles étaient partout remplacées, et depuis
longtemps, par ce qu'il appelle les écoles barbares, c'est-

la « tradition » n'ait pas complètement tort; il croit « qu'en convoquant autour
de lui tant d'Italiens, d'Irlandais, d'Anglo-Saxons », Charlemagne accoutumait
tout ce qu'il y avait de docte chez les peuples voisins à prendre le chemin de
la France, qu'elle lui dut de voir tous les grands théologiens du XIIIe siècle
venir d'Italie et d'Allemagne briguer ses chaires. Il suffit de rappeler qu'il
s'est écoulé quatre siècles entre Charlemagne et les débuts de l'Université de
Paris.

à-dire les écoles épiscopales et monastiques, nées aux temps barbares, mais d'ailleurs à peu près fidèles aux programmes classiques. Ainsi, par un bienfait immense dont le monde serait redevable à l'action consciente de l'Eglise, aurait été assurée « la perpétuité des traditions littéraires... de Clovis à Charlemagne[1] ». On voit la place que devait occuper cette théorie dans l'*Histoire littéraire des temps barbares*. Elle en aurait été, à coup sûr, une des idées maîtresses ; et son auteur la regardait à la fois comme une découverte scientifique considérable, et comme une conquête précieuse pour l'apologétique. Elle a longtemps passé pour très solide. Elle est aujourd'hui battue en brèche, et l'important ouvrage de M. Roger sur l'*Enseignement des lettres classiques d'Ausone à Alcuin* en est presque d'un bout à l'autre une réfutation. Il vaut la peine de s'y arrêter quelque peu ; essayer de mettre au point la thèse d'Ozanam et les objections qu'on y oppose, c'est étudier sa méthode et son œuvre sur un exemple particulièrement instructif.

Qu'il ait renouvelé le sujet, en attirant l'attention sur une foule de faits intéressants, c'est ce qu'il n'est guère possible de contester. Et sa théorie, à condition de ne pas la pousser trop loin, était l'application instinctive d'une idée générale très juste, que la science, en plus d'un domaine, a beaucoup gagné à reconnaître. L'histoire, — comme la géologie, — a longtemps abusé des coups de théâtre ; elle a trop attribué à l'action personnelle de quelques grands hommes. C'est ainsi que toute la civilisation passait pour avoir disparu avec les invasions, pour renaître brusquement sous Charlemagne, et rentrer aussitôt dans le néant. A l'encontre de cette conception par trop simple, et d'autres analogues, il était bon de restaurer la notion de continuité, et d'écrire « qu'il n'y eut jamais de renaissance pour les lettres, qui ne moururent jamais[2] ». Ce qui, dans la rigueur des termes, était parfaitement vrai. Mais il est non moins certain qu'on a pu relever chez Oza-

---

1. *La Civilisation chrétienne chez les Francs*, p. 649.
2. *La Civilisation chrétienne chez les Francs*, p. 594.

nam bien des erreurs de fait. La plupart proviennent d'une
même cause : plusieurs des mentions d'écoles ou d'études
qu'il avait relevées sont empruntées à des vies de saints
mérovingiens qu'avec tous les érudits de son temps il
croyait contemporaines. Aujourd'hui qu'elles sont recon-
nues pour être de l'époque carolingienne, elles ont perdu
toute autorité. D'autre part, il ne s'est pas assez nettement
défini à lui-même les mots de lettres, d'écoles ou d'instruction. Partout où il les rencontre, il se figure une culture supérieure, à la romaine, alors qu'ils peuvent très
bien désigner une instruction ou primaire, ou purement
ecclésiastique ; ou encore un apprentissage administratif.
L'élimination de certains textes, l'interprétation plus serrée des autres, ont notamment fait évanouir cette école du
palais des rois mérovingiens, dont à la suite de dom
Pitra[1], Ozanam avait admis l'existence[2]. Depuis les travaux de M. l'abbé Vacandard[3], il n'est plus guère possible
d'en parler. Alors même que les textes visent bien un enseignement classique, Ozanam s'en exagère le niveau. S'il
lit dans Grégoire de Tours qu'un certain sénateur Félix
avait étudié Virgile, le Code Théodosien et le calcul, il ne
se demande pas jusqu'à quel degré ; il s'écrie[4] : « Virgile
commenté par Servius et Macrobe, c'était toute la poésie,
toute la philosophie, toute la mythologie latine. Le Code
Théodosien résumait la législation des empereurs chrétiens ; le calcul comprenait toutes les sciences mathématiques ! » De même, il s'exagère la valeur des œuvres littéraires que l'époque mérovingienne a produites ; il admire
là où l'indulgence suffirait, ou même la pitié. De même
encore, il accepte sans réserve les éloges banaux des bagio-

---

1. PITRA, *Histoire de saint Léger.*
2. *Civilisation chrétienne chez les Francs*, p. 546.
3. VACANDARD, *La scola du palais mérovingien*, dans *Revue des Questions historiques*, LXI, p. 490, et LXII, p. 546. Il montre notamment que les mots *eruditio palatina, aulicæ disciplinæ, regalis militia*, sont synonymes et désignent, non l'enseignement littéraire, mais les exercices militaires et l'instruction préparatoire à la carrière administrative, et que les mots mêmes de *scola palatina* doivent s'entendre souvent, non d'une école, mais de l'ensemble des fonctionnaires.
4. *Civilisation chrétienne chez les Francs*, p. 479.

graphes. Il finit par être victime de l'attention même
qu'il a mise à recueillir les moindres souvenirs de l'antiquité, les plus faibles traces de culture; réunis, tous ces
faits forment masse et font illusion; à la réflexion on s'aperçoit combien ils sont clairsemés dans les trois siècles qui
vont de Clovis à Charlemagne. Et Ozanam n'a pas fait
l'espèce de contre-épreuve qui l'aurait convaincu d'optimisme; je veux dire l'étude des diplômes mérovingiens,
dont la langue ne peut laisser aucun doute sur la barbarie
générale. Dans sa bienveillance, il récuse jusqu'au témoignage que portent contre elles-mêmes ces générations
sacrifiées, sous prétexte « qu'il y a des juges sévères qu'il
ne faut jamais prendre au mot lorsqu'ils parlent d'eux-
mêmes et de leur temps [1] ».

Mais tout cela, en somme, ce ne sont encore que des
remarques de détail; parfois des questions de mots, — Ozanam est trahi par son éloquence généreuse [2]; parfois des
questions de point de vue, — telle œuvre qui paraîtra détestable, si on la compare aux modèles antiques, sera jugée
méritoire, si l'on songe à l'effort qu'elle représente [3]; parfois
des questions de sentiment, — bon nombre des textes allé-
gués sont tellement vagues ou obscurs que l'interprétation,
si l'on veut à toute force en donner une, dépendra toujours
de théories générales préconçues [4]. Jusqu'ici, surtout si on
le corrige par lui-même et par les aveux qui lui échappent,
Ozanam est peut-être moins éloigné qu'il ne semble de ses
contradicteurs.

Mais la question essentielle est ailleurs, et la vraie divergence est dans la manière de la poser. Le point est de

---

1. *Ibid.*, p. 595.
2. Il ne dira pas que saint Colomban avait étudié, mais qu'il « avait *pâli*
dans l'étude de la grammaire, de la rhétorique, de la géométrie ». (*Ibid.*,
p. 562.)
3. « Sans doute, dit éloquemment Ozanam (*ibid.*, p. 652), nous ne trouverions
pas la poésie dans les vers de *Fortunat* et d'Alcuin, mais elle est déjà tout
entière dans cet effort des âmes pour atteindre un idéal meilleur que les tristes
réalités de la vie. »
4. C'est ainsi qu'il paraît à peu près impossible de déceler quelle mesure de
réalité peut bien se cacher sous le symbolisme extravagant du faux Virgile.

savoir, non dans quelle mesure l'Eglise a pu, mais dans
quelle mesure elle a voulu sauver la culture antique. Ozanam ne met pas en doute qu'elle n'y ait travaillé de toutes
ses forces [1]. C'est pour lui non pas tant la conclusion de ses
recherches qu'un postulat évident. Pourtant rien n'est moins
certain. Ce que l'Eglise s'est proposé, c'est de faire régner
le dogme et la morale chrétienne. Mais la culture classique était-elle utile au christianisme, ou conciliable avec
lui, ou dangereuse? Les réponses furent très diverses,
selon les temps, les milieux et les tempéraments. Dans
l'antiquité chrétienne [2] Ozanam distingue deux courants
opposés, dont l'un aurait refoulé l'autre. Ceci est une vue
de professeur ; l'enseignement impose ces simplifications.
La vérité est peut-être qu'il circulait pour ou contre les
études classiques un certain nombre d'arguments, dont chacun était plus ou moins frappé, mais auxquels personne ne
pouvait se soustraire entièrement, en sorte qu'il existait
non deux opinions tranchées, mais toute une gamme de
nuances. Contre les études, on faisait valoir une raison de
circonstance, la séduction des fables païennes, et une raison permanente, la vanité des sciences humaines au regard
des sciences divines, et de toute science au regard de la
piété. Mais par contre bon nombre des plus illustres parmi
les Pères sont arrivés tard à la foi chrétienne ou à la profession d'un christianisme sévère. Ils ont reçu la culture
de leur temps. Ceux mêmes qui la maudissent ne peuvent
s'empêcher de la posséder et de la montrer. Et beaucoup
ne veulent pas la maudire. En eux comme en saint Jérôme,
le « cicéronien » lutte contre le « chrétien » et n'a pas de

---

1. *Ibid.*, p. 651. « Le christianisme vient, et s'il craignait, comme on
l'assure, le réveil de la raison humaine, il n'aurait qu'à laisser dormir ces
peuples. Il trouve en eux des hommes qui ne lisent point, n'écrivent point, qui
l'aideront, s'il le veut, à brûler ce qui reste de l'antiquité païenne. Mais il en
sera bien autrement... il les pousse... dans des écoles, pour les faire pâlir
pendant sept ans sur les neuf livres de Martianus Capella et sur les dix caté-
gories d'Aristote... »
2. Voir dans la *Civilisation au V⁰ siècle*, la neuvième leçon. *Comment les
lettres entrèrent dans le christianisme.* Le même conflit aurait régné à l'époque
mérovingienne. (*Civilisation chrétienne chez les Francs*, 557.)

peine à trouver des arguments. Il est indispensable, pour en imposer aux païens instruits, soutenir avec eux la controverse et les convaincre, d'être leurs égaux par la science. L'instruction profane sert à l'intelligence des Ecritures; elle aiguise l'esprit et le rend plus propre aux spéculations théologiques. Tels sont les motifs utilitaires qui, venant à l'appui de l'instinct naturel à des gens eux-mêmes cultivés, décidèrent de l'attitude d'un saint Augustin, d'un saint Jérôme ou d'un saint Basile. Avec les invasions, plusieurs de ces raisons opposées s'affaiblirent. L'attrait du paganisme n'était plus bien redoutable ; on n'en parlait que par habitude. Mais, d'autre part, à mesure que l'ignorance gagne du terrain, on sent moins le besoin d'une instruction élevée, que le milieu n'impose et n'exige plus. On peut se laisser aller. La théologie elle-même cesse d'être originale ; elle se réduit à des compilations. On peut alors, sans que les dangers de cet exclusivisme apparaissent trop criants, poser en principe que la science sacrée convient seule au prêtre, et qu'il doit ignorer les auteurs profanes [1].

Cependant il y eut toujours en pratique un niveau au-dessous duquel il était impossible de descendre sans réagir ; et l'on avait beau proscrire en théorie toute étude profane, on n'y parvenait pas en fait. Le christianisme ne peut pas devenir une religion d'illettrés, étant fondé sur l'Ecriture et sur la tradition, c'est-à-dire sur des livres, et l'Eglise, société organisée, comportant par la force des choses une administration, un droit, une liturgie. Il y eut un temps où c'était sauver la civilisation que d'exiger d'une élite une instruction toute primaire. Or, la lecture et l'écriture, ces modestes « sciences auxiliaires », ne sont ni sacrées ni profanes ; elles sont communes. Puis il y avait le latin, nécessaire pour comprendre les textes. Le latin ecclésiastique,

---

1. C'est bien là, quoi qu'en dise Ozanam, la pensée de saint Isidore de Séville et de saint Grégoire le Grand (sans parler de bien d'autres), leur *thèse* (sous réserve de l'*hypothèse* qu'ils se résignent à admettre dans une certaine mesure).

c'est-à-dire encore à demi classique, dont la langue vulgaire s'écartait de plus en plus, ne s'apprenait déjà plus
par le seul usage ; il y fallait l'étude. Or on ne connaissait
guère d'autre mode d'enseignement que la lecture com-
mentée ; les œuvres des grammairiens dont on se servait,
et qu'on aurait été bien empêché de remplacer, étaient
faites sur les textes classiques, en supposaient la connaissance et invitaient à les lire. Par ce biais, quelques auteurs
profanes continuèrent d'être lus par quelques-uns, et par
conséquent conservés et copiés ; la tradition ne fut pas
tout à fait interrompue. C'est précisément dans les pays
où le latin était une langue entièrement étrangère que
ceux qui l'apprenaient finirent par le savoir le mieux.
En Irlande et en Angleterre, on n'était ni retenu par les
scrupules, car le paganisme gréco-latin n'y avait jamais
eu de racines[1], ni gêné, bien plus qu'aidé, par l'usage
habituel, comme langue courante, d'un latin corrompu.
On sait, et Ozanam entre autres a fort bien exposé, comment les lettres se réfugièrent pour ainsi dire outre-
Manche, à l'époque mérovingienne, et repassèrent de là
sur le continent.

Si l'Eglise latine avait agi vis-à-vis des Germains comme
elle le fit un instant et comme l'Eglise grecque dut le faire
beaucoup plus largement vis-à-vis des Slaves, si elle avait
laissé se constituer des liturgies germaniques, il est probable que la civilisation antique eût sombré sans retour.
Aidée par le respect superstitieux que les barbares profes-
sèrent longtemps pour Rome, elle put maintenir le latin
comme langue administrative et liturgique. Elle l'a fait, non
en vertu d'un principe, mais surtout par des raisons de
commodité pratique ; non par une préférence arrêtée pour
les lettres antiques, mais tout au plus par un vague attachement à la *Romanitas*, et, disons le mot, par une routine

---

1. C'est ce qu'Ozanam a fort bien vu (*Civilisation au V° siècle*, I, 401), et *Civilisation chrétienne chez les Francs*, p. 558 : « L'Eglise, qui n'ouvrait que d'une
main timide ces pages séduisantes aux enfants des vieilles cités latines, les
livrera sans scrupules à ces derniers venus des barbares. »

providentielle. Les moines qui « pâlissaient » sur la copie des manuscrits antiques ne furent jamais qu'une infime minorité, et bien plus rares encore étaient ceux qui avaient la volonté raisonnée de « transmettre le flambeau ». Le service que l'Eglise a rendu au monde a été immense, mais indirect, en partie inconscient, et il lui est arrivé de s'en excuser, quand elle s'en est aperçue, comme d'une faiblesse ou d'une audace. Ici, après avoir critiqué Ozanam, il faut de nouveau rendre hommage au sentiment très juste qu'il a souvent des manières de raisonner du moyen âge. S'il a, dans son ardeur, dépassé la vérité, il l'avait aperçue. « Cassiodore, écrit-il, Bède, Alcuin, tous, par un phénomène intellectuel qu'il est bon de signaler, *tous plus frappés des comparaisons que des raisons, des images que des grands motifs*, répéteront cette parole (de saint Augustin) que le christianisme a dû faire comme le peuple hébreu au sortir de l'Egypte, et emporter les vases d'or et d'argent de ses ennemis. Ce sera sur cette parole que les sciences, les arts, les traditions de l'antiquité passeront au moyen âge[1]. » Il est impossible de mieux dire.

Nous pouvons maintenant conclure, et essayer de définir Ozanam et de le classer à son rang. Le travail historique comprend bien des spécialités. Les uns excellent surtout dans la recherche des documents ; ils ont le flair particulier qui les fait découvrir, la compétence qui en fait reconnaître l'intérêt, la méthode qui enseigne à les publier avec soin. Ils se contentent volontiers des émotions de cette espèce de chasse et des joies de la trouvaille. D'autres auront la patience et l'exactitude qui font les auteurs de catalogues et de régestes. Ceux-ci réussiront dans « les travaux d'art de la critique de restitution ou de la critique de provenance[2] ». Ceux-là épuiseront dans des monographies des sujets limités. D'autres enfin,

---

1. *Civilisation au Ve siècle*, I, 395.
2. LANGLOIS et SEIGNOBOS, *op. cit.*, p. 104.

esprits plus organisateurs et constructeurs que pénétrants et minutieux, utilisent pour de vastes synthèses les résultats des recherches originales d'autrui. Les uns font œuvre plus durable, les autres œuvre plus brillante peut-être ; tous peuvent faire œuvre utile. Car s'il est bon que l'érudit ait l'idée de l'ensemble, qui seul donne du prix à ses recherches[1], et indispensable que l'historien puisse juger en connaissance de cause les travaux de l'érudit, la division du travail entre eux est en soi légitime et néces-saire ; et rien notamment ne serait plus injuste que le mépris pour le vulgarisateur, pourvu qu'il remplisse les deux conditions essentielles : connaître tout ce qui a été publié d'important sur son sujet, avoir repensé par soi-même les conclusions des spécialistes[2].

Ozanam, on l'a vu, a montré les aptitudes les plus va-riées. Il a été éditeur de textes dans ses *Documents inédits ;* érudit dans ses *Sources poétiques de la Divine Comédie.* Les parties philosophiques de son *Dante* sont un type de solide monographie. Ses autres travaux appartiennent au genre de la vulgarisation supérieure, qui convenait peut-être le mieux à son talent. Il a dit lui-même, avec insistance, « qu'on ne trouverait pas [dans les *Études germaniques*] cette lente discussion des documents, ces controverses épineuses, mais nécessaires pour fonder une science[3] » ; qu'il écrivait son *Histoire littéraire des temps barbares* « non pour le petit nombre des savants, mais pour le public lettré », et qu'il n'avait « jamais eu la prétention d'aller au fond » de sujets « dont chacun suffirait à l'em-ploi de plusieurs vies[4] ». En le jugeant, il ne faut jamais perdre de vue ces déclarations et ces distinctions.

D'ailleurs, si le degré des exigences diffère, ce sont tou-jours à peu près les mêmes questions que se posent sur

---

1. *Op. cit.*, p. 110 (citation de Renan).
2. *Op. cit.*, p. 271.
3. *Les Germains avant le christianisme*, p. 8.
4. *Lettres*, II, 189. Cf. sa déclaration que les *Poètes franciscains* ne sont pas « un livre de science ».

un livre et sur un historien, ces « hommes spéciaux » dont
parlait Ozanam. Que vaut l'information ? Que vaut l'impartialité ? Que vaut la critique ? Quels progrès de méthode
détermine l'ouvrage ? Quelles idées nouvelles apporte-il ?

L'information d'Ozanam est ordinairement bonne ; et sa
correspondance inédite avec ses amis d'Allemagne montre quelle peine il prenait pour la compléter, en un temps
où la tâche était autrement difficile qu'aujourd'hui.

Quant à son impartialité, nous touchons à un point délicat. Le grave n'est pas que, sa bonne foi et sa loyauté restant
d'ailleurs au-dessus de tout soupçon, il ait commis certaines
erreurs qui n'étaient pas fatales, et desquelles il faut rendre responsables ses convictions ardentes ou les entraînements de l'éloquence. Par exemple, c'est parce qu'il était à
la fois un croyant très enthousiaste et un fervent des lettres
antiques, qu'il lui a semblé impossible et presque sacrilège de s'imaginer que ces deux religions aient jamais pu
être séparées dans la pensée des hommes ; nous avons montré comment son *Histoire littéraire des temps barbares* se
ressentait de ce préjugé. Mais cela revient à dire qu'il ressemble à tous les historiens. Qui donc a pu éliminer de ses
livres tout élément subjectif ? Seulement on insistera. On
dira que ces dispositions subjectives, inévitables peut-être,
mais fâcheuses, puiqu'elles troublent la sérénité de la
vision, Ozanam, loin de chercher du moins à les contenir,
les a cultivées en lui et étalées au dehors. Il n'a pas manqué une occasion d'affirmer avec force que son but suprême
était de servir l'Eglise par ses travaux. Cela suffit pour
que certaines personnes se croient autorisées à opposer
à ses œuvres une espèce de fin de non recevoir, et à le
mettre pour ainsi dire en dehors de la science, par cette
raison que la règle première de toute recherche scientifique étant de n'avoir aucune idée préconçue, de se laisser docilement conduire par les faits, et de ne préférer
d'avance aucune conclusion, il aurait péché contre cette
loi fondamentale. Nous sortirions de notre rôle si nous
prétendions discuter dans son ampleur le problème ainsi

posé. Mais nous devons au titre de ce travail d'écarter en
quelques mots un reproche qui tendrait à contester à Ozanam le droit même au nom d'historien véritable. Assurément, si l'on voit dans la science la seule fin en soi, et si
par suite on ne conçoit pas d'idéal plus noble que celui
de la recherche absolument désintéressée; ou bien si l'on
pense que les résultats établis déposeront, en faveur de
qui de droit, avec une autorité d'autant plus grande qu'ils
paraîtront moins sollicités, on conclura que dans l'intérêt
de la science, ou dans l'intérêt de la religion, il vaut mieux
que les tâches de l'apologiste et de l'historien soient plus
nettement séparées que ne le voulait Ozanam. Mais dans
les postulats sur lesquels on se fonderait, il y aurait bien
de l'illusion et bien du convenu. Puisque l'histoire, ou
plutôt les diverses sciences, sont fatalement invoquées
dans les controverses philosophiques et religieuses, et
puisqu'aucune doctrine ni aucun parti (car le catholicisme
n'est pas seul en cause et il y a des apologistes dans tous les
camps) ne peut renoncer à y chercher des arguments, est-il
vrai que ces arguments parlent tout seuls, et n'aient jamais
besoin d'être dégagés, mis au point, appréciés quant à
leur sens et quant à leur portée ? Et s'ils ont besoin de
l'être, ne vaut-il pas mieux que la besogne soit faite par
des hommes du métier, plutôt que par des amateurs et
des incompétents ? Et n'est-ce pas à cette conséquence que
l'on arriverait, si l'on prétendait interdire aux savants toute
conclusion qui dépasserait leur science particulière ? La
position d'Ozanam, moralement d'autant plus légitime
qu'elle est plus franchement avouée, est du point de vue
scientifique parfaitement défendable. Elle est délicate,
nous en convenons volontiers. Mais s'il est difficile de rencontrer ce qu'Ozanam se flattait d'être : l'avocat parfaitement loyal, qui combat, mais ne dénature ni ne dissimule,
les raisons de l'adversaire; l'expérience montrerait peut-
être qu'il est presque aussi rare de trouver ce rapporteur
rigoureusement impartial que devrait être le « véritable
savant ». Que de livres dont le ton « scientifique » cache

les partis pris les plus violents ; tandis que s'il est parfois
nécessaire de combattre Ozanam, on peut souvent le faire
par les armes mêmes que sa loyauté fournit. Tout compte
fait, et malgré les apparences qu'il a parfois créées contre
lui, il n'est pas éloigné d'avoir réduit la part de l' « auto-
suggestion » jusqu'au point au-dessous duquel elle ne peut
guère descendre chez personne [1].

Sa critique, enfin, n'est point impeccable. Mais il importe
de se rendre compte de l'origine de ses défaillances. Au
premier abord, on pourrait être tenté de l'accuser de trop
d'indulgence pour les légendes. Il en aimait la poésie ;
il y voyait, avec raison, des témoins des manières de penser et de sentir du Moyen Age ; il s'y est, nous l'avons vu,
beaucoup intéressé ; n'en aurait-il pas été quelquefois la
dupe ? Telle de ses pages, où l'histoire et la légende s'en-
lacent d'une façon intime, risquent en effet de produire une
première impression fâcheuse. Si l'on y regarde de plus
près, on voit que d'ordinaire il distingue fort bien la valeur
de ces divers éléments [2] ; ce n'est pas par la crédulité qu'il
pèche. Quelques-unes de ses fautes sont imputables à des
vices de méthode, qui, eux-mêmes, sont imputables à son
temps. Ceci pourra sembler étrange ; faut-il donc admettre
que la critique progresse ? Est-elle donc autre chose que le

1. Une lettre d'Ernest Havet, un collègue auquel l'unissait, par-dessus les
plus grandes divergences d'idées, une affectueuse estime réciproque, nous
paraît avoir très finement marqué dans quelle mesure on peut parler de la
partialité d'Ozanam (et de tous les grands faiseurs de synthèses). « Moi qui lis
toute cette histoire [il s'agit des *Etudes Germaniques*] comme une histoire
humaine, il m'arrive quelquefois de regretter certains détails sur lesquels
vous passez vite, parce qu'ils ne se rapportent pas à ce qui est pour vous le
centre et la fin. Vous avez toujours en vue une unité dominante, cela donne
plus d'harmonie à votre œuvre, plus d'élévation et de fermeté à votre langage,
mais un critique indifférent, qui observerait et n'enseignerait pas, se plairait
davantage aux variétés et aux disparates... En général, vous rejetez dans les
notes, pour vous en débarrasser en quelques mots comme d'un obstacle, toutes
sortes de considérations sur lesquelles une histoire qui ne serait pas en même
temps une doctrine s'étendrait et se reposerait ».

2. Voir par exemple (*Civilisation au V* siècle*, II, p. 227 et suiv.), comme
tout à fait caractéristique de sa manière, sa critique très discrète de la vie de
saint Paul par saint Jérôme. Cf. ce qu'il dit des origines de l'église de Cologne, *Civilisation-chrétienne chez les Francs*, 20. Rappelons enfin le mot cité
plus haut (p. 162, n° 3, sur « ces merveilleuses légendes auxquelles la foi se
refuse, mais l'imagination se complaît. »

bon sens, inégalement partagé suivant les gens, mais non
suivant les époques? Le fait est cependant que bien des
principes, qui paraissent évidents dès qu'ils sont formulés,
n'ont été dégagés que lentement « des expériences accumu-
lées par plusieurs générations d'érudits [1] ». Quand Ozanam
s'appliquait à concilier par une espèce de moyenne des
témoignages entre lesquels il aurait dû choisir [2], ou prétendait tirer des légendes « la part de vérité qu'elles con-
tiennent [3] », il appliquait des formules de valeur douteuse,
mais qui avaient cours autour de lui. Ces réserves faites,
dans la plupart des questions posées nettement par lui-
même ou par d'autres, il a vu juste. La grande cause de
ses erreurs n'est pas dans un défaut de jugement, mais
dans l'attention insuffisante qu'il accordait aux problèmes
de critique. Il n'était pas enclin à en soulever. Il s'en tenait
volontiers aux opinions établies. Il avait cette tournure d'esprit affirmative et conservatrice qui est peut-être une partie
du tempérament oratoire. Il lui manquait au contraire un
grain de cet esprit de contradiction que d'autres peuvent
avoir en excès, qui dégénère chez eux en paradoxe et en
scepticisme, mais qui, à la juste dose, est une partie du
tempérament scientifique. La longueur et la minutie des
opérations préliminaires le rebutaient; il était plus pressé
de construire que soucieux de vérifier ses matériaux.

Pour ces raisons, il risquera toujours de n'être pas apprécié à sa juste valeur par les hommes d'un esprit très exi-
geant et très précis, qui font passer avant tout la rigueur
de la méthode, et préfèrent à des vues brillantes, mais le
moins du monde incertaines, un résultat modeste définitivement établi selon toutes les règles. Il est vrai que ces
mêmes hommes jettent par-dessus bord, et avec raison,
de leur point de vue exclusif, à peu près toute la littérature historique des trois premiers quarts du xixᵉ siècle.

En revanche, il sera toujours placé très haut par une

1. LANGLOIS et SEIGNOBOS, op. cit., 44.
2. Ibid., 170.
3. Ibid., 154.

autre famille d'esprits, ceux qui dans la méthode historique
font à l'hypothèse et à la théorie leur place ; qui voient
dans l'hypothèse un moyen d'investigation nécessaire,
quoique parfois dangereux, et dans les théories des essais
de coordination de nos connaissances auxquels il est vain
de reprocher d'être provisoires, puisqu'ils sont indispensables. Ceux-là sont indulgents pour des tentatives, fussent-
elles imparfaites encore, qui indiquaient la voie à suivre ;
ils savent apprécier des vues fécondes, alors même que
par un défaut de temps, de méthode, ou de documentation,
elles sont insuffisamment appuyées ou en partie fragiles.
Ils demandent avant tout à un historien d'avoir des idées.
Ozanam en a eu, en a remué beaucoup ; il possédait le don
de les concevoir lui-même, et le don de les reconnaître
chez les autres et de les mettre brillamment en œuvre.
Il a été un esprit des plus suggestifs. Nous avons saisi
l'occasion de citer plusieurs de ces aperçus rapides, que le
temps ou les circonstances l'ont empêché de développer,
et qui auraient pu donner à d'autres savants la première
idée d'œuvres justement célèbres. Il aurait été facile de
multiplier ces exemples. Mais la méthode même d'Ozanam
ne mérite pas que des critiques ; il s'en faut de beaucoup.
Par une espèce de paradoxe, si dans le détail il prête
souvent le flanc, il a eu dans les questions plus générales
des principes très justes ; dans sa manière d'interpréter la
Divine Comédie, ou de poser le problème des sources de
Dante ; dans sa conception si large de l'histoire, et dans
ses vues sur l'orientation à donner à l'histoire littéraire,
nous l'avons vu proclamer, et mieux encore, appliquer,
trois ou quatre idées, aussi banales aujourd'hui, il faut
l'avouer, mais méconnues tout aussi longtemps que les
règles de la critique d'érudition. Si, d'autre part, il est
resté souvent à la surface des textes, du moins il n'a
jamais perdu le contact avec eux. Il a contribué à faire
cesser le divorce déplorable qui a si longtemps régné entre
l'érudition et l'histoire [1] ; une érudition presque vaine parce

---

1. LANGLOIS et SEIGNOBOS, *op. cit.*, p. 104.

qu'inutilisée, et une histoire vague, oratoire et fausse. Et
ce poète, cet orateur, loin de n'être occupé que de ses
phrases, est l'un des premiers qui ait cessé de considérer
l'histoire comme un pur genre littéraire. Tandis qu'autour
de lui les maîtres les plus célèbres rééditaient telles quelles leurs œuvres, sans prendre la peine de les mettre au
courant, et témoignaient ainsi combien à leurs yeux la
forme l'emportait sur le fond, il est instructif de comparer
les unes aux autres les éditions successives de la *Philosophie de Dante*, et de les voir s'enrichir constamment de
faits et d'aperçus nouveaux. Ainsi Ozanam a travaillé pour
sa part à ce grand progrès dans la manière d'écrire l'histoire qui reste un des principaux titres d'honneur du
xix⁰ siècle.

Faut-il enfin rappeler en terminant les résultats posi-
tifs de ses efforts; ceux que ne pourraient lui contester les
personnes les moins disposées à le surfaire? Il a vulga-
risé en France les découvertes allemandes sur les antiquités germaniques. Il a fait entendre une protestation très
fondée contre le préjugé qui avait longtemps rendu l'Eglise
responsable de la barbarie du haut moyen âge; s'il n'a
pas démontré, comme il le croyait, qu'elle ait sauvé tout
ce qui pouvait l'être, il reste que rien n'aurait été sauvé
sans elle. Quelques progrès que doivent réaliser l'établissement et la critique des textes édités par lui, il méritera
toujours une mention parmi ceux qui contribuèrent à révéler à l'Italie ses antiquités littéraires. Et surtout il a pour
jamais attaché son nom à ceux de saint François et de
Dante; c'est assez pour la gloire d'un historien.

E. JORDAN,

Professeur à la *Faculté* des Lettres de Rennes.

L'homme de lettres

Frédéric Ozanam, homme de lettres

Au jour de son baptême invisible, il
avait reçu l'huile avec le vin...
... Il n'y avait pas une muse qui
n'habitât en lui.

LACORDAIRE.

Ceux qui pieusement ont préparé la célébration du jubilé de la naissance de Frédéric Ozanam ont pensé qu'il fallait honorer particulièrement en lui, après le croyant, après l'historien, — l'artiste, le lettré, l'historien de la littérature, — pour tout dire en un mot, l'homme de lettres.

Cet aspect complète pour la postérité une renommée faite de sainteté et de science, en y ajoutant la poésie.

Ayant reçu mission de tracer cette partie du tableau — j'ai remis devant moi les volumes, tant de fois maniés, des œuvres complètes d'Ozanam. En ouvrant le premier, mes yeux sont tombés sur ces lignes, d'une encre déjà jaunie : *A mon cher Henry Cochin, le jour de sa Première Communion, en mémoire d'un ami de son père.* Elles sont datées du 3 mai 1866 et signées : AMÉLIE OZANAM.

Elles me reportaient aux années lointaines de mon enfance, et à tout ce que j'avais connu de M. Ozanam : sa veuve, sa fille, les êtres chers sur lesquels on voit se répandre dans sa *Correspondance* les fleurs épanouies de sa tendresse. J'ai souvenir aussi de quelques-uns de ceux qui l'ont aimé : au premier rang mon père, ma mère, et autour d'eux, leurs amis et leurs aînés, ces grandes figures dont l'image flotte autour de mon enfance : ces com-

pagnons de lutte, d'études, de vie, de foi, ce groupe
d'âmes chrétiennes passionnées de bien et de beau, le
P. Lacordaire, que j'ai entrevu à peine, Montalembert,
déjà mourant, le céleste abbé Pereyve, Jean-Jacques
Ampère, débordant encore de verve et de vie.

A ces figures illustres, s'en ajoutent d'autres encore :
ce sont des amis plus humbles, discrets coureurs de mansardes, de galetas et d'hôpitaux, confrères de bonnes
œuvres et de conférences charitables. Je les revois aussi
très nettement. Les figures s'impriment si fortement sur
cette cire molle qu'est la mémoire d'un enfant ! Mon souvenir a pour moi la valeur d'une certitude. Je puis dire
à quel point Ozanam était aimé.

J'ajoute qu'aucun autre n'était aimé de la même façon
qu'était aimé Ozanam. Il a passé tant d'hommes, bons à
tant de titres, dans cette maison où je suis né, que plusieurs naturellement y possédaient sur les cœurs un singulier pouvoir. Mais le nom d'Ozanam sonne à mon oreille
d'un son qui n'est pas celui d'un autre. Pour mon père,
certes, il y avait dans Ozanam l'ami des pauvres ; c'était
le maître à qui l'avait confié la sœur Rosalie, celui qu'il
rencontrait aux rendez-vous sacrés de la bienfaisance, aux
conférences de Saint-Vincent de Paul, dans les sous-sols
de Saint-Sulpice. Mais je sais bien qu'à ce sentiment s'en
ajoutaient d'autres : ce n'était pas seulement l'amitié, ni
l'admiration ; c'était un enthousiasme. Il n'y avait pas seulement dans cet homme des vertus ; il y avait un charme.
Cet homme qui a passé sa courte vie dans la pratique des
devoirs les plus austères, dans la poursuite aussi des
plus austères études — savait attirer et captiver les hommes les plus divers.

Il n'exerçait pas seulement cette action sur ses amis,
ses contemporains, ses disciples : il l'étendait sur ses
aînés, sur ceux qui l'avaient devancé dans la vie et ses
travaux. Elle n'était pas ressentie seulement par ses frères dans la foi, mais souvent aussi par ceux qui ne croyaient
pas comme lui. Si l'on veut dresser une litanie de tous

les témoignages d'admiration émue qu'il a inspires en sa vie et en sa mort, il faudra ajouter à ceux des catholiques, ceux de protestants comme Guizot, de philosophes comme Cousin et Villemain, de complets incrédules, comme Fauriel, Renan, Havet. C'était sans doute sa surhumaine bonté qui les courbait tous devant sa foi. Mais il y avait autre chose, quelque communication secrète et continue avec tous les hommes, un esprit créateur et vainqueur, — ce qu'il faut appeler sans doute, au sens premier du mot : une poésie. Ozanam était un être inspiré.

Voilà ce qu'a si magnifiquement exprimé la langue poétique de Lamartine. Il a loué Ozanam comme un poète loue un poète. Il voit la beauté et la noblesse de son âme s'épancher, abondante et suave sur les hommes « comme les soleils d'Orient ruissellent le matin et le soir de rosée ». On a cité souvent la phrase où, continuant ses images orientales, il le compare aux prêtres de l'Inde antique, et l'appelle « brahme chrétien ». Mais quant à moi, je préfère bien celle-ci : « Il y avait autour de lui comme une atmosphère de tendresse pour les hommes. Il respirait et aspirait je ne sais quel air balsamique qui avait traversé le vieil Eden. Chacune de ces respirations et aspirations vous prenait le cœur et vous donnait le sien. »

A ces suaves paroles il faut en ajouter de plus tendres, celles qu'ont dites les amis de son cœur, et surtout le P. Lacordaire. Je connais peu de choses aussi belles, dans l'œuvre du grand moine, que les pages qu'il a écrites sur son ami. Que Lacordaire se révèle à nous avec une âme candide : comme il pouvait aimer! Il y a surtout, dans les dernières lignes, un adieu final, si simple, si cordial, où il nomme son ami, comme il le nommait vivant, — un : *Adieu, Monsieur Ozanam,* — qui est chose déchirante et charmante. On dirait qu'on les voit tous deux, le moine, l'ami, échangeant avec une souriante courtoisie leur dernier salut de ce bas monde.

Quand Lacordaire pense à Ozanam, l'image de sa bonté,

tout naturellement, se présente à lui : « Il était doux pour
tout le monde. » Mais à cette douceur du cœur, il ajoute
vite la force de la parole : « Au jour, dit-il, de son baptême invisible, il avait reçu l'huile avec le vin. »

Chose remarquable : lui, orateur catholique, faisant
l'éloge d'un ami catholique, défenseur avec lui de l'Eglise
catholique, il place au premier rang de sa louange les
qualités de l'artiste et de l'écrivain. Il vante cette âme
d'une rare et presque unique composition, où se rencontraient tant de mérites, lettres, science, foi, pour se fon-
dre en éloquence. La chaleur de l'admiration l'exalte jusqu'à ce cri lyrique : « Il n'y avait pas de muse qui n'habitât en lui ! »

Et se rappelant tout cela, dans cette tristesse qui nous
prend en songeant à la beauté qui fuit avec la vie, Lacordaire s'arrête et murmure : « Nous ne l'entendrons plus
que par le souvenir. » —Que dire, nous qui ne l'entendons
même pas ainsi, nous qui jamais ne l'avons ni vu, ni entendu ?

Ceux qui, au lendemain de sa mort l'ont voulu perpétuer, Ampère, Lamartine, Pereyve, Lacordaire, nous aideront à réveiller sa parole endormie.

Lacordaire a dit : « La poésie l'avait consacré tout enfant. » Pour se représenter tel qu'il fut l'esprit de Frédéric Ozanam, il est nécessaire de le prendre par ses
débuts, et même ses antécédents, ses origines. Tout le
développement de sa courte vie est dans la vocation de
sa jeunesse : « C'est l'œuvre inachevée d'une ardente vocation » — dit Villemain, qui le louait, mort à quarante
ans, après de courtes années de labeur surhumain. Or,
« l'ardente vocation » brûlait déjà dans le cœur innocent
du clerc d'avoué de dix-sept ans, dévoré d'amour pour
Dieu, pour la beauté, pour le travail et pour les pauvres,
qui faisait des vers latins, des articles pour l'*Abeille* lyon-

naise, et était un parfait dévot de Notre-Dame de Fourvières.

Il était de la race des ardents travailleurs et des rêveurs précoces. Il était né dans une ville de travailleurs
et de rêveurs.

Lyon est une patrie. Cette ville, si française, et qui
tient une place si grande dans l'histoire de notre âme
nationale, a eu de tout temps son âme et sa vie propres.
Elle a été notre capitale romaine[1], et plus tard au xvie
siècle, une capitale encore de commerce et de civilisation.
Mais bien des gens ont cherché à préciser la formule
qu'on voudrait donner de l'âme lyonnaise, et n'y ont pas
réussi. J'interroge un des hommes qui connaissent le
mieux Lyon et en ont le mieux parlé : « Ne me demandez pas ce qu'est Lyon, — me répond Edouard Aynard, —
vous me mettriez à la torture. Rien n'est plus obscur,
plus compliqué, plus contradictoire, plus attachant et
plus déconcertant que l'esprit de la cité qui est au con-
fluent du Rhône et de la Saône ! »

Pourtant c'est grâce à lui que je me flatte de le comprendre[2].

On n'a pas toujours dit du bien des Lyonnais. L'image
générale qu'on en garde est parfois morose. Un d'entre
eux les nomme : « Mes mélancoliques compatriotes. » Il
est arrivé qu'on les ait jugés des âmes incomplètes. Lamartine dit : « Lyon a montré souvent un grand peuple,
rarement des grands hommes[3]. » A Baudelaire l'horizon de Lyon paraît « brumeux, fuligineux, hérissé de
pointes[4] ». Il l'appelle : « Ville des clochers et des four-
neaux. » Le trait est bon ; on le retrouve presque pareil

1. Elle a été, aux temps romains, la seule ville romaine du Rhin aux Pyré-
nées. (Cf. Em. JULLIEN, La Fondation de Lyon, 1891.)
2. Outre une lettre personnelle qui m'est précieuse, j'ai utilisé la magnifique
Introduction que M Aynard a écrite sous ce titre Lyon en 1889, pour le Rapport
de la Section d Economie sociale de l'Exposition universelle. Cf. aussi sa Préface
à l'excellent livre de M. J. Buche sur l'abbé Rambaud (et ce livre même, 1907).
3. Aynard réplique : « Nous avons Ampère l'incomparable, et Puvis de Chavan-
nes ! » Il faut ajouter Ozanam
4. Il y comparait le cerveau du Lyonnais Chevanard.

dans Michelet, le seul, dit Aynard, qui ait compris le secret de Lyon : « La montagne mystique et la montagne
qui travaille, Fourvières et la Croix-Rousse. »

Michelet a dit sur Lyon, dans son tableau de la France,
des choses émouvantes. Il tient « cette pointe du Rhône
et de la Saône pour un lieu sacré ». C'est une « fourmi-
lière laborieuse, enfermée entre les rochers et la rivière,
entassée dans les rues sombres qui y descendent, sous
la pluie et l'éternel brouillard — qui a cependant sa vie
morale et sa poésie ». — Tout est dans ce contraste...
« C'est une chose bizarre et contradictoire en apparence
que le mysticisme ait aimé à naître dans ces grandes cités
industrielles comme Lyon et Strasbourg[1]. » Et pourtant
cela est. Il en propose cette explication : « C'est que nulle
part le cœur de l'homme n'a plus besoin de Dieu. Les
Lyonnais en dédommagement de la nature qui leur manquait, se donnèrent Dieu. »

« De là, reprend Aynard, cette ancienne âme lyonnaise,
à la fois contemplative et avide d'agir, s'abîmant dans le
rêve et se ressaisissant dans la réalité... » Cela ne ressem-
ble-t-il pas à l'âme d'Ozanam ? — Et cette définition du
Lyonnais, n'est-ce pas un peu son portrait : « Il est actif
et contemplatif ; c'est un mystère intermittent, secoué par
le rude travail, de cœur chaud et d'aspect froid, aspirant
très haut, osant parfois beaucoup et se résignant facilement à la médiocrité obscure. »

Dans son action charitable, sociale et religieuse, le
Lyonnais se fait remarquer par « son amour de la liberté, et
ce que j'appellerai (dit Aynard), son *enthousiasme pratique*. » Son goût le porte vers « les œuvres de charité et
les œuvres publiques accomplies librement. » Sa religion
est « profonde, douce et raisonnable. » C'est la religion
des antiques saints lyonnais, les premiers martyrs chrétiens de la France. La flamme de leur foi fut ardente,

---

1. Comme aussi, dit encore Michelet, la poésie idéale des Minnesingers a fleuri
à Francfort et à Nuremberg.

certes : on a remarqué que le nom de saint Pothin, —
πoθεῖνoς — veut dire l'homme du désir. Mais leur héroïsme
est calme et serein ; Renan lui-même, après des discussions
et avec des restrictions, finit par les vénérer (et presque
à deux genoux), — « pour leur modération, leur bon sens,
leur absence de tout orgueil ».

De sa patrie lyonnaise, en même temps, avec cet esprit
religieux d'« enthousiasme pratique », Ozanam a reçu la tradition des lettres. Lyon a été jadis un centre de bel esprit,
de littérature et de poésie. Clément Marot le préférait à
tout.

> J'ai trouvé plus d'honnesteté
> Et de noblesse en ce Lyon...

C'était une ville de savants et de docteurs. C'est en elle
que le contact commercial avec l'Italie a fait germer sur
notre sol les premiers rejetons de la Renaissance. La poésie italienne y a fleuri surtout sous la forme épurée du
symbole, encore que là encore il y ait bien eu quelque
contradiction. Mais si la veine d'ardente volupté apparaît
avec Loyse Labbé, la première place y reste pourtant
sans conteste à l'idéal platonicien, Maurice Scève et l'im-
matérielle Delia.

Ozanam tenait à l'Italie par des liens plus proches que
les souvenirs du passé[1]. « Enfant de France par le sang
qu'il avait reçu, il l'était aussi de l'Italie par son berceau »,
dit Lacordaire, qui tire de là cette belle image : « Ce
n'est pas en vain que la ville de saint Ambroise et celle
de saint Irénée avaient uni pour le baptiser les grâces de
leurs traditions. Il avait en lui l'influence des deux ciels
et des deux sanctuaires. » Tout le temps de sa vie, dans
son amour de la science, de la liberté, de l'Italie, Ozanam
gardera quelque ressemblance de ce Lyonnais aventureux,
son père, engagé aux hussards de Bercheny, puis soldat

_____

1. Né à Milan, 23 avril 1813.

de Bonaparte, puis médecin, devenu si bien et si fort citoyen de Milan, qu'il s'exila de la ville lombarde quand elle perdit sa liberté.

On peut dire qu'Ozanam n'a jamais quitté le contact avec l'Italie[1]. Cela ne l'écartait pas de l'esprit lyonnais. « A tout prendre, me dit encore Aynard, Lyon a représenté assez bien chez nous la petite république italienne, peuplée de marchands mystiques ». On y a aimé de tout temps les associations, les groupes d'études ou de bonnes œuvres ; on y a « le goût des confréries fermées ».

C'est dans une « confrérie » de ce genre qu'Ozanam fut introduit vers la fin de ses études classiques, par le conseil de son maître de philosophie, l'abbé Noirot, dont l'influence sur lui fut immense. Rien ne s'efface des souvenirs des hommes comme l'image de cet être d'élection que l'on nomme un bon maître. Il meurt avec la reconnaissance de ceux qui l'ont aimé, et c'est-à-dire avec une génération d'hommes. Pourtant l'image d'un maître au moins a triomphé des siècles et a traversé les générations de l'humanité, c'est celle de Socrate. Or c'est le nom de Socrate justement qui revient sans cesse par comparaison sur les lèvres des disciples de l'abbé Noirot. Car tous ceux qui ont reçu ses leçons nous parlent de lui avec le même enthousiasme. Jean-Jacques Ampère ne l'appelle que « le maître chéri ». Aynard, qui a recueilli sa tradition par l'abbé Rambaud, écrit ces mots charmants : « On n'a jamais bien su en quoi consistait la philosophie de l'abbé Noirot ; elle s'alliait à l'économie politique, à la poésie, à la connaissance des mouvements sociaux contemporains. Elle procédait par cette interrogation incessante, qui forçait l'élève à se découvrir lui-même son esprit. »

C'est un ouvreur d'idéal, un éveilleur d'esprit, un accoucheur de pensées ; mais c'est aussi le prêtre de Dieu, le confident des fautes, le gardien des puretés sacrées. Ayant

1. Il avait des parents en Italie et notamment à *Florence*. Il parlait l'italien depuis son enfance.

eu dans ses mains le jeune Ozanam, il le mit dans sa voie, en l'introduisant dans la remarquable société d'hommes que l'hisoire appellera *le groupe lyonnais.*

Les hommes qui composaient ce groupe étaient plus âgés qu'Ozanam ; car leur première réunion remontait au lendemain presque de la féroce Terreur lyonnaise. — « Lyon, dit Ozanam, est une ville qui se souvient du sang de ses martyrs, qui, après avoir été fidèle au temps de sa prospérité, est demeurée croyante, aimante et forte dans ses malheurs. Et, comme cette ville devait donner à la France en 1793 l'exemple de l'héroïque sacrifice, en retour la Providence lui avait donné vers cette même époque des enfants qui devaient un jour être son honneur et sa consolation. »

C'étaient Camille Jordan, « une âme, dit Sainte-Beuve, ardente, dévouée, religieuse », les Jussieu, Bergasse, Dugas-Montbel, de Gerando. C'était surtout Ballanche, à qui Ozanam devra tant. A leur tête marchait André-Marie Ampère. En 1803 ces jeunes gens sérieux et ardents avaient fondé une société d'amitié et de travail commun. « Leur enfance, dit Ozanam, s'était passée au milieu des ruines du siège de Lyon. » Au lendemain du jour où tout avait été démoli, il était naturel que de toutes parts des activités généreuses se missent en mouvement pour construire. Mais, à la différence de tant d'autres, la petite société lyonnaise avait un fond solide pour établir sa construction. Elle s'affirmait « société catholique » et son dessein, profondément catholique, était celui-ci : « Etudier scientifiquement les bases de la religion chrétienne. » Esprits larges, ouverts, les jeunes associés ne veulent ignorer rien ni personne ; ils ne se refusent à connaître aucune œuvre ni aucun homme. Ils lisent les Pères et surtout saint Augustin et saint Jean Chrysostôme ; mais aussi les romantiques allemands, Schiller, Klospstock ; il ne faut pas supposer qu'ils ignorent Rousseau. Les philosophes contemporains les plus divers sont en correspondance avec eux, Cabanis, Tracy.

mais aussi le sublime Maine de Biran, et Bonald. Ils veulent toucher à toutes les sciences de toutes sortes. Ampère,
leur chef, à vingt ans, « sait autant de mathématiques et
de géométrie que les professeurs et les livres en peuvent
apprendre ». Mais il adore l'histoire. Des lettres, de la
poésie, des arts, rien ne lui est indifférent, pas plus qu'à
ses amis[1].

Dans leur désir de savoir, ils ne connaissaient pas de
limites. Quel but pourtant poursuivaient-ils ? Il ne faut
pas croire que ce fût, suivant la mode du temps, de réformer le monde et transformer l'humanité, mais de se réformer et se transformer eux-mêmes. Ils concevaient leur
petite société fraternelle comme une fabrique de bons
esprits, et de belles âmes, de savants, de bienfaisants,
de croyants.

Un peu plus tard, comme le fils d'Ampère restera un
peu de temps à Paris, avec son père, un des confrères de
Lyon lui écrira : « A Paris, votre enfant ressemblera à tant
d'autres ; il sera façonné pour le siècle, et non pour Dieu
et pour l'humanité. »

Ce n'était que rappeler Ampère à ses lois. Il considérait
la vie comme un apostolat de science et de foi. Ce qu'il
proposait à ses amis du groupe, c'est « le grand mouvement des cœurs et des esprits vers le ciel ».

En voyant ces hommes simples marcher la main dans
la main, d'un pas si assuré, dans le travail et la vertu,
en même temps que dans la bonté, dans l'ardeur de la
charité et celle de la foi, Sainte-Beuve ne pouvait s'empêcher de soupirer : « Admirable jeunesse ! Age audacieux !
Saison féconde ! »

Cette jeunesse, cette audace et cette fécondité furent
plus durables que le critique ne semblait le croire ; cette
belle saison de printemps n'eut pas d'automne. Le groupe
était bien compact ; la confrérie bien liée ; l'union et le

---

1. C'est par Ampère qu'Ozanam connaîtra Claude Fauriel, notre premier
philologue. En 1806, le groupe, sous l'impulsion de Camille Jordan, voulait
fonder à Lyon un « Salon des Arts ».

travail commencés dans les jours agités de la fin de la
Révolution se perpétuèrent, dit Ozanam, « au milieu du
matérialisme de l'Empire, de l'indifférence de la Restauration, du panthéisme des derniers temps ». Ozanam restera
jusqu'à sa mort plein de gratitude pour les hommes graves,
courageux et bons, dans le rayonnement desquels s'était
formé son âme.

A mesure que vieillissaient les hommes du groupe de
1803, autour d'eux se formait une jeunesse digne d'eux.
C'était un milieu d'élection pour les mouvements généreux et chrétiens. Quand Montalembert en 1831 parcourut
la France pour y semer la bonne parole de la liberté d'enseignement, c'est à Lyon qu'il trouva le terrain le plus
riche. Il n'oublia jamais ces jeunes et obscurs amis qu'il
harangua réunis autour de lui, « assis sur des comptoirs,
échangeant leurs pensées et leurs affections devant Dieu
en un commun dévouement à la cause de la liberté et de
la foi [1] ».

A l'amour de la liberté et de la foi, la plupart de ces
jeunes gens ajoutaient celui des lettres et de la poésie.

Parmi les hommes qui contribuèrent le plus à attirer
Ozanam sur cette voie, il faut mettre en première ligne
Ballanche.

Notre époque a beaucoup oublié Ballanche[2]; nous en
savons très peu de chose, et cependant, je ne sais pourquoi, nous ne prononçons pas son nom sans quelque
ironie. Nous avons tort. C'était un « doux et obstiné
rêveur »[3], — oui — mais c'était un grand cœur. A Paris,
dans la maison de l'Abbaye-au-Bois, où son dévouement
et son obligeance le rendaient indispensable, entre les
désespérances de Chateaubriand, et les grâces glaciales

---

1. LE CANUET, I, 259. Je ne réponds pas d'ailleurs que *Fr.* Ozanam fût présent à la réunion dont parle Montalembert.
2. 1776-1847.
3. Sainte-Beuve.

de Mme Récamier, Ballanche apportait par contraste la confiance d'un invincible optimisme, la chaleur naïve d'une âme confiante. C'était un corps maladif, et un esprit inquiet et un peu flottant. Il était venu à l'âge d'homme au milieu des horreurs qui marquèrent tant d'âmes d'une cicatrice. Il les traversa avec sérénité, en cherchant la vérité, muni d'une provision de lectures [1] et de pensées, qui, pour dire vrai, le préparaient inégalement à l'œuvre spiritualiste et chrétienne où sa sincérité l'acheminait. Ballanche, dit Ozanam, « aurait consolé les angoisses de la Révolution, en nous révélant à quel degré d'initiation la Providence nous conduisait ».

Ballanche est de ceux en effet qui vont faire sortir de la Révolution une renaissance de pensée et de beauté chrétienne. Il est l'ami de Bonald, et quant à Chateaubriand, s'il est devenu son compagnon, il ne faut pas oublier tout à fait qu'il a été son devancier [2]. Il a aidé le grand inventeur de beautés à se mettre en face des beautés du sentiment chrétien. Circonstance symbolique : c'est Ballanche qui a mené Chateaubriand voir la Grande-Chartreuse.

De cette antériorité, certes, Ballanche ne se vantait pas. Il était le plus humble adorateur du maître et le plus extatique. On nous assure qu'il ne pouvait entendre, sans verser des pleurs, prononcer ce seul nom, *Cymodocée*.

Il faisait partir toute sa vie intérieure de Chateaubriand. Nous ne pouvons douter que le mouvement ait été donné à Ballanche, et communiqué de Ballanche à Ozanam, par le *Génie du Christianisme*. « C'est, dit Ozanam, ce livre immortel qui commença l'éducation du XIXe siècle. »

Nous ne lisons plus guère le *Génie du Christianisme*, mais plus du tout Ballanche. Un lecteur de la *Vision d'Hébal* est une grande rareté. Pourtant cette *Vision* tou-

---

1. Il indique comme ses livres de chevet : Pascal, Fénelon, Rousseau, Bernardin de Saint-Pierre, Virgile et l'abbé Delille.
2. Ozanam aime à rappeler que l'*Essai sur le sentiment* de BALLANCHE a paru avant le *Génie du Christianisme*.

chait Ozanam au cœur. Il est très injuste de dire que Ballanche manquait de talent. Sainte-Beuve, qui avait le goût si sûr quand la passion ne l'aveuglait pas, n'était pas de cet avis. Les pensées de Ballanche lui paraissent seulement trop lyriques pour la prose. Il avait « l'âme musicale »... S'il eût écrit en vers, qui sait s'il n'eût pas supplanté Lamartine? Sainte-Beuve tient à cette opinion, car il l'a répétée plusieurs fois. C'était l'opinion de l'époque, et surtout dans le milieu littéraire et catholique de la jeunesse lyonnaise. A Lyon dans ce temps-là, entre Ballanche et Lamartine, plus d'un cœur hésitait. C'est un ami d'Ozanam[1] qui dédiait en ces termes à Ballanche une étude sur Lamartine.

« Orphée du Christianisme, je vous dédie ce livre... Vous êtes le philosophe prophétique de notre âge : Lamartine en est le poète. Tous deux vous nous avez inspiré l'amour de Dieu et des hommes! »

Comme Lamartine, Ballanche était foncièrement chrétien, mais d'un christianisme un peu plus précis que le sien[2]. Comme lui il cherchait dans l'Evangile le seul remède aux maux de l'humanité, le secret de la paix des âmes, après les dures années de haine. Il poussait d'ailleurs très loin cette confiance optimiste. Il ne désespérait pas de pouvoir un jour se dresser comme messager de paix entre les diverses écoles qui se disputaient le monopole du salut public. On le verrait pour un peu agiter le rameau d'olivier entre les terribles *ultras* de l'extrême-droite et les imprudents disciples de la religion de Saint-Simon.

La discussion sur le saint-simonisme passionnait alors les esprits. On sait comme Ozanam s'y lança avec la bravoure de ses dix-huit ans et une incroyable maturité.

1. Falconnet. Cf. ROUSTAN, *Lamartine et les catholiques lyonnais.*
2. Ozanam nous a appris d'ailleurs quelle noble fin vaillante et catholique eut la vie de Ballanche.

Sa brochure sur le saint-simonisme n'est pas sans importance. Elle renferme, nous dit-il, « le germe de ce qui doit occuper toute sa vie ». Et cela est absolument vrai. Elle est déjà toute pleine de son idéal et de sa raison, de ce que nous appelions avec Aynard, son « enthousiasme pratique ». Elle est très importante pour sa carrière littéraire, puisqu'elle l'a mis en relations avec Lamartine.

Je ne puis m'empêcher d'admirer quelle attention de tout jeunes écrivains pouvaient obtenir à cette époque auprès d'hommes déjà arrivés à la gloire. Songez que la brochure du jeune inconnu lui valut une lettre de Chateaubriand et une de Lamartine.

Celle de Chateaubriand n'est qu'une noble et vague louange. Le grand homme n'accorde au saint-simonisme qu'un dédain sommaire; il n'aperçoit évidemment pas les suites de ce singulier mouvement. Les jours étaient venus d'ailleurs où rien ne lui était plus, et où il jugeait d'outre-tombe les hommes et les choses.

Lamartine savait mieux ce que c'était que le saint-simonisme[1]. Il ne l'aimait pas, mais en mesurait la valeur. Il donna donc à son jeune correspondant toute son approbation. Mais dans quels termes! Ozanam en fut débordé d'émotion. Il aimait Lamartine à la passion. Il voyait en lui le poète de la foi chrétienne[2]; il s'enivrait de sa gloire et il ne rêvait qu'à le suivre, qu'à être poète avec lui et avec lui chanter la gloire de Dieu. On mesure donc la joie qu'il eut à recevoir une lettre où le poète encourageait le jeune étudiant « dans la sainte lutte de la philosophie morale et religieuse ».

On a raconté maintes fois la première visite à Saint-Point

---

1. La lettre de Lamartine à Ozanam est datée de Mâcon, 18 août 1831. Lamartine vient de rentrer à Mâcon, au lendemain de son échec électoral dans le Nord. J'ai eu occasion de dire comment ses relations avec Michel Chevalier, un des adeptes du saint-simonisme, furent l'occasion de son entrée première dans la vie politique. Mais il n'a jamais été saint-simonien. Cf. *Lamartine et la Flandre* (Plon, 1912).

2. « Il écrit: M. Alphonse de Lamartine faisait entendre des accents d'une poésie vraiment chrétienne semblable aux chants magnifiques des prophètes, semblable aux chœurs harmonieux de la vieille Jérusalem. »

qui s'ensuivit. Ozanam y fut mené par son ami, le jeune poète lyonnais Dufieux. Cette visite lui sembla un « pèlerinage ». Elle lui fut délicieuse. Lamartine était un hôte incomparable. La bonté avec laquelle il le reçut, son insistance pour le garder huit jours chez lui, sa prestigieuse conversation, rien de tout cela ne s'effaça de la mémoire de l'enfant. Il l'a vu très grand, et en même temps très bon, patient pour tous, familier pour le pauvre, et lui permettant la familiarité. Au coin des chemins il entend les petits crier : « Bonjour, Monsieur Alphonse ! »

C'est la charité et la gloire, la poésie et la réforme sociale. Ozanam est heureux et il a un peu peur. Il ne veut pas se laisser aller à ses « admirations immodérées », et comme il dit aussi « à ses grandes phrases laudatives ». En route il a relu le chapitre de l'*Imitation* sur le respect humain. Mais cela ne peut pas l'empêcher de considérer « à quelle hauteur le génie et la vertu peuvent porter une créature comme nous ! »

Et cela le ravit. Ce qu'il y a de terrible, c'est que ce spectacle de l'homme à la fois si illustre et si bienfaisant, chrétien et civilisateur, ce spectacle lui fait naître au cœur un désir dangereux : « Ah ! — (il l'avoue) — plus que jamais me sont revenus toutes mes incertitudes, mes ambitions littéraires, le désir de faire du bien, confondu avec le désir d'acquérir de la gloire... »

Si ce n'est pas ici l'accent d'une vocation d'écrivain, si ce n'est pas le langage d'un jeune poète, je ne sais pas où on le trouve. Ozanam veut, et il ne veut pas. La gloire et le service de sa foi lui ont paru un moment être une seule et même chose. C'est un ciel qui s'ouvre. Mais en même temps, la terre est là. Il la lui faut considérer avec les devoirs d'une vie pauvre, laborieuse, modeste. Sa conscience s'alarme sur le moment, et encore plus à la réflexion et dans la suite des jours.

Il s'apercevra peu à peu que la poésie chrétienne de Lamartine n'est pas fondée sur un dogme bien précis. La première visite de 1831 a pour contrepartie la seconde,

en 1836[1]. L'accueil fut le même et pareil le charme. Lamartine avait rencontré Ozanam se promenant sur la route
de Cluny. Il l'avait emmené dîner à Monceau avec une
douce violence. Les convives étaient en nombre et la
conversation animée. Lamartine était tout à son rôle politique, qu'il exaltait au-dessus de tout. Ozanam eut le
courage de prendre contre le poète la défense des « belles
lettres et de la poésie ». Il le fit avec chaleur. Il était
modeste, mais non craintif.

Cependant il avait entendu d'autres choses, qui davantage lui avaient déplu. Au retour il était triste. Il craint
« de voir Lamartine s'arrêter à moitié chemin sur la voie
de la vérité ». Il dit : « Je tremble pour la muse virginale de Lamartine. »

La crainte augmentera de jour en jour, avec *Jocelyn*,
surtout avec l'*Histoire des Girondins*. Un moment viendra
où Ozanam entreverra une chute comme celle de Lamennais. Il espère du moins qu'elle ne sera pas « irréparable » ; mais il se désole de voir Lamartine « faiblir, et, de
crainte de laisser échapper l'avenir, déserter pour un
moment la foi du passé ».

Malgré ces inquiétudes, il aimera toujours Lamartine et
le suivra pas à pas. A Paris où il va le voir, au temps de
la gloire politique, il retrouve son sourire, mais il arrive
à peine à lui dire un mot, au milieu de sa cour d'adorateurs
et d'amis du jour ; il cause dans un coin du salon avec la
modeste et pieuse Mme de Lamartine. Pourtant, dans la
politique même de Lamartine, bien des choses l'attirent.
Il le trouve toujours préoccupé du pauvre et de l'ouvrier,
et toujours troublé par ces questions sociales que les doc-
trinaires d'alors négligeaient. Un jour[2], il l'entend parler
à la Chambre : « Qu'il était grand ! Qu'il était beau !... Il

---

1. Ozanam, comme d'autres, a cru que l'horizon religieux de Lamartine
avait changé par suite de la mort de sa fille. En fait son christianisme, sauf un
instant peut-être, avait toujours été flottant. Sur ces graves points un livre
définitif de M. J. DES COGNETS vient de paraître, *La Vie intérieure de Lamartine*
(Librairie du Mercure de France).

2. 5 avril 1835. Sur le régime des prisons.

était simple, il était logique : bien plus, il était charitable. » Et il s'écrie avec joie : « Lui seul représentait la pensée chrétienne dans cette discussion ! »

Il reconnaît en lui un fond de tradition religieuse, et, comme il écrit éloquemment à Foisset, il croit toujours « y toucher le cœur chrétien ». D'ailleurs il n'a jamais caché ses sentiments à Lamartine ; ils ont souvent discuté ensemble [1]. Pourtant Lamartine, dans ces belles pages que j'ai déjà citées, marque pour lui une tendre affection. « Ce jeune homme, dit-il, que je n'ai jamais cessé d'aimer. » Il rappelle ses tendres et patientes controverses. « Son orthodoxie, dit-il, parfaite pour lui-même, était une charité d'esprit, parfaite aussi pour les autres... On pouvait différer, on ne pouvait disputer avec cet homme sans fiel ; sa tolérance n'était pas une concession ; c'était un respect. »

Ozanam, qui le connaissait bien, avait toujours espéré le voir revenir à la « foi de sa mère ». Mais on voit combien s'était atténué l'enthousiasme de la première visite. Le chapitre de l'*Imitation* avait vite trouvé son commentaire vivant. Une grande leçon d'humilité s'était imposée à l'esprit pensif du jeune homme de lettres lyonnais. Il avait vu la misère des grands hommes. « Nous sommes punis, dit-il, de nous être trop appuyés sur ces roseaux pensants, quelque mélodieux qu'ils fussent : ils se sont brisés dans notre main. »

Sa vocation littéraire cependant ne pouvait pas s'éteindre pour cela ; c'est qu'elle avait eu d'autres aliments. Dès le début de sa vie, d'autres exemples lui avaient été offerts. Je veux parler surtout de ceux d'André-Marie Ampère [2]. Celui-ci est assurément, pour les sciences exactes, un

---

1. Lamartine note : « Bien que ma philosophie ne fût plus la sienne dans tous les articles de ce grand symbole qui unit les esprits à la base, et qui les sépare quelquefois au sommet... »

2. Sur les Ampère, voir surtout leur admirable correspondance en trois volumes trop peu connus. Voir aussi la notice d'Ozanam sur André-Marie, et l'article de Jean-Jacques sur Ozanam. Consulter Sainte-Beuve, qui est également excellent sur Ballanche.

des plus grands hommes que l'humanité ait connus. La
vie matérielle des hommes et des peuples aussi bien que
la connaissance de la nature sortent aujourd'hui et sorti-
ront de plus en plus des découvertes d'Ampère sur ces
forces que l'on nomme électricité. C'est en parlant d'Ampère que Littré disait : « La postérité s'étonnera que nous
ayons ignoré tant de choses. » Où en serait la postérité
si le génie d'Ampère n'avait pas pénétré le secret, peut-
être essentiel, de la nature physique ?

Les découvertes d'Ampère n'étaient pas le tout de cet
esprit si rare. Il ne les mettait pas au premier plan de sa
vie intellectuelle ; il ne les attribuait qu'à une sorte d'intuition ; elles lui étaient venues « tout à coup ». C'était un
épisode de la course qui l'entraînait à la connaissance du
monde, de l'homme, de la destinée. La métaphysique
était ses délices, mais elle ne lui suffisait pas encore. Aucune des activités de l'esprit humain ne lui était indiffé-
rente. Il aurait voulu, comme bien des hommes de ce
temps-là, comme aussi jadis les théologiens du moyen âge,
construire de toutes les sciences une encyclopédie.

Il y faisait une place aux sciences historiques. Les travaux de la philologie et de l'archéologie l'enchantaient. Il
prenait autant de plaisir à un mémoire sur les hiérogly-
phes qu'à une expérience de physique. A un moment il
avait la passion du blason. Il s'était mis à chérir les lettres,
et surtout l'antiquité. A lui tout seul il apprit le latin et
le grec ; pendant que le jeune Frédéric Ozanam faisait des
vers latins sur son pupitre de clerc d'avoué, le vieil Ampère en faisait aussi dans un coin de son laboratoire.
Quant aux vers français, qui n'en faisait pas dans cette
bienheureuse génération ? Ampère s'y était pris sur le
tard, mais avec une vraie rage : tragédies, poëmes didac-
tiques sur les sciences, sur la morale, une épopée sur
Christophe Colomb, il avait ébauché tout cela. Il a rimé
des chansons et roulé des madrigaux, tout en faisant ses
expériences, ou bien en classant sa flore, car il était aussi
botaniste.

Pour conquérir le cœur de son jeune disciple, Ampère avait bien d'autres mérites encore. Cet homme de génie était un homme aimable. Doux rêveur aux étoiles, dont les distractions sont restées légendaires, d'une bonté de femme, d'une naïveté d'enfant, c'était par dessus tout un cœur tendre et aimant. Sa correspondance de jeunesse est un honnête roman d'amour, paré de toutes les délicates fleurs du sentiment et de la poésie. Parmi les notes et les chiffres du savant, on trouve telle phrase inachevée : « Un jour je me promenais après le coucher du soleil, le long d'un ruisseau solitaire... »

Ozanam aurait bien été s'y promener comme lui. Comme lui, il connaîtra la fleur de l'amour pur et béni. Ampère avait vu mourir la compagne de sa jeunesse. Avec elle n'était pas mort le cœur ardent qui l'avait aimée : il se répandait sur le monde entier. Ampère aimait tous les hommes et ne se jugeait supérieur à aucun. Il y avait en lui « cette admirable simplicité, pudeur du génie » dit Ozanam. « S'il pensa beaucoup, il aima encore davantage. » Sur ce chemin-là, non moins que sur celui de la science, le jeune Frédéric aimait à le suivre; d'Ampère il apprit, non seulement le rêve généreux de servir l'humanité et de diminuer la misère humaine, mais la charité fraternelle, directe et personnelle, fondée sur la divine pitié : *misereor super turbas*. Il apprit de lui à ne pouvoir supporter la pensée et l'image de la douleur d'un de ses semblables sans en ressentir comme un reproche et comme une impulsion à agir. Car c'est Ampère qui lui avait dit : « Je posséderais tout ce qu'on peut désirer au monde pour être heureux, qu'il me manquerait encore tout : le bonheur d'autrui. »

Songez quelle profonde admiration saisissait Ozanam, quand il voyait tout ce génie, tout cet éclat de pensée, ce charme de sentiment, cette bonté, fondés sur une foi chrétienne solide et obéissante : « Cette tête vénérable, toute chargée de science et d'honneurs, nous dit-il, se courbait. Il s'agenouillait aux mêmes autels que Descar-

tes et Pascal, à côté de la pauvre veuve et du petit enfant,
moins humbles que lui. »

On peut considérer qu'André-Marie Ampère est un des
auteurs de l'âme d'Ozanam. Mais celui-ci a dû beaucoup
aussi assurément à l'autre Ampère. Jean-Jacques, moins
grand que son père, est encore une remarquable figure
du XIX° siècle; — c'est plutôt un amateur, si l'on veut,
qu'un savant, mais un si grand amateur, d'esprit si délicat, si inspiré, orné d'une si belle culture, qu'il tient
encore une haute place parmi les initiateurs et les ouvreurs
d'esprits [1].

Ce n'est plus la ferme et naïve âme de l'original penseur; il a touché à la sentimentalité; au lieu du roman
d'amour, de fiançailles, de bonheur et de deuil, se déroule
pour lui la triste et longue élégie où il use son cœur
près de l'impassible beauté de l'Abbaye-aux-Bois. Il n'a
de refuge que dans l'agitation d'une vie inquiète. S'il a
ouvert sur bien des parties du monde des lettres et des
arts un œil intelligent et curieux, s'il y a attiré avec lui
bien des intelligences et bien des curiosités, — l'œuvre
qu'il a laissée est peu durable. Je n'en excepte que ses
écrits sur Rome.

Ce n'est d'ailleurs que sur le tard que Rome l'a conquis
et lui a communiqué sa grandeur. Au moment où le jeune
Ozanam va le rencontrer, comme un aîné qui est encore
presque un camarade, Jean-Jacques est un vrai romantique, et à peu près ce que Barrès nomme un « déraciné ».
Il a passé des années à Paris dans un groupe d'étudiants,
gens de lettres, poètes, qui gravitent autour de Victor
Cousin. Certes, Cousin ne leur enseigne pas le romantisme,
tant s'en faut. Il considère « Senancourt, Byron, Lamennais comme des *polissons* », il dit même « des degrés du

1. Ozanam l'appelle : « Un des esprits les plus richement ornés de ce
siècle. »

néant ». — Mais les disciples escaladent ce néant et polissonnent avec misanthropie.

Si Jean-Jacques revient à Lyon, c'est pour maudire sa province, « une ville détestable, de grandes maisons à huit étages, des rues sales et noires de six pieds de large, y compris le ruisseau, une populace misérable, ignoble et gagnante... ». Il s'y cantonne dans la solitude, lisant Goethe, Schiller et Rousseau. Pourtant il se reprend ; au bout de quelques jours, il s'ennuie moins « qu'il n'aurait pensé ». Il découvre sa ville. Les braves gens d'alentour lui semblent aussi des hommes : « Je viens, dit-il, de causer avec un cousin, comme un homme qui n'aurait jamais lu Oberman, ni compris Byron. »

C'est à ce moment-là ou à peu près que le jeune Ozanam pénétrait dans la maison des Ampère. Il y était introduit par un M. Périsse, qui l'aimait bien et lui faisait faire alors l'apprentissage non des belles-lettres, mais des œuvres de charité. Ce Périsse était un cousin des Ampère. Qui sait? C'était peut-être lui, ce même cousin à qui Jean-Jacques n'osait parler ni d'Oberman ni de Byron? Il est possible. Mais l'enfant qu'il avait mené dans la maison Ampère avait déjà le cœur assez plein de foi et d'amour du travail pour vénérer André-Marie, l'esprit assez orné de bonnes lettres pour goûter Jean-Jacques [1].

Il se plut auprès de son brillant aîné et une forte amitié se scella entre eux. Ozanam dira plus tard à Jean-Jacques : « Vous m'avez pris comme un frère dans la maison de votre saint et glorieux père. » Et Jean-Jacques l'aima comme un jeune frère, l'admira, l'appuya tout le long de sa carrière, et après sa mort, pour honorer son nom et le tirer de l'oubli, lui consacra le dévouement le plus exemplaire. Il faudra voir alors quels hommages il lui rendra d'un cœur sincère [2].

---

1. Il nous a indiqué ses lectures de cette époque : « Je lis de beaux et bons livres et assez variés, Dante, Manzoni, Walter Scott, Lamartine, Tive-Live et Pascal. »

2. Il faut voir surtout les deux superbes articles que Jean-Jacques Ampère a publiés après la mort d'Ozanam dans le *Journal des débats* (novembre 1853). J'y ai fait de nombreux emprunts.

Il lui devait ces pieux hommages, car c'est lui, lui presque seul qui avait entraîné son ami vers le noble et dangereux métier des lettres. Ozanam lui a dit : « Vous avez
fait toute ma vocation littéraire. »

*
* *

Car enfin c'était bien une vocation littéraire.

Ce doux, ce pacifique en vient à écrire des phrases
comme celle-ci : « La passion que les lettres ont allumée
en moi, veut à elle toute ma vie, comme elle prend toute
mon âme. »

C'est une vocation littéraire, et qui plus est, c'est presque une vocation contrariée. Son père le destinait à une
étude de notaire. Quand on l'envoya à Paris, c'était pour
faire son droit. Avec sa robuste conscience, il s'y appliqua
patiemment, et y acquit une supériorité[1]. Il menait à
Paris une vie d'ascète, chez le vieil Ampère, qui lui avait
offert la chambre de son fils absent. Il travaillait, il pensait, il priait.

Mais dans les demeures même du travail et de l'étude,
aux cours, aux bibliothèques, il respire l'atmosphère em-
brasée de ces années 1831, 1832. Il n'a pas vingt ans, et
il rencontre à chaque pas des hommes dont la parole va
remuer le siècle. Quelques-uns, que la suite des jours va
rejeter loin de sa foi, ont encore cet accent religieux, ou
au moins idéaliste qui appelle son cœur. Michelet lui tirait
des larmes en célébrant Jeanne Darc. Il faisait la connaissance de Sainte-Beuve aux conférences de l'abbé Gerbet,
et d'Hugo chez Montalembert, où il rencontrait aussi
Lamennais, à la veille de son départ pour Rome. Dans le
salon de Montalembert se groupait chaque soir toute une
jeunesse catholique, intelligente, ardente, lettrée, artiste.

Et puis il y avait l'Abbaye-aux-Bois, pleine d'attraits
pour le jeune Lyonnais. Chateaubriand et Ballanche, il
ne nous l'a pas caché, sont parmi les grandes influences de

---

1. Avant d'enseigner autre chose il a enseigné le droit.

sa vie. Ballanche est un ami. Chateaubriand lui fait presque
peur; il hésite fort avant d'aller, au premier de l'an, porter, avec une lettre d'introduction, ses hommages timides. Le terrible grand homme, qui foudroyait si souvent
de son silence les visiteurs importuns, se dérida et posa quelques questions au jeune homme. On sait quelle fut celle qui
rompit la glace. Ozanam allait-il au spectacle ? Jamais; il
l'avait promis à sa mère. Ce mot de calme candeur lui
valut que Chateaubriand l'embrassa.

Quels coups que chacun de ces moments dans l'âme
d'un jeune poète! Mais aussi quels contre-coups, en retournant aux rigoureux devoirs de la besogne pratique!
« Comment me résoudre à dire un éternel adieu aux lettres, ces amies si sévères, qui me font payer si cher leur
familiarité? » Elles font payer cher, c'est possible, mais
après, elles récompensent si généreusement! Elles ne
donnent pas seulement la gloire, ne l'oublions pas : il ne
s'agit pas alors de dilettantisme littéraire, de style raffiné
et de métrique savante. Il s'agit d'exprimer la vérité, de
dire assez bien le bien et le beau, pour que le salut de
l'humanité s'ensuive.

Le métier d'écrivain est une forme d'action sociale. Est-ce
là du romantisme ? Peut-être. Sur toutes les âmes d'alors
le vent a passé. Il effleure même celle (comme disait
Lamartine) du « pieux et studieux jeune homme ». C'est
assez pour l'éveiller, mais pas pour la troubler plus qu'un
moment. Tout cela est beau et charmant dans une âme
qui reste robustement chrétienne, et qui est pure. Toute
sa vie Ozanam gardera quelque chose de cet élan de sa
génération juvénile. A Paris, en 1832, il s'y laisse emporter. Il a des cris comme ceux-ci, parlant à son ami Falconnet : « Mon cher Ernest, que nos mains s'étreignent...
L'avenir est devant nous immense comme l'Océan...
ramons ensemble! Peut-être un jour nous sera-t-il donné
d'être salués hommes de bien dans l'Assemblée des sages. »

Mais après ces envolées, le découragement n'est pas
loin. Le jeune homme « pieux et studieux » regarde autour

de lui. Combien ils sont rares les amis sincères partis
avec lui vers les espoirs démesurés ! Combien rares les
croyants ! A Paris ils sont noyés dans la foule opaque des
matérialistes pratiques, viveurs, jouisseurs, gagneurs.
Cela tire à Ozanam des gémissements : « Nous sommes de
pauvres jeunes intelligences, nourries au giron du catholicisme et disséminées au milieu d'une foule inepte et
sensuelle. Nous sommes des fils de mères chrétiennes arrivant un à un dans des murs étrangers. » Ces réflexions amè-
res lui pèsent sur le cœur, et le mènent à des heures d'angoisse. Il ne croit même plus, par instants, aux chères
lettres. Il dit : « Je me suis demandé si je tenais par autre
chose que par l'amour-propre à cette plume ingrate. »

Il va jusqu'à écrire : « J'ai l'imagination malade. »

Mais aussi comme il se relève ! Le remède contre la maladie romantique, c'est le devoir, et j'allais dire : la sainteté.
Il en avait tous les jours sous les yeux un exemple singulier. Tous les jours de cette année de trouble moral, Dieu
l'a mis en présence continuelle de ce vieillard, son hôte,
sublime dans la paix de sa foi. Rien ne le trouble ni ne
l'arrête. Du matin au soir, courbé sur sa tâche, il travaille
jusqu'à son dernier souffle, simplement pour savoir, pour
connaître un peu plus de l'œuvre de Dieu. Ozanam travaille souvent avec lui[1] : il suit le patient laboureur, qui
d'heure en heure s'avance vers la science et vers le tombeau. Par moments Ampère prend sa tête dans ses mains
et murmure : « Que Dieu est grand, Ozanam, que Dieu
est grand ! »

Et un soir, — car il faut penser à tout — c'était au temps
de la grande épidémie : « Dites donc, Ozanam, si le choléra me prend, je frapperai au plancher avec ma canne ;
courez chercher mon confesseur ! » Mais il vivait, travaillait et priait toujours.

C'est sous l'œil de ce bon gardien qu'Ozanam traversa la
crise romantique. Car il l'a vraiment traversée. Il en a vu

---

1. On a recueilli des pages de notes où leurs deux écritures se mêlent.

clairement les dangers, et qui plus est, il les a définis avec une rare sagacité. Dans une lettre écrite à 24 ans (1831) il analyse dans ses origines, dans ses effets, la faiblesse spéciale des esprits de son temps, la mélancolie. ce que l'on a appelé le mal du siècle. Son analyse est lumineuse. La mélancolie a sa source dans l'orgueil, non pas l'orgueil banal, le vulgaire contentement de soi, mais un autre orgueil, « plus subtil, plus facile à se glisser inaperçu, plus raisonnable, qui se cache dans le déplaisir qu'on a de ses propres misères ». Dans la mélancolie qui sort de là « on se complait, c'est un sentiment d'apparence honorable ; c'est une sorte de justice et c'est presque une vertu ». Mais il faut se méfier : « Nous ne nous déplaisons si fort que parce que nous nous aimons trop. » Sachons voir clair : « Nous enrageons d'être si peu de chose, parce que nous avons hérité du premier sentiment coupable du premier père, et que nous voudrions *être des dieux.* »

Par ce mal, dit Ozanam, poursuivant son analyse, « l'amour s'affaiblit ». Car « l'égoïsme se cache sous cette trompeuse austérité de nos regrets ». On est parti de l'orgueil, et l'on aboutit à la paresse. La tristesse et la paresse occupent souvent la même place chez les théologiens, « dans les anciennes énumérations de péchés capitaux ». — « Il est plus commode de rêver que d'agir : les larmes nous coûtent moins que la sueur, et ce sont nos sueurs que la sagesse inexorable nous demande. »

Voici Ozanam sorti du danger romantique. Le remède, après la sainteté, c'était la discipline du travail. Il n'a plus peur de sa vocation d'homme de lettres. Il la sanctifie par la loi de Dieu, et il proclame : « C'est aussi pour les labeurs de l'esprit qu'au jour de la chute fut prononcée cette parole : Tu mangeras ton pain à la sueur de ton front ! »

*
* *

Ainsi dirigés les rêves de son époque lui deviennent bienfaisants. Car il a rêvé, comme tant d'autres, un chan-

gement profond et intégral du monde et des hommes,
« une palingénésie, *novos cœlos et novam terram* ». Tous
les hommes qui pensaient se nourrissaient alors de chimères semblables. Il nous est facile de les traiter avec
dédain. N'oublions pas cependant tout ce que nous leur
devons. Rions, si l'on veut, de ceux qui ont, tout d'une
venue, inventé des systèmes sociaux et des religions.
Mais il faut révérer ceux qui ont mis leur rêve sous la
meule de leur consience. Ils n'ont vu finalement dans le
désir des cieux nouveaux et d'une nouvelle terre qu'une
nécessité de savoir davantage.

De très bonne heure Ozanam s'est aperçu du prix de
l'effort. « Les choses, disait-il, ne valent que ce qu'elles
coûtent. » Et bravement il affirme : « Nous sommes trop
verts ! Nous ne sommes point encore assez nourris de la
sève vivifiante de la science pour pouvoir offrir des fruits
mûrs à la société. » Il ne perd pas l'espoir de pouvoir le
faire : mais il le remet à un délai de quinze ou vingt ans.
Cependant, dit-il, « grandissons dans l'ombre et le silence ».

Nous qui vivons cent ans après, et pour qui les fruits ont
mûri au centuple, bénissons les semeurs résolus de l'aurore. Et, en particulier, si la grande école historique, critique, philologique du XIXᵉ siècle a vécu, c'est à quelques-uns
d'entre eux que nous le devons : sachons le reconnaître.
Si nous avons eu des Delisle et des Gaston Paris, c'est
aux Ozanam qu'il faut en savoir gré. Ne l'oublions pas.
Ils étaient « trop verts » ? Peut-être. Nous sommes quelquefois trop secs.

Nous touchons ici un phénomène curieux de notre histoire littéraire. Le mouvement d'où est sorti le romantisme a été pour quelque chose dans la naissance de notre
école moderne d'érudition. L'ancienne France avait connu
une érudition méthodique et objective, celle des Bénédic-
tins, assez semblable dans ses principes à celle que nous
pratiquons aujourd'hui. Après la brutale interruption que
causa la Révolution, quelque temps s'écoula; puis, les
études reprirent, sous une autre forme, comme une sorte

de nécessité. Parmi tant de gens qui lançaient des idées, il semble que le besoin ait surgi de savoir des faits pour étayer les idées. On a voulu retrouver les sources de cette histoire des hommes que des événements imprévus venaient de barrer et de détourner. Il est rare qu'un historien de cette époque n'ait pas pris pour son point de départ la volonté de démontrer quelque chose. On en voit qui partent à la rescousse de telle ou telle thèse philosophique. Une fois sur le sentier de l'histoire cependant, il arrive que leur conscience ou leur faculté d'observation les mène plus ou moins loin vers la vérité.

De là du moins une nécessité de travailler pour appuyer ses idées. Elle s'imposait à des hommes d'origine philosophique très diverse : mais combien plus à des chrétiens ! Il leur fallait défendre leur foi par la parole et la plume, comme elle avait été combattue. Car c'étaient les écrivains qui l'avaient ébranlée dans les âmes, les historiens plus encore que les philosophes ; c'est par les lettres et l'histoire qu'il importait de l'y rétablir. On l'avait attaquée et ridiculisée par les faits. C'est par les faits qu'il fallait la glorifier. A Voltaire s'oppose Chateaubriand.

Le devoir désormais d'un travailleur chrétien comme Ozanam, c'est d'assurer par l'érudition, d'asseoir sur une base de faits dûment établie, l'immense construction aérienne du *Génie du Christianisme*.

C'est un dessein comme celui-là qui le maintint dans la carrière des lettres, lorsque, malgré toutes entraves, il s'y avança résolument. Il a confiance dans la science historique, parce qu'il a lu dans saint Augustin : « Si la vérité est Dieu même, il s'ensuit que toute science est bonne en soi. » Aussi tout l'ensemble des faits humains lui apparaît comme un immense raisonnement expérimental aboutissant à la vérité de la Révélation : en même temps comme un poème, le poème des poèmes.

De là une ambition littéraire d'une ampleur infinie. Au départ surtout l'historien poète ne sait se restreindre. Aussi bien que des Grecs et des Romains, des Francs et

des Germains, il s'occupe des Lapons et des Tibétains ; il
embrasse toutes les civilisations et toutes les mythologies.
C'est un travers commun à bien des travailleurs de cette
époque. On s'est mis en présence du tableau immense
des expériences humaines ; on a cru qu'on pouvait l'embrasser, qu'on pouvait savoir l'histoire tout entière. Ainsi
seulement on pouvait en déduire des conséquences.

On ne prévoyait pas encore le magnifique « l'histoire
ne sert à rien » de Fustel de Coulanges. On prétendait
bien qu'elle servît à toutes choses. Il y fallait une philosophie, et aussi un sentiment et une couleur. Jules
Simon s'étonne[1] que les Grecs aient donné une muse à
l'Histoire. Ce devait être du moins une muse bien « austère » ; elle ne pouvait avoir « ni le masque trompeur, ni
les cordes mobiles de la lyre, mais les tables de pierre et
un inflexible burin ».

Je la veux bien austère et je ne refuse pour elle ni table
ni burin, mais c'est une muse, et la lyre ne lui fait pas
toujours défaut. Ce sont des lyriques que nos premiers
érudits du XIXᵉ siècle, et la science de ce siècle a été
créée par des poètes. Ozanam a vu le grand Ampère rêver
une connaissance encyclopédique du monde. Son ami
Jean-Jacques y ajoute le désir passionné du pittoresque
et de l'inédit. C'est un de ces voyageurs furibonds et
incessants qui rompent alors les limites de notre vieil
horizon[2]. Il est par excellence adonné à ce que l'on a
appelé « l'érudition sentimentale ». Ozanam ne s'y déplai-
sait pas : car tout sentiment pour lui avait une forme
religieuse.

**

Ce qui est singulier c'est qu'il trouva son grand, son
définitif maître d'érudition sentimentale dans un homme,

---

1. A propos de Michelet, et dans le regret que ce poète soit devenu historien.
2. Ozanam lui écrit : « Sous quel ciel aller chercher un aimable et désespérant voyageur ? » Et ailleurs : « Vous avez créé ce genre nouveau et tout à vous
de littérature aventureuse le bourdon sur l'épaule et la plume à la main. »

qu'il a aimé, qu'il aurait bien voulu convertir (sans avoir le temps peut-être d'y réussir), mais dans un homme enfin qui ne partageait pas sa foi. Je veux parler de Claude Fauriel. Peu d'hommes aussi différents d'âge, de caractère, de convictions, qu'Ozanam et Fauriel, ont pu cependant s'accorder aussi complètement. C'est Fauriel qui a distingué Ozanam, qui l'a mis en lumière, qui a fait sa carrière en lui assurant la suppléance de sa chaire à la Sorbonne à un âge où aucun savant ne pouvait rêver même une pareille chance. Après la mort de Fauriel il semble qu'Ozanam a tout perdu : « Son attachement pour moi, dit-il, faisait ma sécurité. »

Ozanam pria ardemment pour lui. Et il fit son éloge pour la Faculté des lettres avec une sincérité et une justice qui sont belles et nobles choses. Songez cependant d'où venait ce Claude Fauriel [1]. Pendant l'affreuse Terreur du pays lyonnais, il avait tristement, mais résolument donné dans le mouvement révolutionnaire [2]. Comme agent national de sa ville de Saint-Etienne débaptisée, c'est lui qui prononça le discours de la fête de la Raison dans la chaire de l'église paroissiale profanée.

Que pouvait penser de lui Ozanam ? Mais que penser de tant d'hommes que le vent de nos bourrasques infernales a emportés, renversés, retournés, et dont le fond du cœur pourtant gardait parfois des désirs généreux ? Fauriel, songez-y, quand toute son aventure terroriste fut terminée, n'avait pas vingt-deux ans. Songez qu'au plus fort des tourmentes, ce petit jacobin inconscient, entre son rôle de robespierrot de province et sa vie militaire, avait trouvé encore le temps de lire, de parler, d'aimer la vertu et de haïr l'athéisme, de vanter les quakers et William Penn, de chérir Fénelon, et encore par surcroît d'étudier l'histoire ! Il s'enfermait tout seul, des jours et des nuits, dans un petit réduit d'une tour gothique en

1. 1772-1843. Cf. J.-B. GALLEY, *Claude Fauriel*, Saint-Etienne, 1909.
2. Il signait alors *Démophile philosophe*. Son discours de la fête de la Raison est du 20 prairial an II.

ruines, — pour rêver aux étoiles quelquefois, — surtout
pour travailler.

Quand Ozanam l'a connu, bien plus tard, aux alentours
de la soixantaine, c'était dans la paix calme d'une de ces
intimités morganatiques, telles que l'ancien régime en
avait tant connues, auprès de la marquise de Condorcet.
Fauriel était un savant, de modestie un peu hautaine,
peu avide de gloire bruyante, se contentant de l'estime,
comme de la société, des plus délicats. Il est peu connu,
sauf des érudits et à peine quelques bonnes publications
commencent à faire comprendre le mérite de cet inventeur, et l'influence qu'il a eue, en France et à l'étranger,
sur plusieurs hommes de premier ordre [1].

On trouve piquant de voir Ozanam noter, sans embarras,
les charmes du « Salon d'Auteuil », et l'esprit « des derniers amis de Voltaire ». Il présente hardiment la figure
de Fauriel, depuis sa jeunesse « partagée entre la poésie
galante [2], la botanique et le stoïcisme ». — Mais il le voit,
dès cette époque, avide de vérité, et poursuivant partout
la science. En Italie il le retrouve dans un groupe singulier de poètes, de philosophes, de penseurs, les Beccaria,
Imbonati, et le délicieux Manzoni, qui lui soumettait ses
premiers vers, et l'appelait son « divin Fauriel ». Il le
suit en Allemagne, avec Schlegel et les Humboldt, chez
Mme de Staël.

A ce moment-là Fauriel n'est plus le Fauriel de
l'idéal antique, de la République, et des faisceaux de la
Convention. Il ne dirait plus : « Le monde est vide depuis
les Romains. » Il a passé sa vie à démontrer le contraire.
C'est qu'il a vu s'éveiller en lui ce qu'Ozanam appelle une

1. Voir l'*Epistolaire de Manzoni*, récemment édité par MM. Sforza et Galla-
vresi (Milan, 1912). Voir aussi ce livre inépuisable en renseignements sur les
relations de la France et de l'Italie, PAUL HAZARD, *La Révolution française et
les lettres italiennes*, 1910.

2. Le début de Fauriel avait été l'éloge de La Fare et Chaulieu, « charmants
poètes, dit Ozanam, mais de ceux qu'il ne faut couronner que pour les bannir ».
Il est vrai que peu après il écrivait cette histoire du stoïcisme dont il pleura
toujours le manuscrit brûlé par les Cosaques en 1814.

« admirable curiosité ». Elle le conduit vers ce qui est
le plus obscur, le plus barbare, le plus inconnu. Ses recherches se portent « sur tous les points à toutes les
profondeurs ». Il a deviné le sanscrit et l'Inde avant
Bopp et Benfey ; il s'est épris des patois, des chansons
populaires, du *folk-lore*. Ozanam s'exalte à la pensée de
la découverte de sa vieillesse, cette littérature ensevelie
dans l'oubli des siècles, celle de notre langue d'oc, l'ardente et libre poésie des troubadours, à laquelle l'Italie a
dû la sienne. « Personne, dit-il, n'a mis en circulation
plus d'idées nouvelles. »

Ce qui l'attachait à Fauriel, c'était de voir, parmi ses
recherches innombrables, quelle patience et quelle conscience il consacrait à chacune. Il pratiquait la vraie discipline du travail, si rare en cette époque d'improvisations.
Il n'y avait pas pour lui de petite besogne : « Il lui en coûtait plus pour une notice littéraire qu'à d'autres pour créer
une religion nouvelle. » Et Ozanam complète ce joli trait
par cet éloge suprême : « Il était incapable de se satisfaire. »

Au point de vue même de sa foi chrétienne, Ozanam
n'était pas sans trouver autour de Fauriel certaines émotions heureuses et certaines espérances. Il y rencontrait
un grand respect des convictions et un constant désir du
bien et de la vérité. Manzoni était chrétien. Fauriel croit
à Dieu et à la Providence, et obtient quelques concessions
de Cabanis, qui n'en est pas encore là, mais qu'on appelle
pourtant, pour sa sincérité, « l'angélique Cabanis ». Ces
hommes passent leur temps à chercher, à désirer, à aspirer.
S'ils ne trouvent pas ce que le catholique Ozanam désire
leur voir trouver, ils sont du moins sur une voie qu'il
croit bonne, et où il se rapproche d'eux sans peine.

Il n'y a pas parmi eux un philosophe qui ne mêle à sa
philosophie quelque préoccupation de l'histoire, et pas
un historien non plus qui ne soumette son désir de savoir
à une pensée philosophique. Fauriel, dit Sainte-Beuve,
« savant original et érudit philosophe, comme il n'y en

avait pas encore eu en France, remettait tout en question
et cherchait les racines de toutes choses ».

Voilà le mot : « Erudit philosophe ». Fauriel a conçu
que l'histoire des langues et des littératures est en somme
l'histoire psychologique de l'humanité. Voilà sa grande
invention « Il n'a jamais séparé la littérature de l'histoire [1]. »
On ne peut pas se figurer quelle nouveauté cela parut dans
ce temps-là. C'était le création de tout un ordre de sciences
nouvelles, l'histoire critique des lettres, la philologie. Rien
de semblable n'avait existé dans les âges précédents.

Quand Fauriel est nommé en 1830 professeur de littérature étrangère à la Sorbonne, on crée la chaire pour lui :
c'est la première. Il n'y en avait jamais eu auparavant.
C'est qu'auparavant nous nous souciions peu des littératures étrangères ; notre sublime et orgueilleux grand siècle
avait bâti autour de nous comme un muraille de la Chine.

Jusqu'à ces jours-là la critique littéraire n'avait rien à
voir avec l'histoire. Elle relevait d'une inviolable esthétique. Elle s'attachait, dit Sainte-Beuve, « aux chefs-d'œuvre
des littératures, pour les juger suivant quelques règles
absolues ». Il fallut changer de manière. « Il ne s'agit
plus de venir porter des jugements de rhétorique.
Aujourd'hui l'histoire littéraire se fait comme l'histoire
naturelle, par des observations et des collections. » Seulement, bien plus que l'histoire naturelle, elle est une
science philosophique, puisqu'elle a pour sujet des hommes. Aussi Sainte-Beuve ajoute : « La critique est une
invention et une création perpétuelle. » N'était-ce pas ce
que Fauriel entendait exprimer, quand il disait : « L'histoire des littératures se rattache d'une manière intime et
directe à l'histoire des civilisations » ?

Quand Frédéric Ozanam entendait ces paroles-là, c'était
justement ce qu'il désirait entendre ; c'était ce qu'Ampère lui avait promis. Pour lui toute civilisation est chrétienne ; écrire l'histoire de la civilisation, c'est écrire celle

---

1. Ainsi parle Mohl, le meilleur élève et l'héritier de Fauriel.

de la foi ; c'est servir la foi par les belles-lettres, tant chéries.

Il apporte à son travail ce que l'on peut appeler une conscience religieuse. Ce n'est pas le lieu ici de montrer la haute valeur historique de l'œuvre d'Ozanam. Elle eut de son vivant l'approbation des maîtres les plus austères, tels que Victor Leclercq, dont le nom dans les souvenirs universitaires semble signifier quelque chose de solennel, de méthodique et d'autoritaire. Villemain, qui lui donnait la même estime, mêlée de quelque révérence, savait honorer en lui, à côté du savant, l'homme de lettres. Il a su définir le mieux qui fût possible le mérite complexe de ce singulier esprit. C'était au lendemain de la mort d'Ozanam. Villemain eut charge d'expliquer, au nom de l'Académie française, dans quel sentiment elle avait voulu décerner à la mémoire du mort, comme on dépose une couronne sur une tombe, le prix de *haute littérature française.*

« Ce mot haute littérature, dit-il, nous a paru désigner ce qui est à la fois *savant et inspiré.* »

L'influence d'Ozanam sur les travaux de sa génération et des générations suivantes a été grande, non seulement en France, mais à l'étranger aussi, et surtout en Italie[1]. S'il a honoré la science française parmi les Italiens, d'autre part, chez nous, il a été un des initiateurs les plus efficaces de la beauté de l'Italie dans les lettres et les arts.

L'amour de l'Italie est une des nourritures de nos âmes : « Terre émouvante, a dit Barrès : *salve magna parens!* Elle nous fait aimer la vie. C'est l'éternelle éducatrice et qui continue d'adoucir les barbares. » Pourtant, pendant

---

1. Mon éminent ami *F.* Novati, que j'ai interrogé à ce sujet, remarque combien l'école historique italienne de la génération qui nous précède a dû aux savants français et en particulier à Ozanam. Au contraire la génération suivante a reçu davantage de la science allemande.

longtemps, nous ne l'avons pas connue tout entière. Les
Français du xviii° siècle s'inclinaient devant la Rome
antique, qui était presque du patrimoine universel, et aussi
devant les Arts de la Renaissance. Mais, d'ailleurs, de
l'Italie ils goûtaient surtout son ciel tiède, sa société
aimable et facile, cafés, théâtres, masques et galanteries.
Ils en ignoraient la plus belle partie.

C'est l'Europe et surtout la France du xix° siècle qui
ont découvert l'Italie du moyen âge. Ozanam fut un des
premiers explorateurs. Je ne dis pas le premier. Une
veine de sentiment grave et mélancolique avait déjà entraîné vers les sépulcres et les ruines d'un passé trop
ignoré quelques voyageurs, quelques poètes, à la suite
de Byron, — comme Lamartine ; quelques historiens aussi
et quelques penseurs, Charles de Villers et les esprits
curieux de la *Décade*, Mme de Staël, Fauriel enfin.

Mais Ozanam n'a pas vu en Italie que des sépulcres.
Il y a trouvé la vie. Il avait toujours aimé l'Italie : c'était
une patrie. Il adorait sa langue, et s'indignait qu'on la
prétendît, sur la foi d'un vieux dicton, faite pour les femmes, alors qu'elle est aussi forte que douce, et retrouve,
quand il le faut, « le mâle accent des vieux Romains ».
Il goûte de tout son cœur les lettres italiennes, celles du
passé comme celles de son temps[1]. Il a entretenu des
relations d'amitié avec les meilleurs entre les bons esprits
de l'Italie[2], Tomaseo, Cesare Balbo, Gino Capponi, le
cardinal Mai, le Père Ventura. Son âme de cristal s'était
tout naturellement réfléchie dans celle de Silvio Pellico,
qui lui écrivait : « Tous les Italiens doivent se féliciter de
la fraternité qui vous unit à eux. »

Tout le préparait à comprendre la beauté de l'Italie.
Mais l'Italie du moyen âge a pour lui un attrait de plus.
C'est le règne de la beauté chrétienne. Il se passionne pour

---

1. Il les conçoit « en trois moissons séparées par trois jachères » : Dante et
Villani — Machiavel, Arioste, Le Tasse — Alfieri, Monti, Foscolo, Manzoni.
2. Ceux surtout qui groupés à *Florence* autour du libraire Vieusseux, travaillaient à restaurer les études historiques.

ces siècles où, parmi les haines et les violences, a brillé
d'un éclat miraculeux la loi de bonté et de pardon, où les
âmes croyantes ont trouvé leur expression dans l'art le
plus sincère et le plus pur qu'aucun temps et aucun pays
aient connu. Aux yeux d'Ozanam, la terre des saints est
en même temps la terre des poètes.

Tout justement il arrive à l'heure où les merveilles de
l'art des siècles chrétiens surgissent de l'oubli. Et qui
les a évoquées de l'ombre ? Des chrétiens. Mais encore,
quels chrétiens? Ses maîtres, ses amis, Rio, Montalembert[1]. « Quand je vins en Italie pour la première fois avec
mon père, dit-il, il y avait à l'Académie des Beaux-Arts à
Florence quelques tableaux relégués dans un grenier. »
C'étaient les primitifs, les Giotto, les Frà Angelico. A son
voyage suivant, il les a trouvés descendus de leur cachette
et mis en honneur. Dieu lui a fait, un jour, cette faveur
d'être personnellement présent à l'heure même où la beauté
de l'art chrétien déchirait les ténèbres. Il était à Santa Croce
à Florence, tandis qu'on découvrait dans la chapelle des
Bardi la vie de saint François qu'y a peinte Giotto. Tout malade et fiévreux alors, il put cependant grimper sur l'échelle
de l'échafaudage, et, sous le badigeon qui tombait, lui sou-
rit, à travers les siècles, la divine figure des fresques.

Doux symbole de l'apparition à ses yeux grands ouverts
et avides, de la beauté du moyen âge italien! Peu de
gens en ont parlé avec plus d'émotion à la fois et de précision. Il faut le lire sur Rome, les basiliques, la tombe
de l'Apôtre, et ce Vatican, où le peuple des statues païennes lui semble être « le cortège des captifs qui accompa-
gnent le triomphe ». Mais Ozanam est surtout un Toscan
et un Ombrien. Personne avant lui n'avait su comprendre
et définir l'ensemble merveilleux et l'ordonnance logique
des grandes cathédrales italiennes du xiiie siècle, Pise,
Sienne, Orvieto.

« Ailleurs, dit-il, il y a des édifices, on y pose des statues

---

1. Je n'oublie certes pas les initiateurs italiens, les Milanesi, le P. Marchese.

et des tableaux. Ici seulement et sur quelques autres points
que le génie toscan a visités, il y a des monuments, c'est-
à-dire des œuvres sorties de terre d'un seul jet, bâties,
sculptées, peintes, animées d'une même poésie, auxquelles on ne peut pas plus enlever leurs fresques et leurs
bas-reliefs que leurs fondations et leurs tours. »

Voici par exemple le dôme de Pise :

« Les vieux maîtres avaient bien compris que l'église
doit être la Jérusalem céleste, et ils construisaient celle-ci
avec tant de légèreté, qu'on ne saurait dire si elle s'est
élevée de terre, ou si elle y pose seulement, descendue
du ciel. »

En lui le sentiment religieux et le sentiment esthétique
sont tellement unis et présents, qu'il nous communique
une sensation incroyable de renouvellement du passé et
de suppression des temps. Voici par exemple qu'une communion pascale dans une antique cathédrale lui fait revivre la même liturgie sous les mêmes voûtes au XIIᵉ siècle. « Les sept cents ans écoulés disparaissent comme un
jour; la pensée du temps s'évanouit et ne laisse plus courir dans l'assemblée frémissante que le sentiment de
l'éternité. »

*
* *

Ozanam se sent lié en même temps par l'art et la foi à
l'Italie du passé. Il en est ravi : « Rien n'est plus beau
que cette perpétuité. » Il n'a rien du *dilettante*, qui vient
promener sa rêverie moderne parmi les ruines de gloires
abolies. Il se sent de l'Italie du XIIIᵉ siècle ou du XIVᵉ.
Il en est. Il nous y invite et nous y introduit. Aussi nous
lui devons de grandes grâces, nous qui l'avons connue
et aimée par lui. Nous lui en devons une immense par
dessus tout pour avoir été chez nous un des plus efficaces
propagateurs et serviteurs du plus grand poète du monde,
Dante Alighieri.

Afin de rendre pleine justice à Ozanam, il convient de

se rappeler où en était avant lui en France la connaissance et l'intelligence de Dante[1]. L'ancienne France
l'avait bien peu connu. On note quelques visions inter-
mittentes, aux xv⁰ et xvi⁰ siècles, à l'époque où régna
chez nous le goût italien, et l'on aime à saluer, pour pauvres qu'ils soient, les premiers traducteurs de la *Divine
Comédie*. Au xvii⁰ siècle, c'est presque l'oubli. Malgré
Boileau, les poètes italiens trouvaient moyen de s'insinuer
encore au théâtre, dans le monde et même dans les cercles littéraires. Arioste, Tasse et le cavalier Marin avaient
encore leurs dévots. Mais non pas Dante ! Il semble qu'il
fût effacé des mémoires, si l'on met à part celles de quelques érudits, surtout provençaux. La marquise de Sévigné, qui savait si bien l'italien, ne semble pas seulement
avoir connu son nom[2].

Le xviii⁰ siècle lui accordera un regard. C'était un siècle voyageur et curieux. Jamais en Italie le culte de Dante
ne fut tout à fait chômé ; quand on passait les Alpes, forcément on en entendait parler. Le président de Brosses en
causa chez des belles dames. Il fit plus : il en tâta. Il
trouva à l'auteur un « rare génie », mais qui « le fatigue ».
Il ne s'y acharna pas : « Je n'en lis guère, dit-il, parce
qu'il me rend l'âme toute sombre. »

Voltaire s'en occupa : et de quoi donc ne s'occupa-t-il
pas ? Il mettait le nez partout. Il était trop fin pour ne pas
sentir qu'il y avait là quelque chose. Il trouva chez Dante
une cinquantaine de vers « supérieurs à son siècle », et
qu'il préfère aux « vermisseaux de la poésie actuelle d'Italie ». Mais il s'en tient là. Il n'aime pas Dante et cela va
sans dire. En somme pour lui tout cela était bien cagot ! Il
en prend occasion pour décocher quelques bons mots.
Nous nous apercevons une fois de plus des sottises
qu'était capable de dire à l'occasion l'illustre homme

1. Cf. le livre si complet et intéressant de FARINELLI, *Dante e la Francia*,
qui par malheur ne pousse pas au delà du xviii⁰ siècle.
2. Cf. CLARA FRIEDMAN, *La coltura italiana e Madame de Sévigné* (*Giornale
storico*, vol. LX).

d'esprit[1]. Il dit : « Les Italiens l'appellent divin, mais c'est
une divinité cachée. » Et ceci : « Sa réputation s'affermira
toujours parce qu'on ne le lit guère. » Il ne se douta pas
qu'un jour venait, et qu'il n'était guère éloigné, où, dans
le monde civilisé, Dante serait plus lu que Voltaire.

D'ailleurs il ne faut pas lui en vouloir! Comme l'observe Farinelli, le jugement de Voltaire a servi à quelque
chose : « Tout le monde écoutait Voltaire. Il tira Dante
d'un oubli séculaire. Le blâme de Voltaire est le premier
pas vers la gloire de Dante en France[2]. » Nous aurions
préféré, par amour-propre national, que le premier pas
ne fût pas une pirouette. Il en résulte une humiliation.
C'est pour cela que Farinelli a cru pouvoir finir son livre
sur cette citation vraiment injurieuse d'Amiel : « Ce qui
manque aux Français c'est la perception du sacré, l'initiation aux mystères de l'être. »

Il a fallu toute la pédanterie du calvinisme génevois
pour oser proférer de pareils mots sur la France de Pascal, de Descartes, de Bossuet et de Malebranche. Nous devons avouer seulement qu'aux environs de 1770, la « perception du sacré » nous faisait momentanément défaut.
Or elle est nécessaire pour comprendre Dante. Cependant
nous n'étions plus bien loin de cette intelligence.

J'aime à répéter ici avec Sainte-Beuve : « Honneur à
Rivarol[3]! » C'était, la chose est certaine, un « dilettante
brillant et incrédule ». Il n'a vu dans les poèmes de
Dante qu'un « thème d'innovation et d'audace ». Il avait
trouvé plaisant et paradoxal d'accepter le défi que lui
portait Voltaire de « traduire Dante en style soutenu ».

---

1. Il a félicité l'abbé Bettinelli, un Italien qui avait eu « la bravoure » de traiter Dante de fou et son œuvre de monstre. Dans ses *Lettres anglaises* il trouve
plaisant de comparer la *Divine Comédie* à Hudibras et aux romans à coq-à-
l'âne de l'Angleterre.

2. Il a rendu le même service à Shakespeare.

3. « Rivarol est un homme remarquable. Il n'a pas encore été mis à sa place »
(Sainte-Beuve). Il remarque que Rivarol était provençal. C'est de Provence que
nous viennent les premières études dantesques. Un des livres du xixe siècle sur
Rivarol est dû à un ami intime d'Ozanam, M. Léonce Curnier, auteur d'un
livre intéressant sur (*La jeunesse d'Ozanam*).

Il tint tête à Voltaire et c'était quelque chose; il soutint
le défi en brave. Il y avait dans cet aventurier de lettres
de la loyauté et quelque profondeur. Dante, s'il l'avait
connu, l'aurait logé non sans gloire dans un cercle distingué de l'Enfer.

Il est bien clair que Rivarol n'a pas tout compris de
Dante. Comme bien d'autres il a méconnu sa suavité et
sa tendresse. « Il ne l'aborda que par l'Enfer, ne le suivit point au delà, et y laissa le lecteur, comme si ç'avait
été le vrai but. » Mais il est le premier à avoir salué le
grand Florentin, avec dévotion et révérence. Il a senti la
qualité de sa langue et de sa poésie, « ce vers qui tient
debout par la seule force du substantif et du verbe ». Et
puis il ne faut pas dire que la « perception du sacré »
lui ait tout à fait manqué, car, en parlant de Dante, un
rapprochement s'offre à sa pensée, et il prononce ce nom :
Pascal.

L'on ne voit pas que Rivarol ait fait beaucoup d'élèves.
Dante mettait encore en rage les classiques de son temps.
La Harpe anathématise « le poème monstrueux et plein
d'extravagance ». Bizarrerie! Extravagance ! Tels sont
les mots qui reviennent sans cesse aux lèvres. Dante ne
plaisait qu'à ceux qui recherchaient l'étrange et monstrueux : Népomucène Lemercier lui dédiait la *Panhypo-
crisiade*. Cette impression est générale, à tel point que
Chateaubriand lui-même arrête à peine sa pensée sur ce
poète qui aurait dû la fixer à jamais ; il n'en dit qu'un
mot en passant, pour donner tout son éloge à Milton.

« Cette bizarrerie, dit Sainte-Beuve, qui faisait épou-
vantail, ne pouvait cesser d'être réputée telle que lorsqu'on aurait pénétré dans l'œuvre par la vraie entrée,
qui était encore peu expugnable, celle du moyen âge. »
Il fallait, pour passer par là, trouver un patient travailleur. On eut Ginguené. Il n'était pas très préparé à l'intelligence religieuse et politique du passé ce diplo-
mate improvisé de la Révolution, qui défendait à sa femme
de paraître en toilette d'apparat à la cour de Turin et

provoquait cet incident que les chroniques scandaleuses
remémorent : « le *pet-en-l'air* de la citoyenne Ginguené ».
Il y avait pourtant en lui un autre homme que le déma-
gogue un peu pédant. Son *Histoire de la littérature italienne*, vu l'époque où elle parut, mérite quelque estime.
Il ne croit pas pouvoir encore aimer Dante sans réserve ;
il redoute bien trop les lois absolues de la critique littéraire. Dante a « les vices de son temps, ceux du sujet,
et ceux de son propre génie » ! Sur l'ensemble de la
Divine Comédie, Ginguené prononce cet arrêt officiel :
ce poème n'a pas d'*action*, donc pas d'*intérêt*.

Mais il est clair qu'il n'en pense pas un mot. Cette sot-
tise est démentie par la chaleur même du récit à quoi
elle sert de conclusion. Ginguené raconte qu'il a eu entre les mains un cahier où Alfieri jeune avait entrepris
de noter toutes les beautés de la *Divine Comédie*. Quelques années plus tard Alfieri a repris le cahier et y a
écrit ces mots : « Si c'était à refaire, je copierais tout : *il
y a plus à apprendre aux erreurs de celui-ci qu'aux beautés de tous les autres !* »

Ginguené n'en pensait guère moins qu'Alfieri. Il est en
somme le premier Français à parler de Dante avec une
émotion continuelle, et en même temps avec une connaissance supportable de l'homme et de l'époque. Fauriel le
citait avec éloge et recommandait la lecture de son livre. Il était sur la bonne voie.

Dante gagnait du terrain. On commençait à le rencontrer dans les milieux littéraires et dans les salons, surtout
à vrai dire dans les milieux un peu teintés de cosmopo-
litisme. On le trouve, et on est même surpris de ne pas
le trouver davantage, chez la comtesse d'Albany, car il
semble que louer Dante, ce devait être encore faire sa
cour à la belle amie d'Alfieri [1].

Surtout on trouve Dante déjà debout, sa statue

---

1. Cf. PÉLISSIER, *Le Portefeuille de la comtesse d'Albany*, 1902. C'est encore
un Provençal, le spirituel chevalier de Sobiratz, qui y parait comme le meilleur connaisseur de Dante.

dressée, sa gloire honorée, par une vraie muse, près de laquelle pâlit la figure indécise de Mme d'Albany. Il y a dans l'improvisation de Corinne au Capitole quelques strophes sur Dante qui ne se peuvent oublier : elle le salue « poète sacré ». — « A sa voix tout sur la terre se transforme en poésie. » Ce trait est merveilleux. Celui-ci est plus précis : « Tout à ses yeux revêt le costume florentin » : — ce qu'explique cette belle image : « La force de son âme fait entrer l'univers dans le cercle de sa pensée. »

Il semble bien que Corinne sait de quoi elle parle. A d'autres moments Mme de Staël voit Dante à travers le brouillard du goût de son temps. J'ai aperçu une phrase au coin d'une lettre où elle rapproche Dante d'Ossian. Cela n'est rien : songez que *Corinne* est de 1807. C'était l'époque où régnait encore sur tant d'esprits le fuligineux Macpherson. En fait Dante doit beaucoup à Mme de Staël. Sur son œuvre, comme sur tant d'autres beautés, elle a forcé à s'ouvrir des yeux jusque là inattentifs. Après qu'elle a prononcé son grand nom, il revient plus souvent sur les lèvres. La traduction de l'abbé Artaud est de 1813. Bientôt retentira la parole de Villemain, dont les leçons, dit Sainte-Beuve, étaient « comme un nuage électrique et coloré, qui passait sur la tête de la jeunesse ».

On n'était pas encore bien avancé. Le nom de Dante représentait une image un peu vague, qui ne prenait forme que par la renommée de deux ou trois scènes devenues populaires, comme Ugolin et Françoise de Rimini. Mais enfin le nom était admis, et classé dans les esprits. Il y eut un public pour Fauriel et Ozanam, quand le moment fut venu.

Je dis Fauriel et Ozanam, et c'est à dessein que je ne sépare pas ces deux noms. Car c'est Fauriel qui a conduit Ozanam jusqu'à Dante. C'est ici que l'on se sent le plus

surpris de leur union et de leur collaboration. Sainte-
Beuve a presque peine à la comprendre : « M. Ozanam,
dit-il, était aussi différent de Fauriel par ses origines
morales que deux esprits peuvent l'être : nourri du christianisme domestique le plus pur et le plus fervent, il abordait Dante comme le jeune lévite approche de l'autel et
monte les degrés du sanctuaire. »

Il observe : « L'amour de la science les unissait. » Et
cela est vrai. Dante ne pouvait être connu et compris que
par une étude savante. Dante est un objet de science. En
vue de cet objet, le maître et l'élève s'entendaient bien.
Près d'eux travaillaient d'autres savants, au premier rang
Jean-Jacques Ampère. On appelait ce groupe *l'école de
Fauriel*, et l'on avait raison. Ces bons travailleurs ont
commencé à travailler dans les ténèbres, et ils les ont
déchirées. Si l'érudition de nos jours, chaque jour plus
avertie, a mené aujourd'hui plus loin qu'eux l'exploration, il faut songer aux conditions dans lesquelles ils l'ont
commencée. Vraiment Ampère a eu le droit de pousser
leur cri de triomphe : « Dante n'apparaît plus comme un
fantôme ! »

Cette victoire fut surtout réelle après qu'Ozanam eut
publié le livre auquel il put donner pour titre : *La Philosophie de Dante* (1838). C'était sa thèse de doctorat. Il
avait vingt-cinq ans[1].

Pour réussir dans une pareille entreprise, Ozanam avait
quelque chose de plus que les autres : « Il était doué d'enthousiasme. » Il avait « les yeux dirigés sur un soleil qui
l'éclairait ». Sainte-Beuve entend par là : il était catholique ; cela lui inspire quelques réserves : « Le soleil
l'éclairait plus vivement sur quelques points, et l'éblouissait peut-être sur quelques autres. »

Pourtant la lumière de ce soleil-là était la seule qui pût
permettre de suivre la route jusqu'au bout. Il fallait

---

1. On se rappelle que cette thèse, développée et complétée, est devenue le
livre : *Dante et la Philosophie catholique au XIII° siècle*.

qu'Ozanam suivît ce soleil. Il laissa derrière lui bien loin
son maître Fauriel, de même que Dante, pour marcher
seul vers la lumière, dut tristement abandonner Virgile,
son maître de sagesse humaine.

En somme, précisons : Ozanam avait des forces qu'aucun autre n'avait eues avant lui, sa foi et sa préparation
philosophique. Il a dédié sa thèse à trois hommes qui lui
représentaient les trois faces de sa pensée en présence de
Dante : à Lamartine pour la poésie, — à J.-J. Ampère
pour l'histoire, — mais pour la doctrine, à l'abbé Noirot,
son bon maître de philosophie.

Pour encadrer son livre par des images appropriées,
il le commence et le finit dans le souvenir des peintures
de Raphaël aux chambres du Vatican. Ampère remarque
qu'Ozanam a vu Dante parmi les Muses, sur le Parnasse,
sans doute, mais aussi dans un concile, parmi les docteurs.

C'est « parmi les docteurs » qu'il l'a vu le plus complètement et le plus clairement. La partie philosophique et
théologique de ses travaux est la meilleure et celle que le
temps a le moins attaquée. C'est pour cette partie que
Sainte-Beuve portait ce jugement, qui jusqu'aujourd'hui
est resté remarquablement vrai : « L'étude critique de
Dante, inépuisable dans le détail, est fixée quant à l'ensemble. »

En abordant l'étude de Dante en catholique, Ozanam
l'abordait de la façon la plus utile, et je dirais presque la
plus pratique. C'est ce que plusieurs esprits eurent peine
à concevoir. Lamartine voyait en pleine poésie : « Ozanam,
dit-il, fut le saint Jean de la philosophie chrétienne du
moyen âge. Il s'endormait sur le sein de son maître bien-
aimé Dante, et il y faisait de divins songes. » La phrase
est belle, mais elle ne correspond pas à la conception
d'Ozanam. Il ne dort pas en cherchant l'interprétation du
symbolisme de Dante, il ne poursuit aucun songe. Il poursuit au contraire une réalité. C'est un travail que Lamartine ne peut comprendre. Il appelle cela « de la nuit dé-
layée dans des ténèbres ». Peu de poètes sont moins

symboliques que Lamartine[1]. Et puis, ses données religieuses sont trop vagues pour qu'il puisse suivre avec
exactitude l'opération d'une science théologique positive
et certaine. Il n'aperçoit que l'émotion de l'auteur, il ne
peut distinguer ses déductions logiques.

Ozanam s'engageait dans l'étude de Dante avec l'appui
de cette même croyance inébranlable qui est l'essence de
l'âme de Dante. On connaît son admirable cri : « Je n'ai
pas sa grande âme, mais j'ai sa foi ! »

La Divine Comédie est un monument de foi. C'est aussi
un monument de science : « Dante, si grand pour avoir
beaucoup osé, est encore plus grand pour avoir beaucoup
su. »

Mais ce qu'il croit et ce qu'il sait, il le cache sous un
voile. Il a expliqué lui-même dans la *Vita Nova* quelle
force et quelle beauté la pensée reçoit par le mystère du
symbole. Elle ne se découvre pas à tout venant ; celui qui
la veut posséder doit faire l'effort d'écarter le voile. Cachée, comme elle est, elle peut rester inconnue aux hommes inattentifs, et ne présenter à leurs yeux que l'aspect
d'une étrangeté qui les choque. C'est ce qui était arrivé
à la Divine Comédie, jusqu'au jour où une âme plus éclairée de lumière et plus enflammée de désirs, s'aperçoit de
la présence du divin trésor, et proclame : il y a ici autre
chose à voir que vous ne le pensez.

...Altro è a veder che tu non pensi!

Alors commence la patiente recherche. Combien patiente !
Le livre qu'on veut comprendre est lui-même un résumé
complet de toute la science d'une époque. Dante, le plus
original des auteurs, est en même temps un continuel commentateur d'autrui : il n'y a presque pas une de ses pensées qui ne soit une citation ou un souvenir, et ne puisse
avoir une référence d'auteur. Pour le suivre dans l'ex-

1. Il n'a jamais complètement goûté Dante, encore qu'il en ait dit des choses
remarquables. Son admiration n'est complète que pour le *Paradis* qu'il compare à l'*Imitation de Jésus-Christ*, tout en préférant l'*Imitation*.

traordinaire assortiment d'expressions humaines qu'il a
combinées, il faudrait avoir toute son immense information.

Ozanam était bien préparé. Il savait les langues européennes de façon à tout lire. Il lui manquait, cela va sans
dire, bien des choses que l'érudition a acquises depuis.
Mais il avait une préparation qui nous fait souvent défaut.
L'étude de la philosophie est capitale en pareille matière.
Dante appartient à l'histoire de la philosophie presque
autant qu'à celle de la littérature.

Ozanam possédait bien les sources grecques et latines.
Il avait aussi une solide lecture de saint Thomas, d'Albert
le Grand, et particulièrement de saint Bonaventure, dont
l'importance est si grande dans la philosophie dantesque.
Il était de ces penseurs, très rares alors, qui s'étaient aperçus qu'une école de philosophie de premier ordre était
née dans les siècles dits obscurs et barbares, — la plus
grande école qui eût paru depuis Platon et Aristote.

On n'avait jamais fait avant Ozanam une complète analyse de la philosophie de Dante par rapport à la philosophie du moyen âge. Je doute que depuis on en ait jamais
fait une meilleure, malgré quelques lacunes et quelques
erreurs que le temps a pu révéler. Il y réussissait d'autant mieux que sa conception métaphysique était toute
semblable à celle de Dante. La philosophie du moyen âge,
dont Dante est le poète, c'est une immense encyclopédie de
la science humaine et de la vie sociale des peuples ; c'est
l'immense construction d'Aristote, renouvelée par l'Ecole,
baptisée dans le Christ.

Cette philosophie n'existe que par la théologie ; elle
lui est subordonnée, comme une servante à sa maîtresse,
ancilla theologiæ.

Ozanam s'est complu à montrer dans le grand penseur
le robuste catholique. Des thèses romantiques, alors à la
mode, faisaient de Dante « un hérétique, un schismatique,
un révolutionnaire ». De cette fantaisie, après Ozanam, il
ne restait rien. L'orthodoxie de Dante, que nul contempo-

rain d'ailleurs n'avait jamais songé à mettre en doute,
surnage sur la mer agitée de ses passions, intacte, lumineuse. La philosophie et la théologie de Dante sont bien
assurément celles de l'Eglise catholique, de ses docteurs,
de ses saints, de ses papes, Ozanam l'a clairement démontré, et c'était alors une vérité presque nouvelle.

La connaissance qu'il avait des mystiques lui a permis de
suivre Dante jusqu'au bout. Il a bien compris que la
pensée de Dante outrepasse les limites du raisonnement
humain. La science pour lui est incomplète sans l'amour ;
et seul, l'amour nous porte à la contemplation directe.
L'âme, pour aller jusque là, comme le poète l'a dit dans
un mystérieux sonnet, doit passer « outre la sphère[1] ».
Là enfin elle atteindra la véritable *philosophie*. Car le
nom même de la *philosophie* nous révèle ce qu'elle est :
un *amour* dont l'objet est la *sagesse*. Et comme l'amour
et la sagesse existent parfaitement en Dieu seul, le
dernier terme de la philosophie, c'est « l'éternelle
pensée ».

*
* *

Ce qui émerveillait Ozanam, en découvrant cette doctrine
immense, c'était de reconnaître qu'elle n'est pas une
doctrine fermée, réservée à quelques rares initiés. Dante
a voulu faire que la sagesse chrétienne fût communicable
à tous les hommes dignes d'elle. C'est pour cela qu'aux
yeux de son disciple, Dante dépasse tous les autres penseurs : il y a en lui un homme, qui aime les hommes ; il
les a jugés, souvent avec ses passions — certes — car il
n'est pas un saint, — toujours avec la règle inflexible d'une
morale éternelle, toujours aussi avec un cœur vraiment
humain, avec une émotion cordiale et une large charité, qui déborde les limites du temps, des événements,
des haines. « Il y a là, dit Ozanam, toute une philosophie
de l'humanité, et toute une philosophie de l'histoire. »

---

1. Voir la traduction et le commentaire de ce sonnet dans mon livre sur la
Vita Nova, p. 175 et p. 243 (Paris 1908).

Et il explique : « Avec la pensée des destinées éternelles, la moralité rentre dans l'histoire ; l'humanité,
humiliée sous la loi de la mort, se relève par la loi du
devoir. »

En somme, la Divine Comédie c'est « une philosophie
poétique et populaire, une poésie philosophique et populaire ». Aussi il semble à Ozanam que cette philosophie
et cette poésie traversent les âges et sont propres à réjouir
et à éclairer les peuples même de notre temps : « Le
moyen âge, saint Thomas, Dante, sont grands, non pour
avoir rompu avec l'antiquité, mais pour l'avoir continuée
— pour avoir préparé les temps modernes, non pour en
être séparés par des abîmes. »

En comblant les abîmes, Ozanam allait quelquefois un
peu vite. Nous reconnaissons, par instant, et non sans
plaisir, à côté du savant, l'ardent étudiant de 1830. Nous
nous apercevons même qu'il aimait à rire. Un jour parlant d'un maître de Sorbonne de jadis,

> ... che sillogizò invidiosi veri,

il lui arriva de dire : « Siger de Brabant, le *Cousin* de ce
temps-là » — alors qu'en fait M. Cousin ne *syllogisa*
jamais grand'chose !

Mais d'autres fois, il ne plaisantait pas : il trouvait dans
la Divine Comédie les principes de la bienfaisante action
sociale moderne. Il connaissait Dante assez pour ne pas
voir en lui uniquement un juge effrayant. Il l'accompagne,
triste et résolu, dans sa route infernale. Il n'hésite pas ;
il sait comprendre avec Dante [1], que l'enfer et la damna-
tion même sont œuvres de pitié, et il s'incline devant la
loi. Mais il ne lui est pas défendu d'avoir une prédilection
pour une autre partie du divin poème. Un disciple, bon et
doux comme lui [2], qui a préparé l'édition de sa traduction
du *Purgatoire*, n'a pas manqué de nous dire pourquoi cette
partie de la Divine Comédie était sa préférée. C'est parce

1. Cf. notamment *Inf.*, xx-28.
2. M. G. HEINRICH.

qu'elle est remplie du pardon des fautes humaines. Il n'y
trouvait que « consolation et espérance ».

Toute sa vie fut remplie par le désir de ces deux choses.
Un jour il les avait vues en action. Il s'était trouvé à
Rome, — dans la Rome de sa foi, — sur la place du Quirinal,
par une belle soirée d'été, et il avait vu un jeune pape,
Pie IX, dans une auréole de beauté, de sainteté, de gloire
et de popularité, faire descendre la bénédiction de Dieu
sur une foule silencieuse et ravie. Ozanam avait gardé
de ce souvenir l'âme toute pleine : à quelque temps de
là, il ne put résister au désir de raconter cette scène de
« consolation et d'espérance » à son auditoire de Sorbonne, le jour où il commençait son cours sur le *Purgatoire*[1].

Ozanam a bien prévu la suite de l'action de Dante sur
nos intelligences modernes. Nous n'irons pas jusqu'à dire
avec Lamartine : « Dante semble un poète de notre
époque[2] », — mais il est certain que quelques-uns des
meilleurs d'entre nous, quelques-uns des premiers, dans
ce temps où nous vivons, dans tout le monde civilisé, ont
trouvé chez cette homme unique la ressource d'âme qui
leur était nécessaire. Il répond aux besoins des hommes
les plus divers. Je ne vois pas que jamais aucun poète,
après autant de siècles, soit resté en communication avec
autant d'esprits et de cœurs.

Cependant aucune époque n'est aussi différente de la
nôtre que celle de Dante. Tout a disparu, des hommes et
des institutions. Écoutez en quels termes inspirés Ozanam le dit : « Cinq cents ans ont passé depuis que le vieil
Alighieri s'est endormi à Ravenne sous le marbre sépul-
cral. Depuis lors se sont succédé vingt générations
« d'hommes parlants » (suivant l'énergique expression des
Grecs) — et les paroles qui sont tombées de leurs bouches,
non moins encore que la poussière de leurs pas, ont renouvelé la face de l'univers. Le Saint Empire romain n'est

1. 1847.
2. Discours de réception à l'Académie française, 1829.

plus. Les querelles qui agitaient les républiques italiennes se sont éteintes, avec les républiques elles-mêmes. Le Palais des Prieurs à Florence est désert. — On ne connaît plus le lieu où reposent les cendres de Béatrice...

« L'exilé qui éprouvait combien le pain de l'étranger est amer, et comme il est dur de monter et de descendre par l'escalier d'autrui — c'est à lui qu'une foule d'hommes, illustres ou obscurs, vont demander le pain de la parole; il nous fait à son tour monter et descendre par ses escaliers! »

*
* *

Si Ozanam était préparé à comprendre la philosophie de Dante, il ne l'était pas moins à l'intelligence de son art. Il savait de quelle suite de générations humaines cet art était la résultante. Bien peu de gens avant lui avaient pénétré l'étude ingrate et difficile de l'histoire littéraire, à travers les siècles obscurs qui ont suivi la chute de l'Empire romain. Il a été un des premiers assurément à goûter le charme pénétrant des poètes de ces époques oubliées. Il a préparé la voie aux études critiques sur la basse latinité comme un véritable précurseur. Je le trouve tout à fait original dans certaines pages sur la symbolique du moyen âge. Or, comme on l'a vu, la symbolique est le procédé d'expression de Dante. J'ajoute que c'est sa méthode d'art.

C'est une méthode à la fois idéaliste et naturaliste, la même qui a servi aux peintres et aux sculpteurs de son époque, en Italie aussi bien que dans le reste de l'Europe. La symbolique ne représente point des personnages imaginaires, mais des personnages réels, imités de la nature; seulement, leur figure naturelle évoque, par rapprochement et association d'idées, une image surnaturelle. C'est un usage constant de la littérature chrétienne et des arts plastiques chrétiens d'incarner les pensées et les sentiments en personnages vivants. Mais nul n'a fait de ce procédé d'expression un usage aussi

parfait que Dante. Philosophe et théologien profond, il
avait à exprimer les pensées et les sentiments les plus
savamment définis. Et d'autre part, pour les représenter,
il savait trouver des images de vie infiniment variées ;
il possédait par merveille cette perception des formes
de la nature, cet *œil plastique*, qui, en dehors de lui, sont
le privilège exclusif des peintres et des sculpteurs toscans
de son siècle. Qui ne saisit pas ce jeu incessant et ce mélange habile et naïf à la fois de pensée mystique et d'expression réaliste, n'entend rien à Dante.

Or le centre du symbolisme de Dante, c'est la figure de
Béatrice. L'idéal féminin de Dante est particulièrement
cher et familier à Ozanam. Il était préparé à le comprendre par les leçons et les exemples de sa propre vie ; il
avait reçu cette grâce du ciel de voir son enfance entourée
des soins de femmes pures et tendres, au cœur haut, à
l'esprit ennobli de foi. Sa vie d'homme rencontra la même
grâce. Cette mère, à laquelle on a vu qu'il aimait tant
obéir, une sœur aînée, perdue trop tôt, et qui avait été la patronne de ses premiers ans, — puis plus tard dans la vie
sa fiancée, sa femme bien-aimée, la si chère petite fille
qui a égayé ses derniers jours, — ces figures ont éclairé
sa vie. Il a, à toute heure, ressenti la suavité de l'amour
féminin, fait de grâce, de générosité et de vertu. Un ami
qui l'avait bien connu a noté : « Il garda toute sa vie envers les femmes une sorte de sentiment chevaleresque et
attendri. »

Aussi il a parlé mieux que personne de l'idéal de la
femme chrétienne et de son action sur la société. Cette
action est d'autant plus forte qu'elle est modeste et discrète ; ce n'est qu'en des circonstances d'exception qu'elle
devient publique. Le rôle de la femme, dans une société
chrétienne, est comparable à celui des Anges gardiens. Comme eux « elles peuvent conduire le monde,
mais en restant invisibles comme eux » ! — Une fois, par
destination spéciale de la Providence il arrive qu'un ange
devienne visible, comme auprès du jeune Tobie. De même,

pour le salut des peuples, à de certains jours paraîtra aux yeux de tous une Blanche de Castille, ou bien une Jeanne d'Arc.

Le respect de la femme, l'exaltation de la femme, inspiratrice de vertu, de science, de vaillance, origine de toute chevalerie — sont des dons du christianisme. Ces sentiments sont nés avec le Christ lui-même — quand l'ange de lumière a salué la femme pleine de grâce et bénie entre les femmes. La vocation de Marie est la vocation de toutes les femmes. C'est ce que saint Ambroise a exprimé en ces termes exquis : « Approchez, Eve, qui maintenant vous appelez Marie, — qui nous donnez un Dieu. Ce Dieu n'en a visité qu'une. Celle-là les appelle toutes. »

Et saint Paulin de Nole est ravi de penser qu'à Cana, le Christ a voulu sanctifier les joies des noces des hommes, puisqu'il a symboliquement changé pour eux l'eau en vin : « A ces noces-là, a pris fin la servitude d'Eve. »

Cette conception nouvelle demeure dans le peuple chrétien et se développe de génération en génération : la femme ne représente plus la tentatrice, qui ravit l'âme de l'homme vers le désir du péché. Elle est au contraire la source de la vertu. Sa pureté est telle, qu'auprès d'elle rien d'impur ne peut subsister. — « Pieuse dame, dit le poète Prudence, toute chose devient pure que tu daignes regarder de tes yeux, ou bien toucher de ton pied blanc. »

C'est déjà la dame de la *Vita Nova* :

> Dans les yeux, ma Dame porte Amour,
> Par quoi se fait gentil cela qu'elle regarde.

Ozanam voit d'avance la dame idéale de Dante. Il la découvre surtout dans le *Pasteur d'Hermas,* cet étonnant récit mystique des âges apostoliques. Il reconnaît dans l'amie pieuse d'Hermas « la sœur aînée de Béatrice et de Laura, de toutes ces femmes illustres, destinées à susciter les plus beaux génies de la poésie moderne ». Le dialogue d'Hermas et de sa dame nous fait vraiment son-

ger à Béatrice penchée au bord de son char vers son ami
coupable, dans la prairie diaprée du Purgatoire : — « Ma
Dame, dit Hermas, que faites-vous là? — J'ai été appelée
pour t'accuser devant Dieu... »

Certes Ozanam ne poussait pas trop loin les conséquences et ne faisait pas dériver du *Pasteur* la Divine
Comédie. Il se plaisait à noter les antécédents des dames
sanctifiantes à travers la littérature chrétienne. Béatrice
est l'héritière de toutes les dames chrétiennes de la chevalerie et de la poésie. Mais Ozanam n'a pas hésité,
comme l'on fait tant d'autres, sur cette question fameuse :
Béatrice est-elle une allégorie, ou bien une personne véritable? — Il répond : « Elle est une représentation symbolique en même temps qu'une réalité. » L'on ne peut pas
mieux dire : elle est ce symbole de perfection que peut
produire en une femme la réunion de la beauté et de la
vertu. « Le seul sourire de cette jeune fille qui passait
suffisait pour inonder de joie le cœur, pour donner la
paix, pour humilier l'orgueil, pour effacer les offenses et
pour porter à bien faire. » Et cependant, c'était le sourire
d'une jeune fille, d'une réelle et vivante jeune fille, faite
de chair et d'os tout autant que ces pauvres et humbles
pêcheurs qu'elle ravissait en extase d'admiration.

Mais plus tard, quand l'âme de lumière de cette même
jeune fille a laissé le beau voile charnel qui, pour un
temps, la recouvrait, lorsque vers lui, parmi ses anges,
le Dieu du ciel l'a appelée, alors l'amour sacré du poète
transforme le souvenir de cette « très gentille » en l'image
d'une si haute chose — que nous hésitons. Nous ne savons
plus vraiment si un jour, si jamais, elle a été, comme vous,
comme moi, comme ce passant qui passe là par la rue,
une créature terrestre. Car cette simple jeune fille, dont
la beauté et la bonté faisaient bienheureux ceux qui, par
les rues de Florence, la voyaient marcher, celle-là même
est devenue la *Béatrix*, la faiseuse de béatitude, — celle
qui fait bienheureux les élus même du ciel.

Dire cela, c'est ce que Dante a défini : « Dire d'elle ce

qui jamais ne fut dit d'aucune ! » Mais c'est bien d'une
femme, notre sœur, qu'il l'a dit. Ozanam a été un des premiers à nous figurer avec justesse les lignes générales de
cette prodigieuse histoire. Il a, probablement le mieux qu'il
fût possible, compris l'inspiration du grand esprit douloureux, passionné, méditatif et bon : « Au seuil, dit-il, de sa
carrière, le cœur un moment lui manqua. Mais trois femmes
bénies veillaient sur lui de la cour du ciel : la vierge
Marie, sainte Lucie la lumière éternelle, et Béatrice. »

On peut dire aussi que nul n'a goûté mieux qu'Ozanam
la poésie de Dante et la qualité de son art. Tout d'abord
il est visible que la réalité sensible que Dante a peinte lui
était chère entre toutes. Il vivait avec délices la vie du
peuple toscan du XIIIe siècle, peuple simple, économe,
proche de la nature, resté longtemps tout semblable, et
presque jusqu'à nos jours. C'est un peuple en effet chez
qui l'extrême raffinement du goût a pu souvent s'unir à
une extrême modestie de vie. Quelle ne fut pas cette
modestie dans l'antique Florence ? « Le mari et la femme
soupaient sur la même assiette, buvaient au même verre ;
s'il était nuit, un serviteur tenait devant eux une torche
de résine. »

C'est dans ces familles-là que Dante entendait s'élever
les nobles et solennels discours de la grand'mère, au soir,
qui filait la laine parmi les enfants et les servantes, et
leur parlait « des Troyens, de Fiesole et de Rome ». Des
lèvres de ce peuple naissait le simple et ferme parler
toscan tout prêt à être façonné par Dante pour devenir
une langue immortelle.

Sur la langue de Dante, Ozanam est excellent. Nous
n'avons plus affaire ici seulement au philologue ; voici le
Toscan lui-même. Il a tout compris. La langue de Dante
est une de ses œuvres les plus hautes, aussi bien comme
penseur que comme poète, surtout comme maître de
l'esprit humain. Ce génie unique, ayant condensé en lui

la pensée de toute une civilisation, a compris que pour la répandre, il lui fallait non une langue savante et réservée, mais la langue de tous, la langue vulgaire de son temps et de son pays. Il n'a pas inventé cette langue; il l'a prise où elle était et il l'a accommodée à ses besoins.

Dante, dit Ozanam, va chercher le langage poétique à sa vraie source, dans le peuple. Il ramasse les fortes expressions, les rudes métaphores que le moissonneur a laissé tomber sur le sillon et le pèlerin sur le bord de la route. Il n'employait pas une expression où quelqu'un n'eût laissé un souvenir, un sourire, une larme.

Poète lui aussi, Ozanam, pour définir cette œuvre d'invention poétique, trouve un trésor de ravissantes images. Celle-ci lui vient de l'antiquité : « Mercure enfant, jouant au bord de la mer, ramassa dans le sable une écaille de tortue, dont il fit la première lyre. Ainsi le génie italien prit à ses pieds, dans la poussière, l'humble idiome dont il fit un instrument immortel. »

Et voici une autre image qu'il a prise aux légendes évangéliques sur l'enfant Jésus avec ses petits compagnons : « Le divin enfant pétrit comme eux des oiseaux d'argile, — souffle dessus et les oiseaux s'envolent. Ainsi le poète pétrit de la même argile que ses contemporains ; il remue les mêmes idées ; mais il souffle dessus, et voyez comme elles planent. »

Aimant ainsi la langue de Dante, il était naturel qu'Ozanam songeât à la reproduire en français. Pour le *Purgatoire* au moins, le travail se trouvait à moitié fait par la collection des morceaux très nombreux qu'il avait traduits pour ses cours. De là cette traduction publiée après sa mort, et qui reste une des meilleures traductions que nous ayons, avec celle de Lamennais, faite à la même époque.

Traduire est toujours chose ingrate :

> Car à tourner d'une langue étrangère
> La peine est grande et la gloire légère [1]

1. La Boëtie, cité par *Farinelli*.

Traduire un poète est pire encore. Traduire Dante est particulièrement impossible ; car son expression, mélange incroyable de verve plébéienne et de raffinement savant, est la plus personnelle qui soit. Et notre langue est aussi personnelle et de plus ne se prête pas aux inversions. Aussi quand on compare la traduction d'Ozanam et celle de Lamennais, on ne peut qu'admirer l'amoureuse industrie de chacun des travailleurs, et tour à tour on hésite sur le prix à décerner. Lamartine donnait le prix à Ozanam mais il ne le lui donnait que par hypothèse, car, chose curieuse, il ignorait que sa traduction existât. « Ozanam, dit-il, était le traducteur qu'il fallait au poète mystique de la philosophie des trois mondes. M. de Lamennais, plus consommé dans le maniement de la langue, avait, en partie, l'énergique âpreté de Dante ; Ozanam en avait l'onction.

Il avait raison. Ce qu'on aime de la traduction d'Ozanam c'est l'harmonie dantesque. Nous concevrions peut-être aujourd'hui une traduction plus littérale; nous ne croirions pas devoir dissimuler par des périphrases telle assonance ou telle répétition que Dante lui-même ne songeait pas à éviter; quand le mot français parallèle au mot italien signifie la même chose, nous ne le troquerions pas pour un autre plus sonore ou plus usuel. Mais alors les audaces étaient prohibées, et on exigeait encore que la traduction fût en « style soutenu », comme Voltaire l'exigeait de Rivarol.

Il n'en reste pas moins que la traduction d'Ozanam est une lecture très satisfaisante et concordante à la musique dantesque. Jusqu'en ces détails, il a servi la gloire du grand Toscan.

*
* *

Ozanam n'avait pas en vain ouvert les yeux sur les splendeurs de l'Italie catholique et goûté le miel sauvage de la langue toscane primitive. Il allait trouver, dans les alentours de ses études dantesques, l'occasion d'autres études, celles peut-être qui, aux yeux des savants, restent les plus originales, aux yeux des lettrés les plus charmantes, et qui furent la joie des dernières années de sa vie.

Dans le plan de travail qu'il s'était proposé dès ses dix-huit ans, Dante était le but final de sa route. Après avoir marqué le terme par un solide monument, il se laissa tenter à revenir un peu sur ses pas, vers des contrées moins frayées, qu'il avait aperçues chemin faisant. Ici nous allons le voir aborder une entreprise vraiment extraordinaire pour l'époque. S'il pouvait paraître hardi que l'on se risquât à l'étude de Dante en France entre 1830 et 1840, que dire de l'homme qui se lançait dans l'inconnu de la poésie populaire du moyen âge ? Seul Fauriel, comme en bien des choses, lui avait en cela donné l'exemple. Mais Ozanam avait, pour l'entraîner, d'autres attraits que n'avait eu Fauriel : il soupçonnait de nouvelles sphères presque inconnues de beauté chrétienne.

La partie la plus variée de sa vie d'écrivain est celle qui l'a mené aux collecteurs de légendes, aux naïfs chanteurs de *laudi* dans ce voyage en Italie d'où il rapporta les premiers chapitres de ses *Poètes franciscains*. Jean-Jacques Ampère, qui qualifie le livre « chef-d'œuvre, plein de savoir et de grâce », s'étonne que le bon travailleur ait pu faire d'une pierre deux coups : « Il est vraiment incroyable, dit-il, que le même homme ait pu, en même temps, se livrer aux recherches consignées dans son Rapport sur une mission en Italie, et écrire ce délicieux volume ! » C'est en effet dans ce même voyage qu'il a poursuivi ses heureuses recherches, les plus durables de sa carrière d'érudit, dans les bibliothèques d'Italie; elles eurent pour résultat ce volume de *Documents pour l'Histoire littéraire d'Italie au moyen âge*, qui fut une révélation pour tous les savants de l'Europe [1].

1. Novati attire mon attention sur l'importance qu'eut alors cette publication où Ozanam avait réuni des textes inédits et d'un intérêt exceptionnel pour

Ozanam s'en explique dans cette jolie phrase : « Avec ces rares épis glanés dans le champ où Muratori et ses successeurs ont si bien moissonné, j'avais cueilli quelques fleurs de poésie, comme le liseron mêlé au blé mûr. »

C'étaient des fleurs perdues dans des vallons ignorés. Les cueillir, en composer un beau bouquet pour en parfumer des âmes de saints et d'artistes, quelle bonne entreprise! C'était faire ce qu'avaient fait Montalembert et Rio quand ils allaient en quête des tableaux oubliés et des fresques. L'inspiration des poètes populaires de Toscane et d'Ombrie au moyen âge est tout à fait la même que celle des peintres et des sculpteurs. C'est l'onde de foi, d'amour, de pénitence et de pardon, qui a coulé, pour ces siècles agités, de la grande source de sainteté ouverte sur les monts d'Italie par les Frères des ordres mendiants. La source de sainteté s'est trouvée être une source de poésie.

Ozanam a surtout suivi le fil et les merveilleux détours de la source franciscaine.

Saint François était tout poésie. Quand, par renoncement, il se refusait le plaisir de la musique, on raconte que les anges du ciel, malgré lui, venaient lui jouer du luth. La beauté de son âme se répand sur la nature entière et sur tous les hommes, surtout les plus pauvres et les plus misérables. C'est le culte de sainte Pauvreté. On devine avec quelle ferveur s'y adonne Ozanam, ami des pauvres, et comme il en goûte les images :

Quand saint Louis, dit-il, en habit de pèlerin, va visiter frère Gilles de Pérouse, et que les deux saints, après s'être longuement embrassés, se séparent sans dire une parole, parce que leurs deux cœurs se sont révélés l'un à l'autre — je reconnais le type de cette société chrétienne

l'histoire de la pensée et de la civilisation italiennes. — C'étaient notamment la précieuse description de Rome au Xe siècle : *Graphia auræ urbis Romæ* — les poésies d'Alphonse du Mont-Cassin — et de ce précurseur de Dante, Giacomino de Vérone. Ces textes, dix fois réédités et commentés depuis, voyaient alors le jour pour la première fois.

qui ne met plus de barrière entre l'âme d'un roi et celle
d'un mendiant.

Cet aspect populaire de la dévotion de saint François,
Chateaubriand l'avait bien vu, car que n'a-t-il pas vu ? —
« Mon patron, dit-il, acheva d'introduire le peuple dans
la religion ; en revêtant le pauvre d'une robe de moine, il
força le monde à la charité... il établi le modèle de cette
fraternité des hommes que Jésus avait prêchée. » — Mais
ce qu'il ne semble pas avoir aperçu c'est la beauté poétique qui ressort de la conception franciscaine de pauvreté.
Rien n'est plus simple, beau, filial et audacieux à la fois
que ce poème unique, la prière de saint François à Jésus-
Christ en faveur de sainte Pauvreté : « Seigneur, vous êtes
venu du séjour des anges afin de la prendre pour épouse...
C'est elle, Seigneur, qui vous a reçu dans l'étable et dans
la crèche !... »

Ces accents-là sont chose unique au monde. Ils se sont
prolongés autour du *poverello*, toute sa vie : ils ont
retenti à Assise dans ce chapitre général de 1219 qui fut
« le camp de Dieu et le rendez-vous de ses chevaliers ».
Le soir où François rendit à Dieu son âme, les alouettes
et les autres oiseaux de l'aurore chantaient perchés sur
le toit de la maison, encore que le soir fût venu. Car ce
soir était une aurore, celle que Dante a saluée : « Ne dites
pas Assise, car le mot serait faible, mais dites Orient ! »

C'est l'aurore qui a brillé sur les fils du *Pauvre*, ses
disciples, ses interprètes, tous poètes de langue et de
pensée : frère Pacifique « le roi du vers » — saint Bonaventure, « le trouvère pieux, qui porte le souffle lyrique
sous la robe de l'école ». Elle a illuminé le cœur de Giotto,
et après lui les cœurs de tous les humbles artisans qui,
chacun suivant son métier, célébraient, le luth à la main
ou le pinceau, les symboles de la miraculeuse histoire
franciscaine.

Surtout ses rayons, comme le charbon du prophète, ont
brûlé les lèvres de ce poète extraordinaire, type complet
d'un siècle de violence et d'amour, Jacopo de Benedetti,

que nous connaissons sous le nom de Frà Jacopone.
C'est un amant, un époux, un veuf désolé, réfugié dans le
sein du Dieu de miséricorde, un ascète et un poète, un
moine pieux et un révolté, — mais par dessus tout un
pénitent, un pauvre pénitent, dans l'austère et lumineuse
religion du Pauvre d'Assise. Frà Jacopone a toute la prédilection d'Ozanam, poète religieux comme lui et comme
lui « brûlé d'amour ». Ozanam va le chercher dans sa
petite ville ombrienne de Todi, qui n'a guère changé
depuis ces jours, « avec sa cathédrale, sa place carrée,
ses trois enceintes, dont la première de blocs cyclo-
péens ».

Une fois qu'il l'a rencontré, il ne le quitte plus. Il trouve
à ses accents quelque chose de ceux de sainte Thérèse
et de saint Jean de la Croix, mais avec, en plus, un parfum
de poésie populaire. C'est dans les larmes qu'il lit l'œuvre principale de Jacopone, qui lui paraît la plus poignante
du monde, une sorte de mystère, un dialogue palpitant
entre Marie, mère de miséricorde, et le Messager humain
qui lui apporte les désolantes nouvelles du monde d'ici-
bas.

Les vers de Jacopone, comme sa vie, le désolent et
l'enchantent à la fois. Sa douceur enfantine, les délices
de son paradis, où dansent les anges comme dans un
tableau de l'Angelico, lui caressent le cœur. Mais il voit
les horreurs du siècle où le poète a vécu, « un temps difficile, l'Eglise en feu, le trouble des consciences », et ces
divisions atroces qui cent ans après vont aboutir aux terreurs du grand schisme, où les saints mêmes ne sau-
ront plus distinguer le nom du vicaire de Jésus-Christ,
— jours d'abomination où les âmes pieuses, ne pouvant
concevoir plus de mal sur la terre, ont cru déjà pressentir l'Antechrist et entendre les trompettes du jugement.

Ozanam aborde avec franchise, mais douleur, ces
tableaux du mal, les guerres, les massacres, les violences.
Il voit les passions et la confusion des événements conduire les meilleurs jusqu'aux révoltes. Il gémit de trou-

ver son beau poète Jacopone marchant avec les Colonna
insurgés et Philippe le Bel contre Boniface VIII. Sa pensée n'a pas manqué de se reporter vers son propre siècle, et ses souvenirs si récents de révolutions, de meur-
tres, de guerres, de schismes. Mais plus que jamais il a
senti son âme recourir à la foi de l'Évangile comme au
refuge de pardon, de consolation et de paix.

Il s'est aperçu de ceci, qui est un des plus étranges
contrastes de l'histoire : entre le XIIIᵉ siècle italien et les
premières années du XIVᵉ, s'accumulent les événements
les plus hideux; supposez une terreur jacobine, une
commune de 1871 qui durerait cent ans. Les haines de
l'humanité n'ont jamais brûlé d'une flamme plus dévo-
rante. — C'est aussi le temps de la plus délicieuse poésie,
la plus pieuse, la plus humaine; c'est le temps d'un art de
paix et d'amour. Et aujourd'hui, après les siècles écoulés,
— lisant la *Vita Nova*, les Laudes paradisiaques de Jacopone, contemplant les fresques de Giotto à Assise, — il
nous semble que ce temps de tourment fut un temps de
délices, que cet enfer fut un paradis.

C'est cette correspondance du crime et du pardon par la
pénitence, et par le Christ, qui inspirait l'âme d'Ozanam.
Jacopone le vieux révolté est mort à la Noël, et les derniers accents que son oreille ait entendus, c'est le *Gloria*
des anges à la messe de minuit. Malgré tout ce que les
passions avaient pu mettre dans les mots et les pensées
de sa poésie, ce qui y retentit plus haut que tout, c'est la
voix du pardon et de la paix. Ce fils des jours de haine est
celui sans doute qui a prononcé les plus merveilleuses paroles d'amour. Ah! comme elles convenaient à Ozanam, et
comme il s'efforçait à les faire comprendre, et à en pénétrer les cœurs chrétiens, qu'il conviait, lui aussi, à la loi
d'amour. Est-ce bien Frà Jacopone qui a dit : « Je connais que j'aime vraiment mon frère, s'il m'offense et que
je ne l'aime pas moins. »

Ne serait-ce pas plutôt Frédéric Ozanam au lendemain
des journées de juin ? — C'est bien Jacopone, cependant;

car, comme dit Ozanam : « La Providence met des poètes
dans les sociétés qui tombent, comme elle met des nids
d'oiseaux dans des ruines. »

*
* *

Elle met aussi des fleurs. Le meilleur des livres d'Ozanam est consacré à ce précieux recueil que l'on appelle
Les Petites Fleurs de saint François. C'est à lui, on peut
le dire, que nous devons de le connaître.

Son livre sur les *Poètes franciscains* n'est pas un livre
d'érudition, et n'en a pas la prétention. S'il avait voulu
faire une histoire des origines de la littérature en langue
vulgaire, on ne manquerait pas de trouver le tableau un
peu sommaire. Il connaissait assez les bons historiens de
l'école italienne, et surtout l'incomparable Tiraboschi,
pour s'en aviser lui-même. Il fait en somme un livre de
poésie, fondé sur l'histoire littéraire. C'est pourquoi il
ne se prive pas d'entourer ses amis, les pieux chanteurs,
de beaux paysages que lui fournissaient ses souvenirs de
voyages.

Mais on peut dire cependant que ce livre a ouvert l'esprit des générations à des horizons de beauté qui, auparavant, n'avaient été aperçus de personne. Il a découvert au monde la poésie franciscaine. Aujourd'hui elle
a rempli les esprits et les livres, et non seulement
des catholiques, mais de tout ce qui pense et sent la poésie. Saint François apparaît si beau, que plus d'un aujour-
d'hui s'efforce de le prendre à l'Eglise catholique sa mère.
Tout le monde voudrait l'avoir, du côté de Calvin, comme
du côté de Renan. On se dispute le *Cantique des Créatures*
et chacun le garderait volontiers pour soi. Nous savons
qu'il nous appartient. Comme Giotto l'a représenté, nous
voyons saint François semblable à une colonne soutenant
l'Eglise romaine, dans la force du dogme. C'est nous,
catholiques, qui avons le droit d'être fiers de sa gloire,
dans l'art et dans la poésie. Sans Ozanam, qui est bien à
nous, jusqu'à quand encore allait-elle sommeiller ?

21

Dès qu'Ozanam est en Ombrie, — dans ces petites villes
où tout se passe en plein air, ou bien sur la route des
villages, des villas, des couvents, parmi les cyprès et les
oliviers, et puis dans le cloître simple et nu, sous le toit
de tuiles, dans le réfectoire peint de fresques, dans une
cellule, une salle capitulaire — il se meut, libre et heureux,
avec un sourire, avec le ciel dans les yeux.

Et il cueille là « ces fleurs qui ne publient pas le nom
de leur jardinier, mais qui annoncent leur saison ». Il les
lie d'un beau ruban de poésie moderne ; il les tend bravement aux hommes de notre temps : ils en ont fait leurs
délices. C'étaient d'humbles, de simples historiettes, vraies
quelques-unes, d'autres légendaires, ou symboliques,
venues toutes des souvenirs, des propos, des chroniques
qu'ont laissés les premiers successeurs de saint François[1].
Aujourd'hui elles sont si connues, si vantées, que nul ne
peut même sembler les ignorer, parmi ceux, hommes ou
femmes, qui prétendent savoir quelque chose de l'Italie et
de l'Art. Parmi ceux qui en parlent, combien les ont méditées ? Peu sans doute : mais c'est le sort de tant de belles
choses ! Cependant où donc ne voit-on pas les *Fioretti ?*
En Italie, il n'est guère de libraire qui ne les offre, sous
un joli vêtement de vélin à l'antique, au peuple avide des
touristes. Le grand art s'y prend aussi. Une ingénieuse
traduction archaïque, due à un délicat lettré, s'unit aux
peintures d'un de nos plus nobles peintres, pour former
une édition dont, avant sa naissance, on s'arrache les exemplaires[2].

Nous avons donc quelque peine à nous figurer qu'au
jour où travaillait Ozanam, il fallait quelque audace pour
oser ressusciter ce vieux petit livre de piété de moines.
Je dis *ressusciter* — et je le maintiens. Je ne veux pas dire
que les *Fioretti* fussent inconnus, ou inédits. La poussière

---

1. Les *Fioretti* sont pour une grande partie la traduction d'une chronique
intitulée *Floretum*, composée par un Frà Ugolino de Monte Santa Maria, dans
la première moitié du XIVe siècle.
2. Je fais allusion à la traduction d'André Pérаté, illustrée par Maurice Denis.

d'où il fallait les déterrer, c'était celle du dédain. Ce n'était pour personne une œuvre d'art. Les historiens des Lettres n'en font aucune mention ; ils connaissent bien les auteurs de *laudi* ; Frà Jacopone figure dans Crescimbene, dans Quadrio ; Tiraboschi lui consacre un beau chapitre, non loin de Dante. Ils n'ont pas un seul mot sur les humbles fleurettes.

Dans l'ordre franciscain même on leur attribuait peu de valeur. On s'en aperçoit par le nombre d'éditions, bien inférieur à celui de tel ou tel livre de piété ou d'ascétique. Le xve siècle en compte quelques-unes. Après cela elles s'espacent. Le xvie en a peu. Dans ce temps-là, si l'on parle des petites fleurs, c'est pour s'en gausser. Pier-Paolo Vergerio y glanait des anecdotes naïves pour faire rire de la foi des simples. Le xviie siècle en sait peu de chose, le xviiie rien. — Ampère s'écrie en souriant : « Qu'en aurait dit Voltaire ? »

Il n'y a pas à aller chercher Voltaire. Nous avons un religieux francisciain, général de son ordre et l'un de ses historiens, qui ne sait pas, pour en parler, trouver d'images assez méprisantes. Le P. Niccolà Papini tient les *Fioretti* pour un pur radotage, ce que les Florentins appelaient, par comparaison avec le bavardage des cigales, *cicalata*. Mais pour lui, ce bavardage-là est à vomir, *nauseante*.

Au xixe siècle Gamba, pour qualifier les naïves histoires, n'emprunte pas ses métaphores aux insectes mais aux légumes. Les récits des *Fioretti*, dit-il, sont pleins de *mellonaggini*, une expression que nous ne saurions traduire en français que par le nom d'un autre cucurbitacé qui joue chez nous le même rôle qu'en Italie le melon : des *cornichonneries*.

Voulez-vous vous souvenir que le bibliophile italien parlait ainsi en 1839, douze ans seulement avant le jour où Ozanam lia sa gerbe de fleurs ? Je veux bien accorder que ce moment rapide fut celui justement où se restaurait dans les âmes, par l'action des poètes et des archéologues,

des écrivains catholiques et des grands prédicateurs, le
sentiment de la noblesse des siècles oubliés. Chaque
année alors, presque chaque jour marquait dans ce sens
un progrès. Il serait bien vain cependant de nier le mérite
personnel et particulier d'Ozanam pour la découverte des
Fioretti. Il ne veut pas, d'ailleurs, exagérer le mérite de
sa conquête. Il n'irait pas jusqu'à comparer le petit livre
aux splendeurs de la Divine Comédie : « Je ne confonds
pas, dit-il, les gouttes de rosée avec les feux de l'aurore. »
Mais il s'est enivré de cette rosée, et nous enivre. Il ne
craint pas de dire que les Petites Fleurs de saint François
sont une « petite épopée ».

Et c'en était bien une !

*
* *

Voilà son œuvre, dans cette courte vie. Voilà du moins, —
et il nous aurait approuvé de dire ainsi, — voilà son œuvre
d'homme de lettres.

Ce nom est banal : il est souvent mal porté ; il a beaucoup couru, et traîné partout. On est homme de lettres
pour un mauvais roman feuilleton ou quelques articles de
journal, aussi bien que pour les *Méditations*. Ce mot
désigne la chose la plus haute du monde, s'il est conçu
par une âme qui elle-même soit haute, et qui possède
une foi.

Quant à lui, Ozanam ne connaissait pas d'idéal humain
plus beau que les lettres. On a vu comme elles avaient
été pour lui une vocation, une de ces vraies vocations
dont les premiers appels se notent dès les années d'enfance. Il poursuivit cette vocation avec une douce et persistante obstination, à travers les travaux les plus divers.
Il s'appliquait à tous ses devoirs avec la même obéissante
soumission. Toujours dévoué, toujours patient au travail,
sans jamais de révolte ni même de mauvaise humeur, il
maintint pourtant son idéal, et marcha toujours vers son
but. Il y atteignit, et Dieu lui accorda, dans sa mort pré-

maturée, cette consolation qui en ce monde est au-dessus
de tout, d'avoir accompli sa destinée.

« C'est le modèle de l'homme de lettres chrétien. » Le
mot est de Guizot, auquel on ne peut refuser d'avoir été
un des meilleurs juges d'hommes. Et Ozanam lui-même
nous a dit, comment il entendait, lui chrétien, le métier
d'homme de lettres. Il faut lire ce beau morceau d'éloquence qu'il a prononcé en 1843 au Cercle catholique de
Paris, le *Discours sur les devoirs littéraires des Chrétiens*.

Il débute avec quelque solennité : « Je ne viens pas
décrire un passe-temps de rêveur, mais un emploi déjà
vieux dans le monde, ce qu'on appelait autrefois le *métier
des lettres*. » Puis il commence, comme il convient à un
maître de la jeunesse, par expliquer le rôle primordial
des Lettres comme instrument d'éducation et d'instruction.
Il s'indigne qu'on ait voulu leur contester ce privilège.
Elles restent et doivent rester « maîtresses » pour la formation des esprits. « L'erreur est de se méprendre sur
les études où l'on a coutume d'appliquer la jeunesse. Le
but prochain qu'on s'y propose n'est point nécessairement
le savoir, mais l'exercice. Il ne s'agit pas tant de littérature, d'histoire, de philosophie, choses qui s'oublieront
peut-être, que d'affermir l'imagination, la mémoire, le
jugement, choses qui demeureront. » — Les instruments
par excellence de cet « exercice » des esprits, ce sont
les langues anciennes, « les plus admirables formes qu'ait
revêtues la parole humaine ».

Il résume ainsi : « Les lettres sont restées chargées de
l'apprentissage de la vie. »

Elles ont une autre mission : elles sont chargées de la
transmission de la pensée des hommes. Cette fonction
entraîne des devoirs très rigoureux. L'écrivain doit d'abord
assurer sa pensée et la construire par le travail ; puis pour
la produire au dehors il doit la revêtir de beauté. Voici
donc la formule définitive de son œuvre :

« Il faut produire par l'art après avoir possédé par la
science. »

Vous entendez bien : l'art est un devoir pour l'écrivain,
tout aussi bien que l'est la science. Car la science lui
donne la vérité, et l'art lui permet de la transmettre aux
autres hommes. L'art est une charité.

La vérité connue ne se contient pas. Elle remplit le
cœur d'un amour qui a besoin de se communiquer. Il la
veut lumineuse et telle qu'elle ravisse l'admiration de
l'univers ; il n'a pas de cesse qu'il n'y ait épuisé ses derniers efforts.

La conscience chrétienne n'est pas indulgente pour les
œuvres de l'esprit. Elle y veut la perfection. Je trouve là
le principe légitime de l'art. L'art reçoit la vérité au sortir de la science et la reproduit avec l'éclat du beau, afin
de la propager d'abord et de la conserver ensuite. Car si
les ouvrages excellents commencent par la pensée, c'est
par la forme qu'ils durent.

Voilà donc le sublime et redoutable pouvoir de l'écrivain. Par le charme de son art il va s'emparer de l'empire
des esprits, et le garder. Il est le modeleur de l'esprit
des hommes pour sa génération et les générations qui
vont suivre. Telle est son œuvre ; elle ne peut être bonne
que s'il la fonde sur une conscience religieuse.

« Comme le prêtre, l'homme de lettres est consacré. »
— Une pareille pensée aujourd'hui nous surprend. Aux
environs de 1830, beaucoup la professaient, mais avec plus
ou moins de sincérité. Ozanam, quant à lui, entendait les
choses avec précision. Il ne se croyait pas, comme tel ou
tel, un prophète ou un Dieu ; il se tenait pour un humble
serviteur de la vérité. Il est fort sincère quand il dit :
« Mon obscure et laborieuse destinée. » — Il ne l'a pas
conçue autrement. Mais il ne croit pas sortir de l'humilité, en voulant être un artiste, car c'est la seule manière
d'être un bon serviteur :

« Pour l'artiste chrétien, l'inspiration a un nom sacré :
c'est la grâce. »

En éclairant l'ensemble des œuvres d'Ozanam à la lueur de ces pensées, on y aperçoit une œuvre de grâce, une sorte de grand poème sacré. Il a voulu écrire l'histoire des Lettres, parce que c'est l'histoire de la civilisation, et pour lui l'histoire de la civilisation c'est l'histoire du Christianisme. Les deux jalons, les deux bornes de cette carrière historique, c'est Dante, d'un côté, et de l'autre, ce sont les Germains, ceux qu'il nomme tendrement « mes barbares ». Son dessein est de les ramener à la lumière et à la vérité ; il veut dissiper les ténèbres où des jugements sommaires, depuis les temps de la Renaissance, ont enveloppé tant de générations humaines entre l'âge des Germains et l'âge de Dante. Il découvre qu'il y a, dans les siècles les plus oubliés, un art, des Lettres, une beauté chrétienne. Et Lacordaire, résumant l'œuvre d'Ozanam, s'écrie : « Les temps nouveaux ont réparti la puissance et la fécondité des lettres à tous les peuples issus de Jésus-Christ. Ce qu'avait dit saint Paul s'est accompli dans les arts de l'esprit, aussi bien que dans l'ordre des mœurs : *Il n'y a plus de barbares !* »

Plus de barbares au Rhin et au Danube! plus de barbares dans nos rues et nos faubourgs! La loi du Christ partout proclamée, partout bienfaisante, partout éclatante de gloire, servie partout par des artistes, des poètes, des écrivains illuminés de grâce! Tel est le Parnasse de ce poète, le Monsalvat de ce pieux chevalier.

Quand on pense aux noblesses splendides de cette âme, on ne peut que vénérer les débris épars de son œuvre immense, poursuivie d'un travail acharné jusqu'à la mort. Que nous en reste-t-il pourtant et quelle valeur de beauté ont ces émouvantes ruines ? — Ceux qui les ont réunies pieusement après la mort d'Ozanam méritent nos remerciements ; car il y a encore là de quoi nous ravir.

Tout ce qui forme les deux éditions des œuvres complètes (1855 et 1862), a été revu par les esprits amis de

Montalembert, de Mignet, des abbés Noirot et Maret.
Mais ce fut Jean-Jacques Ampère qui dirigea l'ensemble
du travail, avec une suite, une volonté d'aboutir, qui lui
font honneur. Où est le nerveux, l'impatient, le vagabond
Ampère ? Je ne retrouve ici que le modèle des amis. On
ne peut que l'aimer, quand on lit la préface qu'il a mise
en tête de l'édition des œuvres. C'est bien le fils du grand
et bon André-Marie. Il travaille des jours et des mois
avec la veuve de son cher compagnon, et il écrit à Alexis
de Tocqueville : « Le travail minutieux est très difficile
précisément par la conscience qu'on apporte à n'y rien
mettre du sien. » Ce qui le préoccupe c'est de ne rien
atténuer, par quelque scrupule de goût personnel, de ce
qui peut être énergique et spontané. Il se rappelle les
méfaits des premiers éditeurs de Pascal. Et pourtant, il
ne veut pas, par excès de respect, faire tort à son ami
mort, faute de quelque discrète retouche : « Il est plus
facile, dit-il, d'ôter une fleur vivante d'une corbeille, et
de la remplacer par une fleur artificielle, que d'enlever
sur les pétales épanouis un peu de poussière, sans les
faner en les effleurant. »

Et puis, sans cesse, l'émotion l'arrête : « Tout ce qui
est sorti de cette plume fait aimer celui qui a écrit. » —
Ce qui le soutient dans sa chère et douloureuse besogne,
c'est la joie de l'admiration : La vigueur de l'expression...
des traits ardents qui illuminent et colorent un ferme langage. »

Ce qu'il a devant lui c'est une œuvre d'orateur. Et voilà
bien la misère ! Recueillir morte une parole qui fut vivante,
c'est toujours une difficile entreprise : on devine la beauté
plus qu'on ne la voit ; c'est l'action de la voix et du geste
qui la donnait au complet. Ampère a voulu du moins laisser la liberté du langage parlé, au prix même de quelques
surabondances et de quelques inexactitudes de langue.
Les pages qui lui semblent les plus belles se trouvent
souvent être celles que l'auteur n'avait pas eu le temps de
corriger sur la sténographie.

Ozanam se rendait bien compte qu'il était plus orateur qu'écrivain [1].

Il avait, dès le début de sa vie, la parole abondante et chaleureuse. C'est ce qui l'aurait attaché, au barreau, où « les émotions de la plaidoirie » ne lui semblaient pas sans charme. Mais « l'atmosphère de la chicane » n'était pas son affaire ; « toutes les figures de rhétorique y sont réduites en action ». Il fut heureux de renoncer « à de fâcheuses habitudes de réticence et d'hyperbole » pour trouver dans sa chaire de professeur toute la liberté d'un langage sincère. Un professeur éloquent est plutôt une rareté : « Il n'est pas ordinaire, dit Lacordaire, qu'un homme érudit soit un homme éloquent. » Cependant il en est quelques exemples : Ozanam en fut un des plus remarquables. Nous en avons de beaux et nombreux témoignages. Mais lequel pourrait valoir celui du Père Lacordaire ?

Rien n'est plus saisissant que ces lignes émues où un orateur a voulu faire revivre l'éloquence d'un autre orateur.

Ozanam avait ceci de commun avec plusieurs grands orateurs qu'il ne se révélait que dans l'action. L'aspect de la personne annonçait peu. Il avait dans la conversation la voix terne et un peu monotone. « Pâle comme un Lyonnais, il était d'une taille médiocre et sans élégance. » Le front était beau et noble, l'expression gracieuse et un peu embarrassée, les yeux étaient « honnêtes et doux », mais ils jetaient par moment des éclairs. « Cela lui donnait sa physionomie, mélange de solidité et d'enthousiasme jeune et ardent. » — *Jeune !* je le pense bien : lorsque d'abord il monta dans la chaire de Fauriel, il avait, songez-y, vingt-sept ans. Quand il allait à la Sorbonne, en lisant un livre par les rues, on l'eût pris pour quelque étudiant studieux.

Mais le voilà dans sa chaire. Ecoutons Lacordaire ·

« Ceux-là seuls qui ont dit leur âme devant un auditoire

---

1. A Foisset : « Cette chaleur que je trouve parfois dans la chaire, m'abandonne trop souvent dans le cabinet. »

savent les tourments de la parole publique... Ozanam était
plus qu'un autre sujet au mal de l'éloquence, parce que
ses organes trop faibles ne répondaient qu'imparfaitement
aux secousses de son inspiration... Défiant de lui-même, il
se préparait à chacune de ses leçons avec une fatigue religieuse, amassait des matériaux sans nombre autour de sa
pensée, les fécondant par ce regard prolongé de l'intelligence, qui les met en ordre, et enfin leur donnant la vie
dans ce colloque mystérieux de l'orateur, qui se dit à lui-
même ce qu'il dira demain, ce soir, tout à l'heure, à l'auditoire qui l'attend. Ainsi armé, tout pâle cependant et
défait, Ozanam montait en chaire. Il n'y avait rien de bien
ferme ni de bien accentué dans son début; sa phrase était
laborieuse, son geste embarrassé, son regard mal sûr et
craignant d'en regarder un autre; mais peu à peu, par l'entraînement que la parole se communique à elle-même, on
voyait de moment en moment la victoire grandir et, lorsque l'auditoire lui-même était une fois sorti de ce premier
morne silence si accablant pour l'homme qui doit le soulever, — alors l'abîme rompait ses digues, et l'éloquence
tombait à flots sur une terre émue et fécondée... L'orateur tout palpitant d'un bonheur acheté par huit jours de
travail et par une heure de verve, retournait chez lui
retrouver sa peine, — qui est la condition de tout service
et l'instrument de toute gloire. »

Un auditoire enflammé a suivi Ozanam partout et toujours. Les jeunes gens surtout l'adoraient. Le matin, le
soir, avant et après les cours, il les recevait, causait avec
eux, gai, aimable, rieur souvent, sévère à l'occasion,
exerçant sur eux un empire incroyable[1]. Aussi ils ne pouvaient le quitter. Chaque jour quelques-uns allaient le

---

1. Armand de Pontmartin, dans ses souvenirs de jeunesse, raconte qu'un
camarade lui dit : « Vous avez la fièvre... des idées dangereuses... Je ne vois
qu'un remède ; aller voir *Frédéric Ozanam*. » Parmi ceux qui ont témoigné à
Ozanam un souvenir d'admiration, on peut citer des esprits aussi différents que
Prévost-Paradol, Sarcey « qui le préférait à Jules Simon », Renan qui a dit :
« Comme nous l'aimions ! »

chercher chez lui avant le cours, et lui faisaient cortège à travers le Luxembourg.

En possession de cet auditoire, qu'il était toujours sûr d'entraîner, il put parler selon son âme, il put tout dire, mettre au jour le fond de sa foi. Lacordaire s'émerveille qu'il ait, douze ans de suite, donné à son enseignement la conclusion d'une apologie chrétienne absolue, sans perdre sa chaire et en voyant chaque jour croître sa popularité. Il dit : « L'orateur est jeune, il est sincère, ardent, instruit : Athènes l'écoute comme elle eût écouté Grégoire ou Basile. »

Il y avait autre chose encore. Il donnait son sang et sa vie. Il effrayait parfois par le feu qu'il mettait à ses leçons. Son bon doyen, Victor Leclercq, l'engageait à se modérer et à réserver l'avenir. Mais on aurait dit qu'il savait n'avoir aucun avenir à réserver. La parole qu'il prononçait lui paraissait toujours la dernière, et les auditeurs qu'il avait devant lui, les derniers à qui il lui était permis de communiquer la vérité.

Il leur livra jusqu'à son dernier souffle. C'est un héros, et un martyr presque, ce maître, qui sortit de son lit et se traîna à la Sorbonne, au printemps de 1852. Il avait entendu dire que son auditoire le réclamait et s'étonnerait de ne pas le voir ; il lui montra un visage d'agonisant, et dit : « Je veux honorer ma profession. Notre vie vous appartient : nous vous la devons jusqu'au dernier soupir. Quant à moi, messieurs, si je meurs, ce sera à votre service. »

Personne jamais n'a porté plus haut l'idéal et la conscience du maître. Il disait : « Ce n'est pas une facile entreprise que d'instruire les hommes. Les plus fermes esprits ne s'y essaient qu'en hésitant. Descartes, agité dans ses méditations solitaires de cette idée qui doit changer toute la philosophie, se rend en pèlerinage à Notre-Dame de Liesse, afin d'obtenir la grâce de ne pas tromper le genre humain. »

Tout le but de l'enseignement est de convaincre de la

vérité. C'est vers ce but qu'Ozanam avait tendu tout l'effort
de sa vie. Il ne connaissait d'autre arme dans le combat
que la science et l'amour. Bien rarement on l'a vu entrer
dans une discussion passionnée, et jamais une parole de
haine n'est venue à ses lèvres. Il n'avait que respect
pour la pensée d'autrui. Il ne s'est jamais mis en colère
que je sache. Une seule fois je l'entendis dire un
mot un peu vif sur des frères dans la foi dont les
attaques acerbes avaient été l'inquiéter jusque dans son
incomparable œuvre de Saint-Vincent de Paul. Encore la
satire paraît-elle gaie et bien inoffensive, quand on sait
de quelles injustices il avait eu à souffrir. Jamais il n'a
rendu coup pour coup. Lacordaire lui disait, pensant lui
adresser la plus belle des louanges : « Vous n'avez laissé
de blessure à personne. »

Cette louange lui a été donnée un jour d'une façon qui
dut lui aller au cœur. Ce fut le jour où il avait prononcé
ce beau discours dont j'ai parlé sur les devoirs littéraires
des chrétiens. Quand il eut fermé la bouche sur ses dernières paroles, l'archevêque de Paris se leva, le remercia
et le félicita en peu de mots. Il prit texte, pour le louer,
de ce chapitre de l'Imitation de Jésus-Christ, qui a pour
titre : *De bono homine pacifico.* — Et, avec un sourire
paternel, traduisant dans la forme que le parler populaire
a donnée aux mots latins, il conclut : « Messieurs, je sou-
haite que nous soyons tous des *bonshommes* de cette espèce ! »

Ozanam dut sourire avec joie. Et nous, à soixante ans
de distance, saurons-nous jamais assez honorer les acteurs
de cette gracieuse scène, l'archevêque et l'orateur, dans
leur adorable bonté ? — Car nous connaissons la suite de
la vie de ces *bonshommes pacifiques.* Cinq ans plus tard,
en 1848, l'homme de lettres chrétien allait chercher l'archevêque, pour le mener sur les barricades de juin, y verser un sang pur qui fut « le dernier versé ».

Cet archevêque était Mgr Affre.

*
* *

Cette scène est la conclusion du Discours sur les devoirs littéraires. Elle l'éclaire singulièrement. Voilà donc comme Ozanam aimait les lettres, pour la foi, pour l'amour de ses frères. Mais cela n'empêche qu'il les aimait en elles-mêmes et croyait à leur vertu.

Il y a un soin de la couleur et de la forme dans tous les fragments qui nous restent de lui. Il sait bien que ces ornements sont les attraits qui groupent autour de lui auditeurs et lecteurs. Il ne néglige rien pour parer ses cours, et spécialement il tient aux paysages historiques. Pris à l'improviste pour faire des leçons sur les légendes du Rhin, il court au moins pendant quelques jours se rafraîchir la vue sur l'illustre vallée : « Absolument, dit-il, comme, quand j'étais petit, je trempais le bout des doigts dans l'eau, afin de pouvoir répondre à maman sans mentir : « Je me suis lavé. »

Ses voyages et les souvenirs qu'il en rapportait étaient un des charmes de son enseignement. Le centre même de sa vie de poète historien, c'est l'année 1847, et la joie de son voyage de noces, qui le ramène en Italie, « devant les beaux lieux peuplés de grands hommes et de grandes choses ». Lacordaire dit : « Au retour de cette course rapide, qui était une halte entre sa jeunesse finie et son âge mûr déjà avancé, Ozanam parut dans sa chaire, qui ne le connaissait encore qu'à demi. »

Au point de vue de l'art pur, ce que l'on aimera toujours le plus dans Ozanam, c'est le voyageur. Il égale les plus grands. Son esprit est préparé par l'information, son cœur par la sympathie. Mais ce n'est pas tout : l'œil est bon et voit juste. L'écrivain décrit bien, vite, dans une familiarité de conversation, mais avec une touche de peintre. « Il courait à un lac, à une vallée, dit Lacordaire, et quand les ombres de l'histoire descendaient avec celles de la nature sur un champ ou sur une ruine, il s'y sentait

attiré par une invincible sympathie. » — C'est alors que
la joie éclatait en lui. La gaîté, la bonhomie éclairaient
tout, pour lui et pour ses compagnons de route, et c'est
encore là la poésie du voyage. Le Père Lacordaire remarque, avec un sourire d'ascète bienveillant : « Ce n'était
pas, à vrai dire, une âme austère. »

La poésie, la musique du cœur, était pour lui jusque
dans les moindres actions de sa vie. N'est-il pas charmant de voir le Père Lacordaire noter qu'il aimait sa maison, sa table même, toute simple, mais qu'il voulait voir
servie avec soin quand elle était entourée d'amis. Il dit un
jour au poète boulanger Reboul : « Le pâté, c'est la poésie
du pain. » Il savait rire, et faire rire mieux que personne.

On pense comme cette gaîté familière se développait
dans le voyage. Je le suis dans le fameux voyage de noces,
au coin des sentiers de Sicile, près des jardins en fleurs,
promenant son bonheur parfait, visitant les ruines, les
églises, les cloîtres ensoleillés. Un soir un très vieux
moine, prenant congé des deux époux, offrit avec courtoisie à la jeune femme une rose.

C'était leur dernier voyage de joie.

Tous ses voyages ne furent plus que voyages de repos,
de maladie, de mort. Tel son voyage de Gascogne et d'Espagne, de Bretagne, ses deux derniers voyages d'Italie.

Il n'a pas quarante ans. Déjà l'orateur est mort; la
grande voix est éteinte, qui a fait vibrer tant de cœurs.
Est-ce à dire que tout est perdu pour l'art et la beauté?
D'Ozanam déclinant il reste l'artiste, plus grand que
jamais ; il reste le chrétien, en lequel, tant qu'un souffle
dure, persiste la volonté de parler et de convaincre. Ses
plus beaux morceaux sont peut-être ceux de la fin de sa
vie.

Sa santé lui permit encore de travailler, en quelques
intervalles de mieux et d'espérance. Il eut encore quelques joies de voyageur. C'est alors qu'il reçoit en Bretagne l'hospitalité de M. de la Villemarqué, le dernier des

Bardes, compagnon d'Arthur et de Merlin, et sylvain de
la forêt de Brocélyande. Il va visiter l'île d'Arz, qu'il appelle l'île de M. Rio, où le vieil ami de Montalembert lui
fait voir un Pardon et le mêle aux foules joyeuses des
paysans. A Saint-Gildas il rêve à la mer, aux histoires
passées, aux agitations des hommes, à la paix que Dieu
donne :

« Abélard y pleurait son exil, il acccusait la rigueur du
ciel, l'âpreté de la terre, la barbarie des habitants, l'in-
discipline des moines, moins prompts à chanter matines
qu'à poursuivre le cerf et le sanglier dans la forêt prochaine. Cependant quel lieu plus beau, plus inspirateur,
plus philosophe, que cet écueil éternellement battu par les
flots. Souvent devant ce spectacle, nos controverses me
semblent comme l'écume des vagues que je vois aller
jusqu'au-dessus des rochers. On dirait qu'elles vont tout
submerger : une heure après la marée a descendu. »

C'est aussi de ses dernières années que date ce *Pèlerinage au Pays du Cid*, qui contient, parmi tant de belles
strophes sur l'Espagne du passé, ce magnifique chant
d'amour en l'honneur des cathédrales et de la Vierge leur
patronne :

« O Notre-Dame de Burgos, qui êtes aussi Notre-Dame
de Pise et de Milan, et Notre-Dame de Cologne et de Paris,
d'Amiens et de Chartres, reine de toutes ces grandes
cités catholiques! oui vraiment, vous êtes belle et gracieuse,
pulchra es et decora, puisque votre seule pensée a fait
descendre la grâce et la beauté dans ces œuvres des
hommes... Vous les avez rendus si doux qu'ils ont courbé
la tête sous les pierres, qu'ils se sont attachés à des chariots pesamment chargés, qu'ils ont obéi à des maîtres
pour vous bâtir des églises. Vous les avez rendus si
patients qu'ils n'ont pas compté les siècles pour vous cise-
ler des portails superbes, des galeries et des flèches.
Vous les avez rendus si hardis que la hauteur de leurs basiliques a laissé bien loin les plus ambitieux édifices des
Romains, et en même temps si chastes que ces grandes

créations architecturales, avec leur peuple de statues, ne respirent que la pureté et l'immatériel amour.

« O Notre-Dame ! Que Dieu a bien récompensé l'humilité de sa servante ! Et en retour de cette pauvre maison de Nazareth où vous aviez logé son Fils, que de riches demeures il vous a données ! »

Dans cette extase de piété pour la demeure de la Vierge immortelle, le poète ne peut pas oublier que cette demeure est mortelle, et bâtie par la main des mortels. Et il se demande avec angoisse : les cathédrales aussi doivent-elles donc mourir ?

« Le feu qui doit purifier la terre foudroiera-t-il ces tours qui montaient pour le conjurer, ces chevets d'églises gardés par les anges, ces madones si pures, et ces saints humblement prosternés devant elles ? Celui qui se fait gloire de s'appeler le souverain artiste aura-t-il le courage de détruire tant de mosaïques et de fresques où rayonne l'éternelle beauté. Pourquoi ces monuments n'auraient-ils pas aussi leur immortalité et leurs résurrections ? »

Et il rêve à cela. — « Qui sait ? » dit-il. — Dans la Jérusalem céleste promise à nos âmes ressuscitées, il bâtit par la pensée des demeures, selon ces formes vraiment surnaturelles, que la grâce de Dieu descendue a dictées sur cette terre aux artistes inspirés. — Incomparable élan de poésie chrétienne que le poète se préparait si tôt à achever au sein même de la Jérusalem éternelle !

Enfin ce fut le dernier voyage en Italie. Jamais l'Italie ne l'a autant ému. Elle commença par se montrer sévère. Il arrive que son ciel boude :

« Lorsque Dante, au troisième cercle de son Enfer, décrit la pluie éternelle, maudite, froide et lourde,

Eterna, maledetta, fredda e greve,

certainement, dit Ozanam, il en trouve l'image sur les bords de l'Arno, où moi, indigne commentateur, pour l'éclaircissement de ce seul vers, j'ai vu pleuvoir cinquante jours. »

Mais le soleil enfin reparaît. Et le malade a encore des
jours de force. Comme il en jouit! Toutes les délices de
sa jeunesse se renouvellent. Il retrouve ces ineffables
joies du voyageur en Toscane, les découvertes que ce
divin pays est assez riche en merveilles pour nous réserver encore et toujours. Ah! ces recherches, ces trouvailles, ces petites églises de campagne sous leur rideau
de cyprès, ces fresques radieuses qui tout à coup sortent
de l'ombre! Il semble que le pauvre mourant ressuscite.
Il vivait aussi pour la charité; c'est dans ce dernier voyage
qu'il visite à Livourne ses confrères de Saint-Vincent de
Paul, et leur adresse, en italien, la langue de son enfance,
le dernier discours qu'il ait prononcé sur cette terre.

Car l'orateur était toujours là, toujours inspiré, toujours
éloquent. Il l'était dans chaque lettre, dans chaque conversation. Rien ne restait plus de vivant en lui que le
père, l'époux, l'ami, mais pour les chers compagnons de
ces jours derniers il gardait pourtant la beauté et la
grâce de sa parole. Le P. Lacordaire nous a dit encore ce
que furent ses derniers accents :

« Courtes années des orateurs, assemblées éphémères
qui se forment aux quatre vents du ciel autour de la parole
d'un homme et qui se dispersent ensuite pour ne plus se
réunir! Ozanam avait reçu le don de les émouvoir, le grand
don de l'éloquence : maintenant encore la source n'en
était pas tarie, mais l'instrument extérieur et terrestre
était brisé. Il ne restait plus à l'inspiration que le faible
souffle qui suffit au foyer domestique, aux confidences de
l'amitié, à ce chant du cygne que la poésie célèbre, mais
que le monde n'a jamais entendu, parce qu'il se chante
tout bas entre une ou deux âmes aimées. »

Oui, il chante tout bas. Mais, jusqu'au dernier moment
il chante. Sa voix n'a jamais été plus douce, son cœur plus
tendre, plus animé de gaîté charmante. C'est une merveille
de bienveillance et de courtoisie. Et jusqu'à l'heure finale
l'art et la nature le réjouissent. On l'a conduit pour respirer, le dernier été, sur une petite plage de la mer Tyr-

rhénienne, qui lui plaisait. Antignano est un village sur-
monté d'une forteresse, non loin de Livourne.

« Dans le lointain on découvre la Gorgone, Capraia, l'île
d'Elbe. Ce beau tableau s'encadre entre les montagnes
de la Spezia, que nous voyons couronnées de neige à notre
droite, et à gauche le Montenero avec sa Madone, où
pendant le mois de mai chaque village va en pèlerinage. »

Là il mène la vie d'un malade. Son âme est à Dieu et
son sacrifice accompli. Toute sa pensée est de ne pas faire
souffrir plus qu'il ne faut ceux qui l'aiment. Il les tient en
pleine poésie : « Ma femme adore ce pays. Elle a fait ce
vœu que si je guérissais, nous vendrions nos livres pour
acheter un bateau et nous en aller en chantant, comme
les Italiens, pêcher le corail sur les côtes de Sardaigne. »

Les fleurs sont toujours son amour. Lacordaire nous
l'a dit, car il a tout dit : « Il attachait du prix à un bouquet de fleurs. » Il écrit à un ami qui venait le voir :
« Viens avec les fleurs, poète! » Répondant à un autre qui
lui annonçait les fiançailles de sa fille, il finit ainsi sa
lettre :

« J'ai sur ma table d'admirables branches de myrte,
cueillies sur les buissons qui décorent ces bords heureux. *Ces rameaux sont tout blancs d'une neige de fleurs*[1]
et je ne me lasse pas d'en admirer la délicatesse et d'en
respirer le parfum. Nous voudrions pouvoir envoyer une
de ces branches à la jeune épousée. »

Chaque 23 du mois, en souvenir du jour de son mariage,
il offrait des fleurs à sa femme. Le 23 août 1853, c'est une
de ces branches de myrte du jardin d'Antignano qu'il lui
présenta, en souvenir de leur union bénie, qui allait
bientôt finir ici-bas[2].

---

1. Sans s'en douter Ozanam a fait un bel alexandrin.
2. Il faut citer les belles paroles de deuil que Lamartine a écrites sur cette
mort. « Il fut enlevé au Paradis de son poète favori, en laissant sur la terre la
Béatrice de ses inspirations et de son amour. Un esprit tel que le sien eût été
bien nécessaire à ce temps de contention... Que de cœurs n'eût-il pas conquis
à la paix ! »

*
* *

Enfin, il est mort. Cette âme candide et ardente est allée à l'éternité. C'était l'âme d'un grand chrétien. C'était aussi celle d'un grand poète.

Une voix chante sur sa tombe.

Quand Ozanam était malade en Bretagne, son ami la Villemarqué, pour passer le temps, lui lisait un jour un poème de la vieille Bretagne, dont Ozanam était ému. « Je le faisais pleurer dans son lit », — dit son ami. C'était l'histoire d'un père désolé qui venait d'ensevelir son fils. La tombe était creusée au pied d'un arbre. — Et voilà que sur une branche de l'arbre un oiseau joyeux se mit à chanter : « Le chant de cet oiseau fut ce qui brisa le cœur du père ! »

« Et moi, dit la Villemarqué, je ne puis relire ces vers, sans songer à l'ami mourant au chevet duquel chantait de même l'oiseau de poésie. Sa voix joyeuse me brise le cœur, et je ne puis achever. »

Henry COCHIN.

Sa pensée sociale

La Pensée sociale de Frédéric Ozanam

Foi profonde, science, art de bien dire, courage dans l'affirmation, désintéressement absolu dans l'action, ce sont là autant de traits de caractère chez Frédéric Ozanam. Ils marquent la personnalité de l'orateur, de l'écrivain, de l'artiste, de l'apologiste, de l'homme d'œuvres, — car il fut tout cela — mais aussi du précurseur. C'est sous ce dernier aspect, c'est comme initiateur dans l'ordre de la pensée et de l'action sociales que nous allons considérer cette noble et sainte figure.

S'il est le plus justement populaire parmi ses émules, les grands catholiques de la première moitié du siècle dernier, Frédéric Ozanam est aussi celui dont l'influence et les pensées dominantes se retrouvent davantage dans la vie religieuse et sociale des catholiques du temps présent.

N'est-ce pas un homme d'aujourd'hui, ayant pris conscience de toutes les tâches urgentes qui s'imposent aux hommes de notre temps, que ce croyant avide de science, *fides quærens intellectum*, et convaincu aussi que la foi doit opérer par la charité ?

Par sa vie, par son œuvre tout entière Frédéric Ozanam proclame que la question sociale n'est pas d'ordre purement économique et qu'elle relève de la morale, par conséquent de la religion ; qu'ainsi elle impose à la conscience des chrétiens de graves devoirs, de lourdes responsabilités. Ces vérités, *l'homme* par ses exemples, *le penseur* par

ses écrits, toujours en parfaite harmonie l'un avec l'autre,
les ont magnifiquement démontrées.

La brève existence de Frédéric Ozanam, envisagée sous
son aspect social, peut tenir en quelques traits. Sa vie et
ses écrits, a-t-on dit, sont une même œuvre en deux exemplaires. Rien n'est plus vrai.

Dans une de ses lettres, il rend grâces à Dieu « de
« l'avoir fait naître dans une de ces positions, sur la limite
« de la gêne et de l'aisance, qui habituent aux privations
« sans laisser absolument ignorer les jouissances ; où l'on
« ne peut s'endormir dans l'assouvissement de tous ses
« désirs, mais où l'on n'est pas distrait non plus par les
« sollicitations continuelles du besoin. Dieu sait, ajoute-
« t-il, avec la faiblesse naturelle de mon caractère, quels
« dangers aurait eus pour moi la mollesse des conditions
« riches ou l'abjection des classes indigentes. Je sens
« aussi que cet humble poste où je me trouve me met à
« portée de mieux servir mes semblables[1]. »

Ozanam est tout entier dans cette confidence : la préoccupation et le service du prochain, c'est toute sa vie.

Il est Lyonnais d'éducation. C'est à Lyon, berceau de
sa famille, où ses parents revinrent dès 1816, que se déroulent son enfance et une partie de sa jeunesse ; c'est là
qu'étudiant parisien, il se retrouve au temps des vacances ; c'est là qu'il débute dans l'enseignement et qu'il se
marie. Aussi les traits caractéristiques du caractère lyonnais se retrouvent-ils en lui : il unit la réflexion froide qui
doit précéder le discours ou l'action à l'enthousiasme cha-
leureux qui donne à la parole sa force convaincante, à
l'exemple sa puissance entraînante ; il associe harmonieusement le goût des contemplations mystiques au sens pratique, au génie de l'organisation. Est-ce que ce ne sont
pas là des habitudes trop souvent dissociées ? L'âme lyon-

1. *Lettres*, t. Ier, p. 215. (De Gigord.)

naise fait la synthèse de toutes ces tendances qui semblent contradictoires. N'a-t-on pas dit que la fusion du Rhône impétueux et de la Saône tranquille était l'image du caractère lyonnais? On peut vérifier, chez Frédéric Ozanam, l'exactitude de la comparaison.

Les études supérieures l'attirent à Paris. L'heure est critique pour la jeunesse catholique. On est au lendemain de la révolution de juillet, qui avait déchaîné les passions anti-religieuses; c'est aussi le temps où le mouvement mennaisien, qui avait soulevé d'abord tant d'espérances, vient de dévier. Dans un milieu souvent hostile, Ozanam proclame sa foi, il la défend.

« Nous étions alors, racontera-t-il plus tard[1], envahis
« par un déluge de doctrines philosophiques et hétéro-
« doxes qui s'agitaient autour de nous, et nous éprou-
« vions le désir et le besoin de fortifier notre foi au milieu
« des assauts que lui livraient les systèmes divers de la
« fausse science. Quelques-uns de nos jeunes compa-
« gnons d'études étaient matérialistes; quelques-uns,
« saint-simoniens; d'autres, fouriéristes; d'autres encore,
« déistes. Lorsque nous, catholiques, nous nous efforcions
« de rappeler à ces frères égarés les merveilles du chris-
« tianisme, ils nous disaient tous! « Vous avez raison si
« vous parlez du passé : le christianisme a fait autrefois
« des prodiges ; mais aujourd'hui le christianisme est
« mort. Et, en effet, vous qui vous vantez d'être catholi-
« ques, que faites-vous ? Où sont les œuvres qui démon-
« trent votre foi et qui peuvent nous la faire respecter et
« admettre ? » Ils avaient raison, ce reproche n'était que
« trop mérité. Eh! bien, à l'œuvre ! Et que nos actes soient
« d'accord avec notre foi. Mais que faire ? Que faire pour
« être vraiment catholiques, sinon ce qui plaît le plus à
« Dieu ? Secourons donc notre prochain, comme le faisait
« Jésus-Christ, et mettons notre foi sous la protection de
« la charité. »

---

1. Discours à la conférence de Florence, 30 janvier 1853. *Mélanges*, II, 45.

Ainsi, pour donner à l'affirmation de sa foi catholique
une pleine valeur, il se fait, de concert avec ses amis, visiteur et serviteur des pauvres : il devient missionnaire
de la foi près de ses contemporains par les œuvres de
charité. C'est sa manière à lui de rendre témoignage au
Christ : *testis Christi.*

Voilà pourquoi, encore étudiant, il fonde la première
Conférence de Saint-Vincent de Paul. Cette initiative n'est
pas tout d'abord unanimement approuvée ; elle soulève
des hostilités là même où Ozanam et ses amis ne devaient
attendre que des encouragements.

« La Société, écrit-il, a rencontré des défiances par-
« tout... Les plus estimables ont été entraînés par la foule,
« et nous avons dû souffrir beaucoup de ceux mêmes
« qui nous aimaient. Au reste, nous n'avons pas à nous
« plaindre quand nous avons affaire à un monde où
« M. Lacordaire est anathématisé, M. de Ravignan déclaré
« inintelligible et l'abbé Cœur, suspect[1]. »

Malgré ces contradictions douloureuses, Ozanam ira de
l'avant, soutenu, d'ailleurs, et cela suffit, par l'autorité
ecclésiastique.

Ce sont des étudiants qui visitent le pauvre à son foyer :
quelles ressources apportent-ils ? Le travail y pourvoit.
Aux heures laissées libres par les cours et la préparation
des examens, ils font des traductions, rédigent des articles pour la *Tribune catholique* et, avec la modeste rétri-
bution de ce labeur supplémentaire, ils trouvent le
moyen d'alimenter leur budget de charité.

Secourir la misère matérielle est un devoir pour les
chrétiens. Mais les intelligences ? Ne faut-il pas aussi que
la foi instruite vienne à leur secours ? Ozanam s'inspire
de cette pensée pour régler l'emploi principal de sa vie :
il veut être professeur et écrivain. C'est un ministère de
charité intellectuelle. Mais, pour enseigner et publier,
une longue préparation est nécessaire : Ozanam, qui

1. *Lettres,* I, p. 296.

tient à être à la hauteur de tous ses devoirs, travaille
jusqu'à seize ou dix-huit heures par jour, avant d'aborder
les soutenances de thèse et les concours qui vont glorifier
dans sa personne la foi catholique.

Le voilà professeur. Il enseigne d'abord le droit à Lyon,
dans une chaire municipale : l'exposé du droit commercial lui donne l'occasion d'aborder la délicate question
des rapports entre patrons et ouvriers; il le fait avec la
clairvoyance d'un esprit droit qui a beaucoup observé et
l'ardente conviction d'un chrétien soucieux de justice et
de charité.

« La parole obscure qui tombe de cette chaire, dit-il à
« son auditoire ému, n'est qu'une imperceptible semence
« qui, mûrie dans le secret de vos pensées, s'épanouira
« peut-être un jour en conceptions efficaces [1]. »

Un champ beaucoup plus vaste va s'ouvrir bientôt à son
apostolat intellectuel. En 1840, — il n'a alors que vingt-
sept ans, — il obtient la première place au concours d'agrégation des lettres que vient d'instituer M. Cousin.

« Dieu, dit modestement le vainqueur, m'avait fait la
« grâce d'apporter dans cette lutte une foi qui, même
« quand elle ne cherche pas à se produire au dehors,
« anime la pensée, maintient l'harmonie dans l'intelli-
« gence, la chaleur et la vie dans le discours. »

Cette victoire conduit Ozanam à la Sorbonne : il devient
professeur de littérature étrangère. Parvenu à la pleine
maîtrise de son savoir et de son talent, soutenu par l'enthousiasme d'un auditoire tout vibrant, il élève les sujets
qu'il traite : historien de la littérature, il est en même
temps historien de la civilisation chrétienne. Commentateur de Dante, interprète convaincu de la philosophie
thomiste, il remet en honneur, dans le monde intellectuel,
les gloires et les traditions catholiques. Il prépare ses
leçons avec la patience d'un bénédictin; il les prononce
avec l'élan d'un orateur.

1. *Mélanges* (Œuvres complètes, VIII, p. 382).

Relisons ce que dit de sa méthode d'enseignement son
ami, le P. Lacordaire :

« Défiant de lui-même, il se préparait à chacune de ses
« leçons avec une fatigue religieuse, amassant des maté-
« riaux sans nombre autour de sa pensée, les fécondant
« par ce regard prolongé de l'intelligence qui les met en
« ordre et enfin leur donnant la vie dans ce colloque mys-
« térieux de l'orateur qui se dit à lui-même ce qu'il dira
« demain, ce soir, tout à l'heure, à l'auditoire qui l'attend.
« Ainsi armé, tout pâle cependant et défait, Ozanam mon-
« tait à sa chaire. Il n'avait rien de bien ferme, de bien
« accentué dans le débit; sa phrase était laborieuse, son
« geste embarrassé, son regard mal assuré et craignant
« d'en rencontrer un autre; mais peu à peu, par l'entraî-
« nement que la parole se communique à elle-même, par
« cette victoire d'une conviction forte sur l'esprit qui
« s'en fait l'organe, on voyait de moment en moment la
« victoire grandir, et lorsque l'auditoire lui-même était
« une fois sorti de ce premier et morne silence si acca-
« blant pour l'homme qui doit le soulever, alors l'abime
« rompait ses digues et l'éloquence tombait à flots sur une
« terre émue et féconde[1]. »

Ce qui anime cette grande parole, c'est l'amour ardent
de la jeunesse qu'elle instruit. Aucun effort ne coûte à
Ozanam au service de ses étudiants. Un jour où, malade,
grelottant de fièvre, il s'est fait porter à sa chaire, il dit
à son auditoire : « Notre vie vous appartient, jusqu'au
dernier souffle vous l'aurez ».

Les événements de 1848 ne le surprennent pas. Longtemps avant, il avait noté que « la question qui agite aujourd'hui le monde n'est ni une question de personnes, ni
une question de formes politiques, mais une question
sociale. » « Passons aux barbares », avait-il dit, avant même
les journées de février 1848 dans un article du *Correspondant* qui avait fait sensation. Et, à un ami que ce mot

---

1. *Correspondant* du 25 novembre 1855.

avait scandalisé, il explique qu'en disant *passons aux barbares*, il demande « qu'on s'occupe du peuple qui
« réclame des garanties pour le travail et contre la misère,
« qui a de mauvais chefs, mais faute d'en trouver de
« bons... Nous ne convertirons pas, ajoute-t-il, Attila et
« Genséric; mais, Dieu aidant, peut-être viendrons-nous
« à bout des Huns et des Vandales. Lisez le commence-
« ment de la *Cité de Dieu*, Salvien et Gildas, et vous
« verrez que, dès le cinquième siècle, beaucoup de saints
« avaient plus de goût pour les Goths, les Vandales, les
« Francs ariens et idolâtres que pour les catholiques
« amollis des villes romaines. Franchement n'y avait-il
« pas quelque indulgence à ne pas désespérer du salut
« de Clovis? Concluons donc qu'il ne s'agit pas de ce
« parti détestable des Mazzini, des Ochsenbein et des
« Henri Heine, mais des peuples entiers en y comprenant
« ceux des campagnes comme des villes. Et, s'il ne faut
« rien espérer de ces barbares-ci, nous sommes à la fin du
« monde et, par conséquent, de nos disputes [1]. »

Quand la Révolution éclate, Ozanam voit se réaliser ce qu'il avait prévu depuis longtemps : l'impossibilité pour un gouvernement, quelle que soit sa forme, de durer, s'il ne donne aux questions sociales une place première dans ses préoccupations. L'insurrection vient de renverser le pouvoir établi : est-ce seulement pour une réforme électorale avec « adjonction des capacités », ou même pour l'avènement de la République que le peuple s'est armé ? Non, tout cela c'est le côté extérieur des événements : la réalité profonde c'est le besoin d'une meilleure organisation du travail. C'est ce que note Frédéric Ozanam dans une intéressante lettre, encore inédite, qu'il adressait le 6 mars 1848 à son frère l'abbé Ozanam.

« ..... La Révolution qui commence est tout autre que
« celle de 1830, bien moins sanglante d'abord, bien moins
« contestée, puisque le régime qui finit s'est à peine dé-
« fendu.... Est-ce à dire qu'il n'y ait point de périls ?

1. *Lettres*, II, p. 224.

« C'est à dire au contraire qu'il y en a un beaucoup plus
« grand que ceux du passé. Derrière la révolution poli-
« tique il y a une révolution sociale. Derrière la question
« de la République, qui n'intéresse guère que les gens
« lettrés, il y a les questions qui intéressent le peuple,
« pour lesquelles il s'est armé, les questions de l'orga-
« nisation du travail, du repos, du salaire. Il ne faut pas
« croire qu'on puisse échapper à ces problèmes. Si l'on
« pense que l'on satisfera le peuple en lui donnant des
« assemblées primaires, des conseils législatifs, des ma-
« gistrats nouveaux, des consuls, un président, on se
« trompe fort : et dans dix ans d'ici, et plus tôt peut-être,
« ce sera à recommencer. D'un autre côté, on ne peut
« toucher à ces problèmes sans ébranler tout le crédit
« financier, tout le commerce, toute l'industrie. Si l'Etat
« intervient entre le maître et les ouvriers pour fixer le
« salaire; la liberté dont le commerce a vécu jusqu'ici
« cesse d'exister et, en attendant qu'il puisse se reconsti-
« tuer sous de nouvelles lois, Dieu sait que de temps, de
« difficultés et de souffrances nous traverserons ! Le
« malheur est qu'il y a dix-sept ans, en 1831, quand les
« ouvriers de Lyon posèrent ces questions à coups de
« fusil, le Gouvernement n'ait pas voulu s'en occuper ;
« alors on les eût étudiées à loisir, on eût essayé diffé-
« rentes solutions, on se serait désabusé des chimères.
« Aujourd'hui, il faut se précipiter dans les hasards, sans
« étude, sans préparation, au risque de ruiner l'Etat, les
« fortunes privées et le travail lui-même, qui diminue
« aussitôt que la confiance se retire... »

Mais voici qu'éclatent les sanglantes journées de juin.
L'ordre renait ensuite dans la rue. Faut-il se rassurer et
croire que tout est fini? Non pas. Ozanam tire la leçon des
faits dans un article de l'*Ère nouvelle* adressé aux gens
de bien :

« Le danger que vous vous félicitez de ne plus voir dans
« les rues s'est caché dans les greniers des maisons qui
« les bordent. Vous avez écrasé la révolte ; il vous

« reste un ennemi que vous ne connaissez pas assez : la
« misère[1]. » Ozanam conjure toutes les autorités sociales
de s'employer activement à la défense des intérêts populaires.

Il ne voit dans les événements que de nouveaux motifs
pour un chrétien de se dépenser au service du prochain.
Il redouble lui-même d'activité. A quarante ans, épuisé
par le travail, il doit s'arracher, au prix des plus généreux
sacrifices, à sa chaire, à sa popularité grandissante, à ses
relations intellectuelles, à son ministère charitable, pour
soigner sa santé compromise. Il va demander au pays du
Cid, à celui des pèlerinages franciscains, une nouvelle
vie. Elle lui est refusée. Il a le courage de répéter le cantique d'Ezéchiel : « J'ai dit au milieu de mes jours : j'irai
aux portes de la mort[2]. » Et, dans son testament, il écrit :
  « Je meurs au sein de l'Eglise catholique, apostolique
« et romaine. J'ai connu les doutes du siècle présent, mais
« toute ma vie m'a convaincu qu'il n'y a de repos pour
« l'esprit et le cœur que dans l'Eglise et sous son autorité.
« Si j'attache quelque prix à mes longues études, c'est
« qu'elles me donnent le droit de supplier tous ceux que
« j'aime de rester fidèles à une religion où j'ai trouvé la
« lumière et la paix[3]. »
  Ses dernières paroles publiques, c'est à ses confrères
de Saint-Vincent de Paul qu'il les adresse. L'institution
qui avait été l'honneur et la joie de sa jeunesse devait être
la consolation et la suprême espérance du soir de sa vie :
car il voyait dans l'éducation de la charité la voie préparatoire qui conduirait un jour les croyants vers la solution
pratique des questions que les réformateurs de 1848
avaient posées, mais qu'ils n'avaient pas pu résoudre.

Le comte Albert de Mun, dans le beau livre où il raconte

---

1. *Mélanges.* (Œuvres complètes), VII, p. 264
2. *Lettres*, II, p. 569.
3. *Ibid.*, II, p. 590.

sa propre vocation sociale, fait remarquer qu'Ozanam fut plus qu'un devancier : « Il donna le signal de l'action populaire chrétienne. » C'est l'honneur d'Ozanam d'avoir bien vu quelle importance primordiale avait prise la question du travail, à un moment où d'autres préoccupations moins urgentes absorbaient les meilleurs esprits.

Cette question est de tous les temps. Toujours il a fallu régler comment les activités humaines s'organiseraient pour dominer la matière et lui arracher les trésors indispensables à l'entretien de la vie. Toujours il a fallu déterminer comment et dans quelle proportion les hommes auraient part aux richesses que leur activité suscite ; les régimes du travail se sont succédé, justes ou oppresseurs, favorables aux forts ou prévoyants pour les faibles : leur histoire est celle de l'humanité elle-même.

Mais, si elle est aussi ancienne que le monde, la question du travail s'est présentée aux hommes du dix-neuvième siècle sous des aspects nouveaux. Pendant la première moitié de ce siècle, la grande industrie, favorisée par les progrès étonnants des sciences et de leurs applications, se constitue. Le régime du salariat englobe un nombre de plus en plus considérable d'individus. Une concurrence sans freins se déploie entre les producteurs et déborde les frontières. Au milieu de ces faits troublants, voici que les économistes, d'une part, et les socialistes, de l'autre, prétendent orienter l'action positive, les premiers vers une liberté de plus en plus grande, les seconds vers une contrainte qui leur paraît nécessaire.

D'un côté, fait remarquer Ozanam, « l'ancienne école « des économistes ne connaît pas de plus grand danger « social qu'une production insuffisante; pas d'autre salut « que de la presser, de la multiplier par une concurrence « illimitée; pas d'autre loi du travail que celle de l'intérêt « personnel, c'est-à-dire du plus insatiable des maîtres. « D'un autre côté, l'école des socialistes modernes met « tout le mal dans une distribution vicieuse, et croit avoir « sauvé la société en supprimant la concurrence, en fai-

« sant de l'organisation du travail une prison qui nourri-
« rait ses prisonniers, en apprenant aux peuples à échan-
« ger leur liberté contre la certitude du pain et la pro-
« messe du plaisir. Ces deux systèmes dont l'un réduit la
« destinée humaine à produire, l'autre à jouir, aboutissent
« par deux voies diverses au matérialisme[1]. »

Ces aspects nouveaux de la question sociale ne pouvaient
laisser indifférents les catholiques, que leurs principes
détournaient des voies du libéralisme comme de celles
du socialisme.

Leur religion n'exclut, en principe, aucun régime économique, comme elle n'exclut aucun régime politique,
pourvu que la justice et le respect de la dignité humaine
soient saufs. Mais, quel que soit le régime économique :
grande ou moyenne industrie, salariat ou coopération,
concurrence ou monopole, la doctrine catholique formule
certaines requêtes, parmi lesquelles on peut noter les suivantes : que la personne du travailleur soit respectée ;
que sa vie de famille, avec les devoirs et les charges
qu'elle entraîne, soit sauvegardée ; qu'il puisse remplir
tous les préceptes de la religion et spécialement observer
le dimanche ; que des garanties soient prises pour assurer
l'hygiène physique et morale de l'atelier. En un mot il
faut que, dans le régime de travail comme dans tous les
domaines de l'activité humaine, Dieu règne et que sa
volonté soit faite. Or Dieu ne règne que si sa créature est
aimée et respectée : il faut donc que les âmes soient assez
pénétrées de charité pour reconnaître dans le prochain,
et spécialement dans les travailleurs salariés, des créatures faites à l'image de Dieu, par conséquent des frères,
non en un sens métaphorique, mais en toute réalité.
C'est en cela que la question sociale est une question
morale, donc religieuse.

Quand Ozanam parvient à la vie d'homme, le régime de
la grande industrie n'a encore dessiné qu'incomplètement

---

1. *Mélanges* (Œuvres complètes, t. VII, p. 280).

son évolution. Mais Ozanam pressent l'avenir. « Les questions qui vont occuper les esprits, écrit-il à son ami
Foisset, sont les questions de travail, de salaire, d'industrie, d'économie. » Il sait aussi ce qui manque le plus à la
société de son temps pour résoudre ces questions selon la
justice et dans la paix. Ce qui manque? Ce n'est ni l'intelligence, ni le savoir technique, ni même une certaine
bonne volonté. C'est une diffusion suffisante de la charité,
de l'amour de Dieu et du prochain, ce qui est tout un.
Nombreux sont ceux qui ont perdu de vue la préoccupation du prochain, le souci de ses droits et de ses intérêts.
La charité, si elle n'est pas éteinte, s'est refroidie dans
l'âme des dirigeants.

Et pourquoi cette tiédeur ou cette indifférence?

D'abord le jansénisme avait glacé beaucoup d'âmes en
interceptant la communication qui relie les cœurs humains
par les sacrements au foyer de toute charité. S'éloigner
de Celui qui a dit : « Je suis venu allumer le feu sur la
terre », n'est-ce pas se détacher aussi, par une conséquence logique, du prochain?

Plus tard, presque toute la France cultivée du dix-hui-
tième siècle est attirée par le faux mirage d'une philosophie séparée de l'Evangile. Dans les salons où fréquen-
tent les beaux esprits, les littérateurs, les encyclopédistes,
une certaine sensibilité est à la mode. Mais comme elle
est éloignée de la vraie charité! Un cœur sensible est ému
par le spectacle de la douleur physique, il compatit à la
souffrance du prochain comme il compatirait à celle d'un
animal : un cœur charitable s'élève bien plus haut, jusqu'à
la compréhension et l'intelligence d'un devoir, celui d'épargner au prochain toute souffrance évitable et de consoler
toute misère qui prend au dépourvu la prévoyance fraternelle.

Les philosophes exaltent « l'état de nature », l'état de
liberté absolue. La Révolution française leur fait écho en
proclamant et en essayant d'organiser juridiquement l'autonomie de la personne humaine. Dès lors, l'amour du

prochain perd sa signification et son fondement ; il devient un vague humanitarisme. Comme l'a fort bien dit un illustre orateur, « pour être uni il faut une souche commune : les branches s'unissent dans le tronc, les grains dans la grappe, les hommes s'unissent par le sentiment d'une origine commune, d'une loi commune de vie, d'une destinée commune [1] ». Ainsi la fraternité humaine n'est-elle plus qu'un vain mot quand la paternité divine est méconnue. Peuvent-ils se traiter en frères ceux qui ne disent plus : Notre Père ?

Exaltation de l'individu, affirmation de son autonomie prétendue, progrès de l'incrédulité, tout cela devait forcément affaiblir dans le monde la précieuse réserve de charité que dix-huit siècles de christianisme avaient constituée. Mais ce trésor subsiste encore dans l'âme des vrais chrétiens. Ceux-ci disent « Notre Père » avec toute leur âme : ils sont logiquement conduits à traiter les autres hommes en frères. Ils veulent aimer Dieu : l'amour de Dieu ne se réalise-t-il pas pratiquement par l'amour du prochain ? Toute la tradition catholique redit après saint Jean :

« Si quelqu'un possède les biens de ce monde et que,
« voyant son frère dans la nécessité, il lui ferme ses
« entrailles, comment l'amour de Dieu demeure-t-il en lui ?
« Si nous nous aimons les uns les autres, Dieu demeure
« en nous et son amour est parfait en nous... Comment
« celui qui n'aime pas son frère qu'il voit peut-il aimer
« Dieu qu'il ne voit pas [2] ? »

Nourri de cette tradition qui prend sa source dans le Christ, qui passe par le moyen âge, qui s'incarne au dix-septième siècle en saint Vincent de Paul, Frédéric Ozanam va consacrer sa vie à donner aux hommes de son temps la préoccupation constante, active, sanctifiante du prochain.

« Oh ! oui, mon ami, écrit-il dans une lettre datée de 1835,

---

1. SERTILLANGES, *Semaine sociale de Saint-Etienne. La justice chrétienne*, p. 91.
2. SAINT JEAN, 1re épître, ch. III, v. 17 et 24 ; ch. IV, v. 20.

« la foi, la charité des premiers siècles ! Ce n'est pas trop
« pour notre âge. Ne sommes-nous pas, comme les chré-
« tiens des premiers temps, jetés au milieu d'une civilisa-
« tion corrompue et d'une société croulante ? Jetons les
« yeux sur le monde qui nous environne. Les riches et les
« heureux valent-ils beaucoup mieux que ceux qui répon-
« daient à saint Paul : « Nous vous entendrons une autre
« fois. » Et les pauvres et le peuple sont-ils beaucoup plus
« éclairés et jouissent-ils de plus de bien-être que ceux
« auxquels prêchaient les apôtres ? Donc, à des maux égaux
« il faut un égal remède ; la terre s'est refroidie, c'est
« à nous, catholiques, de ranimer la chaleur vitale qui
« s'éteint[1]. »

L'idée inspiratrice des Conférences de Saint-Vincent
de Paul est là tout entière. On aurait pu objecter à Ozanam et à ses amis : « Vous êtes huit pauvres jeunes gens
et vous avez la prétention de secourir les misères qui
pullulent dans une ville comme Paris ! » Ils auraient
répondu, comme le faisait Ozanam dans l'intimité d'une
lettre à un ami :

« Nous autres, nous sommes trop jeunes pour intervenir
« dans la lutte sociale. Resterons-nous donc inertes au
« milieu du monde qui souffre et qui gémit ? Non ; il nous
« est ouvert une voie *préparatoire* : avant de faire le bien
« public, nous pouvons essayer de faire le bien de quel-
« ques-uns; avant de régénérer la France, nous pouvons
« soulager quelques-uns de ses pauvres. Aussi je voudrais
« que tous les jeunes gens de tête et de cœur s'unissent
« pour quelque œuvre charitable et qu'il se formât par tout
« le pays une vaste association généreuse pour le soula-
« gement des classes populaires[2]. »

Mais par quelle méthode la Société naissante, dont
Ozanam et ses amis ont pris l'initiative, va-t-elle éveiller
dans les âmes le souci du prochain et la préoccupation
constante de ses besoins? Par la visite du pauvre à domi-

---

1. *Lettres*, t. I⁰ʳ, p. 148.
2. *Ibid.*, t. I⁰ʳ p. 126.

cile, qui devient l'œuvre essentielle, la pratique fondamentale des conférences de Saint-Vincent de Paul. La
visite, c'est-à-dire la conversation confiante et intime
avec les pauvres, voilà ce qui importe, voilà l'œuvre qui
fait ressembler les jeunes confrères au bon Samaritain
de l'Evangile. C'est le modèle que leur propose Ozanam :

« Nous sommes comme le Samaritain de l'Evangile :
« nous avons vu la société gisante hors de son chemin,
« dépouillée et meurtrie qu'elle avait été par les larrons
« de l'intelligence. Et le prêtre et le lévite qui passaient
« près d'elle n'ont point passé outre ; ils se sont appro-
« chés avec amour, mais elle les a repoussés dans son
« délire, elle en a eu peur. Nous donc qu'elle ne connaît
« point, nous voudrions à notre tour nous approcher
« d'elle, nous incliner sur ses blessures et y verser, s'il
« se pouvait, l'huile et le baume ; nous voudrions la relever
« de la fange et la reconduire calme et soulagée entre les
« mains de l'Eglise, cette divine hôtelière qui lui donnera
« le pain et lui montrera la route pour achever son pèle-
« rinage vers l'immortalité[1]. »

Ainsi comprise, la visite à domicile doit être tout autre
chose qu'une simple distribution de secours : ne perd-
elle pas, si elle ne tend qu'à la remise d'une aumône matérielle, une grande part de son utilité? Ce qui en fait le
prix, c'est sa valeur éducative, surtout envisagée du côté
du visiteur : elle forme l'intelligence de celui-ci, qu'elle
renseigne sur les causes de la misère, à qui elle apprend
que dans la destinée de l'ouvrier tout dépend, vie morale,
familiale, religieuse même, de l'organisation du travail ;
elle forme surtout le cœur du visiteur, en y éveillant le
sentiment de la compassion, qui est, en quelque sorte,
l'excitant de la charité; insensiblement elle l'amène à se
donner, ce qui est le propre d'un véritable amour fraternel. Et ainsi le visiteur, instruit et sanctifié tout à la fois
par la fréquentation du pauvre, se gardera bien de se

---

1. *Du progrès par le christianisme. Mélanges.* (Œuvres complètes, t. VII,
p. 145.)

considérer comme un bienfaiteur. C'est lui l'obligé. Nul
n'en était plus convaincu qu'Ozanam :

« Nous apprendrons, disait-il vers la fin de sa vie aux
« confrères de Florence, en visitant le pauvre, que nous y
« gagnons plus que lui, puisque le spectacle de sa misère
« servira à nous rendre meilleurs. Nous éprouverons alors
« pour ces infortunés un tel sentiment de reconnaissance
« que nous ne pourrons nous empêcher de les aimer. Oh!
« combien de fois moi-même, accablé de quelque peine
« intérieure, inquiet de ma santé mal raffermie, je suis
« entré plein de tristesse dans la demeure du pauvre con-
« fié à mes soins, et là, à la vue de tant d'infortunés plus
« à praindre que moi, je me suis reproché mon découra-
« gement, je me suis senti plus fort contre la douleur, et
« j'ai rendu grâces à ce malheureux qui m'avait consolé
« et fortifié par l'aspect de ses propres misères! Et com-
« ment, dès lors, ne l'aurais-je pas d'autant plus aimé[1]? »

L'effet de la visite c'est ainsi l'accroissement de la charité qui, peu à peu, illumine l'âme et la réchauffe. Mais
quand la charité a pris possession de l'âme, celle-ci est
bien mieux disposée à comprendre et à pratiquer les devoirs
multiples envers le prochain : devoirs de justice d'une
part, devoirs de bienfaisance ou de libéralité de l'autre.
Elle rend à chacun ce qui lui est dû. Elle fait profiter les
autres de ce qu'elle a. Nettement distincts quant à l'étendue des obligations et à la nature des sanctions qu'ils entraî-
nent, ces deux devoirs découlent cependant de la même
source : de l'amour de Dieu et du prochain, de la charité,
racine et mère de toutes les vertus, précepte universel et
synthétique qui commande et oriente tous les autres.
N'est-ce pas la charité qui règle et qui modère cet attachement désordonné aux richesses, lequel empêcherait
la bienfaisance et même parfois la justice de s'exercer?

Quelle notion donne, des devoirs de justice et des
devoirs de bienfaisance, l'œuvre de Frédéric Ozanam?

---

1. *Mélanges.* (Œuvres complètes, t. VIII, p. 55 et suiv.)

C'est ce qui nous reste à dire. Il n'a pas cru que la bienfaisance pût dispenser de la justice, ni que la justice pût rendre la bienfaisance inutile. Et ainsi montre-t-il, comme on l'a dit, « l'accord parfait de la justice et de la charité dans l'esprit et dans le cœur d'un catholique social[1] ».

*
* *

Cet accord de la justice et de la charité, Ozanam l'a proclamé maintes fois, à propos de la propriété privée, de la légitimité de celle-ci et des devoirs qui y sont attachés. Il s'est étendu sur cet important sujet à deux reprises : dans un travail sur les *Biens d'Eglise*, œuvre de jeunesse, publiée en 1835, mais déjà pleine de maturité; plus tard dans un remarquable article de l'*Ere nouvelle* (1848) sur les *Origines du Socialisme*.

Ozanam rappelle sur quel fondement inébranlable saint Thomas et toute la tradition avec lui ont établi l'institution de la propriété privée : grâce à celle-ci, chacun met plus d'activité à produire; il y a aussi plus d'ordre dans les affaires humaines, quand chacun a le soin exclusif d'une chose ; enfin, il y a plus de paix dans le partage que dans l'indivision. C'est pourquoi la propriété est une institution non seulement permise, mais nécessaire. Est-ce à dire qu'en conscience chacun peut posséder, comme s'il était seul sur la terre ? Non, chacun doit être prêt à donner son superflu aux autres dans leurs nécessités : ainsi, tandis que la justice exige que chacun ait le soin exclusif et la disposition des choses qu'il possède, la charité requiert que chacun soit disposé à en faire profiter les autres, dans la mesure de son superflu et du besoin d'autrui. Synthèse harmonieuse de la justice et de la charité! Ozanam met cet accord en vive lumière.

« En se décidant, dit-il, en faveur de la propriété par « des considérations si judicieuses, saint Thomas ne « renonce point aux hardies maximes des Pères, il n'hésite

---

1. Mgr BRETON, « Ozanam social ». (*Semaine sociale de Limoges*, 1912.)

« pas à reproduire ces paroles de saint Basile et de saint
« Ambroise : « Le pain que vous gardez, c'est celui des
« affamés; le vêtement que vous enfermez, c'est celui de
« l'indigent qui reste nu; la chaussure qui pourrit chez
« vous est celle du misérable qui marche déchaussé; et
« c'est l'argent du pauvre que vous enfouissez en terre. »
« Les socialistes ont connu ces textes, ils en ont abusé.
« Mais saint Thomas les explique en les complétant par
« d'autres paroles de saint Basile qu'il ne fallait pas dé-
« tacher des précédentes. « Pourquoi donc avez-vous en
« abondance pendant que celui-ci mendie, si ce n'est afin
« que vous ayez le mérite du bon emploi et lui, la cou-
« ronne de la patience? » Et il conclut que de droit natu-
« rel le superflu des riches est dû aux nécessités des
« pauvres; mais, parce qu'il y a beaucoup de nécessités
« et que le bien d'un seul ne peut suffire à tous, l'économie
« de la Providence laisse à chacun la libre dispensation
« de son bien. Cette distinction, qui se réduit à celle des
« devoirs *parfaits* et des devoirs *imparfaits*, professée
« par tous les jurisconsultes, contient la solution des
« problèmes qui font notre inquiétude : elle concilie l'ap-
« parente contradiction de la justice et de la charité;
« elle conclut au dépouillement volontaire au lieu de la
« spolation, et au sacrifice au lieu du vol.

« Le christianisme n'affaiblissait donc point la pro-
« priété; il la conservait, au contraire, comme la matière
« même du sacrifice, comme la condition du dépouille-
« ment, comme une partie de cette liberté sans laquelle
« l'homme ne mériterait pas. Mais en même temps qu'il
« prenait la liberté sous sa garde, il l'exerçait au dé-
« vouement, à l'abnégation de soi, à la pratique de la
« fraternité. S'il faisait du vol un crime, il fit de l'aumône
« un précepte, de l'abandon des biens un conseil, et de
« la communauté un état parfait dont l'ébauche plus ou
« moins achevée se reproduisit à tous les degrés de la
« hiérarchie catholique[1]. »

1. *Les Origines du socialisme.*

Et Ozanam montre comment le régime juridique des biens ecclésiastiques favorisait puissamment l'accomplissement de la fonction sociale providentiellement attachée à la propriété.

« L'inaliénabilité de ces biens ne souffrait d'exception
« que pour le soulagement des pauvres au temps de fa-
« mine, pour la rédemption des captifs et pour l'affran-
« chissement des esclaves. Dans ces trois cas, la société
« chrétienne exerçait les droits de Dieu, suprême pro-
« priétaire... Et quoi de plus démocratique au fond que
« ces biens de main-morte, que ces bénéfices qui circu-
« laient de titulaire en titulaire... passant ensuite sur une
« autre tête pour subvenir à d'autres besoins, seconder
« de nouvelles vocations et contribuer ainsi à l'élévation
« successive de ce tiers état, qui trouva souvent dans les
« rangs du clergé les économes de sa fortune en même
« temps que les défenseurs de ses droits? Il se peut que
« les canonistes n'aient pas aperçu cette conséquence de
« leurs principes. Les vues auxquelles ils s'attachaient
« avaient plus d'étendue et de hardiesse. Ils considéraient
« l'Eglise comme l'aumônière de la Providence, chargée,
« pour ainsi dire, des frais généraux de la civilisation, de
« tout ce qui faisait la douceur, la lumière et l'éclat de
« la société chrétienne. Elle avait la charge de l'hospita-
« lité, et ce nom comprenait tous les devoirs de la bien-
« faisance publique, toutes les institutions que la charité
« conçut depuis les diaconies des apôtres jusqu'aux hôpi-
« taux et aux léproseries du moyen âge. Elle avait le soin
« de l'enseignement et par conséquent l'entretien des
« écoles à tous les degrés, à commencer par les leçons
« du maître qui catéchisait les enfants de la dernière
« paroisse, et à finir par les universités qui appelaient
« jusqu'à *quarante mille* écoliers autour des chaires de
« leurs docteurs. Elle avait enfin le patronage des arts
« et la conduite de ces travaux immenses qui couvrirent
« l'Europe de monuments, qui firent en quelque sorte
« l'éducation du génie moderne, en même temps qu'ils

« nourrissaient ces générations de tailleurs de pierre, de
« maçons, d'ouvriers de tout métier qui furent nos pères.
« Ainsi l'Eglise arrachait une partie des choses terrestres
« à l'égoïsme de la propriété individuelle, pour les met-
« tre au service du bien public[1]. »

.*.
*

La pensée d'Ozanam sur les devoirs de justice issus du
travail salarié est traduite principalement dans les notes
de la vingt-quatrième leçon du cours municipal de droit
commercial, professé à Lyon en 1840. De cette leçon si
remarquable, où le jeune maître devance Ketteler, le
grand évêque sociologue, les éditeurs d'Ozanam ont eu la
bonne inspiration de donner deux versions, retrouvées
l'une et l'autre dans les papiers du professeur. La seconde
version est un spécimen du remaniement qu'Ozanam faisait subir à sa pensée après l'avoir une première fois
exposée à son auditoire. Le rapprochement des textes
fait voir avec quelle prudence, quelle délicatesse scrupuleuse, mais aussi quel souci de vérité il abordait la question épineuse des relations entre patrons et ouvriers.

Il définit le travail « l'acte soutenu de la volonté de
l'homme, appliquant ses facultés à la satisfaction de ses
besoins[2] ». C'est la loi primitive, universelle du monde,
antérieure à l'arrêt qui lui imprime son caractère pénal.
L'orgueil païen ne l'accepte pourtant pas et c'est l'impérissable honneur du christianisme d'avoir réhabilité le
travail et les travailleurs, en faisant descendre parmi eux
« les dogmes consolateurs, les vertus civilisatrices, le
sentiment de la dignité personnelle » ; en appelant l'esclave à devenir cohéritier du Christ, ce qui devait tôt ou
tard faire de lui *une personne* dans la vie sociale.

Il appartenait au christianisme de proclamer en même

1. Même source.
2. Toutes les citations de ce paragraphe sont extraites des *Mélanges*, t. VIII
des Œuvres complètes d'Ozanam. Notes d'un cours de droit commercial, p. 577
à 590.

temps que le devoir de travailler, — devoir consacré par l'exemple du divin ouvrier de Nazareth, — le droit corrélatif à ce devoir : celui de toucher le juste prix du travail.

Ozanam est ainsi amené à aborder de front la question du salaire. Il le fait avec autant de force que de mesure.

L'idée maîtresse est celle-ci : ou bien l'ouvrier est regardé « comme un instrument dont il faut tirer le plus de service possible au moindre prix », ou bien il est considéré « comme un associé, comme un auxiliaire ».

Dans le premier cas, « c'est l'exploitation de l'homme par l'homme, c'est l'esclavage. L'ouvrier-machine n'est plus qu'une partie du capital, comme l'esclave des anciens ; le service devient servitude. » Les conséquences ? On est amené à faire pour l'ouvrier ce qui se fait pour la machine : à chercher l'entretien le plus économique. L'emploi des tout jeunes enfants dans les manufactures, celui des femmes mariées n'a pas d'autre cause. L'élimination des besoins moraux et intellectuels chez les travailleurs devient une nécessité pratique comme aussi la suppression de la liberté religieuse par le travail du dimanche. La vie de famille devient impossible et les prédicateurs du malthusianisme trouvent un champ d'action tout préparé.

Mais, dans l'autre cas, si l'ouvrier est traité, non comme un instrument de travail, mais comme un collaborateur humain, tout autres sont les conséquences. Alors le salaire doit payer les trois éléments que l'ouvrier met au service de l'industrie : la bonne volonté courageuse, certaines connaissances, la force. Sa volonté courageuse lui donne droit aux frais d'existence, au nécessaire. Ses connaissances forment un capital — vrai capital humain — dont il mérite de toucher l'intérêt et l'amortissement ; il faut donc qu'avec son salaire il puisse pourvoir aux frais d'éducation et d'instruction de ses enfants. Enfin sa force active est un capital qui doit tarir un jour. L'invalidité et la vieillesse viendront. L'ouvrier a donc droit à la retraite. Car, fait remarquer Ozanam, qui continue la comparaison entre la vie de l'ouvrier et un capital, si un travailleur ne trouvait pas dans son salaire les éléments de sa retraite, « il aurait placé sa vie à fonds perdus ».

Tels sont les éléments essentiels de ce qu'Ozanam appelle « le salaire naturel » : ils correspondent aux frais d'existence, à l'éducation des enfants, à la retraite. A côté des conditions qu'il qualifie lui-même d' « absolues », existent les conditions « relatives »; Ozanam ne manque pas de les noter. Car le travail peut nécessiter plus ou moins de bonne volonté, plus ou moins de connaissances techniques et de dextérité; il comporte aussi plus ou moins de causes d'interruption : accident, chômage, crise industrielle, maladie ou invalidité du travailleur. Le travail exige-t-il un courage et un savoir-faire plus qu'ordinaires? Il est juste qu'il y ait augmentation sur le nécessaire comme aussi sur l'intérêt et l'amortissement du capital humain engagé dans l'entreprise, autrement dit sur les frais d'éducation. Enfin, si le travail comporte des risques particuliers de chômage, de maladie, d'accident, il est juste qu'il y ait augmentation du côté des caisses d'assurance.

Entre ces exigences diverses du droit naturel et la réalité, il y a souvent une marge assez sensible. « Le taux réel du salaire, dit Ozanam, n'est pas toujours égal au taux *naturel*. » De cette situation, il n'entend pas rendre les patrons seuls responsables, car il veut la justice pour eux comme pour les ouvriers : il arrive que la vente du produit ne paye pas tous les frais de production; mais il arrive aussi, dit Ozanam, « que le prix de la vente est mal distribué entre les services producteurs, soit qu'il y ait excès dans la rente de la terre, dans le loyer du capital ou dans l'impôt, soit, enfin, qu'il y ait excès dans le profit de l'entrepreneur. » Si complexes que puissent être les causes du mal, la situation n'en est pas moins dangereuse. Le péril, c'est « la position hostile des maîtres et des ouvriers » ou, comme on dirait aujourd'hui, la « lutte des classes » : d'une part, la force des richesses; de l'autre, « celle du nombre »; et, comme conséquences, des violences matérielles ou l'exode des travailleurs. Puisque le danger existe, il faut y parer sans retard. Certes, la charité doit intervenir dans les crises. Mais « la charité, c'est le Samaritain qui verse l'huile dans les plaies du voyageur attaqué. C'est à la justice de prévenir les attaques ».

Deux voies sont proposées, d'une part « l'intervention dictatoriale du gouvernement », de l'autre, « la liberté absolue ». Frédéric Ozanam ne veut ni de l'une ni de l'autre, ni de la première qui mènerait à la tyrannie politique et à la ruine de l'industrie, ni de la seconde qui met l'ouvrier à la merci de l'entrepreneur, car « l'ouvrier a moins d'épargne, moins de lumière, moins de liberté ». La solution est une *via media*, conciliant les deux principes « d'autorité et de liberté » ; Ozanam fait appel à l'intervention du gouvernement, quand elle est nécessaire, mais il qualifie cette intervention d'*officieuse ;* il voudrait surtout que, grâce aux modalités du salaire, les travailleurs fussent les quasi-associés de l'entreprise : c'est là une préoccupation sur laquelle Ozanam revient à diverses reprises. Il invoque tour à tour des raisons d'équité et d'utilité. « Le salaire, dit-il, doit être proportionnel au profit : règle de société. » Et il souscrit au jugement de Smith. « Une récompense libérale relèverait la classe laborieuse à ses propres yeux, augmenterait son activité, exciterait son industrie qui, semblable à toutes les qualités humaines, s'accroît par la valeur des encouragements qu'elle reçoit. Les ouvriers s'attacheraient à leur travail comme à leur propre chose. »

Les éditeurs d'Ozanam, qui commentent ces considérations si élevées et si généreuses, ont fait remarquer que « c'est un honneur pour la religion que ces paroles prévoyantes aient été, dès 1840, prononcées dans une chaire lyonnaise par un catholique, par un adversaire public du saint-simonisme ». Qu'Ozanam ait prévu les luttes douloureuses de l'avenir, qu'il ait décrit aussi quelques-uns des remèdes qui, aujourd'hui encore, sont proposés par les

hommes de paix sociale et de bonne volonté, n'est-ce pas
remarquable, surtout si l'on se reporte au temps où il parlait? Qui songeait alors au problème des retraites, à l'organisation de caisses d'assurance contre la maladie, l'invalidité, la vieillesse, le chômage? Aujourd'hui, on s'emploie partout à créer ces institutions. Qui songeait alors
à la participation des ouvriers à la prospérité des indus-
tries par le moyen des actions de travail? La question est
à l'ordre du jour : n'est-ce pas un titre d'honneur d'avoir
su la poser? Mais son principal mérite, dans l'ordre qui
nous occupe, est d'avoir esquissé les solutions que les
papes du temps présent, spécialement Léon XIII, dans
l'Encyclique sur la condition des ouvriers, devaient préciser, mettre au point[1]. L'analyse pénétrante que fait Ozanam des éléments du juste salaire, son appel discret, mais
ferme, à l'intervention des pouvoirs publics, quand celle-ci
est indispensable, ce sont là comme des travaux prépa-
ratoires qui devaient attirer plus tard la pensée du ma-
gistère suprême de l'Eglise.

Précurseur, Frédéric Ozanam a su éviter, et c'est ce qui
fait sa force, les entraînements de la pensée, les violences
de langage, qui tentent quelquefois les penseurs d'avant-
garde. Il est modéré jusque dans ses hardiesses. Il se
garde bien de généraliser mal à propos. Dans ses réquisi-
toires les plus énergiques, il fait les distinctions néces-

---

1. On rapprochera avec intérêt les vues d'Ozanam sur le salaire du passage
suivant de l'Encyclique *Rerum Novarum* : « Que le patron et l'ouvrier fassent
« donc tant et de telles conventions qu'il leur plaira, qu'ils tombent d'accord
« notamment sur le chiffre de salaire, au-dessus de leur libre volonté il est
« une loi de justice naturelle plus élevée et plus ancienne, à savoir que le sa-
« laire ne doit pas être insuffisant à faire subsister l'ouvrier sobre et honnête. »
Ces derniers mots signifient-ils qu'en justice le salaire doit couvrir les charges
moyennes d'un *chef de famille* ou seulement celles d'un *individu* ? Le Saint-
Siège n'a pas tranché par voie d'autorité cette difficulté d'interprétation (voir
ce que dit, au sujet de la consultation du cardinal Zigliara, Mgr T'Serclaes, *Vie
du pape Léon XIII*, t. II, p. 107, note; voir aussi R. P. Vermersch S. J. dans le
Mouvement social, 15 mai 1912, p. 447 et s.).

En affirmant que l'ouvrier a droit à un salaire suffisant pour élever sa famille, Ozanam a exprimé une manière de voir qui reste encore aujourd'hui, au
regard de la plus stricte orthodoxie, irréprochable, et qui est soutenue par un
grand nombre de théologiens.

saires. Ainsi, après avoir dépeint les conséquences désas-
treuses de l'exploitation de l'homme par l'homme, il
ajoute :

« Mais la condition des ouvriers, nos concitoyens (à
« Lyon), ne se reconnaît pas dans ce tableau. C'est sous
« d'autres cieux, en Angleterre, au nord de la France (en
« 1840), que se rencontre cette industrie casernée qui
« arrache le pauvre, sa femme, ses enfants, aux habitudes
« de la famille, pour les parquer dans des entrepôts mal-
« sains, dans de véritables prisons, où tous les âges,
« tous les sexes sont condamnés à une dégradation sys-
« tématique et progressive. Plus heureux, à Lyon, nous
« jouissons des bienfaits de l'industrie domestique. Le
« caractère moral de l'ouvrier se conserve dans la vie
« conjugale et paternelle. Il a ces deux choses qui font
« le citoyen : le *feu* et le *lieu*. Il conserve le culte des
« traditions qu'il reçut de ses pères. Il connaît les joies
« du cœur. Il est vrai que la solitude a ses dangers, que
« les écrits incendiaires, les maximes obscènes montent
« quelquefois de la rue aux laborieux greniers, que l'in-
« digence a été exploitée au profit de la séduction et le
« travail vendu au poids de la honte. Mais l'énergie des
« gens de bien arrêtera la propagation de ces maux. »
Ozanam est un optimiste : il ne croit pas à l'impuissance des chrétiens vis-à-vis du mal social. Il a foi dans
l'inépuisable vertu du christianisme.

*
* *

Ozanam, interprète savant et fidèle de toute la tradition catholique, se garde bien de ne faire appel qu'à la
justice. L'aumône, a-t-il écrit, et par là il était loin d'entendre seulement l'aumône matérielle du bon de pain ou
du secours en argent, « l'aumône rétribue des services
qui n'ont pas de salaire [1] ». Comment, en effet, acquitter,
si l'on refuse le don de soi-même, les dettes innombra-

1. *Mélanges.* (Œuvres complètes, t. VII, p. 298.)

bles qu'on contracte dès la naissance vis-à-vis du prochain et qui s'accroissent à mesure qu'on avance dans la
vie : services qui n'ont pas de salaire et qui, pourtant,
exigent une certaine réciprocité dans les bienfaits.

L'amour du prochain, qui commande avant tout d'être
juste, est loin de s'arrêter aux limites de ce qui est dû.
La charité va au delà de la justice. Elle provoque les dé-
pouillements volontaires, les renoncements spontanés
du riche pour le pauvre. Elle suscite des efforts pour le
progrès social. Elle réalise enfin la paix entre les classes.

Dans ses lettres, dans ses discours, dans ses articles de
l'*Ère nouvelle*, écrits au lendemain de la révolution de
1848, Ozanam insiste constamment sur ce triple bienfait
de la charité.

D'abord, le propre de la charité est de ne pas mesurer
les sacrifices, quand la détresse d'autrui est réelle. Ozanam voudrait provoquer chez les favorisés de la fortune
des élans généreux pour le soulagement des classes
pauvres : « Notre pensée, écrit-il en octobre 1848, est de
commencer et d'entretenir parmi les chrétiens une *agitation charitable*. » Il s'étonne de la quiétude de tant
d'honnêtes gens qui, « le lendemain des journées de
Février, auraient de grand cœur abandonné le quart de
leur fortune pour sauver le reste, et qui, venant à croire
que la Providence les tient quittes, cette fois, commencent à mesurer moins généreusement leurs sacrifices[1] ».

A une œuvre d'assistance il convie donc les favorisés
de la fortune, mais à une œuvre d'assistance qui honore
l'assisté, bien loin de l'humilier. Serait humiliante l'assistance qui prendrait l'homme par en bas, par les besoins
terrestres seulement, qui ne s'attacherait qu'aux souffrances de la chair. Mais l'assistance honore quand elle
prend l'homme par en haut, quand elle s'occupe premièrement de son âme, de son éducation religieuse, morale,
politique, de tout ce qui l'affranchit des passions et d'une

---

1. *Ibid.*, t. VII, p. 291.

partie de ses besoins, de tout ce qui le rend libre, de
tout ce qui peut le rendre grand [1].

N'est-ce pas le programme même des Conférences de
Saint-Vincent de Paul qui est ici tracé de main de maître ?

« Dieu ne fait pas de pauvres..., c'est la liberté humaine qui fait les pauvres [2]. » Et Ozanam explique qu'elle
fait des pauvres en tarissant les sources primitives de
toute richesse : l'intelligence et la volonté. La charité doit
donc s'employer avant tout à instruire et à moraliser, à
faire des hommes qui puissent se passer des secours de
l'assistance matérielle. Elle étend jusque dans les milieux
déshérités le champ des connaissances utiles; Ozanam
revient à maintes reprises sur ce rôle intellectuel de la
charité : aussi peut-il être considéré comme l'initiateur,
au moins en idée, de ce qui a été fait depuis pour l'éducation du peuple : Cercles d'études, Bibliothèques, conférences, Universités populaires. Eveiller l'intelligence
c'est bien; fortifier la volonté n'est pas moins nécessaire.
Le rôle de la vraie charité c'est, non pas de se rendre
indispensable, mais bien plutôt de préparer le pauvre à
se passer de son secours, comme aussi de prévenir la
misère par une action opportune sur ceux qui ne mendient
pas encore mais que guette l'indigence. Ozanam veut
qu'on s'occupe avec sollicitude de l'ouvrier qui vit habituellement de son salaire, mais qu'une mauvaise chance
peut priver inopinément de son gagne-pain.

« On vous doit cette justice, dit-il aux prêtres, dans
« un appel éloquent que publie l'*Ère nouvelle*, que vous
« aimez les pauvres de vos paroisses, que vous accueil·
« lez charitablement l'indigent qui frappe à votre porte et
« que vous ne le faites pas attendre s'il vous appelle au
« chevet de son lit. Mais le temps est venu de vous occu-
« per davantage des autres pauvres qui ne mendient pas,
« qui vivent ordinairement de leur travail, et auxquels on
« n'assurera jamais de telle sorte le droit au travail ni le

1. *Ibid.*, VII, p. 293.
2. *Ibid.*, VII, p. 283.

« droit à l'assistance qu'ils n'aient besoin de secours, de
« conseils et de consolations. Le temps est venu d'aller
« chercher ceux qui ne vous appellent pas, qui, relégués
« dans les quartiers mal famés, n'ont peut-être jamais
« connu ni l'Eglise, ni le prêtre, ni le doux nom du
« Christ. »

Hardie peut-être pour le temps où écrivait Ozanam,
cette méthode d'apostolat n'est-elle pas celle qui a, de nos
jours, toutes les faveurs du clergé de France ?

C'est à une sorte de croisade charitable qu'Ozanam
convie les prêtres, les riches, les représentants du
peuple ; à une croisade qui ne tende pas seulement au
soulagement des misères individuelles, mais au progrès
social. Nul n'a cru plus fermement que lui au progrès,
comme à une suite logique, nécessaire du christianisme,
« qui contient, dit-il, toutes les vérités des réformateurs
modernes et rien de leurs illusions, seul capable de réaliser l'idéal de fraternité sans immoler la liberté[2] ». C'est
par le don généreux d'eux-mêmes que les chrétiens peuvent être les meilleurs artisans du progrès social.

« Ne demandons pas à Dieu de mauvais gouvernements,
« mais ne cherchons pas à nous en donner un qui nous
« décharge de nos devoirs, en se chargeant d'une mis-
« sion que Dieu ne lui a pas donnée auprès des âmes
« de nos frères. »

La valeur des âmes est la condition essentielle de tous
les progrès auxquels peuvent concourir les pouvoirs
publics ; or elle dépend surtout du prosélytisme personnel. Si les individus n'ont point d'initiative ni de bonne
volonté, point de vertu ni de désintéressement, comment
la loi pourrait-elle toute seule faire progresser la cité ?
Aussi Ozanam réclame-t-il des institutions intermédiaires
entre l'individu et l'Etat ; n'est-ce pas le meilleur moyen
de dégager des élites et de susciter, dans tous les domaines de l'activité sociale, l'effort des gens de bien. Il
observe à ce sujet que « les plus chrétiens se sont trom-
« pés en se croyant quittes envers le prochain quand ils

« avaient pris soin des indigents ; comme s'il n'y avait
« pas une classe immense non pas indigente, mais pau-
« vre qui ne veut pas d'aumône, mais *des institutions* [1] ! »
Agitation charitable, progrès social, Ozanam relie ces
deux anneaux à un troisième : la paix entre les classes.
Rapprocher malgré les inégalités de fortune, de situation,
d'intelligence, malgré la distinction et même parfois l'opposition des intérêts, les membres du corps social, tel fut
l'idéal constant d'Ozanam, que de fois évoqué dans sa
correspondance ! Utopie, diront certains. Oui, utopie,
dans une société qui ne serait pas chrétienne. Programme
qu'il est possible de suivre avec succès, sinon de réaliser
entièrement, dans une société qui garde en elle, malgré
les apparences contraires, comme un ferment de christianisme. Ozanam a cru toute sa vie que la barricade ne saurait être, dans une nation formée en majorité de baptisés,
le signe extérieur des rapports entre les classes. La barricade ! Il l'avait vue se dresser dans les rues de Paris
lors des sanglantes journées de 1848; mais il avait vu
aussi l'Église, en la personne de l'Archevêque de Paris,
aller courageusement vers ce rempart de guerre civile et
montrer la Croix à ceux qui luttaient des deux côtés,
comme gage de réconciliation et de paix. C'est à prévenir ces luttes fratricides qu'Ozanam voulut consacrer ce
qui lui restait de vie.

Au-dessus de la tombe d'Ozanam on a eu la touchante
pensée de graver ces mots : « Pourquoi cherchez-vous
parmi les morts celui qui est vivant ? » C'est la destinée
des précurseurs de se suivre ici-bas. N'a-t-il pas connu
les préoccupations sociales qui nous tourmentent encore,
nous que deux ou trois générations séparent de lui ? Nos
ambitions apostoliques, qui en fut plus que lui pénétré ?
Il est actuel. Le secret de son actualité, c'est sa fidélité à

---

1. Texte inédit cité par Mgr Baudrillart dans sa pénétrante étude biographique sur Ozanam. Voir aussi l'*Ozanam* de M. le chanoine Ch. Calippe, dans la
collection *La Pensée chrétienne*, 1 vol., 1913.

l'Eglise catholique, immortelle recommenceuse, présente à chaque tournant d'histoire, toujours prête, aux lendemains des Révolutions, à faire renaître, sur le vieux tronc de la civilisation, les fleurs et les fruits de la fraternité chrétienne.

Grand serviteur de l'Eglise, Ozanam ne s'est pas contenté de magnifier son rôle dans le passé, — il l'a fait avec les ressources d'une science très informée et d'un talent qui s'élevait à la hauteur du sujet, — il a voulu lui apporter dans le présent tout le concours de son activité personnelle. Nul ne fut plus qualifié pour inaugurer dans l'histoire religieuse du dix-neuvième siècle le rôle actif des laïques : ajoutons qu'il le fit dans des conditions acceptables pour la hiérarchie ecclésiastique et toujours agréées par elle.

L'apôtre complète admirablement l'apologiste, le sociologue : Frédéric Ozanam ouvre une lignée, celle des membres agissants de l'Eglise enseignée. A lui et à sa descendance spirituelle ne peut-on pas appliquer ce mot que Louis Veuillot a dit de Montalembert : « Il n'est que l'enfant de l'Eglise, mais c'est sur ce fils que la mère s'appuie ! »

Eugène DUTHOIT,

Professeur à l'Université catholique de Lille.

L'apologiste

L'apologiste

Les distingués auteurs, dont les articles forment ce recueil, ont recherché avec un soin si minutieux les sources de la pensée de Frédéric Ozanam et mis si complètement en lumière les divers aspects de son œuvre et de son talent qu'il semble fort difficile à qui vient après eux d'apporter encore à la gerbe quelque nouvel épi. L'étude de Ɔ. Goyau sur l'apostolat intellectuel du jeune Ozanam et celle de Ɔ. Jordan sur Ozanam historien n'ont-elles pas d'avance épuisé cet autre sujet : Ozanam apologiste? Car enfin l'apostolat intellectuel de l'illustre maître et ses grands travaux historiques, c'est toute son œuvre apologétique. Puisqu'il a mis l'histoire au service d'une démonstration de la religion, la valeur de son apologétique est celle même de son histoire. Et je n'aurais donc qu'à souscrire aux conclusions dont tous ceux qui ont lu Ɔ Ɔ. Goyau et Jordan ont pu apprécier la justesse.

Aussi bien, pour éviter de repasser sur leurs traces, ai-je fait choix d'un point de vue différent du leur et me bornerai-je à rechercher la place qu'occupe notre grand Ozanam parmi les apologistes du christianisme.

Qu'est-ce que l'apologétique? Une défense et une justification de la religion, tendant à établir sa divine origine et sa divine autorité. Elle suppose, sinon toujours une

attaque formelle, du moins une nécessité « de faire la
preuve » ; et en ce sens, même quand.elle revêt la forme
d'un simple exposé, elle est encore une « réponse » à une
question implicitement posée; prit-elle l'offensive, elle
demeure en son fond une défense contre des agresseurs
présents ou à venir. Par un côté, elle est immuable ainsi
que la vérité qu'elle sert à établir ; elle est constituée
par tout un ensemble d'arguments d'une valeur impérissable qui fournissent à tout penseur à la recherche ou
en possession de la vérité ses raisons de croire ou, comme
l'on dit en termes plus techniques, les « motifs de crédibi-
lité » de la doctrine à laquelle il adhère ; et c'est le fond de
l'apologétique traditionnelle qui s'est formulée dès les tout
premiers siècles du christianisme. Mais, par un autre côté,
l'apologétique est mobile et changeante, car elle doit faire
front à des erreurs qui, elle-mêmes, varient sans cesse :
« Il faut, a écrit Lacordaire, dans la préface des *Conférences
de Notre-Dame*, que la prédication d'enseignement et de
controverse, souple autant que l'ignorance, subtile autant
que l'erreur, imite leur puissante versatilité et les pousse,
avec des armes sans cesse renouvelées, dans les bras de
l'immuable vérité. »

Et ce n'est pas tout encore ; chaque génération a sa tournure d'esprit, ses aspirations, ses tendances, ses goûts,
comme ses difficultés et ses périls. Ce qui a saisi et frappé
les pères ne saisit et ne frappe pas toujours les fils. Tel
aspect de la vérité paraît aux uns irrésistible et séduit médiocrement les autres. De là, pour l'apologiste, une certaine
nécessité de « prendre le vent », si j'ose dire, et de s'adapter. S'il entreprend d'écrire une *apologie* du christianisme,
il ne devra, certes, négliger aucun des points acquis, nulle
preuve solide. Mais, s'il se propose uniquement de défendre la religion contre telle attaque déterminée, ou de s'efforcer d'y ramener ses contemporains égarés, qui donc lui
ferait légitimement le reproche de s'arrêter de préférence
ou même uniquement au point de vue le plus capable de
fixer leur attention et de gagner leur sympathie ?

Peut-être lui-même serait-il tenté de s'en exagérer l'importance et de s'y tenir trop absolument. Et cela encore lui sera pardonné, pourvu qu'il n'affiche pas la présomptueuse prétention de déclarer sans force les raisons qui, naguère, convertissaient ou gardaient les âmes. Il fait œuvre partielle et ne parle que pour les hommes de son temps : c'est son excuse.

Si plus tard on le juge incomplet, si même on ne doit plus le lire, il n'en a cure ; sa tâche est accomplie : « La goutte d'eau qui aborde à la mer, écrit encore Lacordaire, n'en a pas moins contribué à faire le fleuve et le fleuve ne meurt pas. Celui qui a été de son temps, dit Schiller, a été de tous les temps. Il a fait sa besogne, il a eu sa part dans la création des choses qui sont éternelles. Que de livres, perdus aujourd'hui dans les bibliothèques, ont fait, il y a trois siècles, la Révolution que nous voyons de nos yeux ! Nos pères nous sont inconnus à nous-mêmes, mais nous vivons par eux. »

Aux Juifs, les premiers apologistes ont présenté les prophéties et leur accomplissement dans la personne du Sauveur ; aux païens, les miracles du Christ et l'excellence de sa doctrine, bientôt la conversion d'une si grande partie du monde, l'héroïsme des martyrs, les effets supérieurs de sainteté manifestés parmi les chrétiens ; aux maîtres de l'Empire romain, aux juristes, aux philosophes prompts à accueillir toutes les calomnies contre la secte redoutée, des plaidoyers directs et précis, sous forme juridique ou sous forme littéraire, qui réduisent à néant les imputations mensongères et proclament le droit des chrétiens à la liberté de leur foi [1].

Le paganisme vaincu, c'est vers la défense des dogmes fondamentaux menacés par les grandes hérésies, un peu plus tard par le mahométisme, que se tourne l'effort des apologistes ; de nouveaux coups de ciseau ne sont-ils pas

---

1. Sur l'apologétique à travers les âges, on consultera avec fruit le très intéressant article du R. P. Le Bachelet, dans l'excellent *Dictionnaire apologétique de la foi catholique*, publié chez Beauchesne.

nécessaires pour faire saillir dans le bloc de marbre tel
ou tel trait jusque-là peu apparent de la véritable doctrine?
Le monument de la philosophie et de la théologie scolastique, tel qu'il se dresse au xiiie siècle, est, par lui-même,
une œuvre apologétique dont l'ensemble s'impose avec
une incomparable majesté. Pendant deux siècles, il semble que tout ait été dit, que toutes les preuves de la vérité
chrétienne et catholique soient à jamais réunies dans un
indestructible faisceau.

Mais voici venir la Renaissance et la Réforme. Aux hu-
manistes férus de l'antiquité, tout pénétrés des lettres
grecques et du divin Platon, orientés vers la métaphysique
du bon et du beau, épris d'harmonie et d'eurythmie, les
apologistes chanteront les beautés internes et les admirables convenances des mystères chrétiens; avec une amoureuse fierté, ils constateront et multiplieront même plus
que de raison les points de contact entre le platonisme et
la doctrine du Rédempteur. Contre les protestants s'en-
gageront de retentissantes controverses, principalement
sur l'Eglise, sa nature et son rôle à travers les siècles,
controverses, il est vrai, toutes théologiques et qui suppo-
sent entre les antagonistes nombre de principes et même
de dogmes communs.

La seconde moitié du xviie siècle voit naître le déisme
anglais avec sa conception d'un Dieu créateur qui n'entretient aucune relation positive avec l'homme; tout l'ordre
surnaturel, tout l'édifice chrétien est battu en brèche, plus
rien ne subsiste qu'une vague religion naturelle, fille de
la raison; et de ce déisme sort tout armé le rationalisme
du xviiie siècle qui s'oppose radicalement au christianisme :
l'attaque porte sur tous les fondements de la foi et revêt
toutes les formes : critique, historique, scientifique, philosophique; comme aux premiers jours où elle s'était présentée au monde, la religion chrétienne est entourée d'ennemis et est réduite, universelle accusée, à faire valoir
ses titres dont aucun n'échappe à la plus âpre contestation.

S'est-elle alors défendue comme elle en avait le devoir?

Ou, pour la première fois, les apologistes lui auraient-ils
fait défaut? On l'a beaucoup dit et souvent encore on le
répète : c'est se tromper. Mais à ses défenseurs, aux Legrand,
aux Duhamel, aux Bullet, aux Lefranc de Pompignan,
même aux Guénée, aux Bergier, le plus complet de tous,
il a manqué l'éclair du génie, cette verve redoutable, cet
éclat du verbe qui prêtait aux idées fausses de ses adversaires, avec la séduction de la nouveauté, celle de la supériorité du talent. Quel arsenal de bonnes raisons que
l'*Apologie de la religion chrétienne*, ou que le *Traité historique et dogmatique de la vraie religion, avec la réfutation des erreurs qui lui ont été opposées dans les différents
siècles*, de Nicolas Silvestre Bergier! Quel trésor d'observations, de réflexions justes; quelle clarté, quelle précision dans la forme! Oui, mais jamais, hélas! et moins que
partout ailleurs dans notre pays, il n'a suffi d'avoir raison,
d'être sage et de s'exprimer clairement. Qu'il est facile
d'ailleurs d'attaquer; comme un dard empoisonné, un
seul mot jette le doute dans un organisme intellectuel et le
corrompt; pour répondre à ce mot, que de dissertations ; ·
pour guérir ce mal, que de longs efforts!

Peut-être eût-il mieux valu prendre l'offensive sur quelques points. L'armée de l'Eglise compta de solides hoplites ;
de hardis voltigeurs eussent peut-être mieux fait l'affaire.

Dans son duel avec le *philosophisme*, l'Eglise catholique
fut vaincue; elle se vit exilée du monde de la pensée; les
dernières années du siècle furent consacrées à l'expulser
— et par quels atroces procédés! — de la société elle-
même, de cette société qu'elle avait, plus qu'aucune autre
force, contribué à constituer.

Les conséquences de la défaite de l'Eglise se manifes-
tèrent effroyables et ce fut, avec l'expresse volonté de Dieu
et la fécondité du sang des martyrs, la cause principale de
la rentrée dans la vie intellectuelle, sociale et politique,
de cette Eglise qu'on avait cru morte.

La Révolution française! jamais, en effet, plus effroyable
leçon de choses n'avait été donnée à l'humanité. Œuvre

de la raison raisonnante abandonnée à elle-même, elle
avait démontré que la raison ne suffit pas à réfréner les
passions de l'homme et que, dirigée par la seule raison,
la « bête humaine » devient aisément la plus féroce des
bêtes. Une réaction naturelle devait conduire les penseurs
à l'idée que la tradition est l'organe par lequel se révèlent
le mieux les vérités essentielles à l'homme. La crainte de
nouveaux bouleversements et d'un réveil de la hideuse et
sanglante anarchie de 1793 ne pouvait que les incliner
à considérer surtout, dans les doctrines, leur côté civilisateur et social, à juger de leur vérité par leur utilité et
leur efficacité pratique. Mais, d'autre part, des hommes
témoins des événements gigantesques qui s'étaient succédé pendant vingt-cinq ans n'étaient-ils pas, en très
grand nombre, fatalement amenés à se demander comment la Providence aurait permis, dans la partie du monde
qui donne le branle à tout le reste, d'aussi profondes
perturbations, si rien de nouveau n'en devait sortir, si le
le monde chrétien n'était pas, de par la volonté divine
elle-même, appelé à une sorte de renaissance, de *palingénésie?*

Dans tous les camps, la même question se posait: tous
ou presque tous croyaient à une *instauratio magna* de
l'esprit humain et de la société régénérée [1].

C'est par ces vues qui s'imposaient à quiconque pensait que pouvait être revivifiée l'apologétique chrétienne.

Les orateurs et les écrivains ecclésiastiques ne furent
pas sans s'en apercevoir; leurs discours et leurs œuvres
tendirent, en général, à remettre sous les yeux d'une
génération qui s'en souvenait les conséquences de l'impiété.

Mais le clergé ne se composait guère que des débris de
l'ancien régime; dans la moisson sacerdotale, près de
trente récoltes avaient manqué; clergé trop peu nombreux,

---

1. E. CARO, *Revue des Deux Mondes*, 15 mars 1865. Article intitulé « De 1820
à 1830 ».

trop occupé de l'essentiel du ministère, clergé trop vieux formé à l'école des apologistes d'antan.

L'abbé Receveur reprend presque textuellement leur œuvre dans l'*Accord de la foi et de la raison*. L'abbé Emery se borne à tenter de confondre ses adversaires par l'argument d'autorité ; il oppose la foi religieuse des penseurs les plus illustres des siècles passés aux négations et aux railleries hautaines des impies qui prétendent parler au nom de la raison et de la science. Mgr de La Luzerne traite honorablement de la liberté, de la loi naturelle, de la spiritualité de l'âme, de l'existence de Dieu. Mgr Frayssinous, qui les dépasse tous, aborde toutes les grandes questions et présente avec une admirable clarté tous les arguments traditionnels. Mais ce qui n'avait pas suffi à prévenir la Révolution ne suffit pas davantage à ramener les esprits à la foi.

C'est à des laïques que Dieu réservait la gloire d'être les rénovateurs de la pensée chrétienne, à ces grands éveilleurs d'idées, imparfaits théologiens au demeurant, qui constituèrent le glorieux triumvirat : Chateaubriand, de Maistre, G. Bonald, en attendant qu'avec Lamennais l'apologétique rajeunie fît sa rentrée triomphale dans le corps ecclésiastique.

A la lignée des grands apologistes laïques, mais en passant par l'influence de Lamennais, se rattache Frédéric Ozanam.

Cherchons d'abord ce qu'il dut à ses maîtres, et puis, du mieux que nous pourrons, nous délimiterons sa part à lui.

Ozanam a dit du *Génie du Christianisme* que « ce livre immortel avait commencé l'éducation du xixe siècle ». C'est ce même livre qui fit la sienne et lui fournit la pensée maîtresse de son œuvre apologétique.

Que se propose Chateaubriand? A cette génération qu'une secrète aspiration, un instinct puissant, d'inéluc-

tables nécessités sociales attirent vers la religion, mais
qu'en éloignent les préjugés les plus invétérés, le rationalisme hautain des maîtres de la pensée, le dédain des
politiques et des hommes d'armes, tout ce qui représente
la force, il proclame que « le christianisme est beau et
qu'il est excellent; que les fruits qu'il porte sont exquis;
que cette civilisation dont ses modernes contemporains
sont si fiers, n'est ce qu'elle est que par lui; que l'affi-
nité est profonde entre lui et l'âme humaine, etquecelle-
ci trouve en lui de quoi être plus et mieux elle-même[1]. »

Démontrer la vérité de la religion par sa beauté etson
génie civilisateur, illustrer pour ainsi dire par d'innombrables faits cette pensée de Montesquieu: « Chose admirable: la religion chrétienne qui ne semble avoir d'objet que la félicité de l'autre vie fait encore notre bonheur
dans celle-ci »; réagir par conséquent contre la philosophie de l'histoire telle que Voltaire l'avait conçue et prouver que cette philosophie est le contraire de la vérité,
réintégrer dans ses droits le sentiment religieux, en
reconnaître l'efficacité et les bienfaits, retrouver dans
toute religion et jusqu'au fond de la nature de l'homme
des traces de christianisme, religion universelle, sommaire et quintessence de tout ce qui est beau, moral et
vrai, telle estla noble et féconde idée lancée comme une
semence, à l'aube du siècle nouveau, par le génie précurseur de Chateaubriand.

Et au service de cette idée, avec la magie du style,
mille aspects nouveaux, mille perspectives qui, suivant
l'expression de Sainte-Beuve, étaient destinées à devenir
rapidement de grandes routes battues et même rebat-
tues[2].

Est-ce tout? Pas encore. Le passé, par l'histoire, est

---

1. OLLÉ-LAPRUNE, *La Vie intellectuelle du catholicisme en France*, dans *La France chrétienne dans l'histoire*, p. 508.
2. SAINTE-BEUVE. *Causeries du lundi*, 17 avril 1854. — BRUNETIÈRE, *Manuel d'histoire de la littérature française*, p. 391. B. *De la valeur apologétique du « Génie du Christianisme »*.

une apologie de l'Eglise catholique; le présent, par ses révolutions, en est une autre; l'avenir complétera la démonstration. L'idée chrétienne n'a rien perdu de sa fécondité; comme elle a civilisé les barbares, ces farouches héritiers du monde romain, elle civilisera le Nouveau-Monde, elle raffermira le monde moderne ébranlé jusque dans ses fondements, elle le renouvellera. « Le monde dégénéré appelle une seconde prédication de l'Evangile. Le christianisme se renouvelle et sort victorieux du plus terrible des assauts que l'enfer lui ait encore livrés. Qui sait si ce que nous avons pris pour la chute de l'Eglise n'est pas sa réédification [1] ? »

« Si les critiques du temps, écrit encore Chateaubriand, dans sa célèbre préface de 1828, les journaux, les pamphlets, les livres, n'attestaient l'effet du *Génie du Christianisme*, il ne me conviendrait pas d'en parler... La littérature se teignit en partie des couleurs du *Génie du Christianisme;* des écrivains me firent l'honneur d'imiter les phrases de *René* et d'*Atala*, de même que la chaire emprunta et emprunte encore tous les jours ce que j'ai dit des cérémonies, des missions et des bienfaits du christianisme. Les fidèles se crurent sauvés par l'apparition d'un livre qui répondait si bien à leurs dispositions intérieures. »

C'est l'exacte vérité. Chateaubriand était devenu l'un des maîtres de la pensée chrétienne. Et sans doute la théologie de ce livre était superficielle et parfois inexacte, l'ordre surnaturel et celui de la nature ne s'y distinguaient qu'imparfaitement, le vague des passions, la langueur et la mélancolie s'y confondaient presque avec de vertueuses aspirations vers l'infini du beau et du bien; on courait quelques risques d'énerver le christianisme à trop vouloir le faire agréer; et que devenait sa transcendance, si on le retrouvait partout?

Mais Chateaubriand, présentant l'objet de son œuvre dans

1. *Génie du Christianisme,* 4ᵉ partie, l. VI, c. vi.

le chapitre d'*Introduction*, avait pourtant raison de dire :
« Le christianisme sera-t-il moins vrai parce qu'il paraîtra plus beau ? » Et encore raison d'ajouter : « Ce n'était
pas les sophistes qu'il fallait réconcilier à la religion,
c'était le monde qu'ils égaraient. » Or, pour cela, il importait « d'appeler tous les enchantements de l'imagination et tous les intérêts du cœur au secours de cette
même religion contre laquelle on les avait armés » ; et
de prouver non que le christianisme est excellent parce
qu'il vient de Dieu, *mais qu'il vient de Dieu parce qu'il
est excellent*[1].

Voila, suivant une juste remarque d'Ollé-Laprune, *le
dessein de l'apologie nouvelle*. Chateaubriand avait ouvert la
voie et laissé un programme ; ce programme, il savait
que d'autres le rempliraient, chacun pour leur part ; et,
à cette fin, quoique triste, désabusé, lassé de ce qu'il
regardait comme l'ingratitude de ceux qu'il avait servis,
il invoquait les jeunes :

« Aurait-on bien fait de suivre le chemin que j'avais
tracé pour rendre à la religion sa salutaire influence ? Je
le crois. En entrant dans l'esprit de nos institutions, en
se pénétrant de la connaissance du siècle, en tempérant
les vertus de la foi par celles de la charité, on serait arrivé
sûrement au but. Nous vivons dans un temps où il faut
beaucoup d'indulgence et de miséricorde. Une jeunesse
généreuse est prête à se jeter dans les bras de quiconque
lui prêchera les nobles sentiments qui s'allient si bien
aux sublimes préceptes de l'Evangile ; mais elle fuit la
soumission servile et, dans son ardeur de s'instruire,
elle a un goût pour la raison tout à fait au-dessus de son
âge[2]. »

Au moment où Chateaubriand écrivait ces lignes, dont
on dirait que plusieurs s'appliquent à lui, Frédéric Ozanam

---

1. *Génie du Christianisme*, Iʳᵉ partie, l. I, c. 1, Introduction. *Œuvres complètes*,
éd. Furne, 1837, t. XI, 14-17.
2. Préface de 1828. M. Goyau, dans l'étude ci-dessus, cite le magnifique hommage rendu par Ozanam à Chateaubriand dans l'*Univers* du Iᵉʳ mars 1834.

avait quinze ans, et il se disposait à donner à l'*Abeille*
ses premiers essais.

Que le *Génie du Christianisme* soit le livre générateur
de l'apologétique d'Ozanam, on n'en saurait douter. Cette
influence pourtant s'est-elle, dès l'origine, exercée sur le
jeune homme d'une manière directe et sans mélange ?
Nous ne le pensons pas. L'examen de ses premiers ouvrages, corroboré de quelques confidences, semble établir,
en effet, que c'est à travers son compatriote Ballanche
que Frédéric Ozanam a d'abord entrevu les idées de Chateaubriand. On sait, du reste, que Ballanche et Chateaubriand conçurent simultanément la même thèse, à tel
point qu'on a pu disputer entre eux de la priorité. Ozanam
lui-même ne craint pas de l'attribuer à Ballanche : « L'inspiration religieuse de ses premières années éclata dans
un *Essai sur le sentiment* où l'on s'étonne de trouver
toute la pensée et comme la première ébauche du *Génie du Christianisme*, en 1801, et plusieurs mois avant
que ce livre immortel vînt commencer l'éducation du
XIXe siècle[1]. »

Sans doute, Ozanam n'a vu Ballanche pour la première
fois, comme d'ailleurs Chateaubriand et Lamennais, qu'au
cours de son premier séjour à Paris, en 1830-1831. Sans
doute, Ballanche avait quitté Lyon dès 1817, c'est-à-dire
une année tout juste après que le jeune Ozanam, âgé de
trois ans, y avait été amené de Milan par ses parents.

Mais, dans le monde religieux et éclairé au milieu duquel s'écoulèrent l'enfance puis l'adolescence de notre
Ozanam, on n'avait nullement perdu le souvenir de cette
petite société de catholiques lettrés qui, au lendemain de

---

1. OZANAM, *M. Ballanche, Mélanges*, t. II, p. 95. Victor de Laprade, à propos
du premier voyage à Paris de Ballanche, âgé de 25 ans, dit : « Le *Génie du
Christianisme* occupait tous les esprits ; c'étaient dans leur magnifique éclosion
les idées dont les germes confus s'agitaient dans l'âme du penseur lyonnais.
Ballanche vit M. de Chateaubriand, etc. ».

la Révolution, s'était groupée autour de Ballanche dans
la maison de son père, non plus que de la *Société chrétienne* fondée par Ampère, si éphémère que celle-ci eût
été [1]. « Là, dit avec émotion Victor de Laprade, de beaux
talents se développèrent parallèlement à de belles amitiés
que la tombe seule a vu finir. Là, commencèrent les Ampère, les Camille Jordan, les Dugas-Montbel, les de Gerando, toute une pléiade qui devait illustrer dans notre
ville les commencements de ce siècle. Dans la diversité
de leur vie et de leurs travaux, tous les hommes de cette
époque conservèrent des tendances communes, trop frap-
pantes chez chacun d'eux, et trop générales chez tous
pour qu'il ne soit pas permis d'y voir un constant apanage
de l'esprit lyonnais. Un spiritualisme élevé, un sentiment
religieux à la fois indépendant et pur, une droiture naturelle, une conscience scrupuleuse dans la conduite et
dans le travail, une simplicité, une bonté naïve, telle est
la physionomie commune à ces nobles penseurs. Jamais,
à Lyon, ne se sont perdues les habitudes d'un mysticisme
tendre et rêveur, exalté même, non plus que celles d'une
infatigable charité [2]. »

« Nous avons, écrit Ozanam lui-même, entendu parler
de ces réunions amicales dans lesquelles chacun apportait son tribut intellectuel; nous savons des âmes qui lui
durent alors les premières lueurs de la foi [3]. »

Faut-il quelque chose de plus ? Voici l'allusion la plus
directe à l'événement d'âme qui ne s'est jamais effacé de
la mémoire d'Ozanam, auquel il pensait encore avec émotion presque à la veille de sa mort, la crise de la foi qui
avait torturé les nuits agitées de l'élève de rhétorique et
de philosophie :

« On ne connaît pas, lisons-nous dans sa notice sur

---

1. Il ne faut pas confondre la société lyonnaise *Amicitiæ et litteris* avec la
Société chrétienne, fondée par Ampère et qui se dispersa lorsque Ampère fut
appelé à Paris, à la fin de 1804. Huit, *Ballanche*, p. 18.
2. Victor de Laprade, *Ballanche*, p. 16.
3. Ozanam, *M. Ampère*, *Mélanges*, t. II, p. 88.

Ballanche, toutes les lumières qu'il apportait à tant de
jeunes gens troublés par le spectacle des ruines politiques, tentés par l'éloquence des prédications nouvelles,
jetés dans les angoisses du doute qui mouilla si souvent
de larmes le chevet de leurs lits [1]; et relevés, raffermis tout
à coup par le bon exemple d'un grand esprit qui ne trouvait le christianisme ni trop étroit pour lui, ni trop vieux.
Comment les intelligences qu'il visitait ainsi ne se fussent-elles pas attachées à un maître si secourable ? Comme
elles lui devaient la sécurité de la foi, elles lui durent
l'ardeur de la science et le goût de la méditation [2]. »

J.-J. Ampère qui savait à quoi s'en tenir, après avoir
énuméré les hommes éminents avec qui Ozanam, jeune,
avait eu affaire, n'a pas craint d'apporter cette affirmation : « M. Ballanche, son compatriote, fut celui qui le
toucha davantage [3]. »

Au surplus, celles des idées de Ballanche que l'on peut
considérer comme « spécifiques » ont marqué d'un sillon
le cerveau d'Ozanam.

C'est au contact de l'effroyable « terreur lyonnaise »
que s'est éveillée la pensée de Ballanche. Il a dû, comme
le fait très justement remarquer Victor de Laprade, ses
premières, ses plus profondes émotions, non pas à des
événements personnels, mais à de grands faits politiques.
Et de là, si je puis dire, le pli *social* qui se retrouve toujours chez lui, quelque question qu'il aborde, l'inquiétude
aussi avec laquelle il consacra sa vie à « déchiffrer la redoutable énigme que propose de nouveau à chaque siècle
le sphynx de l'humanité ».

Cette préoccupation sera celle d'Ozanam.

Mais « pour posséder un sentiment juste et complet des
destinées sociales, il faut d'abord avoir compris les époques finies ; pour bien les comprendre, il faut les avoir

---

1. Ce sont les expressions mêmes dont se sert Ozanam pour parler de la
crise qu'il a traversée.
2. OZANAM, *Ballanche, Mélanges*, t. II, p. 100.
3. Cité par CH. HUIT, *Ballanche*, p. 251.

aimées. Les hommes, dont la vie intellectuelle commence
par la négation des anciennes croyances, se condamnent
presque toujours à rester injustes et passionnés. Pour
qui ne veut pas la commencer à sa première page, l'histoire reste un livre fermé. Ce génie de Ballanche, si pro-
gressif, si clairvoyant, si amoureux de l'avenir, nous pour-
rions dire si prophétique, s'est formé à l'école des
vieilles traditions [1]. »

Très splendidement Ballanche a écrit : « L'homme
grandit au milieu des tombes de ceux qui l'ont précédé :
de même l'humanité grandit sur les ruines des nations [2]. »

Ce sens de la tradition, ce sens des « tombeaux », nul
ne le possédera plus que Frédéric Ozanam ; c'est avec les
reliques du passé qu'il entendra réédifier la cité nouvelle;
ses premières lettres ne sont-elles pas toutes pleines de
cette idée ?

Mais cette cité nouvelle il la veut, et Ballanche l'a voulue avant lui; entre ceux qui prétendent continuer une
époque finie et ceux qui demandent un avenir sans racines
dans la tradition, il apparaît comme « le plus sage et le
plus sincère des conciliateurs, parce qu'il a le sentiment
le plus juste de ce passé dont il fallait s'affranchir sans
avoir la folle passion de la supprimer [3] ».

Le « vieillard » de Ballanche cherche à détourner les
jeunes intelligences du culte acharné des idées vaincues ;
il ranime en elles l'espoir d'un avenir qui vaudra mieux
que le présent.

Sa grande œuvre, c'est la *Palingénésie sociale*, qui parut en 1827, — Ozanam avait quatorze ans, — livre auquel
son auteur avait d'abord voulu donner le titre, significatif
aussi, de *Théodicée de l'Histoire*, livre étrange où l'érudition prétend marcher de pair avec l'inspiration. Ballanche
est au premier chef un historien mystique [4]; et, c'est aussi

---

1. VICTOR DE LAPRADE, *Ballanche, sa vie et ses œuvres*, p. 15.
2. Cité par CH. HUIT, *Ballanche*, p. 191.
3. VICTOR DE LAPRADE, *Ballanche*, p. 28. — BALLANCHE, *Essai sur les institutions sociales*, publié en 1817.
4. Cf. CH. HUIT, *Ballanche*, p. 301.

ce qu'avec plus de calme et de froide raison, sans rêves apocalyptiques, Ozanam sera et se glorifiera d'avoir été.

La *Vision d'Hébal*, épilogue de la *Ville des expiations* par laquelle s'achève la *Palingénésie*, fait entrevoir une Europe nouvelle sortie des ruines de l'Europe ancienne, restée vêtue d'institutions usées comme un vieux manteau; une incrédulité apparente menace d'abolir toute croyance; mais la vérité religieuse, la religion du genre humain subsiste obscurément; elle renaîtra plus brillante, plus belle, toujours chrétienne; car le christianisme a mis dans le monde des idées qui ne peuvent plus en être exclues et qui, parce qu'elles sont la sauvegarde de la civilisation, serviront à la perpétuer, indépendamment même de leur origine divine; c'est en vain que, dans la métropole de la civilisation, le signe de la promesse a été outragé [1]; la croix civilisatrice régnera de nouveau dans le monde; l'accomplissement du christianisme est le but de toute l'évolution historique; le grand devoir des hommes est donc de poser les fondements de cette idée en faisant passer la charité dans les lois; ce nouveau monde de paix, de justice et de charité qui va surgir, apparaîtra comme la floraison naturelle et progressive de l'ancien monde et de l'éternelle religion [2].

N'est-ce pas là, par avance encore, tout Frédéric Ozanam, non seulement Ozanam apologiste, mais Ozanam historien, mais Ozanam social? N'a-t-il pas déchiffré dans ces pages la formule de la vocation que la Providence avait inscrite au fond de son cœur?

Outre l'inspiration générale, Ozanam a dû à Ballanche beaucoup de vues particulières; ainsi l'idée que toutes les questions qui tiennent à l'existence de la société sont des questions religieuses [3]; ainsi la conviction si nette-

---

1. Allusion à des incidents connus de la révolution de 1830 à Paris; la *Vision d'Hébal* n'a paru qu'en 1831.
2. Voir sur toutes ces idées, avec les textes qui permettent de les établir : Victor de Laprade, p. 48-49, 54-55, et Charles Huit. p. 156, 234, 360.
3. Huit, *Ballanche*, p. 138.

ment marquée dans les premiers écrits de notre apologiste
que, pour comprendre les temps historiques, il faut remonter à la préhistoire et connaître les théogonies, les
cosmogonies et les langues [1] ; ainsi même cette conception
que chaque époque de l'histoire a sa « formule générale ».
Ballanche a prétendu donner celle du monde antique ;
Ozanam voudra donner celle du moyen âge, tentative à
laquelle Ballanche applaudira, car le moyen âge est, en
quelque sorte, la préhistoire du monde moderne [2].

Peut-être même que, si la pensée maîtresse de Lamennais et des traditionalistes sur l'histoire des religions, —
à savoir l'action persistante de la révélation primitive sur
tous les systèmes religieux de l'humanité, — s'est imposée
si fortement, au moins pendant quelques années, à
Ozanam, c'est parce que Ballanche l'avait faite sienne[3].

Après cela faut-il s'étonner que Frédéric Ozanam, au
lendemain de la mort de Ballanche, ait rendu ce témoignage à celui qui avait été pour lui l'*hiérophante* initiateur : « Ballanche, destiné à s'élever à mesure que l'éloi-
gnement des temps détachera mieux sa noble figure,
gardera donc la première place à côté de Chateaubriand
dans ce groupe de serviteurs du christianisme qui sou-
tiennent la croix plantée à l'entrée de notre époque. De ce
nombre, nous en honorons deux, de Maistre et Bonald,
quoique, en s'attachant à la tradition divine du passé, ils
aient eu le tort de méconnaître les droits de l'avenir. Deux
autres, Lamennais et Lamartine, nous ont donné cette

---

1. BALLANCHE, *Prolégomènes*, III, 71 ; cf. CH. HUIT, p. 291.

2. Dans ses lettres à M. de Sivry, 1841, Ballanche applaudit à la réhabilitation de la grande époque catholique, celle du moyen âge, dont M Georges
Goyau (cité par Huit, p. 302) a si bien dit : « L'histoire du moyen âge est,
en quelque mesure, notre préhistoire à chacun de nous et le genèse de nos âmes
s'y déchiffre ou s'y devine. C'est vainement que certains champions de notre
civilisation contemporaine ont intenté contre l'esprit chrétien ce procès en
désaveu de paternité que, de temps à autre, ils se flattent d'avoir gagné. »

3. BALLANCHE (cité par Huit, p. 193) écrit en 1827 : « Si nous interrogeons les
doctrines mystiques unies à toutes les religions et répandues de toute antiquité
dans le monde, nous y trouverons une triste et terrible unanimité sur ces
points principaux, la punition d'une première faute, le besoin d'une expiation,
le travail imposé à l'homme, la science acquise au prix du malheur, etc., etc. »

douleur que Dieu n'a pas encore rendue irréparable, de
les voir faiblir et, de crainte de laisser échapper l'avenir,
déserter pour un moment la foi du passé. Chateaubriand
et Ballanche eurent seuls des âmes égales à la grandeur
et à la difficulté des temps. Seuls, ils eurent cette gloire
de servir avec intelligence un des plus laborieux desseins
que la Providence puisse se proposer, celui de lier les
âges à l'endroit même où nous en marquons la sépara-
tion[1]. »

*
* *

Ozanam ne nomme qu'en passant et avec une légère
note de défaveur Bonald et J. de Maistre; il les honore;
à l'occasion, il les admire, mais ce n'est pas d'eux qu'il
relève.

« D'autres ont défendu la religion de l'homme, je
défends la religion de la société... Le christianisme ne
pouvait changer la nature de l'homme ; mais il a changé la
constitution de la société... L'homme social est incon-
testablement devenu plus parfait... La religion a détruit
tous les crimes sociaux et publics... Les grandes leçons
de l'histoire doivent être mieux comprises aujourd'hui;
la France les a en quelque sorte résumées dans la dernière expérience qu'elle a faite sur elle-même. » Evidem-
ment, ces pensées de M. de Bonald ne sont pas étrangères
au directoire historique et apologétique d'Ozanam; c'est
pourtant filtrées par d'autres qu'elles semblent être venues
jusqu'à lui.

Et certes, Ozanam devait encore reconnaître la voix de
sa muse inspiratrice, lorsqu'il lisait dans Joseph de Maistre :
« Il n'y a pas de dogme dans l'Eglise catholique, il n'y a
pas même d'usage général appartenant à la haute discipline qui n'ait ses racines dans les dernières profondeurs
de la nature humaine, et par conséquent dans quelque
opinion universelle plus ou moins altérée çà et là, mais

---

1. *Mélanges*, t. II, p. 104.

commune cependant, dans son principe, à tous les peuples de tous les temps [1] » ; et surtout cette parole fameuse :
« Il n'y a peut-être pas un homme véritablement religieux
en Europe (je parle de la classe instruite) qui n'attende en
ce moment quelque chose d'extraordinaire [2]. »

Mais entre Ozanam et J. de Maistre, comme entre Ozanam
et Bonald, il y avait l'abîme des conséquences politiques
que ces deux grands esprits tiraient de leur système.
Tout compte fait, Ozanam et eux ne se rencontrent que
sur les idées devenues communes à tous les traditionalistes.

Aussi bien, après Ballanche et Chateaubriand, le vrai
maître d'Ozanam, considéré comme apologiste de la religion chrétienne, fut-il Lamennais, non le philosophe, mais
l'interprète de l'histoire des religions, le Lamennais de
l'*Essai sur l'indifférence* et, pour quelques pages seulement, le Lamennais de *La religion considérée dans ses
rapports avec l'ordre politique et civil.*

Au moment où Frédéric Ozanam arrivait au seuil de ses
classes supérieures, Félicité de Lamennais était dans la
pleine possession de cet incomparable prestige qui faisait
de lui, à côté de Chateaubriand et avec, de plus que lui,
la garantie du sacerdoce, le roi de l'apologétique chrétienne. Pour se représenter la séduction toute-puissante
qu'il devait exercer sur les jeunes, il suffit de relire le
solennel début qui, tel qu'un splendide portique, ouvre
les *Considérations* de Lacordaire sur le *système* de l'ange
dont il pleurait la chute et maudissait l'orgueil.

« Cent quatorze ans avaient passé sur la tombe de
Bossuet, cent trois ans sur celle de Fénelon, soixante-
seize ans sur celle de Massillon, le seul des hommes célè

---

1. *Le Pape*, l. III, c. III. Traditions antiques.
2. *Soirées de Saint-Pétersbourg*, onzième entretien.

bres que Louis XIV eût oublié derrière lui, lorsqu'il jeta
sur son règne ce regard suprême dont a parlé M. de Chateaubriand pour s'assurer qu'il emportait le reste *des
splendeurs de la monarchie*. Massillon fut laissé par lui au
siècle incrédule qui allait s'ouvrir comme un reproche
doux et ingénieux, afin qu'il fût dit un jour que les derniers sons éloquents de l'ancienne Eglise de France étaient
sortis d'une bouche qui avait annoncé la parole de Dieu à
Louis XIV. Après que la mort eut fait taire cette bouche
harmonieuse, l'Eglise de France eut encore des hommes
distingués, des savants, des controversistes, des prédicateurs ; elle n'eut plus de ces noms qui vont loin dans la
postérité. Au moment même de sa ruine, l'abbé Maury
manqua une gloire élevée parce qu'il n'avait qu'infiniment
d'esprit, et que la gloire vient du cœur comme les grandes
pensées. Il y avait donc soixante-seize ans qu'aucun prêtre
catholique n'avait obtenu en France le renom d'écrivain
et d'homme supérieur, lorsque apparut M. de Lamennais,
avec d'autant plus d'à-propos que le XVIIIᵉ siècle avait tout
récemment repris les armes. Son livre destiné à le combattre était une résurrection admirable des raisonnements antiques et éternels qui prouvent aux hommes la
nécessité de la foi, raisonnements rendus nouveaux par
leur application à des erreurs plus vastes qu'elles n'avaient
été dans les siècles antérieurs. Sauf quelques phrases où
le luxe de l'imagination annonçait une sorte de jeunesse
qui rehaussait encore la profondeur de l'ouvrage, tout
était simple, vrai, énergique, entraînant ; c'était de la
vieille éloquence chrétienne, un peu dure quelquefois.
Mais l'erreur avait fait tant de mal, elle se reproduisait de
nouveau avec tant d'insolence, malgré ses crimes et sa
nullité, qu'on prenait plaisir à la voir châtiée par une
logique de fer. L'enthousiasme et la reconnaissance n'eurent pas de bornes ; il y avait si longtemps que la vérité
attendait un vengeur ! En un seul jour M. de Lamennais
se trouva investi de la puissance de Bossuet. »

Non content d'affirmer que l'autorité du sens commun

est le seul critérium que nous ayons pour distinguer la
vérité de l'erreur, Lamennais se sert de ce critérium pour
découvrir la ligne de démarcation entre la vraie religion
et les fausses. Mais auparavant il établit qu'il n'y a qu'une
seule religion vraie et qu'elle est indispensable pour le
salut. Cette véritable et nécessaire religion, l'homme ne
peut la reconnaître que par voie d'autorité : avant Jésus-
Christ, cette autorité, c'était celle du genre humain ; depuis Jésus-Christ, c'est l'Eglise catholique, héritière de
toutes les traditions. Le christianisme, qui s'appuie sur
cette double autorité, a toujours existé, sous toutes les
autres formes religieuses, depuis le commencement du
monde ; les vérités fondamentales qu'il enseigne sont le
patrimoine commun de notre espèce, vérités que les idolâtres eux-mêmes n'ont pas ignorées. A l'appui de cette
thèse, l'auteur de l'*Essai sur l'indifférence* apporte un
grand nombre de preuves qu'il emprunte assez confusément et, il faut l'avouer, sans beaucoup de critique, aux
annales des anciens peuples ; chez tous, il prétend retrouver la trace des mystères chrétiens ; et cette universalité, selon lui, établit leur vérité.

Ainsi, ces recherches de l'histoire des religions que le
xviiie siècle avait tournées contre le christianisme, Lamennais les fait servir à son profit ; comme tous les grands
apologistes — c'est leur mérite, mais aussi généralement
la cause de leurs erreurs, parce qu'ils excèdent — il s'attache à « enrichir Israël des vases des Egyptiens ».

Ainsi, par cette conception plus grandiose qu'incontestable, il prétend répondre à l'objection que font les philosophes aux théologiens catholiques accusés de se montrer sans respect pour la sagesse et la bonté d'un Dieu
qui aurait laissé, pendant des milliers d'années, l'immense
majorité des hommes totalement plongés dans les ténèbres
de la mort.

Ainsi il fait concorder l'histoire de la révélation avec le
progrès normal et naturel de l'humanité.

Ainsi, il pénètre plus avant dans la voie qu'avaient

frayée ses prédécesseurs et tire les conséquences de leurs principes. Avant lui, Chateaubriand avait montré la Trinité confusément connue de tous les peuples du monde ancien[1]. Avant lui, J. de Maistre avait écrit que les traditions antiques sont toutes vraies, qu'il n'y a pas de religion entièrement fausse, que le paganisme ne s'est trompé complètement dans aucun de ses dogmes, qu'il n'est tout entier qu'un système de vérités corrompues et déplacées[2]. Mais lui s'est emparé de cette idée pour renouveler toute l'apologétique et montrer la religion elle-même sous un jour nouveau: « Tout ce qu'il y a d'universel dans l'idolâtrie, dit-il à son tour, est vrai; il n'y a de faux que ce qui est divers; le symbole de l'humanité, aussi vieux qu'elle, ne diffère pas du symbole chrétien; celui-ci n'en est que le développement. »

Ce n'est pas ici le lieu de faire voir que, si cette théorie est par un côté très séduisante, elle est aussi très dangereuse; rien de plus facile en effet que de la transformer en un système d'évolution purement naturelle du sentiment religieux, sous l'action de la science et de la philosophie, de telle sorte que le christianisme lui-même ne serait qu'une forme et qu'une phase de la religion universelle. Lamennais croyait déjà, comme J. de Maistre, qu'une évolution du christianisme était dans l'air et ne tarderait pas à se produire; à la fin de sa vie, hélas! il devait, sorti de l'Eglise catholique, descendre aux conséquences extrêmes que, dès l'apparition de l'*Essai*, les plus logiques de ses contradicteurs avaient entrevues comme possibles et à redouter[3].

Chateaubriand, Ballanche et Lamennais, voilà donc les sources dont ont découlé toutes les idées directrices de

---

1. *Génie du Christianisme*, 1re partie, c. III.
2. *Soirées de Saint-Pétersbourg*, onzième entretien et *Eclaircissement sur les sacrifices*.
3. M. Ferraz, dans le volume de son *Histoire de la philosophie en France au XIXe siècle*, intitulé *Traditionalisme et ultramontanisme*, a donné une bonne et complète analyse du système de Lamennais, à laquelle nous avons emprunté quelques traits, p. 196-207.

Frédéric Ozanam, apologiste du christianisme[1]. Mais,
dira-t-on, ces sources, d'ailleurs si riches et si magnifiques,
ne sont-elles pas un peu troubles? Et si leurs eaux,
comme on n'en saurait douter, tiennent en suspens des
parcelles et même plus que des parcelles d'erreur, toute
l'œuvre d'Ozanam n'en est-elle pas empoisonnée?

Qu'on se rassure! Sans doute, dans sa studieuse jeunesse, — et comment aurait-il pu en être autrement? —
Ozanam a subi plus que de raison l'influence de maîtres
dont la grandeur et la puissance devaient l'éblouir. Dans
ses lettres d'étudiant, dans ses tout premiers écrits, il ne
distingue pas toujours assez entre ce qui, dans leurs idées,
est tout à fait vrai, seulement spécieux, ou même faux.
Mais Dieu, qui lui avait donné la plus accueillante et la
plus ouverte des intelligences, l'avait doué de deux autres
qualités que son humilité avait cultivées : un parfait bon
sens, — ne disait-il pas de lui-même que, dans l'association qu'il formait avec son ami Falconnet, il était « le centre de gravité, solide, mais lourd[2] »? — et un attachement
invincible à l'orthodoxie. « Soyons sûrs, mon cher ami,
écrira-t-il, dès l'âge de 22 ans, à un ami un peu trop
entreprenant, que l'orthodoxie est le nerf, la force de la
religion[3]. »

D'un de ses ancêtres, le mathématicien Jacques Ozanam, il est resté ce mot heureux inspiré par les querelles
doctrinales de l'époque, auxquelles on l'avait sollicité de se mêler : « Il appartient aux docteurs de Sorbonne de disputer, au pape de prononcer et aux mathé-
maticiens d'aller au paradis en ligne perpendiculaire. »

1. Comme influence secondaire, il faut citer André-Marie Ampère qui, vingt-
sept ans avant qu'Ozanam formât ses grands projets, avait rédigé des cahiers
sur les preuves historiques du christianisme. Le livre de l'abbé Jacques :
*L'Église considérée dans ses rapports avec la liberté, l'ordre public et le progrès
de la civilisation, particulièrement au moyen âge, ouvrage dans lequel on montre
la tendance essentiellement bienfaisante du christianisme catholique*, Paris et
Lyon, Périsse, a pu confirmer Ozanam dans sa vocation, mais n'a paru qu'après
la brochure d'Ozanam sur le saint-simonisme, qui contient en germe le reste de
son œuvre.
2. Lettre à Falconnet, 19 mars 1833.
3. Lettre à de la Noue, 24 novembre 1835.

Frédéric Ozanam avait hérité de la sagesse de son aïeul.
Apologiste du christianisme, il soutint toujours qu'il fallait laisser aux clercs et aux théologiens l'explication et la
défense du dogme, qu'aux laïques savants il appartenait
seulement de faire ressortir les convenances et les bienfaits de la doctrine chrétienne. Cette sagesse a mis à l'abri
de l'erreur toutes les belles œuvres de sa précoce et féconde maturité.

Et l'originalité, ce don qui fait les maîtres, faut-il la
reconnaître à celui que, jusqu'à présent, nous avons montré disciple? Oui. Venu trop tard, il n'a pas eu la gloire
d'être un initiateur; cependant il a été quelque chose
de plus qu'un admirable « metteur en œuvre ». « Croyez,
écrit Lamartine au jeune polémiste de 18 ans, que la pensée était en vous; la mienne n'a été que l'étincelle qui a
allumé votre âme[1]. » L'esprit d'Ozanam s'est allumé à la
pensée d'autrui : mais il a tiré de son propre fond et
de ses études l'élément d'une flamme très brillante et très
personnelle. C'est ce que la suite de ses écrits va nous
montrer.

*
* *

Ce qui frappe avant tout d'étonnement quiconque étudie la vie de Frédéric Ozanam, c'est l'extraordinaire pré-
cocité de sa vocation et l'inébranlable fermeté avec laquelle
il y est resté fidèle, en dépit de tout ce qui aurait pu l'en
détourner. Dès que sa raison s'est ouverte à la réflexion
personnelle, il a formé le noble et généreux dessein de
devenir, parmi ses contemporains, un apologiste de la
doctrine de Jésus-Christ.

A l'âge de seize ans, — et que l'on songe à ce que sont
habituellement les jeunes gens de seize ans, — il sait ce
qu'il veut faire. A dix-huit ans, il en adresse à ses amis
Fortoul et Hippeau la solennelle déclaration[2] :

1. Lamartine à Frédéric Ozanam, 18 août 1831, dans les Lettres d'Ozanam,
t. I, p. 23.
2. Lettre du 15 janvier 1831.

« *Quant à moi, mon parti est pris; ma tâche est tracée pour la vie...* Comme vous, je sens que le passé tombe, que les bases du vieil édifice sont ébranlées et qu'une secousse terrible a changé la face de la terre. Mais que doit-il sortir de ces ruines? La société doit-elle rester ensevelie sous les décombres des trônes renversés, ou bien doit-elle reparaître plus brillante, plus jeune et plus belle? Verrons-nous *novos cœlos et novam terrram?* Voilà la grande question. Moi qui crois à la Providence et qui ne désespère pas de mon pays comme Charles Nodier, je crois à une sorte de *palingénésie.* Mais, quelle en sera la forme, quelle sera la loi de la société nouvelle? Je n'entreprends pas de le décider. »

Avec l'enthousiame de sa pure jeunesse et une foi ardente dans les destinées de la France, Ozanam, en effet, ne saurait s'imaginer qu'il y a des décadences qui durent des siècles et qu'une société peut sortir de ses ruines sans être pour cela plus belle. Et pas davantage il n'admet que tout dans le passé, fussent les siècles de l'antiquité païenne, ait été marqué au sceau du mal.

« Ce que je crois pouvoir assurer, c'est qu'il y a une Providence et que cette Providence n'a point pu abandonner pendant six mille ans des créatures raisonnables, naturellement désireuses du vrai, du bien, du beau, au mauvais génie du mal et de l'erreur; que par conséquent, toutes les *créances* du genre humain ne peuvent pas être des extravagances et qu'il y a eu des vérités de par le monde. Ces vérités, il s'agit de les retrouver, de les dégager de l'erreur qui les enveloppe; *il faut chercher dans les ruines de l'ancien monde la pierre angulaire sur laquelle on reconstruira le nouveau.* »

Cette pierre angulaire, c'est la religion qui n'est elle-même que le divin complément de la « religion primitive, antique d'origine, essentiellement divine et, par là même, essentiellement vraie ».

Le premier besoin de l'homme, le premier besoin de la société, ce sont les idées religieuses; le cœur a soif de

l'infini ; d'ailleurs, s'il est un Dieu, s'il est des hommes,
il faut entre eux et Lui des rapports, donc une religion,
donc une révélation première ; telles sont les étapes du
raisonnement d'Ozanam.

« C'est cet héritage, transmis d'en haut au premier homme
et du premier homme à ses descendants, que je suis pressé
de rechercher. Je m'en vais donc à travers les régions et
les siècles, remuant la poussière de tous les tombeaux,
fouillant les débris de tous les temples, exhumant tous les
mythes, depuis les sauvages de Kook, jusqu'à l'Egypte de
Sésostris; depuis les Indiens de Vishnou jusqu'aux Scan-
dinaves d'Odin. J'examine les traditions de chaque peuple, je m'en demande la raison, l'origine et, aidé des lumières de la géographie et de l'histoire, je reconnais dans
toute religion deux éléments bien distincts : un élément
variable, particulier, secondaire, qui a son origine dans
les circonstances de temps et de lieu dans lesquelles
chaque peuple s'est trouvé, et un élément immuable, universel, primitif, inexprimable à l'histoire et à la géographie. Et comme cet élément se retrouve dans toutes les
croyances religieuses et apparaît d'autant plus entier, d'autant plus pur qu'on remonte à des temps plus antiques,
j'en conclus que c'est lui seul qui régna dans les premiers
jours, et qui constitue la religion primitive. J'en conclus,
par conséquent, que la vérité religieuse est celle qui, ré-
pandue sur toute la terre, s'est retrouvée chez toutes les
nations, transmise par le premier homme à sa postérité.
puis corrompue, mêlée à toutes les fables et à toutes les
erreurs. »

Le même besoin religieux qu'il découvre dans la société humaine, Frédéric Ozanam l'aperçoit encore au fond
du cœur de chaque homme et le lit en particulier dans le
sien; il lui faut quelque chose de solide, il ne le trouve
que dans le christianisme, dans le catholicisme « avec
toutes ses *grandeurs*, avec toutes ses délices », de telle
sorte que sa conscience le mène précisément là où l'avaient
conduit la réflexion et l'étude.

« Ebranlé quelque .temps par le doute, je sentais un
besoin invincible de m'attacher de toutes mes forces à
la colonne du temple, dût-elle m'écraser dans sa chute ;
et voilà qu'aujourd'hui je la retrouve, cette colonne,
appuyée sur la science, lumineuse des rayons de la sagesse, de la gloire et de la beauté ; je la retrouve, je
l'embrasse avec enthousiasme, avec amour. Je demeurerai
auprès d'elle, et de là, j'étendrai mon bras, je la montrerai comme un phare de délivrance à ceux qui flottent
sur la mer de la vie, heureux si quelques amis viennent
se grouper autour de moi ! Alors nous joindrions nos
efforts..., et peut-être un jour la société se rassemblerait-elle tout entière sous cette ombre protectrice ; le
catholicisme, plein de jeunesse et de force, s'élèverait
tout à coup sur le monde, il se mettrait à la tête du
siècle renaissant pour le conduire à la civilisation, au
bonheur. » « Oh ! mes amis, s'écrie Ozanam dans un
transport lyrique, je me sens ému en vous parlant, je
suis tout plein de plaisir intellectuel ; car l'œuvre est
magnifique et je suis jeune ; j'ai beaucoup d'espoir et je
crois que le temps viendra où j'aurai nourri, fortifié ma
pensée, où je pourrai l'exprimer dignement. »

Et alors il trace de ses travaux préliminaires un programme géant, comme on en pouvait faire jadis, qui aujourd'hui nous fait sourire : « Connaître une douzaine de
langues pour consulter les sources et les documents,
savoir assez passablement la géologie et l'astronomie
pour pouvoir discuter les systèmes chronologiques et
cosmologiques des peuples et des savants, étudier enfin
l'histoire universelle dans toute son étendue, et l'histoire
des croyances religieuses dans toute sa profondeur ;
voilà ce que j'ai à faire pour parvenir à l'expression de
mon idée. »

Lui-même, au surplus, s'étonne de sa hardiesse :

« Mais qu'y faire ? Quand une idée s'est emparée de vous
depuis deux ans et surabonde dans l'intelligence, impa-
tiente qu'elle est de se répandre au dehors, est-on maître

de la retenir? Quand une voix vous crie sans cesse :
« Fais ceci, je le veux ! » peut-on lui dire de se taire ? »

Ou je me trompe fort, ou voilà la vocation dans toute
la force du terme : Ozanam sera l'homme d'une vocation.
La forme de son dessein se modifiera sous l'influence de
ses études et des circonstances de sa carrière. De l'histoire des religions, nuancée de quelques études philosophiques [1], il inclinera vers la philosophie de l'histoire,
pour aboutir à l'histoire proprement dite ; mais le fond
de son dessein restera toujours le même; prouver par
l'histoire de l'humanité, envisagée de tel ou tel point
de vue, l'excellence et la vérité de la religion [2] ; grâce à
cette démonstration, préparer les futures reconstructions
sociales sur une base chrétienne, conclusion qu'il formu-
lera dès ses premiers écrits, et dont la crise de 1848 lui
fournira, vers la fin de sa trop courte vie, l'occasion de
réclamer l'application pratique.

Frédéric Ozanam a donc commencé par l'*Histoire des
religions*, et ce fut le point de départ de sa grande œuvre apologétique.

Dès 1829, il conçoit la pensée d'un ouvrage intitulé :
*Démonstration de la religion catholique par l'antiquité
des croyances historiques, religieuses et morales.*

Sans retard, il se met au travail : l'*Abeille*, petite revue
fondée par l'abbé Noirot, reçoit son premier essai, cinq
articles sur « la vérité de la religion chrétienne prouvée
par la conformité de toutes les croyances », étude imparfaite, assurément, mais qui dénote d'étonnantes lectures chez un aussi jeune homme, et déjà une remarquable puissance de réflexion et de synthèse [3].

1. Voir l'*Abeille française de Lyon*, 1829 et 1830.
2. Cf. AMPÈRE, *Préface aux œuvres complètes d'Ozanam*, t. I.
3. Voir ci-dessus l'étude de M. Georges Goyau qui a donné la substance de ces
articles; je n'y reviens donc pas. Ces articles sont de 1830.

Quelques mois plus tard, dans une lettre du 4 septem
bre 1831 à son cousin Falconnet, il précise les traits de
l'œuvre rêvée et en distingue nettement les parties.

« Il s'agit de décrire toutes les religions des peuples
de l'antiquité et des peuples sauvages (lesquels sont aussi
à notre égard *antiques, primitifs*); il s'agit de réunir dans
un vaste tableau toutes les croyances et leurs phases.
J'appelle ce premier travail *Hiérographie*.

« Nous avons acquis la connaissance des faits; il faut
en déterminer les rapports, il faut reconnaître la généa-
logie, la parenté des religions diverses, comment les
croyances-mères se sont divisées en sectes, en branches.
multipliées; cette œuvre, je la nomme *Symbolique*.

« Enfin, il reste à rechercher les causes de cette innom-
brable variété, il faut exprimer chaque mythe pour en découvrir l'esprit et le sens, découvrir sous le voile de l'allégorie le fait ou le mystère qui s'y cache, et, mettant d'un·
côté tous les éléments secondaires, variables, relatifs aux
temps, aux lieux, aux circonstances, recueillir, comme l'or
au fond du creuset, l'élément primitif, universel, le christianisme; ceci est l'*Herméneutique*.

« Et ces trois sciences, l'une de faits, la seconde de rapports, la troisième de causes, se confondent en une seule,
que je nomme *Mythologie*.

« Elaborée ainsi, dans un ordre analytique et rationnel,
cette science arrivée à son terme peut se présenter sous
la forme de synthèse ou d'histoire.

« Alors s'offriraient aux regards : sur le premier plan,
la création de l'homme et la révélation primitive; puis le
péché et la corruption de la croyance; enfin, les développements et les subdivisions de chacune de ces sources
altérées et la permanence de la tradition mosaïque jusqu'au jour du Christ.

« Et là, si la mort ou la vieillesse ne nous ont point encore arrêtés, là s'élève la grande figure du christianisme
dans toute sa splendeur : Le Christ, la philosophie de sa
doctrine présentée comme la loi définitive de l'humanité;

puis sa glorieuse application durant dix-huit siècles, et enfin, la détermination de l'avenir[1].

« Magnifique trilogie, où viendraient se retracer l'origine du christianisme, sa doctrine, son établissement, ou le laborieux enfantement de l'humanité, l'exposition de la loi qui doit la régir et ses premiers pas dans cette loi divine. »

N'est-il pas vrai qu'une telle page révèle une singulière vigueur d'esprit? Et, dès cette époque, notre jeune étudiant possède des données positives assez étendues pour qu'on ne puisse lui reprocher de construire « en l'air ». Ne cite-t-il pas, comme en ayant une certaine connaissance, le *Mithridate* d'Adelung, la *Symbolique* de Creuzer, les travaux de Champollion, d'Abel Rémusat, d'Eckstein, de Schlegel et de Goerres?

Et cependant, quoiqu'il ne l'ait jamais perdue de vue à travers tous ses autres travaux, l'étude de l'*Histoire des Religions* n'était pas destinée à remplir la vie de Frédéric Ozanam. Elle n'est représentée dans les œuvres de sa maturité que par deux mémoires de quelque étendue, l'un qui fait partie des *Etudes germaniques* et traite de la religion des anciens Germains; l'autre, un *Essai sur le Bouddhisme*, publié en 1842.

Point de doute qu'on n'y retrouve très caractérisée la trace des théories auxquelles Ozanam, dans sa jeunesse, avait accordé sa pleine adhésion, mais avec de très heureux correctifs.

« Il faut savoir, écrit l'auteur des *Germains avant le christianisme*[2], quelles idées de la création, de la vie future, éclairèrent tant de millions de créatures humaines qui vécurent comme nous, qui souffrirent comme nous et qui n'eurent pas moins d'intérêt que nous à connaître leurs destinées éternelles. En d'autres

---

1. Ozanam croit toujours, en effet, que l'avenir religieux de l'humanité doit être déterminé par son passé; on lit dans la même lettre « Donc cette question de droit : *Quel est l'avenir religieux de l'humanité?* se développe, s'éclaircit et fait place à cette question de fait : *Quelle fut la religion primitive?* »

2. T. I, c. II, p. 48.

termes, il s'agit d'apprendre s'il y eut chez les Germains une tradition religieuse perpétuée par l'enseignement, par le sacerdoce et le culte public, qui les rattache à la société des nations civilisées ; ou bien, si l'on
n'y trouve que les superstitions grossières où tous les
peuples sauvages se jettent, pour satisfaire ce besoin de
croire et de pratiquer qui tourmente tous les hommes. »

Une étude minutieuse de la mythologie des peuples de
race germanique permet à l'historien de rattacher leurs
traditions aux grands systèmes dualistes et panthéistes
de la Perse et de l'Inde ; mais, par delà ces systèmes, il
veut atteindre « le premier état de la tradition », « les
dogmes primitifs » ; et il se fait fort d'y parvenir.

« C'est d'abord une divinité souveraine dont le nom désigne une nature spirituelle, qu'aucune image ne peut
figurer, aucun temple contenir. C'est une trinité qui parait dans les trois chefs des Ases : Odin, Vili et Ve ; dans
les trois personnages divins adorés à Upsal : Thor, Odin
et Freyr ; dans les trois noms qu'invoquaient les Saxons
et les Francs : Donar, Wodan et Saxnot. C'est un âge d'or
où tout vivait en paix, jusqu'à ce que le crime d'une
femme introduisît le désordre et la mort. Ici, peut-être,
se rattachent d'autres souvenirs : l'arbre symbolique planté
au centre de la terre, le principe du mal prenant la figure
du serpent, le déluge où la première génération des méchants fut détruite. Le destin du monde roule sur l'immolation du dieu victime, qui ne subit la mort que pour la
vaincre. Enfin, tout aboutit au jugement des âmes et à
l'autre vie sanctionnant les devoirs de celle-ci. Ces peuples
violents, qui ont horreur de toute dépendance, conservent,
dans leurs chants, les préceptes d'une morale bienfaisante ;
ils se soumettent aux assujettissements, aux humiliations
volontaires du culte, de la prière, du sacrifice. *C'est le fond
mystérieux sur lequel toutes les religions reposent.* En ouvrant les livres, en comparant les monuments de toutes
les nations qui ont laissé une trace dans l'histoire, on y
verrait, dispersés mais reconnaissables, les mêmes dogmes

de l'unité, de la trinité, de la déchéance, de l'expiation par
un Dieu Sauveur, de la vie future. Les mêmes préceptes y
seraient soutenus des mêmes institutions. Ces idées, partout corrompues et troublées, retrouvent leur pureté et
leur enchaînement naturel dans les souvenirs de la Bible.
*C'est là que je reconnais une tradition primitive, un ensei-
gnement divin, qui fit la première éducation de la raison
humaine et sans lequel l'homme naissant, pressé par des
besoins sans nombre, entouré de toutes les menaces du
monde extérieur, ne se fût jamais élevé aux connaissances
qui font la vie morale.* Quand les peuples se séparent et
s'en vont aux extrémités de la terre chercher le poste où
ils doivent s'arrêter, *la tradition les accompagne;* elle
voyage sur leurs chariots avec leurs vieillards, leurs femmes, leurs enfants avec tous les gages sacrés de la société future. Quelque part qu'ils dressent leur hutte, au
bord de la Baltique ou du Danube, elle demeure au milieu d'eux, elle vit au foyer de ces laboureurs et de ces
pâtres ; elle y entretient la pensée de Dieu, des ancêtres,
du devoir, de l'autre vie, de toutes les choses invisibles
qui enveloppent le monde visible, l'éclairent et le rendent
habitable pour les âmes [1]. »

Telle est, exprimée avec plus de force et de netteté que
nulle part ailleurs, la pensée définitive de Frédéric Ozanam sur la révélation primitive et la tradition. Après tout,
si on la dégage de quelques termes excessifs et de certains rapprochements douteux ou forcés, elle ne diffère
pas essentiellement de celle que Bossuet, au début du
Discours sur l'Histoire universelle, a livrée aux méditations de la postérité [2].

---

1. *Etudes germaniques*, t. I, p. 101-105.
2. « Tel est le commencement de toutes les histoires où se découvrent la
toute-puissance, la sagesse et la bonté de Dieu, l'innocence heureuse sous sa
protection ; sa justice à venger les crimes, et en même temps sa patience à attendre la conversion des pécheurs, la grandeur et la dignité de l'homme dans
sa première institution, le génie du genre humain depuis qu'il fut corrompu :
le naturel de la jalousie, et les causes secrètes des violences et des guerres,
c'est-à-dire tous les fondements de la religion et de la morale. Avec le genre
humain, Noé conserva les arts ;... Ces premiers arts que les hommes apprirent

Ozanam maintient absolument le caractère surnaturel
de cette première révélation, distincte des vérités surnaturelles auxquelles l'esprit humain peut accéder de lui-
même, ainsi que la divine autorité de nos Livres sacrés,
qu'il s'agisse de la rédaction, de la transmission ou de la
conservation des antiques traditions religieuses. Tout en
admettant la nécessité morale de la révélation qu'il considère comme éducatrice de la raison, il se garde de soutenir l'impuissance radicale de la raison; il ne fait pas de
la vérité révélée le point de départ nécessaire de toute
vérité rationnelle; il ne confond pas les deux ordres et
donc il évite l'erreur fondamentale du traditionalisme[1].

Peut-être a-t-il marqué d'un trait moins exact et moins
fort, au moins dans cette étude, l'originalité et même
(quoiqu'il l'affirme) la transcendance du christianisme
qu'il réduit trop exclusivement à avoir refait le partage
entre la vérité et l'erreur, purifié ce qui était corrompu.
Après un vigoureux tableau des superstitions germaniques
et de leurs suites honteuses, qui « allaient au renversement de toutes les lois conservatrices de l'humanité, si
l'Evangile ne fût arrivé à temps pour les rétablir », il
ajoute :

« Sans doute, il n'y a pas de société si égarée, il n'y a
pas de siècle si corrompu, où l'on ne trouve, au moins
implicitement, les vérités métaphysiques sur lesquelles
toute moralité repose. Mais ces vérités y sont mêlées d'erreurs qui les contredisent, troublent leur clarté, ébranlent leur certitude, affaiblissent leur puissance. Le mal-

d'abord et apparemment de leur Créateur, sont l'agriculture, l'art pastoral, celui de se vêtir et, peut-être, celui de se loger. Aussi ne voyons-nous pas le
commencement de ces arts en Orient, vers les lieux d'où le genre humain s'est
répandu. La tradition du déluge universel se trouve par toute la terre... Plusieurs autres circonstances de cette fameuse histoire se trouvent marquées dans
les annales et dans les traditions des anciens peuples; les temps conviennent, et
tout se rapporte, autant qu'on le pouvait espérer dans une antiquité si reculée. »
Discours sur l'Histoire universelle, 1ʳᵉ partie, 1ʳᵉ époque.

1. Il ne s'était pas toujours exprimé avec la même exactitude. Dans sa lettre
à Falconnet, du 29 décembre 1831, il disait : « La vérité religieuse est la *source*
et la *fin* de la vérité philosophique. » Mais qui ferait un grief de cette inexac-
titude à un jeune laïque de dix-huit ans ?

heur des siècles païens est beaucoup moins d'avoir ignoré
le bien que de n'avoir pas haï le mal, de l'avoir aimé, de
l'avoir adoré. C'est l'état où le christianisme trouva les
esprits. Ce qu'il avait à faire, ce que toutes les philosophies avaient inutilement tenté, c'était de dégager de
toute contradiction les vérités troublées, de raffermir ces
vérités ébranlées en y remettant l'enchaînement logique
qui saisit les intelligences, de rendre à ces vérités affai-
blies l'efficacité morale qui subjugue les cœurs. *Ce que
voulait l'intervention d'un pouvoir surnaturel*, c'était de
détruire toutes les confusions où la faiblesse humaine
trouvait son intérêt, de séparer courageusement, irrévo-
cablement le vrai du faux, le bien du mal, comme il
avait fallu la puissance du Créateur au commencement
pour séparer la lumière des ténèbres, et pour appeler la
lumière *jour* et les ténèbres *nuit*[1]. »

Il n'est que juste de faire observer que, sur ce point de
l'originalité du christianisme, Ozanam s'était déjà prononcé,
et en termes irréprochables aux yeux de la plus stricte
orthodoxie, dans son *Etude sur le Bouddhisme*, publiée
en 1842, cinq ans avant que ne parût le chapitre sur la
Religion des Germains. Sans doute, il voit dans la *triade*
des Hindous et dans les incarnations des Bouddhas comme
un vestige des augustes mystères de la Sainte Trinité et
de l'Incarnation. Mais il s'élève avec force contre tant de
prétendues ressemblances dont on a voulu tirer parti contre le christianisme ; il démontre que sous ces ressemblances extérieures se cache un fond très différent ; enfin,
il prend catégoriquement parti en faveur des critiques qui
affirment la très grande influence du christianisme nesto-
rien sur l'évolution du bouddhisme : « En sorte, dit-il,
qu'argumenter des analogies du culte lamaïque contre la
divine origine du christianisme, c'est à peu près comme
si, des souvenirs de la Bible épars dans le Coran, on voulait
conclure que Moïse fut le plagiaire de Mahomet. » Et il

---

1. *Etudes germaniques*, t. I, p. III.

ajoute très justement : « Mais il y a trois choses qui ne se
contrefont pas ; ce sont : la foi, l'espérance et la charité ;
là où elles manquent, l'illusion des ressemblances n'est
pas longue[1]. »

On est donc en droit de conclure qu'Ozanam avait
rejeté tout ce qui, du traditionalisme, ne saurait être
appprouvé, pour n'en garder que ce qui, à condition d'en
user avec prudence, peut servir la cause d'une saine apologétique et donc de la vraie religion.

*
* *

Peut-être ceux qui ont présente à la mémoire la naïve
et fougueuse passion pour la philosophie que le cours de
l'abbé Noirot avait allumée dans le cœur du jeune collégien de Lyon, se sont-ils étonnés de voir notre apologiste
débuter, ainsi que nous venons de le montrer, par l'*Histoire des religions*. Frédéric Ozanam n'avait-il pas écrit
que « les grands hommes de la religion, de la littérature
et de la morale n'avaient été grands *que parce qu'ils*
avaient puisé leurs connaissances dans la philosophie » ;
et n'avait-il pas manifesté l'ambition de « tout faire rentrer dans ce cadre immense, dont le titre serait *Philosophie[2]* » ?

A vrai dire, si la Providence avait doué celui qu'elle
destinait à la belle mission d'apologiste d'une intelligence
généralisatrice et synthétique, elle ne lui avait pas donné
un esprit proprement philosophique, du moins à entendre par là un esprit tourné vers les hautes spéculations
de la métaphysique[3]. Il semble bien que le cours de l'abbé
Noirot et l'éclectisme cousinien aient été pour lui le dernier mot de la philosophie spiritualiste.

Certes, lorsqu'il étudie *Dante et la philosophie catholique*, les idées justes et ingénieuses ne sont pas rares

1. *Mélanges*, t. II, 257.
2. Voir l'étude ci-dessus de M. Goyau et les textes qu'il cite.
3. Ozanam définit ainsi l'esprit philosophique : « Universalité de savoir, élévation de point de vue, ne sont-ce pas là les deux éléments constitutifs de
l'esprit philosophique ? » *Dante*, partie I, ch. IV.

sous sa plume. Je ne craindrai pas cependant d'affirmer
que ses vues me paraissent souvent manquer de profondeur et même de précision. Bien qu'il réagisse contre
ses détracteurs[1], il ne pénètre pas jusqu'à la moelle de
la doctrine scolastique. S'il la loue au xiiie siècle, c'est
« qu'il y eut alors un véritable éclectisme, où la raison,
les sens, l'intuition, la tradition du passé, toutes les
grandes puissances de l'entendement firent alliance. Au
lieu des sectes exclusives de l'âge précédent, il s'éleva
d'illustres docteurs dont chacun représenta plus excel-
lemment une de ces puissances, mais jamais ne méconnut
les autres[2] ».

Il ne paraît avoir connu Aristote qu'à travers ses
ennemis qu'il se plaît à citer[3], et c'est à son excessive
influence qu'il attribue la décadence de la scolastique.

« Alors (au xive siècle), au milieu du concert presque
unanime des docteurs chrétiens, fut célébrée l'apothéose
d'Aristote. La divinité païenne ne se contenta point toujours d'encens ; il lui fallut des sacrifices, l'immolation
de toute doctrine indépendante. La scolastique finit au
milieu de ces orgies, comparable au monarque d'Israël
dont la jeune sagesse avait étonné le monde et qui pro-
fana ses vieux jours en introduisant dans les temples des
idoles étrangères[4]. »

Ozanam était homme d'imagination, mais son imagination avait besoin d'être provoquée par des réalités ; et de
même chez lui la faculté « spéculative ». Philosophe, en
un sens, il l'est : mais c'est à l'économie politique et sociale,
c'est à l'histoire surtout, qu'il appliquera sa philosophie.

Une lettre de lui à son ami Falconnet, du 29 décembre
1831, est à ce point de vue très significative. Il se pose

---

1. « Et d'abord, de toutes les choses du Moyen Age, la plus calomniée, celle
dont la réhabilitation s'est fait le plus attendre, c'est sa philosophie. Contre
elle, l'ignorance a suscité le dédain, etc. ». *Dante*, Introduction, p. 58 (6e édition).
2 *Dante et la philosophie catholique*, p. 91.
3. Etude sur le chancelier Bacon, publiée dans la *Revue européenne*, 1836;
dans les *Mélanges*, t. I. *Deux chanceliers d'Angleterre*, p. 427-431.
4. *Dante et la philosophie catholique*, p. 104.

le problème de la destinée sociale de l'homme ; à l'école purement philosophique, il oppose l'école historique ; il estime que c'est à l'histoire elle-même qu'il convient de demander la clef de l'histoire du genre humain et que par conséquent, le dernier mot est à la « philosophie de l'histoire [1] ».

La philosophie de l'histoire ! Et par là, voici qu'il se relie à la grande chaîne des apologistes chrétiens dont les premiers anneaux furent saint Augustin, dans les vingt-deux livres de la *Cité de Dieu*, et son disciple Paul Orose, dans ses *Sept livres d'histoires contre les païens*.

Chateaubriand dit de l'œuvre de Vico : « La *Scienza nuova* tire son unité de la religion, principe producteur et conservateur de la société. *C'est une théologie sociale, une démonstration historique de la Providence*, une histoire des décrets par lesquels, à l'insu des hommes, et souvent malgré eux, elle a gouverné la grande cité du genre humain [2]. »

C'est aussi l'idée d'Ozanam qui d'ailleurs avait lu Vico [3].

« Au milieu des passions et des doutes qui troublent notre siècle, — dira-t-il, à la première ligne du *Discours préliminaire de Dante et la philosophie catholique*, — le passé ne nous intéresse que par où il nous touche, c'est-à-dire *par ce qui nous en est resté. Tout l'intérêt* de l'histoire littéraire est de chercher, parmi les monuments intellectuels de tous les siècles, *le conseil de la Providence* et la loi générale de l'esprit humain. »

Deux écrits de la jeunesse d'Ozanam manifestent très particulièrement cette tendance, et on les considère justement comme contenant en germe toute l'œuvre historique du futur professeur de Sorbonne : les *Réflexions sur la doctrine de Saint-Simon*, de 1831, et l'article intitulé : *Du progrès par le christianisme*, de 1835.

L'occasion du premier de ces écrits, — la venue à Lyon

1. *Lettres*, t. I, p. 41-42.
2. Préface des *Études historiques*, p. 46.
3. Mgr Baunard, *Frédéric Ozanam*, p. 51.

de missionnaires saint-simoniens, — a été décrite ici même par M. Goyau en termes pittoresques. Je ne m'arrêterai donc qu'à la thèse de notre apologiste; et encore laisserai-je de côté tout ce qui, se rattachant à la démonstration du caractère universel du christianisme à travers les âges, nous ramènerait aux théories traditionalistes et nous entraînerait à de fâcheuses redites.

Rappelons seulement que, pour Ozanam, le christianisme n'est pas la constitution d'une époque, mais la loi éternelle du genre humain. Attentif à tous ses besoins pour y pourvoir, à tous ses développements pour les favoriser, il a assisté à son berceau, il assistera à son dernier soupir[1].

C'est donc à l'aide de l'histoire, de la comparaison des théories et des faits que l'apologiste prétend trancher le débat entre le christianisme et le Saint-Simonisme[2].

« Si j'avais à énumérer tous les caractères sacrés de la religion du Christ, toutes les marques de sa mission, longue serait ma tâche. Il faudrait d'abord exposer le vaste tableau de l'attente des nations et la nombreuse série des prophètes qui venaient rappeler l'antique promesse. Puis, apparaîtrait Jésus avec ses prodiges, sa vie, sa mort, sa résurrection, et enfin l'excellence de sa doctrine, son influence bienfaisante, ses victoires et ses triomphes. Car telle est la nature du christianisme que ses bases sont accessibles à toutes les intelligences, et que parmi ses preuves, les unes historiques, et pour ainsi dire matérielles, peuvent s'adresser aux esprits les plus grossiers; les autres, rationnelles et philosophiques, présentent un aliment solide aux âmes les plus élevées, aux pensées les plus hardies. Mais ce n'est point une démonstration de la divinité du christianisme que je dois établir : je me bornerai à une appréciation rapide de sa doctrine et de ses bienfaits[3] ».

1. *Mélanges*, t. I, p. 320.
2. *Ibid.*, p. 321.
3. *Ibid.*, p. 333-334.

En quelques pages d'une très belle envolée, cet écrivain
de dix-huit ans met sous les yeux du lecteur toute la substance et toutes les merveilles de la vérité apportée aux
hommes par le Christ. A l'homme dégradé, l'Evangile
révèle une nouvelle existence, *car l'homme ne vit pas
seulement de pain ;* il lui tend la main pour le relever;
il le fait renaître de *l'eau et de l'esprit*, il le place, plein
d'espérance, à l'entrée d'une carrière dont le terme est
sublime : *soyez parfaits comme votre Père céleste est parfait*, l'appelant à s'élever sans cesse sur l'échelle du progrès. En même temps que le christianisme dicte cette loi,
il donne l'essor à toutes les puissances intellectuelles et
morales. Il s'adresse d'abord au sentiment religieux pour
en faire l'âme de la vie humaine; il charme l'imagination
par des tableaux tour à tour pleins de magnificence et de
grâce; il échauffe, il épure les affections en leur présentant des objets sacrés; il parle à l'intelligence en offrant
des idées imposantes, des vérités fécondes, que les écoles
philosophiques les plus célèbres n'avaient qu'à peine pres-
senties. Vers Dieu doivent converger toutes les pensées,
tous les sentiments, toutes les œuvres; revêtu de toutes
les perfections qui font naître l'amour, il fait un précepte
d'aimer. Sur les ailes des trois vertus de foi, d'espérance
et de charité l'homme s'élance vers son Père céleste qui le
comble à son tour de consolation et de lumières, qui lui
promet pour prix de ses combats et de ses peines une vie
immortelle, délicieuse.

Le christianisme fait preuve d'une vaste connaissance
des besoins de l'humanité et les satisfait; par le mystère,
il répond à sa soif d'infini, à ses rêves d'un horizon sans
bornes; par le culte, il plaît à sa nature matérielle et physique, incapable de s'alimenter d'idées pures.

Comme la religion de l'Evangile se résume dans l'amour
de Dieu, de même sa morale est renfermée tout entière
dans l'amour des hommes; l'autorité, la liberté y trouvent
leur suprême garantie; la loi de paix et d'amour répand
ses bienfaits dans la société et dans la famille; sans se

rendre solidaire d'aucun régime social ou politique ; elle
impose aux uns et aux autres les grands principes qui
servent de base à tout édifice bien construit.

Mais faut-il croire que le christianisme, uniquement préoccupé du bien moral de l'homme, se soit peu soucié de
ce qui met son intelligence en action et de ce qui embellit
sa vie? Non, non. Partout où le christianisme surgit, il
s'entoure de lumières ; partout, à son appel, s'éveillent les
sciences et les arts ; toute nation qui devient chrétienne
est une nation qui s'ouvre au vrai et au beau, en même
temps qu'au bien[1].

Voilà, nul n'y contredira, l'idée de la civilisation aux
temps barbares, de toute l'œuvre historique et littéraire de
Frédéric Ozanam.

Cependant le Saint-Simonisme dresse contre les catholiques une formidable objection : ils méconnaissent, dit-
il, la perfectibilité humaine, puisqu'ils sont obligés de
considérer comme un égarement immense les trois siècles
écoulés depuis la Renaissance et la Réforme; tout le mouvement philosophique en particulier, n'ont-ils pas le devoir
de le maudire[2] ?

Le vaillant apologiste du christianisme ne se laisse pas
déconcerter et sa réponse est aussi intéressante qu'originale.

La loi de la raison, si l'on envisage le *processus* religieux de l'homme individuel, est de passer de la foi intui-
tive à l'examen méthodique, de l'examen à la foi raisonnée
qui est la véritable conviction. Cette loi s'applique à la
société chrétienne. Elle a débuté par la foi pure et simple; du XVIIᵉ au XVIIIᵉ siècle, elle s'est abandonnée en
majeure partie au libre examen d'où sont sorties l'erreur
protestante et l'incrédulité du XVIIIᵉ siècle; aujourd'hui
commence la troisième époque; le christianisme renaît
dans les intelligences et dans les cœurs; la philosophie,
les sciences naturelles, l'histoire, la littérature prennent

1. *Mélanges*, t. I, p. 334-351.
2. *Ibid.*, p. 351.

dans notre pays une direction nouvelle. Et non pas seulement dans notre pays.

« Tournez vos regards sur les peuples qui nous envi-
ronnent : dites, quelle est cette main invincible qui entraîne dans le sein du catholicisme les savants de l'Allemagne protestante? Quelle est cette énergie victorieuse
qui a ramené au giron de l'Eglise les Creutzer, les
Schlegel, les Haller, les Stolberg, les d'Eckstein, devenus
les appuis inébranlables de leur mère adoptive? Dites,
comment se fait-il que l'Angleterre émancipe le catholicisme et se sente poussée elle-même vers cette grande
unité dont un roi tyran la sépara? Comment se fait-il
qu'aux Etats-Unis le nombre des catholiques, qui était de
cinq mille à l'époque de l'indépendance américaine, soit de
cinq cent mille aujourd'hui? Jetez les yeux sur l'Irlande et la
Pologne, et voyez ce que peut encore la vertu de la croix :
ou bien encore, retournez-vous vers la Suisse, vers les
jeunes républiques de l'Amérique méridionale. Là, tandis
que le protestantisme se montre surtout favorable à l'aristocratie, par laquelle il avait pénétré dans l'Europe, le
catholicisme, fidèle à la cause des peuples, veille au maintien des antiques libertés : il règne encore dans les can-
tons de Schwitz, Uri, Unterwalden; il fleurit dans les murs
de Mexico et de Lima : Guillaume Tell avait murmuré sa
naïve prière le jour où il donna l'indépendance à sa patrie,
et les derniers soupirs de Bolivar se collèrent sur le crucifix.

« Oh! que c'est donc avoir la vue courte et l'esprit faible, que de s'en aller faisant l'oraison funèbre du christianisme, parce qu'on a abattu quelques croix dans Paris,
ou parce qu'une cabale irréligieuse s'est opposée quelque
part aux processions publiques! Pour nous, nous acceptons
l'époque actuelle comme la fin des temps de doute, comme
l'heure où l'*examen* achève de s'opérer, où la *conviction*,
va avoir son tour[1]. »

---

1. *Mélanges*, t. I, p. 356-358.

Et, dès lors, Ozanam peut conclure :

« Nous avons tracé à grands traits le tableau du christianisme : comme son divin auteur, *il n'a pas d'autre
histoire que celle de ses bienfaits, præteriit bene faciendo*[1]. »

Sous son action, la vieille terre de France refleurira ;
elle se parera de la sagesse de ses institutions et de la
triple gloire des sciences, des arts, de l'industrie :

« Cette œuvre est à vous, jeunes gens... Voici que la
religion de nos pères vient s'offrir à vous, les mains
pleines. Ne détournez pas vos regards ; car, elle aussi est
généreuse et jeune comme vous. Elle ne vieillit point
avec le monde : toujours nouvelle, elle vole au devant
des progrès du genre humain ; elle se met à sa tête pour le
conduire à sa perfection... Appuyée désormais, non plus
sur un sceptre fragile, ni sur des trônes croulants, mais
sur les bras puissants de la science et des arts, elle va
s'avancer comme une reine vers les siècles futurs[2]. »

Le *Progrès par le christianisme* qu'Ozanam, âgé de
vingt-deux ans, fit paraître, en 1833, dans la *Revue Européenne* qui inaugurait une série nouvelle, esquisse une
philosophie de l'histoire universelle[3]. L'épigraphe *Estote
perfecti* indique assez que l'inspiration en est la même que
celle des *Réflexions sur la doctrine de Saint-Simon*. Mais
cette étude revêt un caractère beaucoup plus abstrait.

L'auteur met d'abord en lumière le contraste entre les
aspirations de son temps telles qu'elles lui apparaissent et
la médiocrité des résultats obtenus ; entre l'immensité des
vœux et l'impuissance des efforts, d'où les déceptions des
âmes les plus hautes, l'inquiétude et l'agitation de la
multitude. Que révèle ce contraste ? Un double besoin :
celui de croyance et celui de progrès.

Quelle doctrine lui donnera satisfaction ? Successivement toutes les écoles philosophiques qui se sont succédées
depuis le XVIIIe siècle y ont échoué. Les encyclopédistes

1. *Mélanges*, t. I, p. 360.
2. *Ibid.*, p. 408.
3. *Ibid.*, p. 107.

et l'école sensualiste ont conduit aux horreurs de la Révolution ; parmi les débris des doctrines antiques, l'éclectisme a glané de quoi donner une pâture aux intelligences
modernes ; mais il n'a pas fait l'union des esprits ; on s'est
lassé de l'entendre et voici venir une nouvelle école qui,
sous des noms divers et avec de multiples nuances, tend
à se représenter l'humanité comme un grand corps évo-
luant sous la poussée d'une force intérieure, que certains
appellent un principe divin. Toutes ces écoles, d'ailleurs,
n'ont elles pas ce trait commun de placer dans l'homme
lui-même le principe générateur de ses développements ?
Toutes sont rationalistes.

Mais la raison suffit-elle à l'homme ? Lui suffit-elle surtout
pour découvrir la loi de progrès suivant laquelle il doit
marcher ? Non, car où reconnaît-elle une loi de progrès ?
Dans la nature ? Sans doute ; mais ce progrès est arrêté et
les lois des êtres sont depuis longtemps fixées. Dans
l'histoire ? Sans doute encore. Mais dans les sociétés le
progrès n'est pas continu ; les décadences partout lui
succèdent. Dans la conscience ? Mais là, est-ce autre chose
qu'un rêve ou que le souvenir d'un trésor qui nous a été
ravi ? Il faut en convenir : la raison, tant qu'elle demeure
solitaire, ne saurait trouver nulle part la certitude de la
loi du progrès.

L'homme a besoin d'une lumière intelligible qui existe
en dehors de lui et vers laquelle il s'oriente. Le progrès,
c'est une ascension vers un type supérieur ; pour l'homme,
c'est l'essor vers un être qui vaut mieux que lui, qu'il
cherche à satisfaire et à imiter.

La raison ne peut pas être la source du progrès ; si elle ne
veut pas sortir d'elle-même, si l'homme prétend tout contenir dans son propre sanctuaire, l'aboutissement fatal
est le panthéisme, avec ses conséquences : l'égoïsme et
le fatalisme. Tel est le terme naturel, inévitable, des doctrines de Kant, de Fichte, de Schelling, de Hegel et de
Saint-Simon. En dépit des phrases sublimes sous lesquelles on cache leur venin, elles ne peuvent remettre entre

les mains de l'homme « déshérité de ses croyances et maître absolu de sa vie » que « la coupe des orgies et le glaive du suicide ».

Que faire donc? Revenir à la tradition reçue, revenir au christianisme.

Tous les hommes marchent vers un monde invisible, et cela de générations en générations ; ce monde invisible leur a été révélé ; il est immuable et cependant il est, pour l'humanité, le principe moteur et régulateur du progrès. La révélation est immuable dans son essence, progressive dans son application.

Mais, si cette application même est laissée à la seule raison de l'homme et à sa seule liberté, les chances d'erreur seront nombreuses. Et voilà pourquoi il faut qu'il y ait dans le monde un pouvoir supérieur, dépositaire et gardien de la doctrine révélée. Le progrès qui a été le résultat des interventions de Dieu dans l'histoire est aujourd'hui garanti par l'intervention de l'Eglise, qui discerne entre le vrai et le faux, entre le bon et le mauvais.

Le progrès même de la science serait incertain, douteux, équivoque, sans le contrôle de la foi. Ozanam va jusqu'à dire que « les dogmes révélés sont la trame sur laquelle toute science historique, physique, ou philosophique devra tresser ses fils et former son tissu ». C'est parce que l'antiquité n'a point connu cette association de la foi et de l'intelligence qu'elle a vu si peu grandir les sciences physiques, qu'elle n'a jamais possédé ni une histoire universelle, ni une philosophie complète[1].

Qu'on ne s'effraie donc point des limites que l'Eglise semble mettre à la liberté : elle n'en met qu'à l'erreur, dont les suites sont toujours funestes, et elle ne s'oppose à aucun progrès véritable. « L'orthodoxie chrétienne est l'atmosphère religieuse de l'humanité ; Dieu même a combiné avec une sagesse infinie les principes qui la composent ; et toutes les âmes qui peuvent se mouvoir librement

---

1. *Mélanges*, t. I, p. 132.

dans les diverses régions de la science, ou de l'art, ou de
la vie sociale, se meuvent et vivent dans cette atmosphère ;
est-il donc étonnant qu'elles périssent si elles veulent s'en
échapper? Et si elles trouvent mauvais que le Créateur
leur ait fixé des bornes, qu'il ait imposé des conditions
à leur existence morale, elles se plaignent de ce que Dieu
ne les a pas faites des dieux comme lui[1]. »

Trois images servent de perspective à l'histoire de l'humanité : à l'entrée, le souvenir de l'innocence primitive;
à la fin, la vision de la glorification future; au milieu,
la figure sacrée du Christ[2].

Cet écrit étincelle de pensées très nobles, et le plus
souvent très vraies. Malheureusement, l'influence des
principes philosophiques du traditionalisme y est plus
sensible que dans beaucoup d'autres. Emporté par son
juvénile et fougueux élan, Ozanam abaisse la raison, au
point qu'on se demande comment elle parvient à reconnaître l'authenticité d'une révélation, ou même la valeur
de l'autorité qui la lui impose.

On ne peut s'empêcher de considérer que cet article
parut au moment même où l'abbé Bautain, dans l'espoir
de couper court aux polémiques soulevées depuis un an
contre sa doctrine par l'*Avertissement* de l'évêque de Strasbourg, livrait au grand public sa *Philosophie du Christianisme*, et allait se voir obligé de souscrire aux six propositions qui rétablissaient les justes rapports de la raison
et de la foi[3].

Mais on n'a pas le droit non plus d'oublier que l'Eglise
ne s'était pas encore prononcée dans cette controverse

---

1. *Mélanges*, t. I, p. 144.
2. *Ibid.*, p. 143.
3. Notamment à la 5ᵉ et à la 6ᵉ : « L'usage de la raison précède la foi et y
conduit l'homme par la révélation et la grâce. La raison peut prouver avec
certitude l'authenticité de la révélation faite aux Juifs par Moïse et aux chrétiens par Jésus-Christ. » Bautain signa le 18 novembre 1833; mais les difficultés renaquirent et ne furent apaisées qu'en 1840 par la signature de nouvelles
propositions assez peu différentes de celles de 1835. En 1844, Bautain et ses
amis signèrent un dernier formulaire, rédigé à Rome, qui précise les droits de
la raison. L'ABBÉ DE RÉGNY, *Bautain*, p. 240, 288, 336.

délicate, et qu'après 1840, Ozanam, éclairé par les explications mêmes demandées à l'abbé Bautain, devait, ainsi
que nous l'avons déjà fait voir à propos de ses travaux
d'histoire religieuse, corriger tout ce que son langage
avait d'imparfaitement exact, et montrer par sa propre
conduite qu'il tenait toujours « l'orthodoxie pour le nerf
et la force de la religion ».

« C'est à l'histoire à nous redire l'histoire du genre humain. » Plus ou moins consciente, cette pensée, qu'il
avait exprimée dès 1831, faisait son chemin dans le cerveau d'Ozanam. De la philosophie de l'histoire, dont le
goût s'était avivé en lui à écouter les conférences de l'abbé
Gerbet[1], il allait passer à la pure histoire; des origines
religieuses des divers peuples, aux origines chrétiennes
de l'Europe moderne.

En juin 1836, — au moment même où s'achevaient à Paris
les études de Frédéric Ozanam, et où il se disposait assez
tristement à regagner Lyon pour y exercer l'une quel-
conque des professions dont le doctorat en droit est la
porte naturelle, — résonnaient délicieusement dans l'âme
de tous les catholiques studieux les pages évocatrices de
l'*Introduction* à la *Vie de sainte Elisabeth de Hongrie*,
l'hymne magnifique que Montalembert venait de chanter
à la gloire du moyen âge.

« C'est, dirons-nous avec l'historien de Montalembert[2],
comme un splendide cadre d'or dont il veut entourer son
chef-d'œuvre. Et ce cadre est lui-même un chef-d'œuvre.
Voici, au sommet et très en relief, les portraits du grand
pape Innocent III et de ses héroïques successeurs. Tout
autour se déroulent les principales scènes de l'histoire au
XIIIe siècle : en Orient, la prise de Constantinople et la
ruine de l'Empire grec par une poignée de Francs ; en
Espagne, las Navas de Tolosa et saint Ferdinand ; en

---

1. Lettre d'Ozanam à Falconnet, 10 février 1832.
2. Le R. P. LECANUET, *Montalembert*, t. I, p. 460.

France, Bouvines et saint Louis ; en Allemagne, la gloire
et la chute des Hohenstaufen ; en Angleterre, la Grande
Charte. Puis saint Dominique et saint François d'Assise
apparaissent avec leurs légions innombrables de saints et
de disciples : les cathédrales gothiques s'élèvent dans leur
merveilleuse splendeur ; le moyen âge tout entier est là
avec sa foi, ses arts, sa poésie, ses traditions les plus
charmantes... Jadis Montalembert s'élevait contre le van-
dalisme destructeur;... il se retourne aujourd'hui vers
ses contemporains incrédules, afin de leur faire connaître
ce que l'Eglise, cette sainte et féconde mère, a fait pour
la civilisation, pour les lettres, les arts, l'intelligence et
la liberté... Depuis le *Génie du Christianisme*, aucune voix
n'avait affirmé ces vérités avec tant d'éloquence. Et cette
voix fut entendue. »

D'autant mieux qu'elle faisait écho à d'autres qui n'étaient
pas pour les jeunes catholiques d'alors, pour Ozanam en
particulier, des voix inconnues.

Lui-même n'avait-il pas avoué, six mois auparavant,
que, depuis cinq ans, il rêvait d'une société, dont le but
fût de glorifier la religion par les arts et de régénérer les
arts par la religion, d'enrôler, à la suite des arts, les sciences et les lettres et de réhabiliter tout ce que les hommes
qui avaient juré d'*écraser l'infâme* avaient entrepris de
déshonorer[1].

Accomplir en France l'œuvre à laquelle s'étaient consacrés en Allemagne les frères Boisserée et Frédéric Over-
beck, Arnim, Brentano, Gœrres, Frédéric Schlegel ; montrer, comme ce dernier, à l'aide de l'histoire interprétée
par la foi, la restauration de l'image divine dans l'humanité qui s'en était éloignée[2], se pouvait-il concevoir plus
noble et plus féconde ambition, pour des hommes décidés
à servir la science et la religion, la religion par la science ?

---

1. Ozanam à La Noue, 24 novembre 1836.
2. G. GOYAU, *L'Allemagne religieuse, le Catholicisme*, t. I, p. 375. *La Philosophie de l'histoire*, de SCHLEGEL, parut en traduction française, précisément
en 1836.

N'oublions pas que notre Ozanam suivait le mouvement
des lettres allemandes, et que, toujours précoce, il avait,
dès 1832, âgé de dix-neuf ans, remarqué et signalé à propos d'une *Vie de Grégoire VII*, l'esprit catholique de quelques historiens protestants et la justice qu'ils commençaient à rendre aux siècles qui s'étaient écoulés à l'ombre
protectrice de la papauté [1].

Et voici qu'à son tour Lacordaire, après avoir célébré
sous les voûtes de Notre-Dame la magnificence du rôle
de l'Eglise catholique, arrivait par le *Mémoire pour le réta-
blissement en France de l'ordre des Frères Prêcheurs,* bientôt suivi de la *Vie de saint Dominique*, vers ce même carrefour de l'apologétique historique : le moyen âge, depuis
l'heure où le christianisme s'était emparé du monde antique mourant et du monde barbare naissant à la vie civilisée, jusqu'au jour où, dans la splendeur du xiii⁰ siècle,
sa fleur s'était épanouie, ses fruits s'étaient mûris.

Retour au moyen âge, romantisme et catholicisme semblaient partout marcher la main dans la main. Telle est
la grande école à laquelle Ozanam tendait à se rattacher.
Il allait en être le dernier, le plus discret et le plus exact
représentant.

En 1838, son évolution vers le moyen âge était achevée;
il écrivait à son ami Pessonneaux : « Crois-moi, le moyen
âge est un peu comme les îles enchantées dont parlent les
poètes; on y aborde en passant et seulement pour quelques heures; mais on y cueille des fruits, on s'y désaltère
à des fleuves qui font oublier la patrie, c'est-à-dire le
temps présent; ou, pour, pour s'exprimer d'une façon
plus simple, on y est vraiment captivé par le charme des
faits, des mœurs, des traditions ; on est retenu par la
multitude des documents [2]. »

Dieu lui-même, grâce aux événements qu'il avait susci-

---

1. Voir notamment lettre d'Ozanam à Falconnet, 10 février 1832. Sur les
hommages rendus par les historiens protestants de cette époque au moyen âge,
cf. Goyau, *L'Allemagne religieuse, le Catholicisme*, t. II, p. 226.
2. Lettre du 21 août 1838.

tés sur la route de son fidèle disciple et qui avaient, presque malgré lui, déterminé sa carrière avait conduit cette évolution. Ce jeune homme si avide d'histoire religieuse, de cosmogonies, de chronologies, d'ethnographie, de linguistique, de préhistoire avait dû faire son droit et reprendre ses études classiques pour aboutir à la licence et au doctorat ; sans doute, il avait appris les langues, l'allemand, l'anglais, l'italien, l'espagnol, mais pour aborder ces littératures ; un voyage l'avait mené aux rivages d'Italie et le choix d'un sujet de thèse l'avait mis en présence de *Dante et la philosophie catholique au treizième siècle.*

« Pour moi, dit-il, je sais que mes études sur Dante m'ont fait éprouver quelque chose de pareil à mon voyage de Rome ; cette servitude douce et volontaire, qui enchaîne l'âme parmi les ruines, la fait se complaire aussi au milieu des souvenirs. Et que sont les souvenirs, sinon d'autres ruines plus tristes et en même temps plus touchantes que celles que le lierre et la mousse recouvrent ? Et n'est-il pas aussi pieux de s'arrêter aux légendes et aux traditions de nos pères que de s'asseoir sur les débris des aqueducs et des temples dont l'antiquité a semé notre sol[1] ? »

Aussi pieux et plus efficace. Les ennemis de notre foi n'en doutaient pas. Dans une lettre de 1846, adressée à son ami Lallier, Ozanam donne de curieux détails, accompagnés de judicieuses considérations, sur l'antipathie et les craintes qu'inspiraient aux fortes têtes des partis avancés les *Sociétés historiques et archéologiques,* qui, un peu de toutes parts, s'étaient fondées en province sous le règne de Louis-Philippe, et il ne dissimulait pas qu'un instinct assez juste servait ces fortes têtes :

« Toute l'irréligion en France procède encore de Voltaire et je ne sache pas que Voltaire ait de plus grand ennemi que l'histoire ; et comment ses disciples n'auraient-ils pas eu peur de ce passé qu'ils outragent et qui les écraserait s'ils osaient s'en approcher ! Leur peur fait

---

1. Même lettre.

notre force et notre lumière, elle nous montre où doivent
porter nos coups. Grattons le badigeon que la calomnie
a passé sur les figures de nos pères dans la foi, et quand
ces belles images brilleront de tout leur éclat, nous verrons bien si la foule ne reviendra pas les honorer. Or la
foule est plus conséquente que ceux qui s'appellent sages,...
elle n'honore pas sans aimer, elle n'aime pas sans croire. »

Il ne restait à la Providence qu'à fixer la destinée de
l'étudiant si bien préparé, de l'avocat et du professeur de
droit commercial, jeté hors de sa voie et loin de ses attraits ; en 1840, le concours de l'agrégation des facultés y
pourvut ; Ozanam, tout malade qu'il fût, s'y révéla comme
un maître ; la variété de son savoir, l'éclat de sa
parole, sa connaissance des langues, étonnèrent ses juges ;
il n'avait que vingt-sept ans ; la suppléance de Fauriel
dans la chaire de littérature étrangère, à la Sorbonne,
était sur le point de s'ouvrir ; le ministre la donna au
jeune chef des catholiques ; vraiment le doigt de Dieu
était là ! Comme ceux dont il allait devenir l'émule, à peine
ses aînés, mais ses devanciers dans la défense de la vérité
et dans la gloire, Montalembert et Lacordaire[1], Ozanam
trouvait un théâtre digne de sa parole et de son génie.

Le Luxembourg[2], Notre-Dame, la Sorbonne ! Montalembert, Lacordaire, Ozanam, nouveau triumvirat d'apologistes qui règne sur le milieu du XIXe siècle, comme Chateaubriand, J. de Maistre, Bonald, — puis Lamennais, le trait
d'union, — sur ses débuts ; tous trois foncièrement et totalement catholiques, plus instruits de la doctrine que leurs
très illustres prédécesseurs, tous trois convaincus, militants et fidèles, tous trois servis par l'éloquence du verbe,
dotés chacun d'une « vertu » particulière qui fait leur sin-
gularité et leur assigne une place. Dans le recul des
âges, Montalembert apparaîtra comme l'homme de la tribune ; la chaire sacrée, les conférences absorberont tout
Lacordaire ; la chaire universitaire, et la plus haute dans

1. Montalembert est né en 1810, Lacordaire en 1802, Ozanam en 1813
2. Où siégeait la Chambre des Pairs.

notre pays de France, montrera dans Frédéric Ozanam le
professeur et le savant qui, par l'érudition, la critique, l'histoire, fut, à l'égal de l'orateur parlementaire et du conférencier de Notre-Dame, le sincère et glorieux champion
du christianisme civilisateur [1].

*
* *

Pourtant une question se pose : comment, chargé d'enseigner les littératures étrangères, le nouveau professeur
de Sorbonne allait-il tenir en main le moyen de répondre
à l'impérieuse vocation d'apologiste que, depuis l'adolescence, il portait en lui ? Par l'idée même qu'il se faisait de
l'histoire littéraire et de ses rapports avec l'histoire générale de la civilisation. Remonter jusqu'aux origines des
littératures modernes, c'est-à-dire jusqu'à l'époque où
s'était rencontrées Rome et la barbarie, voir dans les lettres l'expression même de la pensée d'un temps, féconder cette étude par celle des institutions et des mœurs,
ce serait retracer l'histoire de la civilisation chrétienne,
de ses victoires sur les turpitudes de la décadence antique,
sur les violences et la brutalité des envahisseurs de l'Empire, et donc l'histoire des bienfaits du christianisme :
telle fut en effet la résolution à laquelle il s'arrêta ; et elle
était d'autant plus acceptable que nul alors ne demandait
aux cours de Sorbonne de se consacrer à de minutieux
problèmes, mais uniquement de jeter dans la circulation
autant d'idées que possible, pourvu qu'elles fussent soli-
dement fondées et agréablement présentées : « On s'y
abreuvait comme à une source publique », dit Octave
Gréard, dans son aimable livre : *Nos adieux à la vieille
Sorbonne.*

« Je me propose, déclare donc Ozanam, dans le si personnel et si pénétrant *Avant-propos* de son grand ouvrage

1. Ollé-Laprune a consacré dix belles pages à exposer, en la comparant, l'œuvre de ces trois apologistes (*La France chrétienne dans l'histoire*, éd. in-12,
p. 524-534).

sur la *Civilisation chrétienne au Ve siècle*[1], je me propose
d'écrire l'histoire littéraire du moyen âge, depuis le
ve siècle jusqu'au xiie et jusqu'à Dante à qui je m'arrête,
comme au plus digne de représenter cette grande épo-
que. Mais *dans l'histoire des lettres, j'étudie surtout la
civilisation dont elles sont la fleur, et dans la civilisation
j'aperçois principalement l'ouvrage du christianisme.* Toute
la pensée de mon livre est donc de montrer comment le
christianisme sut tirer des ruines romaines et des tribus
campées sur ces ruines, une société nouvelle capable de
posséder le vrai, de faire le bien et de trouver le beau.

L'apologiste cependant ne se laissera-t-il pas entraîner
à peindre une société plus idéale que réelle? Et son
Europe au moyen âge ne sera-t-elle pas une sorte de
Germanie de Tacite, c'est-à-dire au fond un roman historique et édifiant, mais tout de même un roman? Point du
tout. Ozanam, comme Montalembert, et même plus que
Montalembert, ne se fait nulle illusion sur les vices et les
crimes dont l'histoire du moyen âge est pleine, autant
que d'héroïques vertus et de traits sublimes. Il sait bien
qu'étant donnée la nature de l'homme aucune époque ne
peut être parfaite et que, dans toute société, il y a beaucoup d'ombres. Il reconnaît même que l'excès d'admiration qui, depuis quelques années, s'attachait au moyen
âge, avait ses dangers, dangers même et surtout au point
de vue apologétique; car comme il est avéré, et toute
histoire sérieuse le démontre, que cet âge a eu ses torts,
si on l'identifie pleinement avec le christianisme, si, de
cette société, on fait la société chrétienne par excellence,
on sera donc réduit à rendre le christianisme lui-même
responsable du mal qui s'y trouve. « Il faut savoir louer
la majesté des cathédrales et l'héroïsme des croisades, sans
absoudre les horreurs d'une guerre éternelle, la dureté
des institutions féodales, le scandale de ces rois toujours
en lutte avec le Saint-Siège pour leurs divorces et leurs

---

1. Date du Vendredi Saint, 18 avril 1851.

simonies. Il faut voir le mal, le voir tel qu'il fut, c'est-
à-dire formidable, précisément afin de mieux connaître les
services de l'Eglise dont la gloire dans ces siècles mal
étudiés, n'est pas d'avoir régné, mais d'avoir combattu. »

Et nous touchons ici à ce qui est l'idée maîtresse, l'idée
vraiment originale de Frédéric Ozanam, et celle qui met
à l'aise l'apologiste en présence de tout le mauvais qu'il
rencontre dans cette époque qui apparaît aux yeux des
croyants comme privilégiée. L'histoire de l'humanité,
depuis que Jésus-Christ a paru sur la terre, est l'histoire
de la conquête du monde par le christianisme, conquête
matérielle, mais surtout conquête morale. Le point de départ dans notre monde occidental, c'est le paganisme
gréco-romain ou le paganisme barbare, c'est la décadence morale la plus raffinée ou la grossièreté morale la
plus brutale; ces forces initiales persistent à travers les
âges, même après la victoire officielle du christianisme au
iv° siècle. L'histoire du moyen âge montrera l'entrée successive des peuples dans la communauté chrétienne
et l'accession plus lente encore des âmes à la vie chrétienne. Mais plus sera considérable la force de résistance
du paganisme et de la barbarie, mieux sera démontrée la
puissance civilisatrice du christianisme.

« L'historien Gibbon avait visité Rome dans sa jeunesse:
un jour que, plein de souvenirs, il errait au Capitole, tout
à coup il entendit des chants d'église; il vit sortir des
portes de la basilique d'*Ara Cœli* une longue procession
de Franciscains essuyant de leurs sandales le parvis traversé par tant de triomphes. C'est alors que l'indignation
l'inspira : il forma le dessein de venger l'antiquité outragée par la barbarie chrétienne, il conçut l'*Histoire de la
décadence de l'Empire romain*. Et moi aussi, j'ai vu les
religieux d'*Ara Cœli* fouler les vieux parvis de Jupiter
Capitolin; je m'en suis réjoui comme de la victoire de
l'amour sur la force, et j'ai résolu d'écrire l'histoire des
progrès à cette époque où le philosophe anglais n'aperçut que décadence, l'histoire de la civilisation aux temps

barbares, l'histoire de la pensée échappant au naufrage
de l'empire des lettres, enfin traversant ces flots des invasions, comme les Hébreux passèrent la mer Rouge et sous
la même conduite, *forti tegente brachio*. Je ne connais
rien de plus surnaturel, ni qui prouve mieux la divinité
du christianisme, que d'avoir sauvé l'esprit humain. »

Telle est l'idée qui revient comme un *leit motiv* dans
toute l'œuvre d'Ozanam, idée qu'il varie avec art et qu'il
renouvelle par l'abondance des aperçus, l'heureux choix
des exemples et des anecdotes typiques, le charme de la
forme, la profondeur des réflexions.

Remarquons en passant que cette façon de concevoir
l'action du christianisme permettait à l'apologiste de rester fidèle à la pensée qu'il tenait de Ballanche et qui
l'avait naguère si fortement pris ; il n'était pas réduit à
enfermer son idéal chrétien dans une période de l'histoire;
la lutte se poursuivant au sein de l'humanité, il était libre
de croire à des transformations successives, sous l'influence
de la même force chrétienne, et même à un progrès constant par le christianisme[1]; il pouvait être l'historien passionné du moyen âge et le citoyen non moins passionné
du monde moderne : ainsi se rejoignaient et se combi-
naient en lui l'érudit, le sociologue et le croyant; et, de
là vient la puissante unité de son apologétique.

Ozanam voulait que son œuvre totale, une par l'esprit,
et désignée sous ce titre caractéristique, *Histoire de la
civilisation aux temps barbares*, se composât de plusieurs
œuvres de forme différente : histoire générale, histoire
littéraire, monographies, mémoires, études d'art, toutes reliées par la même inspiration et subordonnées à un
plan général.

---

1. Dans le même *Avant-Propos* de la *Civilisation chrétienne*, Ozanam ne manque pas de faire observer « qu'il y a au fond de la nature humaine un paganisme impérissable qui se réveille à tous les siècles, qui n'est pas mort dans
le nôtre. » Et il ajoute: « Je crois au progrès des temps chrétiens, je ne m'effraie
pas des chutes et des écarts qui l'interrompent : les froides nuits qui remplacent
la chaleur des jours n'empêchent pas l'été de suivre son cours et de mûrir ses
fruits. »

Ce plan, Ozanam le révéla un jour, cinq ans avant sa mort, dans une lettre du 26 janvier 1848, adressée à Fois-set. Il n'est pas sans intérêt de le rapprocher de l'*Introduction* de Montalembert qu'il dépasse par l'étendue de son cadre :

« Mes deux essais sur Dante et sur les Germains sont pour moi les deux jalons extrêmes d'un travail dont j'ai déjà fait une partie dans mes leçons publiques et que je voudrais reprendre pour le compléter. Ce serait l'histoire littéraire des temps barbares; l'histoire des lettres, et par conséquent de la civilisation, depuis la décadence latine et les premiers commencements du génie chrétien jusqu'à la fin du XIII° siècle... Le sujet serait admirable, car il s'agit de faire connaître cette longue et laborieuse éducation que l'Eglise donna aux peuples modernes. Je commencerais par un volume d'introduction, où j'essaierais de montrer l'état intellectuel du monde à l'avènement du christianisme ; ce que l'Eglise pouvait recueillir de l'héritage de l'antiquité, comment elle le recueillit, par conséquent les origines de l'art chrétien et de la science chrétienne, dès le temps des catacombes et des premiers Pères... Viendrait ensuite le tableau du monde barbare..., puis leur entrée dans la société catholique et les prodigieux travaux de ces hommes comme Boëce, comme Isidore de Séville, comme Bède, saint Boniface, qui ne permirent pas à la nuit de se faire, qui portèrent la lumière d'un bout à l'autre de l'Empire envahi, la firent pénétrer chez les peuples restés inaccessibles et se passèrent de main en main le flambeau jusqu'à Charlemagne. J'aurais à étudier l'œuvre réparatrice de ce grand homme et à montrer que les lettres qui n'avaient pas péri avant lui ne s'éteignirent pas après. Je ferais voir tout ce qui se fit de grand en Angleterre au temps d'Alfred, en Allemagne sous les Otton, et j'arriverais enfin à Grégoire VII et aux croisades. Alors j'aurais les trois plus glorieux siècles du moyen âge : des théologiens comme saint Anselme, saint Bernard, Pierre

Lombard, Albert le Grand, saint Thomas, saint Bonaventure; les législateurs de l'Eglise et de l'Etat, Grégoire VII et Alexandre III, Innocent III, Innocent IV; Frédéric II, saint Louis, Alphonse X; toute la querelle du Sacerdoce et de l'Empire, les communes, les républiques italiennes; les chroniqueurs et les historiens; les universités et la renaissance du droit ; j'aurais toute cette pensée chevaleresque, patrimoine commun de l'Europe latine, et, au-dessous, toutes ces traditions épiques, particulières à chaque peuple, et qui sont le commencement des littératures nationales. J'assisterais à la formation des langues modernes et mon travail s'achèverait par la *Divine Comédie*, le plus grand monument de cette période, qui en est comme l'abrégé et qui en fait la gloire. »

Qu'est-ce que l'apologiste a exécuté de ce plan et comment l'a-t-il exécuté ? Je m'efforcerai de le dire sans m'écarter du point de vue qui m'est imposé et, quoique m'arrêtant aux mêmes œuvres, sans retomber dans la savante et décisive étude de M. Edouard Jordan.

Deux volumes, la *Civilisation au Ve siècle*, forment l'introduction générale de l'œuvre ; deux autres, les *Etudes Germaniques*, répondent pour une race et pour une nation à ce qu'Ozanam avait rêvé de faire pour toutes ; deux autres encore, les *Poètes franciscains*, *Dante et la philosophie catholique au XIIIe siècle*, représentent la dernière partie du travail projeté. Pour tout le reste, il ne subsiste que des fragments sur les *Niebelungen* et la poésie épique, les *Minnesinger* et la *Littérature allemande au moyen âge*, les *Sources poétiques de la Divine Comédie*, les *Ecoles et l'instruction publique en Italie aux temps barbares*, le *Pèlerinage au pays du Cid*.

M. Ampère, fait justement observer Caro, a trouvé une juste et naturelle image pour rendre cette impression

navrante de l'œuvre interrompue. « En parcourant, dit-il,
ce vaste ensemble de notes, de leçons, d'écrits, on croit
parcourir l'atelier d'un sculpteur qui aurait disparu jeune
encore, et qui aurait laissé beaucoup d'ouvrages arrivés
à un inégal degré de perfection. Il y a là des statues terminées et polies avec une extrême diligence; il en est
qui ne sont qu'ébauchées ou dégrossies à peine; toutes
portent l'empreinte de la même âme et la marque de la
même main. »

Recherchons cette marque et cette âme, autrement dit
cette idée dominante, à travers les écrits d'Ozanam, suivant non pas leur ordre chronologique, mais l'ordre logique où il les voyait lui-même se disposer.

Dans la *Civilisation chrétienne au V*e *siècle*, Ozanam nous
montre le christianisme sauvant, du monde antique, tout
ce qui mérite d'être conservé, régénérant et purifiant
tout ce qui peut être renouvelé, ne créant pas une autre
humanité, mais y introduisant des germes nouveaux et
féconds. « Au moment où tout semble perdu, tout va
être sauvé », telle est l'idée générale que développent
admirablement les deux premières leçons, *Du progrès
dans les siècles de décadence*, et que démontrent par le
détail les dix-neuf leçons qui suivent, la neuvième, par
exemple, *Comment les lettres entrèrent dans le christianisme*, avec la huitième qui en est inséparable, sur la *Tradition littéraire et les transformations de l'enseignement*.

« Pour que la tradition littéraire de l'antiquité arrivât
jusqu'au moyen âge, il fallait avant tout qu'elle passât par
le christianisme; il fallait que les lettres se fissent chrétiennes, que l'école voulût entrer dans l'Eglise et que
l'Eglise voulût ouvrir ses portes à l'école. Et il ne s'agissait pas d'une question facile, mais d'un problème qui devait tourmenter pendant de longs siècles l'esprit humain,
qui n'a cessé de le tourmenter; il s'agissait de conclure
un traité qui semble n'avoir jamais été définitif, tant il
a fallu le recommencer et tant nous le voyons encore
se débattre dans les temps où nous sommes : il y avait à

résoudre ces questions immortelles de la science et de la foi, de l'alliance de l'Evangile et de la littérature profane, de la concordance de la religion et de la philosophie. Ces questions qui sont encore posées tous les jours étaient aussi et autant que jamais celles des siècles où nous entrons. »

Dans les lettres comme ailleurs, ce qui restait de paganisme n'était point inoffensif ; sans cesse Ozanam se plaît à le redire. Quelle n'était point encore la puissance de séduction des fables antiques en face des austères leçons du christianisme? « Voilà les irrésolutions de ces âmes de poètes, de philosophes, de toutes ces âmes littéraires, dont le mal éternel est une sorte d'incorrigible faiblesse, une mollesse de cœur qui laisse prise aux séductions, une activité d'esprit qui aperçoit, du même coup d'œil, le fort et le faible des choses, et qui se trouve en même temps incapable de se décider, de choisir, par l'excès de savoir ; belles intelligences servies par des volontés faibles ! Que nous en connaissons de ces âmes irrésolues qui n'ont pas le courage de la foi ! »

La quinzième leçon, *Comment la langue latine devint chrétienne*, est une de celles qui caractérisent le mieux la pensée et la méthode d'Ozanam : « Pour que la civilisation tout entière passât dans l'héritage des modernes, pour que rien ne se perdît de la succession intellectuelle du genre humain, il fallait que ces trois génies fussent conservés, il fallait que ces trois esprits de l'Orient, de la Grèce et de Rome vinssent en quelque sorte former l'âme des nations naissantes. La langue latine offrait au christianisme un instrument merveilleux de législation et de gouvernement pour l'administration d'une grande société ; mais il fallait que la langue de l'action devînt celle de la spéculation ; assouplir, populariser cette langue roide et savante, lui donner les qualités qui lui manquaient pour satisfaire la raison par toute la régularité et l'exactitude de la terminologie grecque, et pour saisir l'imagination par toute la splendeur du symbolisme oriental. »

De là le rôle providentiel du latin biblique et théologique : « Par la Vulgate latine, entre dans la civilisation
romaine tout le flot, pour ainsi dire, du génie oriental,...
par les constructions hardies que la langue latine s'est
appropriées, par ces alliances de mots inattendues, par
cette prodigieuse abondance d'images, par ces événements, ces personnages, ces idées que la vieille Rome
n'avait pas connus... » — « C'est par la Bible aussi et la
théologie que passent dans le latin les richesses philosophiques du grec. Le latin arrive comme le grec à pouvoir créer des mots suivant les besoins. »

Même raison providentielle dans le choix que l'Eglise
fit du latin populaire : le Moyen âge était l'enfance commune des nations chrétiennes : il fallait donc que cette
enfance commune eût la même langue pour servir à l'éducation ; de plus, il fallait que cette langue fût simple,
naïve, familière, capable de se prêter à la pauvreté d'esprit de ces Saxons, de ces Goths, de ces Francs, qui formaient la grande multitude de la nation chrétienne. Voilà
pourquoi le christianisme avait avec raison préféré l'idiome
du peuple à l'idiome des savants... « Le latin qui a ainsi
façonné les langues modernes n'est pas le latin de Cicéron, ni même le latin de Virgile, si étudié qu'il eût été
au moyen âge : c'est le latin de l'Eglise et de la Bible,
le latin religieux et populaire. »

Ozanam suivra ainsi la transformation par le christianisme de tous les *genres* antiques, l'éloquence, l'histoire
la poésie, etc.

« Le christianisme cependant ne pouvait pas laisser
périr la parole, lui qui l'honora plus qu'une autre doctrine ne l'avait jamais fait, car le christianisme représentait
la parole, c'est-à-dire le Verbe, comme la créatrice du
monde ; c'était elle qui avait formé l'univers, qui l'avait
sauvé, qui devait le juger un jour. C'était bien cette même
parole divine qui devait se conserver, se perpétuer dans
l'Eglise chrétienne par la prédication ; en telle sorte qu'aucune forme de respect n'était trop grande pour entourer

la parole sainte. Les anciens avaient donné à la parole humaine le plus magnifique piédestal; ils lui avaient élevé la tribune au milieu de l'Agora et du Forum, d'où elle dominait ces villes intelligentes et passionnées dont la conquête était le prix de la parole victorieuse. Il était difficile de faire à quelque chose d'humain plus d'honneur; le christianisme cependant fit plus : il la plaça non sur la tribune, mais dans le temple, à côté de l'autel. Il lui éleva une chaire, un second autel, pour ainsi dire, auprès du sanctuaire. »

« L'histoire devait renaître par le christianisme, renaître nécessairement, parce que le christianisme était une religion historique opposée à des religions fabuleuses, et il lui importait de rétablir, de reconstituer l'histoire pour trois motifs : pour dissiper les fables dont les peuples entouraient leur berceau, et dont ils étaient encore tout épris; pour répondre au reproche de nouveauté qu'on adressait tous les jours aux chrétiens; car, rattachant le nouveau Testament à l'ancien, il remontait ainsi par Moïse jusqu'aux origines du monde; et, enfin, pour renouer les liens rompus de la société humaine et mettre en lumière les desseins providentiels de Dieu, qui aboutissaient, non plus à la supériorité nécessaire, impérissable d'une seule nation, mais au salut et à la rédemption commune du genre humain. Ainsi, par opposition à l'histoire chez les anciens, qui péchaient en s'attachant à la beauté de préférence, et en se fixant dans les étroites limites de la nationalité, l'histoire que le christianisme a voulue dut être d'abord vraie et ensuite, autant que possible, universelle. »

S'agit-il des institutions et des mœurs, l'apologiste se livrera à un travail analogue et d'une portée peut-être encore plus haute.

« Dans le christianisme naissant, les institutions étaient fortes, mais, à côté des lois, il y a les mœurs. Une société se tient encore moins assise sur ces bases larges, solides et apparentes que l'on appelle le droit que sur ces

autres fondements cachés, profonds, placés, ce semble,
hors de la portée de la science, et qu'on appelle les
mœurs. Rome païenne eut aussi des institutions puissantes, seulement le progrès des lois y fut en raison de
la décadence des mœurs. Il s'agit de savoir si la société
chrétienne au v° siècle présentera le même contraste, ou
si le progrès des mœurs y accompagnera le progrès des
lois. Je m'arrête à deux points qui font la supériorité des
mœurs chrétiennes : la dignité de l'homme et le respect
de la femme... Si la barbarie eut ces deux instincts, nous
avons trouvé qu'avant elle le christianisme en avait fait
deux vertus. »

Et ce parallèle animé, éloquent, entre les esclaves, les
ouvriers et les pauvres, sous la loi antique et sous la loi
chrétienne :

« A Rome, dira par exemple Ozanam, l'aumône n'était
un devoir pour personne, c'était un droit pour tous. Le
christianisme fit tout le contraire; dans l'économie chrétienne, l'aumône n'est un droit pour personne et est devoir
pour tout le monde. Elle est un devoir sacré, un précepte
et non point simplement un conseil. Mais si le christianisme fait de l'aumône un devoir envers le pauvre, c'est
envers le pauvre anonyme, universel, envers ce pauvre
qui s'appelle le Christ, qui est pauvre en la personne de
tous les pauvres. Lui seulement est créancier; lui seulement a un tribunal où il attend le mauvais riche. »

Nous ne résistons pas au désir de citer encore la conclusion de cette leçon sur les mœurs chrétiennes :

« L'antiquité nous a surpassés en élevant des monuments au plaisir; quand je vois nos villes de boue et de
fange, nos maisons entassées les unes sur les autres, et
la condition misérable faite à ces populations emprison-
nées dans les murs d'une cité, je me dis que, si les anciens
revenaient, ils nous trouveraient barbares et, si nous leur
montrions nos théâtres, ces petites salles enfumées où nous
nous pressons les uns sur les autres, ils se retireraient sans
doute avec dégoût. Eux, ils entendaient bien mieux l'art de

jouir; rien ne leur coûtait pour élever leurs colisées, leurs
théâtres, leurs cirques où venaient s'asseoir les spectateurs
au nombre de quatre-vingt mille ; ils savaient mieux l'art
de jouir, mais nous les écrasons par les monuments élevés à la douleur et à la faiblesse, par ces innombrables
Hôtels-Dieu que nos pères ont bâtis en l'honneur de la
vieillesse et de la souffrance. Les anciens savaient jouir,
mais nous avons une autre science ; ils savaient aussi
quelquefois mourir, il faut l'avouer, mais mourir c'est
bien court... Nous, nous savons ce qui fait la véritable
dignité humaine, ce qui est long, ce qui dure autant que
la vie, nous savons souffrir et travailler. »

Le but proprement apologétique d'Ozanam s'affirme
encore plus nettement dans la seconde partie de son œuvre, le second de ses grands ouvrages, les *Etudes germaniques*. L'étude des peuples germains avant leur transformation religieuse et l'étude de cette transformation
depuis la première prédication du christianisme jusqu'à
Charlemagne, tel est le double objet que se propose l'auteur. L'histoire littéraire est ici délibérément sacrifiée à
l'histoire générale. « Il s'agit, écrit Ozanam à Lallier[1], de
montrer que l'Allemagne est redevable de son génie et
de sa civilisation tout entière à l'éducation chrétienne qui
lui fut donnée ; que sa grandeur fut en proportion de son
union avec la chrétienté... » Et c'est donc avec indignation que l'histoire flétrira les prétentions et les fantaisies
ultranationales des historiens d'outre-Rhin qui, à force
d'exalter la vieille Germanie, en sont venus à maudire
l'esprit romain et chrétien, qui, à les en croire, aurait
ruiné leur noble et bienfaisante originalité.

« On a vanté, écrit-il, la pureté de la race allemande
quand, vierge comme ses forêts, elle ne connaissait pas
les vices de l'Europe civilisée. On n'a plus tari sur la
supériorité de son génie, sur la haute moralité de ses lois,
sur la profondeur philosophique de ses religions, qui pou-

1. Le 17 août 1843.

vaient la conduire aux plus hautes destinées, si le christianisme et la civilisation latine n'avaient détruit ces espérances. Il n'y a pas longtemps que Lassen, cet orientaliste
consommé, opposait, dans un éloquent parallèle, le paganisme libéral des Germains au Dieu égoïste des Hébreux;
et Gervinus, l'historien de la poésie allemande, ne peut se
consoler de voir que la mansuétude catholique lui a gâté
ses belliqueux ancêtres. »

Illusions ridicules : sans le christianisme, venu par
Rome, les Germains fussent restés des barbares.

« A mesure que l'ancienne Rome perd du terrain et des
batailles, à mesure qu'elle épuise contre les barbares ses
trésors, ses armées, tout ce qu'elle avait de pouvoir, une
autre Rome toute spirituelle, sans autre puissance que la
pensée et la parole, recommence la conquête, attend les
barbares à la frontière pour les maîtriser quand ils deviennent maîtres de tout et pénètre enfin chez eux, au cœur
de la Germanie, pour y chercher les nations attardées et
récalcitrantes. »

Bien plus, ce fond de moralité, de vertu, de grandeur,
que l'on reconnaît chez les plus anciens Germains, ne leur
est pas exclusivement propre; il leur vient, — et ici Ozanam remonte pour ainsi dire à l'aurore de sa propre pensée, rejoignant l'école traditionaliste, — de ces traditions
communes aux peuples du Nord et du Midi, écho de la
révélation primitive, dont la trace se retrouve dans les
vieilles religions, les vieilles lois, les vieilles mœurs des
peuples de race germanique. L'histoire comme la tradition, aboutit au mystère de la déchéance et à celui du relè-
vement par le christianisme. » Au moment où Drusus
jetait des ponts sur le Rhin et perçait des routes à travers la Forêt Noire, il était temps de se hâter, car dix ans
après devait naître dans une bourgade de la Judée celui
dont les disciples passeraient par ces chemins pour achever la défaite de la barbarie. »

L'Italie, écrira encore Ozanam dans le *Discours prélimi-*
naire de son livre sur Dante, l'Italie est l'organe de Rome,

et Rome elle-même est l'immortelle dépositaire de la tradition politique, littéraire et religieuse du monde. Elle a
fait l'éducation des peuples d'Occident qu'on a longtemps
appelés Latins, et qui, pénétrés de la loi, de la foi, de la
langue latine, ont mis partout leur empreinte ineffaçable.
Toute la civilisation est romaine. En sorte que les destinées de l'humanité reposent tout entières sur cette mystérieuse ville, et qu'il faut bien dire, avec le grand écrivain que nous étudions : « Il n'est pas besoin d'autre
preuve pour voir qu'un conseil singulier de Dieu a présidé à la naissance et à la grandeur de cette sainte cité ;
et je suis dans la ferme croyance que les pierres de ses
murs sont dignes de respect, et que le sol où elle est
assise est digne de vénération au delà de ce que les hommes ont jamais pu dire et croire. »

Ainsi partout se trouvent affirmées la supériorité du
principe chrétien et sa vertu régénératrice.

La *Civilisation chrétienne chez les Francs,* seconde partie des *Études Germaniques,* est l'apothéose de l'Eglise
catholique : je ne sais si nulle part ailleurs elle a été
célébrée avec autant d'abondance, de force et de conviction.

Voici d'abord les propagateurs de l'Evangile qui pénè-
trent à la suite des légions et des colons de Rome jusque
dans les profondeurs des forêts de la Germanie et y jettent la bonne semence [1].

Puis c'est l'invasion qui se prépare ; mais elle peut
venir ; l'Eglise s'est mise en mesure de la recevoir.

« Elle avait des évêques à toutes les portes de l'Empire
et des prêtres sur tous les chemins des barbares. Ses basiliques étaient ouvertes, ses baptistères préparés ; elle
n'avait plus qu'à attendre que les chefs lui amenassent
leurs peuples. Il semble que les plus farouches devaient se
rendre à la majesté de ses institutions ; et c'est l'opinion
commune que la conversion des Germains fut prompte et

---

1. *La Civilisation chrétienne chez les Francs,* p. 19.

facile. Elle coûta cependant plus qu'on ne pense. L'Eglise
allait être en présence d'une nouvelle race; elle y trouvait
deux périls. D'un côté, c'était la barbarie, le goût du sang
et de la destruction, la haine du nom romain;... d'un
autre côté, et surtout parmi les chefs, l'attrait prématuré
d'une civilisation trop savante pour eux, et dont ils comprenaient les désordres mieux que les bienfaits;... en
sorte qu'on avait autant à craindre de leur corruption que
de leur violence[1]. »

Et cependant l'Eglise aima les barbares et les servit
avant qu'ils fussent devenus les maîtres du monde[2]; elle
ne désespéra jamais d'eux; elle ne se repentit pas d'avoir
pris leur parti dès le commencement, lorsqu'ils ne servaient encore qu'à pourvoir les marchés d'esclaves et les
tueries de gladiateurs. Saint Paul les avait déclarés égaux
aux Grecs; Salvien les mit au-dessus des Romains de son
temps[3].

Autre marque de l'intelligence supérieure de l'Eglise et
de sa divine inspiration; elle a deviné les Francs et leur
avenir :

« Les moments qui décident du sort des nations se
cachent dans le cours ordinaire du temps; le propre du
génie est de les saisir et ce fut le mérite du clergé gallo-
romain. Il ne méconnut pas les vices des Francs, il en
fit la dure expérience; mais il connut aussi leur mission.
Il ne s'effraya pas de ce qu'il lui en coûterait de travaux
et d'humiliations pour aider à ce grand ouvrage, et
pour tirer d'un peuple si grossier tout ce que la Providence en voulait faire. Dès lors, on voit commencer cette
politique savante des évêques, qui éclaire les sanglantes
ténèbres des temps mérovingiens... Nous verrons en effet
que toute la destinée des Francs était renfermée dans ces
termes : commencer la grandeur temporelle de l'Eglise,
continuer les Romains, et finir les invasions[4]. »

1. *La Civilisation chrétienne chez les Francs*, p. 21.
2. *Ibid.*, p. 31.
3. *Ibid.*, p. 54.
4. *Ibid.*, p. 60.

C'est ce même clergé qui, de la royauté barbare, entreprit de faire une monarchie chrétienne et qui y parvint presque, au commencement du vii° siècle :

« Jamais le clergé des Gaules ne fut plus près de réaliser cet idéal d'une royauté religieuse et biblique qu'il s'était proposé de mettre sur le trône des Francs [1]. »

Même divination dans la prédilection que l'Eglise témoigna aux Francs Austrasiens et leurs chefs, ancêtres de Charlemagne.

« A la mollesse des Neustriens, elle préféra les courages indociles de ces barbares qui lui faisaient la tâche plus rude, comme on aime chez les enfants ces caractères fougueux dont on connaît les ressources. Dans la résistance elle sentit la force ; elle comprit que cette énergie, domptée par une savante discipline, mais non pas éteinte, deviendrait capable de tout ce qui est grand. Dès lors, ce fut sur les Francs d'Austrasie qu'elle compta pour la défense et l'accroissement de la société chrétienne. Mais il fallait d'abord les y faire entrer. Une tâche si difficile voulait le concours des deux puissances, l'épiscopat et la monarchie [2]. »

Tâche d'autant plus difficile que, par le contact de la Germanie indépendante, les Austrasiens et leurs chefs étaient menacés de revenir au paganisme. En présence d'un tel danger, une nouvelle intervention providentielle était nécessaire : elle se manifesta par l'entrée en scène de la puissance qui est la tête et le cœur du catholicisme :

« Ces esprits indomptés qui résistaient aux lumières ne devaient céder qu'à l'ascendant d'un grand pouvoir : la papauté l'exerça. Elle avait ce caractère de paternité qu'elle tient de son institution divine ; elle avait la force des idées, les habitudes de gouvernement, avec le prestige du temps et de la distance et la majesté du nom latin. C'est par là qu'elle maîtrisera les Francs, et par eux le reste des peuples. Le moment décisif fut celui où Gré-

---

1. *La Civilisation chrétienne chez les Francs*, p. 72.
2. *Ibid.*, p. 80.

goire II dicta à Boniface, évêque, le serment d'obéissance.
Ce jour-là seulement, Rome vit s'accomplir ce qu'elle avait
pressenti lorsque les soldats d'Alaric rapportèrent en
pompe les vases sacrés dans la basilique de Saint-Pierre.
Rome vit recommencer son empire sur ces nations mêmes qui l'avaient renversé ; elle vit un pontife saxon age-
nouillé, au nom de la Germanie, aux pieds d'un citoyen
romain. Le représentant des barbares se trouva délégué
du Vatican. Le proconsul des temps nouveaux, sans lic-
teur, sans glaive et sans fisc, portait avec lui le génie
législatif du vieux sénat... Le légat du siège apostolique
renouvela l'onction des rois de Judas sur le front des ducs
austrasiens. Les Francs, confirmés dans leur mission, se
trouvèrent, comme la Providence les avait voulus, les défenseurs de l'Eglise, les continuateurs des Romains, et
l'obstacle invincible des invasions; et tous les pouvoirs
semblèrent réunis pour inaugurer le règne de Charlemagne [1]. »

Cette fois, l'Eglise avait réalisé le plan divin ; le pouvoir séculier était chrétien; il était investi de ces deux
fonctions : défendre l'Eglise contre ses ennemis extérieurs,
maintenir l'accomplissement de ses lois au dedans [2]; et il
s'en acquittait.

Les guerres de Charlemagne contre les Saxons sont des
croisades : « C'est la même empreinte religieuse et militaire dans les récits contemporains; seulement, au lieu
de la chevalerie et de cette gloire fraternelle partagée entre les compagnons de Godefroi, ici tout l'héroïsme chrétien est dans la personne de Charlemagne. Des deux côtés les évènements prennent le même cours. Toutes les
guerres saintes sont premièrement défensives; elles commencent par la juste résistance de la chrétienté, attaquée
sur ses frontières. Mais, comme il n'y a pas de droit des
gens avec des barbares, la guerre de défense ne pouvant

1. *La Civilisation chrétienne chez les Francs*, p. 229.
2. *Ibid.*, p. 42.

finir par la paix se tourne en conquête, et la conquête se légitime en civilisant[1]. »

Quand la guerre sainte fait fausse route et abuse de l'épée, l'Eglise, toujours juste, intervient et rappelle les vainqueurs à la justice[2].

La conquête des peuples germaniques achevée, un autre aspect de l'œuvre de l'Eglise devait se manifester au premier plan : la transformation des institutions et des idées, de telle sorte qu'une civilisation nouvelle sortît, avec l'empire nouveau, de ce monde barbare qui désormais, avec les vieux peuples de l'empire romain, formait la chrétienté[3]; et plus encore, la transformation des volontés, la fondation d'une société spirituelle, la proclamation de la supériorité de l'âme sur le corps, le caractère sacré du pouvoir dans l'Etat comme dans l'Eglise, de telle sorte que ce beau mot de chrétienté ne fût pas un vain mot, mais une réalité profonde[4]. « Ce fut la gloire du moyen âge de retourner, pour ainsi dire, l'ordre de la nature, de mettre l'unité dans les consciences, la variété dans les institutions; de vouloir qu'un seul Dieu, une seule religion, une seule morale prissent possession des âmes, pendant que des pouvoirs différents prenaient possession du territoire. En établissant ainsi l'unité dans l'invisible, il la plaçait en un lieu que les révolutions n'atteignent pas, où les invasions des barbares ne peuvent rien. Rome avait beaucoup fait quand elle déclara tous les peuples citoyens d'une même cité; mais la cité pouvait périr. Il était d'une politique plus hardie, mais plus durable, de les déclarer frères[5]. »

Le tableau magnifique du siècle de Charlemagne s'achève sur la noble perspective d'une France au service de la civilisation chrétienne et sur ce cri d'espoir sorti de l'âme croyante d'Ozanam : « J'ai confiance qu'elle y restera[6]. »

1. *La Civilisation chrétienne chez les Francs*, p. 269.
2. *Ibid.*, p. 271.
3. *Ibid.*, p. 306.
4. *Ibid.*, p. 313, 325, 363.
5. *Ibid.*, p. 392.
6. *Ibid.*, p. 582.

Combien il est à regretter qu'il n'ait point été donné à
Ozanam de tracer du moyen âge à son apogée une synthèse analogue à celle qu'il nous a laissée de ses origines,
des temps barbares! Nous l'avons dit : nous ne nous trouvons plus en présence que de fragments. Mais partout,
qu'il s'agisse de *Dante*, ou des *Poètes franciscains*, la
pensée apologétique se déclare et prédomine.

N'eût-il à mentionner qu'en passant Grégoire VII, l'historien apologiste ne manquera pas d'affirmer que l'humiliation de l'empereur devant le pontife, à Canossa, « ce
fut encore une fois le triomphe de la civilisation sur le
monde barbare[1] ». S'il décrit telle vallée de l'Ombrie, il
opposera d'instinct au poète des voluptés délicates, Pro-
perce, « le chantre d'un meilleur amour », saint François
d'Assise[2]. Au lieu de se borner à analyser avec science,
finesse, émotion, les poèmes de Jacopone de Todi, il
s'appliquera à en tirer la leçon morale et chrétienne :

« Le peuple, écrira-t-il par exemple, n'a jamais eu de
plus grands serviteurs que les hommes qui lui apprirent
à bénir sa destinée, qui rendirent la bêche légère sur
l'épaule du laboureur et firent rayonner l'espérance dans
la cabane du tisserand. Plus d'une fois sans doute, au coucher du soleil, quand les bonnes gens de Todi revenaient
du travail des champs et serpentaient le long de la colline,
les hommes aiguillonnant leurs bœufs, les femmes portant sur le dos leurs enfants basanés, derrière eux quelques religieux franciscains, les pieds tout couverts de
poussière, on les entendit chanter la chanson de Jacopone,
qui se mêlait aux tintements de l'Angélus : « Doux amour
de pauvreté, combien faut-il que nous t'aimions ! Pauvreté,
ma pauvrette, l'humilité est ta sœur ; il te suffit d'une
écuelle et pour boire et pour manger. Pauvreté ne veut
que ceci : du pain, de l'eau et un peu d'herbes. Si quelque
hôte lui vient, elle y ajoute un grain de sel. Pauvreté che-
mine sans crainte ; elle n'a pas d'ennemis : elle n'a pas

1. DANTE, *Discours préliminaires*, p. 39.
2. *Poètes franciscains*, p. 54.

peur que les larrons la détroussent. Pauvreté frappe à la
porte des gens ; elle n'a ni bourse, ni besace ; elle ne
porte rien avec elle, si ce n'est son pain... Pauvreté meurt
en paix ; elle ne fait pas de testament ; on n'entend point
parents et parentes se disputer son héritage. Pauvreté,
pauvrette, mais citoyenne du ciel, nulle chose de la terre
ne peut réveiller tes désirs... Pauvreté, grande monarchie,
tu as le monde en ton pouvoir, car tu possèdes le souverain domaine des biens que tu méprises [1]. »

Même en ce livre tout de grâce littéraire, il ne saurait
cacher son dessein : « C'est, écrit-il, une nouveauté en faveur aujourd'hui de retourner aux sources du paganisme
pour y chercher l'inspiration poétique. Cependant nous
allons voir ce que pouvait l'Evangile pour féconder les
imaginations ; non pas l'Evangile affadi par les inventions
des rhéteurs, et plié aux caprices de l'épopée profane,
mais l'Evangile avec toute l'autorité de ses commande-
ments et toute la terreur de ses mystères [2]. »

Au service de cette grande et constante pensée apologétique, Ozanam a mis trois qualités qui ne se trouvent
que bien rarement réunies dans un même homme : la
science, l'éloquence et la poésie. J'aurais mauvaise grâce
à entreprendre d'en donner la preuve après les deux études de M. Edouard Jordan et de M. Henri Cochin qui ont
tout dit et bien dit. On me permettra seulement d'insister un peu sur un point de vue déjà indiqué par M. Jordan,
la légitimité même de la position prise par Ozanam, ou le
droit qu'a tout penseur, fût-il par ailleurs un érudit, d'uti-
liser au profit d'une thèse les faits de l'histoire, et donc,
s'il y a lieu, au profit de la cause catholique et du rôle de
l'Eglise à travers les âges. En vérité, ceux qui protestent
contre cette méthode, quand elle tourne à l'avantage de

---

1. *Poètes franciscains*, p. 237.
2. *Ibid.*, p. 193.

l'Eglise, ne se gênent guère en général pour présenter
les faits, même quand ils s'abstiennentde les commenter,
de telle sorte qu'ils militent en faveur de quelque autre
thèse, ou de quelque pensée de derrière la tête : de telles
protestations ne sont le plus souvent que pure hypocrisie.

Ozanam a parfaitement prévu l'objection qu'on lui oppo-
serait et il y a fait la réponse qu'y doit faire tout homme
de sens et de bonne foi.

« Ceux qui ne veulent pas de croyance religieuse dans
un travail scientifique m'accuseront de manquer d'indépendance, mais je ne sais rien de plus honorable qu'un tel
reproche. Je ne connais pas d'homme de cœur qui veuille
mettre la main à ce dur métier d'écrire sans une conviction
qui le domine, dont il dépende par conséquent. Je n'aspire
point à cette triste indépendance dont le propre serait de
ne rien croire et de ne rien aimer. Sans doute il ne convient pas de prodiguer les professions de foi : mais qui
donc aurait le courage de toucher aux points les plus mystérieux de l'histoire, de remonter à l'origine des peuples,
de se donner le spectacle de leurs religions, sans prendre
un parti sur les questions éternelles qu'elles agitent? Et
qui peut prendre un tel parti, surtout dans un siècle de
doute et de controverse, sans que sa pensée en reste pleine
et sa parole émue? On ne peut demander à l'écrivain que
deux choses : premièrement, que sa conviction soit libre
et intelligente, et le christianisme n'en veut pas d'autres :
c'est l'adhésion raisonnable que réclamait saint Paul.
Secondement, que le désir de justifier une croyance
n'entraîne pas à dénaturer les faits, à se payer de témoignages douteux et de conséquences prématurées. »

Que l'adhésion d'Ozanam à la pensée chrétienne fût
libre et raisonnable, je suppose qu'aucun lecteur des pages
qui précèdent n'en saurait douter; qu'il fût admirablement
sincère, sa vie entière le démontre, et nous y reviendrons
tout à l'heure; qu'il connût les exigences de la critique et
de la méthode historique, que ses lectures fussent très
étendues, qu'il eût l'habitude de remonter aux sources,

M. Edouard Jordan, après d'autres mais mieux que qui ce soit, n'a laissé subsister aucun doute sur ce point. Que reste-t-il alors? Que de très bonne foi Ozanam aurait pu *s'autosuggestionner* et tirer du rapprochement de certains faits des conséquences qu'ils ne comportaient pas?

« Exact et plein d'illusions charmantes », dit Villemain dans son rapport, lorsque l'Académie française, après la mort d'Ozanam, décerna le prix Bordin à son *Histoire de la civilisation chrétienne au V⁰ siècle*. Qu'Ozanam n'ait pas été quelquefois la dupe d'illusions charmantes, qu'il n'ait en aucune occasion poussé trop loin l'esprit de système, qu'il ne se soit jamais trompé, certes je ne voudrais pas l'affirmer. Ce serait, au surplus, faire de lui une exception unique parmi les historiens. Il est certain qu'il lit trop clairement dans les décrets de la Providence. N'a-t-on pas été frappé, à la simple vue des citations que nous avons données, du fréquent, de l'excessif usage qu'il fait de cette expression « *il fallait* »? C'est chez lui un procédé presque fatigant; il commence par énumérer toutes les circonstances qui devaient concourir pour que tel résultat se produisît, et infailliblement toutes les circonstances arrivent en bataillon serré et se rencontrent au point voulu. Sans la foi très profonde d'Ozanam en la Providence, ce serait presque du fatalisme historique. Et ne voit-on pas qu'à l'aide des mêmes « il fallait » un protestant convaincu, ou un révolutionnaire croyant démontreraient plus que la permission, l'expresse volonté de la Providence, dans l'explosion de la Réforme ou de la Révolution française? Tout homme intelligent et capable de synthèse qui a sous les yeux les faits accomplis peut en faire sortir un système, un concours nécessaire, ou voulu, de circonstances déterminantes. De même Ozanam donne trop aisément à des idées plus ou moins implicites, ou à des résolutions qu'il a fallu prendre au jour le jour, le caractère de projets conscients et suivis à travers plusieurs siècles. Enfin, quand il dit l'*Eglise*, il la prend — non pas toujours, mais souvent — abstractivement et dans son

ensemble, non dans les individus ou dans les corporations
qui la représentent à tel moment ou en tel cas particulier, comme si l'Eglise, en tant qu'Eglise, avait, dès le
début, adopté, soit à l'égard des lettres antiques, soit à
l'égard des barbares et de leurs chefs, une ligne de conduite absolue qu'elle ait imposée du haut en bas à tous
ses représentants.

Allons-nous donc conclure que le superbe édifice que
nous venons d'admirer repose sur des bases ruineuses et
que la valeur apologétique des arguments si laborieuse-
ment cherchés et si amoureusement mis en œuvre par ce
grand travailleur et ce grand croyant est nulle, ou seulement douteuse?

Loin de nous une telle pensée! Les arguments d'Ozanam
sont bons; les faits qu'il a invoqués sont vrais; et c'est ce
qui importe; car, dès lors, le rôle de l'Eglise a été bienfaisant, le christianisme a été civilisateur, *et c'est tout ce
qu'il s'agissait de démontrer.*

Qu'Ozanam ait été trop exclusivement l'homme d'un
point de vue, cela peut importer à l'historien, encore qu'à
côté d'Ozanam d'autres travailleurs aient présenté d'autres
points de vue qu'on pourra rapprocher du sien et qui le
compléteront. Chacun n'est pas obligé de tout faire. Mais,
ici, ce qui importe dans une certaine mesure à l'historien
n'importe pas à l'apologiste; tout apologiste est l'homme
d'un point de vue, c'est entendu d'avance; si ce point de
vue sert réellement à sa cause et s'il est juste, cela suffit.
Or, le point de vue choisi par Ozanam était réellement
utile à la cause chrétienne; il méritait donc d'être mis en
évidence; était-il juste? Ozanam l'a prouvé. Donc il a fait
son œuvre. Tout ce qui se peut dire en faveur des bienfaits
apportés au monde par le christianisme dans l'ordre de la
civilisation, il l'a dit et nul ne le dira jamais avec plus
d'autorité et de talent.

*
* *

Autorité scientifique, mais aussi autorité morale, celle

qu'assure le spectacle d'une vie tout entière réglée par les convictions que l'on proclame, convictions assez fortes pour surmonter les plus rudes épreuves, y compris celle de la souffrance continuelle et du sacrifice prématuré de tout ce que l'on a aimé. Si le témoignage des martyrs est une preuve, se refuserait-on à en voir une dans la très sainte vie et dans la mort, sublime par les renoncements acceptés, d'un Frédéric Ozanam ? Et comment de tels sentiments n'eussent-ils pas donné à sa parole et à ses écrits une force pénétrante ?

« Avant de vous entendre, lui écrivait un de ses auditeurs de Sorbonne [1], je ne croyais pas ; ce que n'avaient pu faire bon nombre de sermons, vous l'avez fait en un jour ; vous m'avez fait chrétien ;... il est impossible de ne pas croire ce que l'on exprime si bien et avec tant de cœur. »

Il y avait, en effet, quelque chose de très sympathique et de très personnel dans son apologie de la religion. Sympathique, le mot ne paraîtra-t-il pas étrange, appliqué à un enseignement et à une œuvre ? Cependant, si toujours on aime à sentir l'homme derrière l'auteur, à plus forte raison le cherche-t-on derrière celui qui traite les questions les plus vitales, derrière l'apologiste, de qui la puissance de persuasion, on le pressent, ne peut pas être faite uniquement de savoir. Or, cette épithète, qui l'a mieux méritée qu'Ozanam ? Il eut jusqu'au dernier jour, en dépit de toutes les contradictions, de toutes les polémiques, cette candeur de l'âme, cette absolue sincérité qui, après avoir engendré la conviction intime, force le respect des adversaires, même quand elle ne les convertit pas : « En le lisant, écrit dans son journal intime un protestant fervent, on ne devient pas son disciple, mais son ami ; on voudrait sentir comme lui [2]. » Il aima les âmes, n'hésitant pas à leur abandonner,

1. Le 4 mai 1844.
2. M. Gabriel Monod a communiqué à Mme Laporte, fille d'Ozanam, cet extrait du journal de son père, dans une lettre du 27 mai 1887.

quand il le fallait, jusqu'aux heures les plus sacrées de
son travail personnel, ce travail personnel où cependant
il ne cessait pas de les avoir en vue. Il ne sacrifia jamais
ni aux intérêts de famille, ni aux intérêts de parti, ni aux
intérêts d'école, — en toutes choses honnête et droit.
Homme de foi et d'enthousiasme, il demeura, dans l'exposé de ses idées, sage et modéré, n'outrant aucune doctrine, aucune conséquence. S'il reconnaît et signale les
insuffisances de la philosophie spiritualiste, telle qu'on
la concevait alors, il se garde de l'anathématiser ; il rend
hommage aux luttes qu'elle soutient contre le matérialisme et cherche à s'en faire une alliée ; après la défaite
des Saint-Simoniens, il veut que pour les meilleurs d'entre
eux le Saint-Simonisme soit comme le porche de l'Eglise.
Il n'absout pas l'erreur, mais il l'excuse chez ceux qui,
de bonne foi, en sont les victimes ; sa lettre à Ernest
Havet, du 22 mars 1849, nous montre jusqu'à quel point
il poussait le respect même des plus incroyants. Beaucoup de ceux-ci en étaient touchés et subissaient, au
moins en quelque mesure, son influence [1].

Oui, l'homme tout entier passe dans l'apologiste.

Rien de plus intéressant à ce point de vue que cette
admirable lettre du 16 juin 1852 adressée à un ami qu'il
veut convertir et que l'on peut considérer comme son
testament apologétique :

« Vous avez cherché, dans la sincérité de votre cœur,
à résoudre vos difficultés, et vous n'êtes pas arrivé au
bout. Mais, mon cher ami, les difficultés de la religion
sont comme celles de la science : il y en a toujours... Que
faire donc ? Faire en matière de religion ce qu'on fait en
matière de science : s'assurer d'un certain nombre de
vérités prouvées, et, ensuite abandonner les objections
à l'étude des savants... Pour moi, j'ai assis ma foi sur
un raisonnement qui peut se proposer au maçon et au

---

1. M. Laporte, gendre d'Ozanam, a bien voulu nous communiquer, outre
deux lettres de Gabriel Monod à Mme Laporte, quatre lettres d'Ernest Havet
à Mme Ozanam qui confirment cette assertion.

charbonnier. Je me dis que tous les peuples ayant une religion, bonne ou mauvaise, la religion est donc un besoin universel, perpétuel, par conséquent légitime de l'humanité. Dieu qui a donné ce besoin s'est donc engagé à le satisfaire ; il y a donc une religion véritable. Or, entre les religions qui se partagent le monde, sans qu'il faille ni longue étude ni discussion des faits, qui peut douter que le christianisme soit souverainement préférable et que seul il conduit l'homme à sa destinée morale ? Mais, dans le christianisme, il y a trois Eglises : la protestante, la grecque et l'Eglise catholique, c'est-à-dire l'anarchie, le despotisme et l'ordre. Le choix n'est pas difficile...

« Voilà, mon cher ami, le court raisonnement qui m'ouvre les portes de la foi. Mais, une fois entré, je suis tout éclairé d'une clarté nouvelle, et bien plus profondément convaincu par les preuves intérieures du christianisme. J'appelle ainsi cette expérience de chaque jour, qui me fait trouver dans la foi de mon enfance toute la force et toute la lumière de mon âge mûr, toute la sanctification de mes joies domestiques, toute la consolation de mes peines. Quand toute la terre aurait abjuré le Christ, il y a dans l'inexprimable douceur d'une communion, et dans les larmes qu'elle fait répandre, une puissance de conviction qui me ferait encore embrasser la croix et défier l'incrédulité de toute la terre. Mais je suis loin de cette épreuve ; et au contraire combien cette foi du Christ, qu'on représente comme éteinte, agit fortement dans l'humanité !... Non le catholicisme n'est dénué ni d'héroïsme dans le temps de Mgr Affre, ni d'éloquence dans le temps du P. Lacordaire, ni de tous les genres de gloire et d'autorité dans le siècle qui a vu mourir chrétiens Napoléon, Royer-Collard et Chateaubriand.

« Indépendamment de cette évidence intérieure, depuis dix ans, j'étudie l'histoire du christianisme, et chaque pas que je fais dans cette étude affermit mes convictions. Je lis les Pères, et je suis ravi des beautés morales, des clar-

tés philosophiques dont ils m'éblouissent. Je m'enfonce
dans les âges barbares, et j'y vois la sagesse de l'Eglise et
sa magnanimité... Je suis passionné pour les conquêtes
légitimes de l'esprit moderne; j'aime la liberté et je l'ai
servie : mais je crois que nous devons à l'Evangile la
liberté, l'égalité, la fraternité... ».

« Je crois à la vérité du christianisme; donc, s'il y a
des objections, je crois qu'elles se résoudront tôt ou tard ;
je crois même que quelques-unes ne se résoudront jamais,
parce que le christianisme traite des rapports du fini avec
l'infini et que jamais nous ne comprendrons l'infini. Tout
ce que ma raison peut exiger, c'est que je ne la force pas
de croire à l'absurde. Or il ne peut pas y avoir d'absurdité philosophique dans une religion qui a satisfait l'intelligence de Descartes et de Bossuet, ni d'absurdité morale
dans une croyance qui a sanctifié saint Vincent de Paul,
ni d'absurdité philologique dans une interprétation des
Ecritures qui contentait l'esprit rigoureux de Silvestre de
Sacy[1]. »

N'est-il pas émouvant de retrouver, après vingt années
écoulées, dans l'*Avant-propos* de la *Civilisation chrétienne
au Ve siècle,* ou dans la leçon qui sert de conclusion à ce
grand ouvrage, l'écho vibrant de toutes les pensées, de
tous les sentiments, que nous avait révélés cette lettre
de 1831, qui a servi de point de départ à notre étude, le
même désintéressement, le même besoin de conscience
qui lui met la plume à la main : « Dieu m'a fait la grâce de
naître dans la foi... Plus tard les bruits d'un monde qui
ne croyait point vinrent jusqu'à moi. Je connus toute l'horreur de ces doutes qui rongent le cœur pendant le jour, et
qu'on retrouve la nuit sur un chevet mouillé de larmes.
L'incertitude de ma destinée éternelle ne me laissait pas
de repos. Je m'attachais avec désespoir aux dogmes sacrés
et je croyais les sentir se briser sous ma main. C'est alors
que l'enseignement d'un prêtre philosophe me sauva...

---

1. *Lettres,* t. II, p. 380-385.

Je crus désormais d'une foi assurée et, touché d'un bienfait si rare, je promis à Dieu de vouer mes jours au service de la vérité qui me donnait la paix. »

Même joie d'avoir « entretenu de grands chrétiens, des
hommes illustres par l'alliance des sciences et de la foi et
d'autres qui, sans avoir la foi, la servent à leur insu par
la droiture et la solidité de leur science. » Même préoccupation « de ne point traiter des points de théologie »,
que Dieu a réservés à l'étude d'autres hommes « destinés
par Lui à justifier ses dogmes » ; même souci de l'orthodoxie. Même ardeur à tirer des éléments du passé le secret
de l'avenir, à montrer dans la vérité chrétienne le phare
des intelligences et le générateur du progrès.

« Ce spectacle, dira Ozanam, au terme de son cours,
doit nous servir d'exemple et de leçon : assurément,
l'invasion barbare est la plus grande et la plus formidable révolution qui fut jamais ; cependant nous voyons quel
soin infini Dieu prit d'en adoucir, en quelque sorte, le
coup et de ménager la chute du vieux monde; croyons
donc que notre temps ne sera pas plus malheureux, que
pour nous aussi, si le vieux mur doit tomber, des murs
nouveaux et solides seront édifiés pour nous couvrir et
qu'enfin la civilisation, qui a tant coûté à Dieu et aux
hommes, ne périra jamais.

« C'est avec ces pensées d'espérance que je vous quitte...
Je ne sais si j'achèverai avec vous cette course, ou si,
comme à bien d'autres, il me sera refusé d'entrer dans
la terre promise de ma pensée. Mais du moins je l'aurai
saluée de loin. Et, quelle que soit la durée de mon enseignement, de mes forces, de ma vie, du moins je n'aurai
pas perdu mon temps si j'ai contribué à vous faire croire
au progrès par le christianisme ; si, dans des temps difficiles où, désespérant de la lumière spirituelle, beaucoup
se retournent vers les biens terrestres, j'ai ranimé dans
vos jeunes âmes ce sentiment qui est le principe du beau.
Il l'est aussi de ce qui est bon ; il n'est pas seulement
nécessaire aux littérateurs, il est aussi le soutien indis-

pensable de la vie; il ne nous fait pas produire seulement
de belles œuvres, il nous fait aussi accomplir de grands
devoirs; car, si l'espérance est nécessaire à l'artiste pour
guider ses pinceaux, ou soutenir sa plume dans ses heures
de défaillance, elle n'est pas moins nécessaire au jeune
père qui fonde une famille, ou au laboureur qui jette son
blé dans le sillon sur la parole de Dieu et sur la promesse de celui qui a dit : « Semez[1]! »

De tels développements peuvent sembler un hors-d'œuvre dans un cours d'histoire; ils sont tout le contraire
dans la pensée de Frédéric Ozanam; le reste ne vient que
pour cela. C'est mal comprendre son apologétique historique que de la séparer de son œuvre sociale. Rappelons-
nous le point de départ : « Je montrerai la colonne du temple comme un phare de délivrance à ceux qui flottent sur
la mer de la vie... Peut-être un jour la société se rassemblerait-elle tout entière sous cette ombre protectrice. »
Il n'a voulu rechercher les bienfaits du christianisme dans
le passé que parce qu'il était persuadé que c'est avec ces
éléments du passé qu'on referait l'avenir et que le christianisme avait toujours en lui les mêmes forces. S'il a,
dans sa jeunesse, fondé les conférences de Saint-Vincent
de Paul, c'est pour répondre à ceux qui lui disaient : « Le
christianisme a fait autrefois des prodiges, mais aujour-
d'hui le christianisme est mort. » Au déclin de sa vie, il
salue en Pie IX un autre Grégoire II, un nouvel Alexandre III,
qui va se tourner vers le peuple comme jadis Grégoire II
vers les maires austrasiens, et réconcilier l'Eglise et la
liberté, dont la querelle déchire l'Europe depuis soixante
ans, comme Alexandre III scella avec les communes lom-
bardes le pacte de la liberté italienne[2].

Lorsqu'il prononce le mot fameux : «Passons aux barbares », qui ne signifie pas, il a soin de l'ajouter, «Passons

1. *La Civilisation au V* siècle*. Dernière leçon.
2. Toutes les lettres d'Ozanam datées de Rome, 1847 (*Correspondance*, t. II)
sont remplies de cette idée; notamment celles du 17 février et du jour de Pâques ; puis la lettre à Foisset, du 8 octobre 1847.

aux radicaux », c'est à ses yeux l'application contemporaine de la sage et religieuse politique qu'il a si chaudement louée dans l'Eglise du haut moyen âge[1].

Et comme il s'est plû à montrer au cours des siècles les plus fécondes et les plus utiles institutions naissant sous l'action de la pensée chrétienne, il veut que, dans notre temps de démocratie, cette même pensée transforme encore toutes les institutions pour les adapter aux besoins des classes populaires[2].

Alors, conformément à la prière enthousiaste qui sortait de ses lèvres en 1831, « le catholicisme se sera mis à la tête du siècle renaissant pour le conduire à la civilisation et au bonheur ».

Ainsi Frédéric Ozanam vécut jusqu'au bout fidèle à la grande idée qu'il avait reçue à seize ans de Chateaubriand et de Ballanche.

Les eaux de la source se retrouvent à l'embouchure. Plus heureux que beaucoup d'autres, parce que doué d'une intelligence plus facile, d'une volonté plus tenace, d'une vertu plus constante, il a pu, quoique hors de combat à 39 ans et mort à 40, réaliser du plan formé dans la jeunesse plus que n'en réalisent la plupart des hommes, même en une longue vie.

Sans cette humilité qui lui laissa croire jusqu'au bout qu'il avait peu travaillé et qu'il était un serviteur inutile, il aurait pu se rendre à lui-même ce témoignage avant de mourir[3]. Il a laissé ce soin au juge suprême de nos efforts et à la postérité.

Après lui, la science et par conséquent l'apologétique devaient prendre une allure plus positive et plus rigoureuse : ainsi le voulait la tournure nouvelle des esprits.

Mais Frédéric Ozanam avait répondu comme il convenait

---

1. Voir lettre à Foisset, du 22 février 1848, à propos de l'article qu'Ozanam avait donné au *Correspondant* (t. XXI, p. 412) : « Les dangers de Rome et ses espérances ».
2. Voir les articles de l'*Ere Nouvelle* en 1848 et les lettres d'Ozanam à son frère l'abbé, dans le courant de la même année 1848. *Lettres*, t. II.
3. Lettre à Dufieux, 14 juillet 1850.

aux besoins de son temps et de plus jeté pour toujours dans la circulation quelques arguments d'un grand prix pour la défense de la vérité. Il a donc mérité de prendre rang parmi ces apologistes de choix dont, au cours de sa longue histoire, l'Eglise a recueilli et conservé le nom.

Par une attention de la Providence qu'il n'eût pas manqué de relever, en quelque histoire qu'il l'eût rencontrée, Ozanam dort son dernier sommeil au milieu des héritiers de sa pensée et de ses saintes ambitions : une Université catholique, véritable atelier d'apologétique, a reçu la garde de son tombeau ; c'est là que, plus que jamais, après la célébration du centenaire de sa naissance, ira le chercher, prête à s'inspirer de ses leçons, la reconnaissance des catholiques dont il a si noblement vengé et magnifié la foi.

Alfred BAUDRILLART.

BIOGRAPHIE
BIBLIOGRAPHIE

ET

BIOBLIOGRAPHIE

DE

FRÉDÉRIC OZANAM

La bibliographie est la porte du temple de la science et qui ne veut pas ouvrir cette porte est condamné à rester hors de ce temple.

C'est à dessein que j'ai employé cette métaphore, elle montre quelle est la grandeur de l'édifice et quel bon zèle nous devons apporter à l'étude de sa construction. La moindre pierre est utile, le moindre grain de sable est nécessaire pour en assurer la solidité. Et tout ceci veut dire que maintenant la bibliographie est une science à part et la plus importante puisque, sans elle, il n'y a pas de salut pour les travailleurs et les vrais érudits.

Depuis quelque temps on ne parle plus que de centenaires et parfois de millénaires. Loin de critiquer cette coutume, je trouve qu'elle doit être encouragée; bien plus il faut commémorer les noces d'argent, d'or et de diamant de nos professeurs et savants. La meilleure manière à mon avis de leur rendre hommage est bien de dresser leur bibliographie. N'est-ce pas leur état de service? Tous les mélanges doivent commencer par cet acte de reconnaissance.

Voilà la raison de cette bibliographie de Frédéric Ozanam. Certes j'ai tout fait pour qu'elle fût à jour, mais il y aura des omissions et des fautes; mieux que personne je m'en doute. Devant ce nombre de fiches chronologiques, qui oserait me les reprocher trop vivement.

Il faut avoir pitié de ceux qui ramassent péniblement le grain et oublient des épis.

Il m'a été impossible de donner la date de toutes les éditions parues chez « certains » libraires. Chaque maison ne devrait-elle pas posséder un catalogue par fiches de ses impressions. De même pour « certaines » revues ou journaux. Le congrès de Bibliographie en avait exprimé le vœu; j'en profite pour le rappeler : c'est essentiellement utile à tous.

Le point d'interrogation que l'on verra après certains articles signifie que malgré nos recherches nous n'avons pas pu découvrir le volume ou le passage où il est question d'Ozanam. Toutefois nous en avons laissé la mention pour qu'on puisse à l'occasion combler la lacune.

Puisse cette bibliographie et biobliographie servir à glorifier comme il le mérite l'élève modèle, l'étudiant chrétien, le professeur de Sorbonne, l'intrépide défenseur de l'Eglise, le fondateur de la Société de Saint-Vincent de Paul, et le grand serviteur de Dieu que fut le célèbre Lyonnais, Frédéric Ozanam, dont le corps repose à l'Institut catholique de Paris.

QUELQUES MOTS DE BIOGRAPHIE :

1813. Né à Milan le 23 avril.

1823-29. Elève du collège royal de Lyon.

1830. Clerc d'avoué à Lyon.

1831-36. Etudiant en droit à Paris.

1833. Fonde la Société de Saint-Vincent de Paul.

1833. 1er voyage en Italie.

1834. Provoque les conférences de Notre-Dame.

1836. Docteur en droit à Paris.

1837. Mort de son père, retour à Lyon.

1839. Professeur de droit commercial.

1839. Docteur ès lettres à Paris.

1839. Mort de sa mère.

1840. Agrégé de l'Université de Paris.

1841. Voyage en Allemagne. Cours en Sorbonne.

1841. Il épouse Mlle Soulacroix à Lyon.

1841. Mission scientifique en Italie.

1841. Membre correspondant de l'Académie Tibérine de Rome.

1842. Il s'installe à Paris.

1842. Professeur à Stanislas.

1842. De l'Académie des Arcades de Rome.

1844. Professeur titulaire en Sorbonne (chaire de littératures étrangères).

1845. Naissance de sa fille Marie (M⁰ Laporte).

1846. Chevalier de la Légion d'honneur.

1846. 3ᵉ voyage en Italie.

1847. De l'Académie de la religion catholique de Rome.

1847. De l'Académie royale de Bavière.

1848. Garde national.

1848. De l'Académie de Lyon.

1849. Prix Gobert.

1850. Id., pour la seconde fois.

1850. Voyage en Bretagne, Normandie, Angleterre, Espagne, Italie.

1853. Retour en France.

1853. Il meurt à Marseille le 8 septembre. Inhumé à Paris.

1856. Prix Bordin.

1913. Centenaire de sa naissance.

A.-J. CORBIERRE.

ABRÉVIATIONS

F. O.　　　　　　Frédéric Ozanam.
R. P. A.　　　　　Revue pratique d'apologétique.
I. P.　　　　　　Instruction publique.
B. S. S. V. P.　Bulletin de la Société de Saint-Vincent de Paul.
L. A. F. D. L.　L'Abeille française de Lyon.
M. D. C. F. O.　Mélanges du centenaire.

1826. *De Immortalitatis studio* (devoir d'Ozanam), cf. Lejeay, Etude biographique sur F. O., p. 142.

1826. *Sapiens in villa*, cf. Lejeay, id.

1826. *De Ascensione Domini*, cf. Lejeay, id.

1826. *De Morte Assas*, cf. Lejeay, id.

1826. *De Vitæ brevitate*, cf.Lejeay.

1826. Vœux pour un ami qui part pour l'Amérique, cf. Lejeay.

1826. Résolution d'une âme chrétienne, cf. Lejeay.

1826. Nabuchodonosor changé en bête, cf. Lejeay.

1828. Discours de Witikind à Charlemagne. *L'Abeille française de Lyon*, t. II, p. 316.

1829. L'importance de la philosophie. L'A. f. de L., III, p. 106-209-336

1829. Histoire de la philosophie. L'A. f. de L., IV, p. 108-117,189-207-366,380-437,447.

1829. La générosité (discours). L'A. f. de L., III, p. 403-405, 483.

1829. Lettre sur la traite des nègres. L'A. f. de L., IV, p. 229-231.

1829. Passage de Mme la duchesse de Berri à Lyon. L'A. f. de L., (prose) IV, p. 387-89.

1829. Jérémie sur les ruines de Jérusalem prise par Nabuchodonosor L'A. f. de L., IV, p. 68-69.

1829. La veillée arabe ou les deux voyageurs (fable orientale en prose). L'A. f. de L., IV, p. 241-244.

1829. Compliment à Mme la duchesse d'Angoulême.

1830. L'organisateur ? sur le Saint-Simonisme.

1830. Jeanne d'Arc à Vaucouleurs (idylle). L'A.f. de L., V, p. 147 et 309-18. *Mélanges du centenaire*.

1830. Désespoir des Maures. L'A. f. d. L., t. V, p. 51-54 et 851.

1830. Le génie de Carthage. L'A. f. d. L., t. V, p. 254.

1830. Agar ou la prophétie accomplie. L'A. f. d. L., t. V, p. 404.

1830. Chant de guerre contre les Algériens. L'A. f. d. L., t. V, p. 415.

1830. Discours de Villiers de l'Isle-Adam aux chevaliers de Rhodes. L'A. f. d. L., t. VI, 1830, p. 187.

1830. L'immortalité de l'âme (poésie) dans les lettres, t. I, p. 21.

1830. Le Précurseur, nos 11 et 14.

1830. Vérité de la religion chrétienne. L'A. f. d. L., p. 25, 102, 187, 281.

1831. Le Globe, sept.

1831. Philosophie du langage. Le langage et la pensée, faits corrélatifs ; origine et développement de l'un et de l'autre, ch. 1er, p. 197-211. Du langage considéré dans la société : histoire-philologie, ch. II, p. 277-283. L'A. f. d. L., VII.

1831. Réflexions sur la doctrine de Saint-Simon. Lyon, Perisse, 94 p.

1831. Lamennais. L'Avenir, 24 août. Réflexions sur le Saint-Simonisme. C. R.

1831. Le Précurseur, 6-10-19 mai.

1831. La nouvelle année. L'A. f. d. L., t. VII, p. 61-62.

1831. A mon père pour le 1er janvier. Vie de F. O., p. C. A. O., p. 98.

1831. Au Christ ressuscité. L'A. f. d. L., VII, p. 229-236.

1831. La fiancée du croisé, hymne à la Vierge. L'A. f. d. L., VIII, p. 222-225.

1832. Louise de France, chant élégiaque dédié à M. de Chateaubriand : la romance en vers sur Mademoiselle a été dédiée, mise en musique, éditée par N. Cartoni de Lyon. L'A. f. d. L., t. IX, p. 424-426.

1832. A la Sagesse éternelle. L'A. f. d. L., t. IX, p. 69-72.

1833. Philosophie, ordre universel. L'A. f. d. L., t. X, p. 221-239.

1833. Les Saint-Simoniens. Conseiller des familles, p. 229-238. Mélanges, t. VII, p. 289-385.

1833. Tribune catholique, 12 juin. Sur Isaïe.

1833. F. O. C. R. du cours d'Ecriture sainte en Sorbonne par l'abbé Frère. Univers, p. 301-304.

1833. F. O. L'Univers religieux, 28 déc., p. 553. Les trois fêtes.

1833. F. O. Croyance à la Sainte Vierge et son influence sur les beaux-arts. France catholique, p. 233-236. Ent. de l'Univers religieux. Mélanges du centenaire, par A. J. C.

1833. F. O. Pèlerinage à N.-D. de Lorette. Conseiller des familles, p. 586-594. Mélanges du centenaire, par A. J. C.

1833. *Revue européenne*, janvier, p. 618-624.

1834. Protestation des étudiants catholiques de Paris. *Lettres*,8ᵉ éd., I, p. 97.

1834. F. O. Hommage à Chateaubriand et C. R. des cours d'Ampère au collège de France. *Univers*, 1ᵉʳ mars.

1834. Ami de la religion, 5, 7 et 10 juin, sur Lamennais.

1834. *Univers*, 13 février, 9 avril et 7 mai.

1834. F. O. Cours de littérature fait par N. Ampère au Collège de France.C. R. 1,7,25 mars.

1834. F. O. Pour l'Université catholique de Louvain. *Gazette de France, Univers religieux. Lettres*, 8ᵉ éd., 1912, p. 97.

1835. *Univers religieux*, 17 janvier. Poésies de Silvio Pellico.

1835. Du progrès par le christianisme. *Revue européenne*, I, p. 1-25. *Mélanges*, t. VI, p. 97-135.

1835. Les Chanceliers d'Angleterre. *Revue européenne*, II, p. 1-41 et 447-500.

1836. Deux chanceliers d'Angleterre, Bacon de Verulem et saint Thomas de Cantorbery. Paris, Société des bons livres. 260 p.

1836. E. de Coux. Préface aux *Chanceliers d'A.*, 7ᵉ éd.,in-8°, 252 p. Paris, Debacourt.

1836. Les Chanceliers d'Angleterre. Université catholique (Rédigé par MM. A. Bonnetty, A. F. Ozanam, etc.). Paris, Bailly, in-8°,p.158.

1836. Notice sur N. Ampère. Cf. ses *Œuvres complètes*, t. VIII, p. 75 à 85.

1837. Origines du droit français, cherchées dans les symboles et formules du droit universel. C. R. *Univers*, 27 sept., 1ᵉʳ oct. *Mélanges*, t. VIII, p. 376 à 401.

1837. Droit public des biens de l'Eglise. *Univers*, 20-27 avril ; 4 mai et 1-3 août. *Mélanges*, t. VIII, p. 374.

1837. Les deux chanceliers. C. R. *Univers catholique*, III, p. 75-78.

1837. Les deux chanceliers. C. R. *Ann. de phil. chrét.*, B. XIV, p. 111-118.

1838. Du protestantisme dans ses rapports avec la liberté. *Univers*, 4-12 déc. *Mélanges*, t. VIII, p. 247-296.

1838, F. O. Essai sur la philosophie de Dante. Paris. Bailly, 270 p.

1839. De frequenti apud veteres poetas heroum ad inferos descensu. *Thèse*. Paris, Bailly, in-8°, 42 p.

1839. Dante et la philosophie catholique au xiiiᵉ siècle. *Annales de philosophie catholique*, 30 nov., 1ʳᵉ éd. Paris, Debecourt, in-8° ; 2ᵉ éd. Paris, Perisse, in-8°.

1839. Droit commercial en 47 leçons. *Mélanges*, t. VIII, p. 37 à 628.

1839. Du protestantisme. *Univers*, 12, 17 et 26 juillet.

1839. Allory (Louis). Dante. C.R. *Univers*, 26 juillet.

1840. Lettre ministérielle, F. O. Lejay, p. 57.

1840. Leclerc (Victor). *Rapport officiel* du 3 oct. Lejay, p. 60-61.

1841. F. O. Les petits poèmes grecs p. E. Falconnet; C. R. *Revue du Lyonnais*, 1841, p. 234-240.

1841. F. O. Danto e la filosofia cattolica nel XIII secolo, versioni italiana con note de P. Molinelli. Milano, in-12.

1841. Danto e la filosofia cattolica al XIII secolo per F. O. volteto dal francese per cura della Societa della bibliotteca cattolica,140 p. in-12. Napoli, Manfredo, 1841.

1841. F. O. Observation sur l'opportunité d'un enseignement supérieur pour les sciences industrielles, avec notes de A. Cochin, 5 p.

1841. F. O. Le siècle. *Univers*, nov.

1841. F. O. Des Nibelungen et de la poésie épique. *Mélanges*, t. VIII, p. 187-216.

1841. Littérature allemande au moyen âge, *Mélanges*, t. VIII. p. 155-186.

1841. Leclerc (Louis). Examen de F. O. *Gazette spéciale*, de l'I. P., 14 janv.

1841. F. O. Cours de littérature étrangère,32 p. Paris, Renouard.

1841. Cours de F. O. *Journal de l'I. P.*, 27 janvier.

1841. Cours de F. O. *L'Alsace*, 3 mars.

1841. *Agemen Hertung,* 20 janvier.

1841. Un mot de la *Gazette d'Augsbourg* sur le cours de F. O. *Univers*, 10 et 27 janvier.

1842. Essais sur le bouddhisme. *Mélanges*, t. VIII, p. 217 à 246.

1842. F. O. La Sicile. Imp. Dupont. *Mélanges du centenaire*, par A. J. C.

1842. La Sicile. *Revue du Lyonnais*, t. XV, p. 47 à 55.

1842. Des Nibelungen et de la poésie épique. C. R. *Univers catholique*, mars, n° 75.

1842. Sur le cours de M. Ozanam. *Univers*, 6 janv., 4 fév.

1842. Cours de M. Ozanam. *Gazette spéciale de l'I. P.*, 14 avril.

1843. Blatter litter, 7 déc.

1843. F. O. Sur la puissance du travail,discours à la distribution des prix du collège Stanislas.Ent.imp.de Cossan.ŒC., t.VIII,p.1 à 21.

1843. F. O. Compte rendu de la propagation de la foi. *Annales de la propagation de la foi*, t. XV, p. 169. Œ. C., t. VIII, p. 21 à 37.

1843. F. O. Modération dans la polémique chrétienne, au cercle
catholique. *Mélanges du centenaire*, par A. J. C.

1843. F. O. Discours sur les devoirs littéraires des chrétiens au
cercle catholique. Œ. C., t. VII, p. 137-159.

1843. F. O. De l'établissement du christianisme en Allemagne,
3 articles. *Correspondant*.

1844. Circulaire du 11 juin rédigée par Oz.

1844. F. O. Cours de littérature, sur les Moines. *Correspondant*.

1844. F. O. Introduction aux lettres pour servir à l'éducation d'une
jeune personne, par Mistress Chapone, trad. de l'anglais, 18 p.
Paris, Wailli.

1844. Leimbard Caroline. Dante et la philosophie catholique, traduction allemande. Munster.

1844. F. O. De l'établissement du christianisme en Allemagne. Ent.
du *Correspondant*. Paris, René.

1844. Rendu (E.). Cours de F. O. *Journal de l'I.P.*, 13 mai et 19 juin.

1844. Von Zirey Recensenten. Dante. *L'Allgemeine Literaturzeitung
de Halle*. N° 271-72-73, pages 817-20; 825-32; 836-40.

1845. F. O. Fauriel et son enseignement à la faculté des lettres de
Paris avec bibliographie, Paris Wailli. *Correspondant*, 10 mai,
36 p.

1845. F. O. Fauriel. *Mélanges*, t. VIII, p. 97-154.

1845. Sigfried. Die Begründung des Christenthums in Deutschland
und die sittliche und geistige Erziehung der Germanen. Aus dem
Französischen des A. F. Ozanam. München, in-8°, p. XIII-284.

1845. Nouvelle édition corrigée et augmentée, munie de recherches
nouvelles sur les sources poétiques de la Divine Comédie. In-8°,
124 p. Paris, Lecoffre, 1845.

1845. F. O. Dante, 2e éd., 495 p. Paris, Lecoffre.

1845. Collombet (F. Z.). Dante. *Revue du Lyonnais*, p. 451.

1845. Biset (Auguste). Ozanam professeur. *Echo de littérature et
beaux-arts*, p. 105.

1846. Lorain. Dante. *Correspondant*, 25 juillet.

1846. Dante. *Nouvelle revue encyclopédique*, juin, p. 176.

1846. Dante. *Bibliographie catholique*, mars, p. 400.

1847. F. O. Mission scientifique en Italie et en Allemagne. *Archives
des missions scientifiques*, t. III, p. 458 et t. XXXI, p. 112.

1847. F. O. Etudes germaniques. Paris, Lecoffre, 2 vol. in-8° .

1847. Dante. C. R. *Magasin de littérature allemande*, 13 et 16 fév.

1847. Dante. *Journal général de l'I. P.*, 13 oct.

1847. Darras (J. E.). Les Germains. *Univers*, 17 oct.

1847. S.S. Les Germains. C. R. *La Presse de Champagne*, 31 oct.

1847. Veuillot (L.). Mélanges religieux, t. V, p. 599-609.

1848. Allocution. B. S. V. P., p. 36-41 et 144-149.

1848. Circulaire. *Bull.* S. V. d. P., juin, p. 31-34.

1848. F. O. Mission littéraire. *Journal général de l'I. P.*, 23 fév.

1848. De l'aumône. Œ. C., t. VII, p. 277-281.

1848. F. O. Les dangers de Rome et de ses espérances. *Correspondant*, 10 fév., p. 412-435. Ent. Paris, Lecoffre, in-8°, 244 p. cf. *Mélanges*, Ozanam, par A. J. Corbierre.

1848. Ballanche. Œ. C., t. VIII, p. 85-96.

1848. 15 avril. F. O. Profession de foi (lors de sa candidature à Lyon). Cf. *Mélanges. Ozanam*, par A. J. Corbierre.

1848. Du divorce, 16 p. Paris, Lecoffre. *Mélanges*, VII, p. 159 à 197.

1848. F. O. L'attente et l'action, *Correspondant*, p. 795-800.

1848. F. O. Les origines du socialisme. *Mélanges*, t. VII, p. 197-246.

1848. L'Ere nouvelle. Extraits.

1872. Œ. C., t. VII, p. 246 à 289.

1848. Sept. Aux gens de bien. Œ. C., t. VII, p. 246 à 261.

1848. Oct. Les causes de la misère. Œ. C., t. VII, p. 261-276.

1848. Oct. De l'assistance qui humilie et de celle qui honore. Œ.C., t. VII, p. 272-276.

1848. S. S. Galerie des orateurs universitaires. F. O. *La semaine*, p. 332 et 396.

1848. ? *Regenerazione italiana*, 22 juin.

1848. Egger (E.). Les Germains. C. R. *Journal général de l'I. P.*, 5 et 12 avril.

1848. Etudes germaniques p. Ozanam. Bibliothèque de l'Ecole des Chartes, 2ᵉ sér., t. V. p. 387-380.

1849. Allocutions. B. S. V. P., p. 201-206, et 248-256.

1849. Janv. Aumônes pour Notre Saint-Père le Pape Pie IX. Cf. Œ. C., t. VII, p. 281-287.

1849. Lettre de F. O. à M. Lejay, 17 juillet. Lejay, p. 69.

1849. Varin (Pierre). Les Etudes germaniques, t. I. C.R. *Journal des Savants*, p. 303.

1849 Du Chesnes (Paulin). Les Germains. *L'Ami de la religion*.

1849. S. S. Les Germains, C. R. *Le Semeur*, 28 mai.

1849. Aquarone (B. F.). Les Germains. C. R. *La statista*, 10 juin.

1849. De Champagny (Franz). Les Germains. C. R. *La Voix de la vérité*, 28 juin.

1849. C. N. L. Les Germains, C. R. *Bulletin bibliographique*, juin.

1849. De Flotte (Gaston). La civilisation. C. R. *Gazette du Midi*, 8 et 9 août.

1849. Soulacroix (Abbé). Les Germains. *Journal de Bruxelles*, 28 déc.

1850. F. O. Foi et Patrie, par Jules de Francheville. C. R. *Correspondant*, t. XXVI, p. 346 à 353.

1850. F.O. Littérature, voyages et poésies, par J.-J. Ampère. *Correspondant*, p. 84.

1851. F. O. Etudes sur la décadence romaine. *Correspondant*, t. 29, p. 539-564 et 576-596.

1850. Fanfani (P.). Considerazioni sopra l'antica poesia « La intelligenza », 24 p. Firenze, Encini.

1851. Bette (Salvatore). L'intelligenza. *L'Albina*.

1850. Des écoles et de l'instruction publique en Italie aux temps barbares. Paris, Lecoffre, in-8°.

1850. Documents inédits pour servir à l'histoire littéraire de l'Italie du VIIIe au XIIIe siècle, 416 p.

1850. Allocution. B. S. V. P., p. 199-203.

1850. Cours d'Ozanam. *Le Semeur*, 20 fév.

1850. Cours d'Ozanam. *Le Moniteur catholique*, 1er et 8 février.

1850. S. S. F. O. professeur à la Sorbonne. *Journal des faits*, 28 juin.

1850. F. O. La civilisation. C. R. *L'Univers*, 4 et 8 janvier.

1850. Poincel (A.). Les Germains. C. R. *L'Opinion publique*, 8, 10, 12 janvier.

1850. Foisset. Etudes germaniques. *Moniteur catholique*, 14 juin.

1850. S. S. Etudes germaniques. *Observateur de Genève*, 17 et 31 juillet et 3 août.

1850. E. B. Les Etudes germaniques. C. R. *Le Pays*, 20 sept.

1850. Saint-Marc Girardin. Les Germains. C. R. *Les Débats*, 21 oct., 8 nov.

1850. De Champagny (F.). Sur les documents inédits. C. R. *L'Ami de la religion*, 20 juin.

1850. C. N. L. Documents inédits. Bibliothèque Ecole des Chartes, p. 282.

1850. Veuillot (L.) à F. Ozanam. *L'Univers*, 2 juillet. *Mélanges*, t. V.

1850. Hist. litt. de l'Italie (Documents inédits, etc.). *Bull.* Ecole des Chartes, sér. III, t. II, p. 282-285.

1850. Mariage de Mlle d'Aquin avec Ch. Ozanam. *L'Univers*.

1851. Renan (Ernest). Documents inédits pour servir à l'histoire littéraire de l'Italie par Ozanam. *Journal des savants*, p. 230-247.

1851. Bretons et Irlandais. Cf. L'Association bretonne (procès-verbaux). *Mélanges du centenaire.*

1851. F. O. Avant-propos ou dessein d'une histoire de la civilisation aux temps barbares. Vendredi saint, 18 avril 1851.

1852. Allocution de F. O. B. S. V. P., p. 165-166.

1852. Du progrès dans les siècles de décadence. 40 p. in-8°. Paris, Douniol.

1852. Nourrisson; F. O. Les poètes franciscains. *Ami de la religion*, 10 juin.

1852. Hignard (H.). Les poètes franciscains. *Gazette de Lyon*, 21 juin.

1852. Lescœur (Louis). Les poètes franciscains. *Journal général de l'I. P.*, 15 mai.

1852. F. O. Les poètes franciscains. In-8°. Paris, Lecoffre.

1852. F. A. P. Documents. C. R. *Gazette piémontaise*, 30 juin.

1852. Erdan (A.). L'influence du christianisme. *La Presse*, 10 et 21 fév.

1853. F. O. Un pèlerinage au pays du Cid. 64 p. in-8°. *Correspondant.* Paris, Douniol.

1853. F. O. Pèlerinage au pays du Cid, par —. Petit in-8°, 93 p. av. gr. Tours, Mame S. M.

1853. A mon épouse (poésie). Poésies recueillies par A. J. C.

1853. Testament d'Ozanam. *Gazette de Lyon*, 27 sept.

1853. F. O. Parole dette dal prof. Ozanam alla conferenza de Firenze. Firenze, Cellini.

1853. Julius (N. H.). Italien franciscaner-Dichter. 304 p. Munster.

1853. Notice biographique sur Frédéric Ozanam. *Journal des débats*, 9 oct. et 12 oct. Paris et Louvain, in-8°, 32 p.

1853. Bedollière (E. de la). Nécrologie. *Le Siècle*, 15 sept.

1853. Boré. *Journal général de l'Instruction publique*, p. 638-639.

1853. Boré (Léon). Nécrologie. *Le Sémaphore de Marseille*, 18 et 19 sept.

1853. Gourju (Clément). Souvenir sur le tombeau de F. O. *Gazette de Lyon.*

1853. Collombet (Franc Zenon). Biographie de F. O. In-8°. Lyon, 100 ex.

1853. Collombet (F.). Nécrologie. *Gazette de Lyon*, 9 sept.

1853. Desnoyers (J.). Rapport sur les travaux de la Société de l'histoire de France en mai. *Bull.* Soc. hist. France, p. 87-89.

1853. Jouve (A.). *Salut public*, 13 sept.

1853. Lacordaire. Lettre sur la constance dans les convictions. *Lettres de L.*, p. 212-213; p. 229-231.

1853. Lenormant. Nécrologie. *Correspondant*, 25 sept.

1853. Le Clerc. Discours funèbre. *Journal général de l'I. P.*, p. 646.

1853. Nourrisson F. *Assemblée nationale*, 8 oct.

1853. Perreyve. F. O. Ext. du *Journal des bons exemples*, Lyon.

1853. Rendu. Nécrologie. *Journal général de l'I. P.*, p. 585, 14 sept.

1853. Rendu (E.). Nécrologie. *Le Pays*, 15 sept.

1853. De Riancey (H.). *L'Univers.*

1853. S. S. L'uomo dotto colla fede in F. O. *Il vero amico*, 28 oct.

1853. De Saint-Albin (A.). *Moniteur*, 28 octobre.

1853. Sainte-Marie (F. D.) de Lyon. A. F. O. professeur de la faculté de littérature, membre de l'œuvre de la Société de S. V. d. P. et d'autres associations de bienfaisance. Nécrologie. Paris, 1853. Ext. de la *Renommée*.

1853. Sibour (Abbé). *Gazette du Midi*, 24 sept.

1853. Tranchant (Ch.). Nécrologie. *Journal des villes et des campagnes.*

1853. Mort de Ozanam. B. S.V. P., p. 293-297 et 349-350.

1853. Nécrologie. *L'Univers*, 9 sept.

1853. Nécrologie. *Les Débats*, 14 sept.

1853. Les obsèques de F. O. *Journal de l'Inst. publique*, 20 sept.

1853. Nécrologie. *La Patrie*, 15 et 25 sept.

1853. Obsèques d'Ozanam à Saint-Sulpice. *Univers*, 25 sept.

1853. Ampère. Les poètes franciscains en Italie. C. R. *Revue des Deux Mondes*, 15 juin, p. 259-262.

1853. Benoit (Ch.). Les poètes franciscains, C. R. *Journal général de l'I. P.*, p. 585-587 et p. 593-595; 14 et 17 septembre.

1853. P. F. Les poètes franciscains. C. R. *Il corriere de l'Arno*, 20 avril.

1854. Allocution d'O. à Livourne. B. S. V. P., p. 251.

1854. I poeti franciscani in Italia nel secolo XIII, Traduzione di Pietro Fanfani. Prato Albergetti, 294 p. in-8°.

1854. Loménie (M.). Ozanam et un pèlerinage au pays du Cid. *Revue des Deux Mondes*, VIII, p. 197-209.

1854. Boissard Ferjus. Dante révolutionnaire et social. Défense de F. O. avec dédicace à F. O. Paris, Douniol, 1854.

1854. F. O. Notice des manuscrits publiés dans le recueil, p. 83-152. Paris, F. Didot.

1854. F. O. Catalogue des (422) livres de la bibliothèque de 27 pages. Paris, Charavay.

1854. Fanfani (Pietro). Biografia de F. O. de Ampère. 36 p. Prato. Alberghetti.

1854. Lacordaire (Lettres de). La mémoire d'Ozanam, p. 269-271.

1854. Legeay (U.). Etude biographique sur Ozanam. In-8°. Paris, Lecoffre, 3 francs.

1854. Sainte-Beuve. C. R. de Dante. *Débats.*

1854. Nécrologie. B. S. S. V. d. P.

1854. Rapport. B. S. S. V. d. P.

1854. Rendu (E.). C. R. du « Pèlerinage, etc. ». *Débats.*

1854. Rigault. Dante, par Aroux. *Débats.*

1855. Les Œuvres complètes en 8 vol. in-8°. Paris, Lecoffre, 1855.

1855. Ampère. Préface des Œ. C. *Les Débats,* 22 mai, avec lettres de F. O. de 1848.

1855. F. O. Du commencement des nations néo-latines ext. de la civilisation au vᵉ siècle. *Revue des Deux Mondes,* 15 avril, p. 415 à 430.

1855. Lacordaire. F. O. Sa vie et ses œuvres. *Correspondant,* 25 nov.

1855. Limayrac Paulin. Dante et Lamennais. *La Presse,* 29 août.

1855. Foisset. C. R. des œuvres complètes. *Correspondant,* 25 oct.

1855. Morin (Frédéric). C. R. des Œ. C. *Revue de l'Instruction publique,* 1ᵉʳ nov.

1855. Gabourd (Amédée). C. R. des Œ. C. Bibliographie catholique, p. 87-90; 356, 403.

1855. Hersart de la Villemarqué. Les derniers écrits de F. O. *Revue contemporaine,* avril, p. 123-149.

1855. Noirot (Abbé). Eloge de F. O., aux prix du lycée de Lyon, 7 p.

1855. Nourrisson. C. R. des Œ. C., 16 p. Clermont, Thibault.

1855. Rigault (H.). Un pèlerinage au pays du Cid. C. R. *Les Débats,* 12 avril, 5 colonnes.

1855. *Gazette de Lyon,* n° 48.

1856. Boissard-Ferjus. Hommage à F. O. par l'édition de Œ. C. *Justice! Mémorial catholique,* p. 436-441.

1856. Boissard (F.) *L'Univers* et Ozanam, in-8°.

1856. Caro (E.). Portrait de F. O. *Revue contemporaine,* 21 juillet. Ext. 46 p. in-8° Paris, Dubuisson.

1856. Hignard (H.). *Salut public,* 25 juillet.

1856. Lacordaire. Eloge de F. O. Paris, Lecoffre, 80 p.

1856. Lacordaire. Traduction italienne de l'Oraison funèbre par un membre de la S. S. V. d. P. Firenze, 90 p.

1856. Lerminier (N?). C. R. des Œ. de F. O. *Assemblée nationale,* 31 août.

1856. Limayrac (Paulin). C. R. séance publique de l'Académie franç. *Le Constitutionnel,* 20 août.

1856. Nourrisson. C. R. des Œ. C. *Assemblée nat.,* 17 août.

1856. Nettement (Alfred). C. R. des O. C. de F. O. *Union* des 16 mai, 1ᵉʳ et 16 juin.

1856. Villemain. *Rapport à l'Académie française,* 28 août.

1856. *La Vérité,* 22 fév.

1857. I germani avanti il cristianesimo nel v secolo lezioni. Traduzione di Aless Carraresi. Firenze, Le Monnier, 2 vol. in-16, 4 francs.

1857. La civilta cristiana nel v secolo, introduzione alla storia della civilta nel medio evo 2 ediz. Milano, Battezzati, 2 vol. in-16.

1857. Barnave (L. C. Paul). Eloge de F. O. Discours à la distribution des prix de Marseille, 9 août. Marseille, Barlatier, 19 p. in-8°.

1857. Lamartine. Cours familier de littérature, III, p. 388-408. Ozanam et son Dante. Paris, 1857.

1857. Neve (Félix). F. O. et les lettres chrétiennes. Bruxelles, de Mortier, 45 p.

1857. Vermont (L. de). La Sorbonne, portraits de professeurs. *Figaro,* 5 avril.

1857. Villemain. Rapport à l'Académie française, p. 16. Paris, Didot.

1858. Saulot Damborgez. Le livre des malades. *Univers,* 2 juin.

1858. Prévost Paradol. Le livre des malades. C. R. *Débats,* 30 mars.

1858. De Margerie (E.). Le livre des malades. *Univers,* 3 août, 3 col.

1858. Egger (E.). Le livre des malades. *Journal de l'I. P.,* 14 août.

1858. Ozanam (F.). Quatre lettres inédites. *Correspondant,* 25 fév. 16 p.

1858. Falconnet (E.) au directeur de la *Revue du Lyonnais.* Lettres de F. O. et à F. O. *Revue du Lyonnais,* p. 243 à 256.

1858. Ozanam's civilisation of the 5 th. C.-N. A. R., — LXXXVII, p. 176 à 184.

1858. Aroux. Réponse de F. O. sur son Dante. Cf. Mystère de la chevalerie au moyen âge. Paris, Renouard, in-8°.

1858. Darboy (Abbé). Discours à Stanislas, 8 p.

1858. D'Aremberg. C. R. des Lettres. *Débats,* 5 août.

1858. Veuillot (L.). C. R. des Lettres de F. O. *Univers,* 4 oct.

1858. Wescher (Carle). Eloge de F. O. Discours de distribution des prix, 10 août. Saint-Cloud, Belin. 17 p.

1858. Floquet (M.). C. R. des Œ. C.

1859. F. O. Œuvres choisies. Paris, Lecoffre, 1859, in-18, 400 p. 1 fr. 25.

1859. Laprade (V. de). F. O. Discours de réception à l'Académie française, p. 2.

1859. Nettement (Alfred). C. R. des Œ. C. *Univers,* 31 mai.

1859. S. S. C. R. des Œ. C. *L'Ami de la religion*.

1860. Le livre des malades, 2ᵉ éd.

1860. Nourrisson. F. O., sa vie et ses écrits, p. 263-287 et p. ix-x, dans *Portraits et études*, in-12. Paris, Didier.

1860. F. O. Alcune lettere, tradotte da Ces.Guasti; 29 p. in-8°. Prato, Guasti.

1860. Souvenirs et correspondance tirés des papiers de Mᵐᵉ Récamier, 2 vol. Paris, Levy.

1861. F. O. S. Eloi patron des orfèvres, des forgerons et des serruriers, dans collection « Les Saints de l'atelier ». 1 vol. in-16°. Paris, Douniol.

1861. Poulain Frédéric. Eloge de F. O. 66 p. in-12. Tours, Bonserez.

1861. F. O. Lettres nouv. éd.

1861. F. O. Lettres inédites et discours sur le S. S. V. d. P. 62 p. Paris, Lecoffre.

1862. F. O. Alighieri Dante. Traduction et commentaire avec texte en regard. Paris, Lecoffre, in-8°, p. viii, 587.

1862-65. Œuvres complètes, préface par M. Ampère. 11 vol., 73.

1862. La civilisation au vᵉ siècle, introduction à une histoire de la civilisation aux temps barbares (en 21 leçons), suivie d'un essai sur les Ecoles en Italie du vᵉ au xiiiᵉ siècle. 2ᵉ édit., avec préface (de 34 p.) par Ampère, J. J. Paris, Lecoffre, 1862. 1ᵉʳ vol. 396 p.; 2ᵉ vol. 434 p.

1862. Heinrich (G. A.). Avertissement sur le Purgatoire de Dante, 4. p. Paris, Lecoffre.

1863. Beslay (F.). F. O. son professorat. *Correspondant*, 25 déc.

1863. Caro. F. O. et la littérature étrangère. *La France*, 24 mars.

1863. Germanei avanti il enstranesimo. Prima traduzione de A. Carraresi. 2 vol. in-12, Firenze.

Beslay (F.). F. Oz., son professorat. *Correspondant*, 1863, 25 déc.

1864. La civilta cristiana presso i franchi : richerche. Traduzione di Alessio Carraresi. Firenze. Le Monnier, in-12, p. 486-494. 4 fr.

1864. Lettres d'O. B. S. V. P. —, p. 153.

1865. S. S. Préface des « Lettres de F. O. ».

1865. Beslay (F.). Lettres inédites. *Correspondant*, 25 nov.

1865. I beni della chiesa : lezione. Firenze, typ. S. Antonio, 8° , p. 16.

1865. Lettres inédites. C. R. *Correspondant*, 25 nov.

1866. Grandidier (F.). Lettres de F. O. C. R. *Etudes*, XV, p. 526.

1866. Lettres d'O. — B. S. V. P., p. 35, 124.

1866. Heinrich. Correspondance de F. O. *Revue du Lyonnais*, mai, p. 421-428.

1867. Hardy. F. Ozanam, ein Leben im Dienste der Wahrheit und Liebe.

1867. O'Meara (Mlle). F. Ozanam, his life and worcks. Edimburgh.

1867. Ampère (J.). *Mélanges d'histoire littéraire*, t. II, L.

1867. Kraus. Dante, sein Leben und sein Werke, p. 369. Paderborn.

1867. Johanet (A.). Le P. Lacordaire et F. O. d'après leur correspondance. Ext. du t. II des *Lectures et Mémoires de l'Académie de Sainte-Croix d'Orléans*, 32 p. in-12.

1867. Karcher. F. Ozanam, sein Leben und seine Werke. Paderborn.

1867. Eijne maand te Rome, of beschreving der bijzonderste merkwaardigheden der stad Rome, met godvruchtige bewerkingen op de Kerk en het Pausdom, door C. A. Ozanam apostilijke zendeling en cerekanonnik van verscheidone bisdommen. Uit het Fransch vertaald. Mechelen. Em. l. Van Noer, in-24, xii-238 p. 1 franc.

1868. Glyn Ashley (C.). History of civilization in the v century translated from the french by A. C. Glyn. 2 vol. London, 1868 (1867), 8°.

1868. Lettres de F. O. — B. S. V. P. p., 227.

1868. F. O. Companion of the sick being extracts from the Holy scriptures, in-8°, 2e éd. angl.

1868 [1867]. Ozanam, Antoine Frederic. History of Civilization in the fifth century. Translated... from the French... by *A. C. Glin*. London, 2 vol. in-8°.

1869. Dante et la philosophie catholique au xiiie siècle. 5e éd. in-12, 524 p. Paris.

1869. *Gazette littéraire universelle de Halle*. Dante. C. R.

1869. Montrond (Maxime de). *Etude historique et biographique*, Paris.

1869. Pie IX à Madame Amélie Ozanam, en tête des *Lettres de F. O.*

1869. Pinciani P. Dante, C. R. *Annales des sciences religieuses de Rome*.

1869. Tommaseo (Nic. Ant. Perfetti). Fed. Ozanam e le sue lettere. Firenze, Cellini, 1869, in-8°, p. 8, et *Archivio storico italiano*, p. 188-195.

1869. Witte (Ch.). Dante, C. R.

1870. Lettres inédites et discours de A. F. O., sur la Société de S. V. d. P., in-8°, 1 fr. 20. Paris, Lecoffre.

1870. Dante, 5e éd. Paris, Lecoffre, 6 fr.

1870. Les poètes franciscains en Italie au treizième siècle avec un choix de petites fleurs de S. François traduites de l'italien, 4e éd.,

1 vol. in-12, 505 p., av. préf. p. Ampère J.-J. 13 pages. Paris, Lecoffre.

1870. Du progrès dans les siècles de décadence. 1 vol. in-8°, 1 fr. 20. Paris, Lecoffre.

1870. F. O. Œuvres choisies, 1 vol. in-18, 3 fr. Paris, Lecoffre.

1872. Lacordaire (Le P.). Notices et panégyriques.

1872. Huit (Ch.). F.O., étude biographique et morale; 111 p. Fribourg. Soussens.

1872. Foisset. Ozanam juriste. *Mélanges*, t. VIII, p. 299 à 303.

1872. Coux (E. de). Avertissement de la première édition des « Deux chanceliers d'Angleterre ». Œ. C., t. VII, p. 387 à 558.

1872. Brifaut, Conférence donnée à Gand en 1871. Bruxelles, Devaux. 1 vol. in-12, 46 p.

1872. Les Germains avant le christianisme, recherches sur les origines, les traditions, les institutions des peuples germaniques et sur leur établissement dans l'empire romain. 4ᵉ éd. en 2 vol. : 1° = 483 p. + préface 20 p. ;2° = 611 p. Paris, Lecoffre, 1872.

1872. Les poètes fransciscains en Italie au xiiiᵉ s., avec un choix des petites fleurs de S. François, traduites de l'italien. Espira de l'Agly, Ph. Jamet, in-18.

1872. F. O. Les origines du socialisme. Œ. C., t.VII, p.197 à 246.

1873. F. O. Vie des saints de l'atelier. Vie de S. Eloi, p. 18 à 39. Tours, Mame. B. N.

1874. Scritti vari di religione, politica, letteratura, ecc. volgarizza da Aless Carraresi. In-16, p. 454. Firenze, Le Monnier, 4 fr.

1874. Protestantisme and liberty. Translation from the french by W. C. R., pp. 32, in-8°, London, Washlomne.

1875. Lettres de Frédéric Ozanam, t. I, 1841 à 1842, 466 p. avec lettre de Pie IX; t. II, 575 p. 1842 à 1853.

Ozanam [Antoine-Frédéric]. A pilgrimage to the land of the Cid. Tr. from the french of Frederic Ozanam by P. S. New York, *The catholic publication Society*, 1875, 192 p. front, pl. 17 1/2 cm.

1875. Lettres d'Ozanam. B. S. V. P., p. 229.

1875. André-Marie et Jean-Jacques Ampère. Correspondances et souvenirs. Paris, Hetzel, 2 vol.

1876. Nettement. Littérature française, 1830-48 ; in-8°, Paris, Lecoffre.

1876. O'Meara. F. O., Life of —. 454 p.

1877. F. O. Œuvres choisies, in-12. Paris, Lecoffre, 2 fr.

1877. F. Ozanam. D. R., XXVIII, p. 304-325.

1877. F. Ozanam C... W..., XXIV, p.577-590.

1878. Hardy (Edmund). Friedrich Ozanam. Ein Leben im Dienste der Jahrhut und Liebe im —.212 p. Mainz.

1878. Manning (Card.). Préface de la seconde édition anglaise de O'Meara Kathleen.

1878. F. O. *Mélanges*, t. VII et VIII, 3ᵉ édition.

1878. O'Meara (K.). F. O., his life and works. Seconde édition, in-8°. Edinburgh.

1879. Baguenault de Puchesse. F. O. d'ap. un biographe irlandais. 36 p. Paris, Le Clerc.

1879. Ecully. Trois biographes de F. Ozanam : Karker, Hardy, O'Meara. *Correspondant*, CXIV, p. 1145.

1879. Ozanam (A. C.). Vie de F. Ozanam. Paris, Poussielgue, 644 p., in-8°, 7 fr. 50.

1880. F. O. Du divorce. In-8°, Paris, Lecoffre, 1 fr.

1880. Burnichon (J.). Vie de F. O., p. C.-A. Ozanam. *Etudes*, t. XLII, p. 304.

1880. Vie de F. O. — C. R. — B. S. V. P., p. 18.

1880. Humbert (Mᵉ Edouard), F. Ozanam, d'après sa correspondance, 84 p. Paris, Fischbacher.

1881. Lettres de F. O., 6ᵉ éd., 2 vol in-18. Paris, Lecoffre.

1881. Doubaire. Ozanam et A. Cochin, *Correspondant*, t. CXXIII, p. 936.

1881. Gautier (L.). Portraits littéraires. G.

1882. Mignault (P.). F. Ozanam, R. Can. XVIII, p. 577-591, 641-654, 705-714.

1882. Ozanam (C. A.). Vie de F. Ozanam, 648 p. in-8°. Paris, Poussielgue.

1882. Origines de la Société, B. S. V. P., p. 57.

1883. Léon XIII à Amélie Ozanam, en tête des lettres

1883. Lavigerie (Cardinal). Lettre à Madame Ozanam, cf Lettres, t. I.

1883. Piolin (Dom). F. O. Les illustrations et célébrités du xixᵉ siècle, 5ᵉ série, p. 119 à 180. Paris, Bloud.

1883. Piolin (Dom). F. O. *Gazette du dimanche*. 7 janvier.

1883. Saillard. Hommes célèbres du xixᵉ s. Tours, Cathie, in-8°, p. 155-166.

1884. (S. N.). La grâce de Dieu dans quelques âmes contemporaines, Ozanam, Reboul, J. Jugan. Nancy, 1884, in-8°, Biog. de la mission Ozanam, Reboul Hermann et Jeanne Jugan, B. F. L n² 256.

1884. F. Ozanam, A. Cochin et la Société de S. V. de P., B. S. V. P., p. 67.

1885. Roger (Gabriel). La jeunesse du F. O. ou un jeune chrétien au xix⁰ s. Paris, Dumoulin, 34 p.

1886. Report of Procedings for the general assembly S. S. V. de P. city of Washington.

1886. Pychowska (L.). Ozanam, S. Dante, C. W. XLIII, p. 790-796.

1886. Letters of P. V. transtet ed pun thi penet wit a connecting sketch of his life by A. Coates, vol. I. London, Stock, 1886, 8.

1886. Dadolle (P.), Le vrai, le bien, le beau, Ampère, Ozanam et H. Flandrin. Lyon, 1889, in-18.

1886. Humbert (M⁰ E.), Frédéric Ozanam d'après sa correspondance, Etude biographique par M⁰ Nouvel, éd. in-12.

1886. Vie de A. F. O., par Mgr Ozanam, C. R., B. S. V. P., P. 8.

1887. Lambelde. Biographie de Frédéric Ozanam par le Comte. In-12, 102 p. Paris, Tequi, o fr. 60 c.

1887. Chauveau (Pierre). F. O., sa vie et ses œuvres. 620 p. Montréal, Banchenion.

1887. Chauvin (A.). Ozanam et de Mun. R. Can. XXIII, p. 339-346.

1887. Prontuario del dantofilo. Roma, 16°.

1887. Vie de O. par de Lambel. C. R.; B. S. V. P., p. 133.

1888. Jenkins (T. A.). F. Ozanam. C. W. XLVIII, p. 342-345.

1888. Perraud. Lettre de Mgr l'Evêque d'Autun, membre de l'Académie française. *Vie de F. O.* par Huit.

1888. Curnier (Léonce). La jeunesse de Frédéric Ozanam. In-8⁰, 445 p. Paris, Hennuyer. 4 francs.

1888. Curnier (L.). La jeunesse de F. Ozanam, 1ʳᵉ éd. Paris, Hennuyer. 4 francs.

1888. Van Trich (Victor). Ozanam (causerie par), o fr. 75.

1888. Huit (Ch.). La vie et les œuvres de Frédéric Ozanam. In-8°, 392 pages. 1ʳᵉ éd. Lyon, Vitte. 4 francs.

1888. Caro (E.). Philosophie et philosophes, p. 358-422. Paris, Hachette.

1889. Sortais (G.). Vie de F. O. par Huit. C. R. *Etudes*, t. XLVII, p. 164-165.

1890. Curnier (Léonce). La jeunesse de Frédéric Ozanam (couronné par l'Académie française). Grand in-8°, 2⁰ éd. Paris, Hennuyer.

1890. Souvenirs d'un frère. Souvenirs sur Ozanam, p. 162-163. Paris, Retaux.

1890. Portraits des fondateurs de la S. S. V. d. P. — B. S. V. P., p. 220.

1891. Pisani (P.). La maison des Carmes. Paris, Poussielgue.

1891. La civilta cristiana, sermone di Aless Fabre. Tornio, Typ. salesiana, in-8°, p. 644. 4 francs.

1891. Una lettera de A. F. O. àTommaso Pendola delle scuole pie. Siena, S. Bernardino, 42 p.

1891. F. O. par F. Bonnet. B. S. V. P., p. 7.

1891. *Lettres de* F. O. — B. S. V. P., p. 61.

1892. Villefranche (J. M.).Dix grands chrétiens du siècle: O'Connel, Donnoso Cortés, Ozanam..., par J. M. Villefranche. Paris, Bloud et Bonal. In-8°. 4 francs.

1892. Frédéric Ozanam, sa vie et ses œuvres par Kathleen O'Meara. In-12, xii-337p., précédée dequelques pages de M. Cravin. 3 fr. 50.

1892. O'Meara (Kathleen), traduction française.

1892. Des lycées (A.). Vie de F. O. par O'Meara. *Etudes*, oct., partie bibliographique, p. 670.

1892. Buste de F. O. — B. S. V. P., p. 136.

1892. Cornudet (Michel). Eloge de F. O. à l'inauguration d'un buste d'O. au cercle catholique du Luxembourg. B. S. V. P., p. 210-220.

1892. Portraits des fondateurs de la Société de S. V. d. P. — B. S. V. P., p. 344.

1893. Buste de F. O. — B. S. V. P., p. 7.

1894. Sur F. O. et Cornudet, p. P. Thureau-Dangin. B. S. V. P., p. 115.

1893. Soixantaine de la Société. B. S. V. P., p. 119.

1894. Me Frédéric Ozanam. B. S. V. P., p. 291.

1894. Gartier (L.). Portraits du xixe siècle.

1895. Laur (Jean). S. D. Ozanam. Abbeville, impr. et lib. Paillart, in-8°, 160 p. avec 10 illustrations. 1 fr. 15.

1895. Le scuole e l'istruzione in Italia nel medio evo. Traduz. de G. Z. I. Firenze, Sansonis in-16, p. 11-74. 1 franc.

1895. Perini (C.).Vita di Federico Ozanam, narrata ai giovani. Milano, tip. pont. s. Giuseppe, in-16, p. 71, cent. 80.

1895. Ozanam, Cf. *Les contemporains*, 1, t. IV, 1896, p. 172.

1897. Documents inédits pour servir à l'histoire littéraire de l'Italie depuis le viiie sièclejusqu'au xiiie siècle; in-8° (1850), 1897. Paris, Welter, 12 fr. 50; forme le n° 2 de la collection de reproduction en fac-similés.

1898. Rambaud (Camille). Ozanam. Lyon, imp. du *Salut public*, l'auteur, cité de l'Enfant-Jésus, 205, rue Duguesclin.

1899. Hurter. Nomenclata litterarius theologiæ catholicæ, II, p. 1011.

1899. Masson (L.). F. Ozanam. Lyon, Vitte, 32 p., in-16.

1900. Roger (Jules). La jeunesse d'Ozanam (de 1831 à 1840). *Recueil des publications de la Société Havraise d'Etudes diverses*, p. 243-256.

1901. F. O. The bible of the sick (3ᵉ trad. angl.), 127 p. New-York.

1901. Baunard. Un siècle de l'Eglise de France. Ozanam et la Société de S. V. d. P., p. 265-268. Paris, Poussielgue.

1903. Braun (H.) F. Ozanam. C. W. LXXVIII, p. 299-349.

1903. Baudrillart (A.). Préface au « Frédéric Ozanam » par Bernard Faulquier. *Bull. critique*, in-16, p. 14.

1903. Faulquier (B.). F. Ozanam. 175 p.

1901. Lettre inédite de F. O. — B. S. V. P., p. 167.

1903. Vie de F. O. p. ? B. S. V. P., p. 196.

1904. Brunhes (Joseph). Un précurseur d'Ozanam. *Le Sillon*, 10 sept., p. 166-173.

1906. Vie de F. O. Faulquier (B.). C. R., B. S. V. P., p. 35.

1906. Beaupain (Eugène). Ozanam et les incroyants. *Le Sillon*, 10 août, p. 84-91. *Mélanges du centenaire.*

1906. Glachant (Victor). Lettres inédites F. O. à Fauriel. *La Quinzaine*, p. 487-499.

1907. Flornoy (E.). Ozanam. *Galerie sociale*, n° 82, 36 p. in-8°.

1907. Horgan (John, J.). — Great Catholic Laymen (Andreas Hofer, Gabriel Garcia Moreno, Frederic Ozanam, Montalembert, Frederick Lucas, Windthorst, Louis Pasteur, Daniel O'Connell). Second édition [with an introduction by P. A. Sheehan]. Dublin, *Catholic Truth Society of England*, in-8°, p. xiv, 388 v.

1907. Huit, Vie de F. O. 2ᵉ éd.

1908. Vico (Pietro). Antignano et F. O., p. 13-16. Livorno.

1908. Baudrillart (A.). Les leçons du tombeau d'O. — B.S.V.P., p. 146.

1909. Baudrillart (A.). Conférence du 30 avril à la Société de géographie.

1909. Baudrillart (A.). L'apologétique de F. Ozanam. R. P. A., 15 mai, p. 261-262.

1909. Baudrillart (A.). Frédéric Ozanam. *Rev. hebdom.* 3 avril, p. 5-43.

1909. *L'Eclair du dimanche*, 28 mars, sur la Conférence de Mgr Baudrillart. Bruxelles.

1909. Dumoulin (Maurice). F. O. p. Mgr Baudrillart. C. R. *Le Temps*, 20 mars.

1909. Chatelain (Abbé). Pages choisies présentées par in-8°, Lyon, E. Vitte, 399 p.

1909. Pie X. Réponse au rapport du président général de la Soc. de S. V. d. P., le 16 avril, *Bul.* S. V. d. P., 1909, p. 121.

1909. *Bull*. S. V. d. P., juin, n° 726. Rapport lu à l'assemblée générale tenue à Rouen le 17 avril 1909.

1909. Faulquier (B.). Ozanam et la Société de S. V. d. P. — B. S. V. P., p. 161.

1909. *Osservatore romano*, 11 avril.

1909. De la Rive (Th.). F. O. Conférence donnée à Monabri chez la princesse du Sayn-Wittgenstein. Ext. de l'*Ange de l'Orphelin*, 16 p. Thonon-les-Bains, Masson.

1910. Baudrillart (A.). Ozanam. Les œuvres de charité et les œuvres sociales.

1910. Guibert (M.). Discours à l'assemblée générale annuelle de la Société de S. V. d. P. à Paris, aux Carmes.

1910. Lorin Henri. L'orientation sociale de la pensée catholique au xixᵉ s. *Semaine sociale de Rouen*, p. 61.

1910. *Bull*. S. V. d. P., janvier, p. 24.

1910. Baunard (Mgr). A. F. O. — C. R. *Bull*. S. V. d. P., août 1910, p. 206-208.

1910. Guibert. S. V. d. P. et Ozanam. *Bull*. S. V. d. P., mai, p. 118. 6 p.

1910. Quatre lettres inédites de F. O. — *Bulletin* des Sociétés de S.V. d. P., avril 1910, p. 87-103.

1910. Faulquier (B.). F. O. — C. R. *Bull*. S. V. d. P., 1910, p. 169.

1911. Un curé flamand au tombeau d'O. — B. S. V. P., p. 54.

1911. Deux rapports inédits de F. O. — B. S. V. P., p. 68.

1911. La jeunesse de F. O. — B. S. V. P., p. 112.

1911. Laudet (Fernand). Mᵐᵉ Swetchine. *Revue hebdomadaire*, mars 1911, p. 256.

1912. Albalat (Antoine). Lacordaire. Lyon, Vitte, p. 72.

1911. Calippe. Tendances sociales des catholiques libéraux. Paris, Bloud, p. 87.

1912. Baunard (Mgr). F. O. d'après sa correspondance. Paris, de Gigord, 5ᵉ éd.

1912. Decq. F. O. par Mgr Baunard. C. R. *Semeur algérien*.

1912. F. O. par Mgr Baunard. C. R. *Rev. de la Jeunesse*, p. 207.

1912. Baunard. *Les Amitiés de France*, déc.

1912. Rouy (Henry). F. O. et la S. d. S. V. d. P. In-16, 10 p. Reims.

1912. Baudrillart Alfred. F. O. 63 p. Paris, Bloud.

1912. Peyroux Claude. Fred. Oz. Edition du *Petit Démocrate*. Limoges, 16, boulevard Gambetta. Paris, Gabalda, o fr. 50.

1912. Moncarey (Michel). Peyroux C. (C. R.) *Etudes*, 5 déc., p. 722.

1912. Moncarey (Michel). Un maître chrétien. *Etudes*, 20 nov.,p. 492-518 et 5 déc., p. 629-645.

1912. Flornoy (E.). Ozanam, Tract n° 82 de l'*Action populaire*.

1912. Breton (Mgr). Discours, *Semaine sociale de Limoges*.

1912. De Téramond (G.). F. O. *La Patrie*, 26 oct.

1912. Lettres de Frédéric Ozanam, 2 vol. 1831-1853, 8ᵉ éd. avec notes et lettres inédites. Paris, de Gigord.

1912. Lecigne (C.). Centenaires à célébrer, Ozanam et L. Veuillot. Ext. de la *Chronique de la presse*, 12 déc., p. 791-793.

1912. Barbier (Emmanuel). La critique du libéralisme (passim).

1912. Bucaille (Victor) et Goyau (Georges). Quelques documents sur la jeunesse d'Ozanam : 1ᵘ la conférence d'histoire ; 2° une méditation du jeune Ozanam ; 3° Ozanam et l'esthétique moderne ; 4° Ozanam et le romantisme. *Revue Montalembert*, 25 mai, p. 321-345.

1912. Bucaille (V.) et Goyau (G.). Le saint-simonisme jugé par Ozanam. *Revue Montalembert*, 25 juin, p. 401-423.

1912. En l'honneur d'Ozanam. R. P. d'A., 1912, mai, p. 284.

1912. Goyau (G.). L'apostolat intellectuel du jeune Ozanam. R. P. d'A., 1912, 1ᵉʳ juin, p. 321-342 ; 15 juin, p. 401-422 ; 1ᵉʳ juillet, p. 421-506 ; 15 juillet, p. 561-584.

1912. Cochin (Henry). F. O. homme de lettres. R. P. d'A., décembre.

1912. Jordan (E.). Ozanam historien. R. P. d'A., 1912, oct., p. 5-28, 81-113.

1912. Lanzac de Laborie (L. de). Ozanam, le fondateur de la Société de Saint-Vincent de Paul, R. P. d'A., 1912, p. 721 à 751.

1912. Lacordaire. F. O. *Revue de la Jeunesse catholique*, p. 381-384.

1912. Peyroux (Cl.), F. O. *Rev. de la Jeunesse catholique*, p. 535.

1912. Baudrillart (Alfred). Conférence à l'hôpital Laennec.

1912. Centenaire de A. F. O. *Bul.* S. V. P., mars, p. 81.

1912. *Revue Montalembert?*

1912. Sire (Vaneufville). F. O. *La Croix*, 11 juillet.

1912. Rambaud. Un centenaire. *Nouvelliste de Lyon*, 24 juillet.

1912. Celi (Georges de). F. O. *Gazette de France*, 19 juin.

1912. Le centenaire d'un Dombiste illustre. *Journal de l'Ain*, 28 juin.

1912. Mgr Sevin. *Semaine religieuse de Lyon?*

1913. Le centenaire de F. O. *Semaine religieuse de Paris*, p. 92.

1913. Corbierre (A. J.). Ozanam et la Bretagne. *Journal de Rennes*, 23 avril.

1913. Corbierre (A. J.). Les médailles et le médaillon d'Ozanam, *Mélanges du Centenaire*, 1 et 10 francs.

1913. Corbierre (A.-J.). Poésies d'Ozanam, 50 p. in-16. Paris, Lethielleux.

1913. Corbierre (A.-J.). Ozanam et l'ordre bénédictin. *Almanach bénédictin*, 1913.

1913. Corbierre (A.-J.). Pensées et conseils d'Ozanam, 150 p. in-16. Paris, Beduchaud.

1913. Corbierre (A.-J.). *Mélanges du centenaire Ozanam*. 300 p. Paris, Lethielleux.

1913. Corbierre (A.-J.). Ozanam et les Dominicains. *Revue Lacordaire*.

1913. Corbierre (A.-J.). *Guide du malade*. 300 p. in-16. Paris, Falque.

1913. Corbierre (A.-J.). Ozanam et Veuillot. *Mélanges du centenaire Ozanam*.

1913. Corbierre (A.-J.). Vie illustrée de F. Ozanam avec illustrations, o fr. 10. Chez l'auteur, 7, rue Coetlogon, Paris.

1913. Decq-Ozanam. Lettres inédites de F. O. *Mélanges du centenaire Ozanam*.

1913. Ubald d'Alençon. Ozanam et les Franciscains, cf. *Mélanges du centenaire*.

1913. F. O. Les poètes franciscains, 10ᵉ éd., Lyon, Vitte.

1913. F. O. Thèses de doctorat de F. O. Lyon, Vitte.

1913. Albalat. Vie de F. Ozanam. Lyon, Vitte.

1913. F. O. Les trois fêtes. Bul. S. S. V. d. P., janvier.

1913. Calippe (Charles). Biographie sociale de F. O. avec recueil commenté des principaux textes qui s'y réfèrent.

1913. F. O. Dante, 4ᵉ éd. Lyon, Vitte.

1913. Quelques souvenirs de la Conférence Saint-Dominique des Carmes à l'occasion de ses noces de diamant, 1851-1911. Paris, Renaudin, 32 p. av. fig.

1913. Les fêtes du centenaire d'Ozanam. *La Croix*, 21 janvier.

1913. Flandrin (H.). F. O. Conférence à l'assemblée plénière de Saint-Dominique des Carmes.

1913. Fliche (Louis), avocat à la Cour d'appel. F. O. Conférence au cercle du Luxembourg. F. O. et la Société de S. V. D. P.

1913. Vicomte d'Hendecourt. F. O. fondateur de la S. S. V. d. P.

1913. Janvier. Panégyrique de F. O. à Notre-Dame.

1913. Tombeau de F. O. aux Carmes. fig. Cf. Album de la Maison des Carmes, 70, rue de Vaugirard, par A. Goumaz.

1913. Baudrillart (A.). Ozanam apologiste. R. P. A., p. 801-819.

1913. *La Croix*, 12 janvier.

1913. Woeste. Ozanam. *Revue générale*, n° janvier. Bruxelles.

1913. *La Croix*, 2 et 3 mars. Sonnet de Gabriel Hocart.

1913. *Le Salut public de Lyon*, 27 janvier.

1913. Duthoit (Eugène). *La Pensée Sociale* de F. O. cf. *Correspondant*, 10 janvier.

1913. Prudhommeaux (Jean). *La Démocratie*, 17 février. C. R. de la Conférence de l'abbé Vignot à Besançon.

1913. A. Cozzi. F. O. Rivista di Apologia cristiana di Gennaio.

1913. Prenat N. Conférence à Saint-Etienne (Rhône).

1913. Thellier de Poncheville (Abbé). Discours à Alençon.

1913. Zeiller (Jacques). Conférence à Fribourg,

1913. Valmont (Jean). F. O. *La Démocratie*, 9 février.

1913. Beaupin (Abbé). Deux conférences à Genève. *La Démocratie*, 22 février.

1913. Carl de Crisenoy. Le centenaire de F. O. *La Démocratie*, 20 février.

1913. Lettres inédites données dans l'art. de N. Goyau. R. P. A.

1913. Lamandé (André). C. R. de F. O. par A. Peyroux, dans la *Démocratie*, 11 février.

1913. Duthoit. La pensée sociale de F. O. dans la *Démocratie* du 9 janvier.

1913. Bayard (André). Une grande figure, dans le *Semeur Algérien*, 9 février.

1913. F. O. Apôtre laïque dans les conférences. N° 432, janvier, p. 97 à 128. Paris, Bonne Presse.

1913. Almanach franciscain, p. 36-39.

1913. A.-J. Corbierre. Ozanam dans le VIe arrondissement, conférence à la Société historique du VIe arr. de Paris.

1913. A.-J. Corbierre. Conférence avec projections sur le fondateur de la Société de S. V. d. P.

1913. Perceval (M.). Poésie à Ozanam, dans *Mélanges*.

1913. *Petites Lectures*, avril, p. 98-99.

1913. *Bulletin* S. S. V. d. P., janvier, février, mars, avril.

1913. A.-J. Corbierre. Biographie, bibliographie, et biobliographie de F. O. par ordre alphabétique, dans *Mélanges*.

1913. A.-J. Corbierre. Biographie, bibliographie et biobliographie de F. O., par ordre chronologique dans *Ozanam*, chez Beauchesne, Paris.

1913. Ozanam, livre du centenaire, par MM. Georges Goyau, Léon de Lanzac de Laborie, Henry Cochin, Edouard Jordan, Eugène Duthoit, Mgr Alfred Baudrillart, avec préface de M. René Doumic, de l'Académie française (bibliographie complète par N. l'abbé Corbierre). 1 vol. grand in-8° de 500 pages, avec portrait en héliogravure d'Ozanam.

Un supplément paraîtra à la fin de cette année dans la *Revue pratique d'Apologétique*.

A.-J. CORBIERRE.

O Dieu, qui avez mis l'amour des pauvres au cœur e
Frédéric Ozanam et de ses compagnons et qui leur a z
inspiré de fonder une société pour soulager les mise es
spirituelles et corporelles des indigents, daignez bénir c e
œuvre de charité et d'apostolat, et, s'il entre dans s
desseins que votre pieux serviteur Frédéric Ozanam it
glorifié par l'Église, nous vous supplions de manife
par des faveurs célestes son crédit auprès de vous. ar
Jésus-Christ Notre-Seigneur.
Ainsi soit-il.

PERMIS D'IMPRIMER :

Paris, 4 octobre 1912,

† LÉON ADOLPHE card. AMETTE,
Archevêque de Paris.

IN MEMORIAM

PRIMI CENTENARII

F. OZANAM

SOCIETATIS

S. VINCENTII A PAULO

AUCTORIS

1813 - 1853 - 1913

Médaille officielle du Centenaire
par A.-J. Corbierre

TABLE DES MATIÈRES

O Dieu, qui avez mis l'amour des pauvres au cœur de Frédéric Ozanam et de ses compagnons et qui leur avez inspiré de fonder une société pour soulager les misères spirituelles et corporelles des indigents, daignez bénir cette œuvre de charité et d'apostolat, et, s'il entre dans vos desseins que votre pieux serviteur Frédéric Ozanam soit glorifié par l'Église, nous vous supplions de manifester par des faveurs célestes son crédit auprès de vous. Par Jésus-Christ Notre-Seigneur.

Ainsi soit-il.

PERMIS D'IMPRIMER :

Paris, 4 octobre 1912,

† LÉON ADOLPHE card. AMETTE,
Archevêque de Paris.

IN MEMORIAM

PRIMI CENTENARII

F. OZANAM

SOCIETATIS

VINCENTII A PAULO

AUCTORIS

1813 - 1853 - 1913

Médaille officielle du Centenaire
par A.-J. Corbierre

TABLE DES MATIÈRES

31

Lightning Source UK Ltd.
Milton Keynes UK
UKHW012045070119
335138UK00012B/731/P